Saint Paul

DU MÊME AUTEUR

Essais

En route vers l'an 2000, Fayard, Paris 1961 (épuisé).
Dans un monde qui change, Fayard, Paris 1963 (épuisé).
Ces drôles de médecins. Guérisseurs et sorciers à travers le monde, Centurion, Paris 1985.

Récits de voyage

L'Inde, cette autre planète, Arthaud, coll. « Clés de l'aventure, clés du savoir », Grenoble 1966 et 1973.
Du Pakistan au Bangladesh, Arthaud, Grenoble 1973 (épuisé).

Biographies

Émile Romanet, père des allocations familiales, Arthaud, Grenoble 1965 (épuisé).
Sylvain Saudan, skieur de l'impossible, Arthaud, Grenoble 1970, 1972 et 1974.
Paul-Louis Merlin, le bâtisseur, Arthaud, Grenoble 1974.
Jean XXIII, Fayard, Paris 1979 (traduit en portugais).
Sœur Emmanuelle, Centurion, Paris 1983 (traduit en allemand et en italien). Nouvelle édition augmentée en 1990.

Histoire de la Résistance

Vercors, citadelle de liberté, Arthaud, Paris 1979 (épuisé). Réédité en deux volumes, dans *Histoire vécue de la Résistance,* par les éditions de Crémille, Genève 1971 et Éditions de Saint-Clair, Neuilly 1975.
Histoire de la Résistance en Vercors, Arthaud, Grenoble 1975, réédité sous une nouvelle présentation par Arthaud-Flammarion, Paris 1984.
Histoires extraordinaires de la Résistance, ouvrage couronné par l'Académie française, Fayard, Paris 1977, et Le Livre de poche, 1979, réédité en 1984 et 1988.
Histoires extraordinaires de la Résistance en Europe, Fayard, Paris 1982, réédité en 1984 et 1989.

Histoire régionale

Sainte Marie d'en Haut, Association des Amis de l'Université, Grenoble 1959 (épuisé).
Grenoble, de l'âge du fer à l'ère atomique, Fayard, Paris 1961 (épuisé).
La Collégiale Saint-André, Lescuyer, Lyon 1962.
Instantanés sur l'Université de Grenoble, Association des Amis de l'Université, Grenoble 1962 (épuisé).
En marge d'un chef-d'œuvre, traduction et commentaire du *Grenoblo malhérou,* Dardelet, Grenoble 1962.
Grenoble, de César à l'Olympe, Arthaud, Grenoble 1967.
Histoire du Dauphiné, Presses universitaires de France, collection « Que sais-je ? » Paris 1972.
La vie quotidienne en Dauphiné sous la IIIe République, Hachette Littérature, Paris 1974.
Histoire du Dauphiné, Hachette Littérature, Paris 1976.
Grenoble, Arthaud, 1980.
Les couleurs de Rhône-Alpes, avec des photos de Roberto Neumiller, édité par la Chambre de Commerce Régionale à Lyon, Glénat, Grenoble, 1990.
Histoire de la Faculté de Médecine de Grenoble, éditée par la Faculté, 1990.

Paul Dreyfus

Saint Paul

Un grand reporter
sur les traces de l'Apôtre

Centurion

ISBN 2-227-340-65-7
© Éditions du Centurion, 1990
41, rue François-Iᵉʳ, 75008 Paris

*Au professeur Jacques Delaye,
à qui m'attachent
les liens du cœur...*

Introduction

C'était sur le plateau du Golan, balcon de la Haute Galilée, aux dernières heures de la guerre des Six Jours...

En ce début d'après-midi de samedi, les troupes israéliennes, au cours de furieux combats, avaient enfin réussi à percer les formidables lignes de défense syriennes. Je revois l'enchevêtrement des tranchées profondes, des nids de mitrailleuses et des abris bétonnés, noyés dans d'immenses buissons de fil de fer barbelé, truffés de mines par milliers. Une puissante artillerie antiaérienne avait, durant cinq jours, craché le feu sur tout avion qui tentait d'approcher. Des centaines de canons avaient cloué sur place tout blindé qui faisait mouvement.

Mais soudain, l'armée juive, après avoir labouré, sous les obus et les bombes, les positions ennemies, avait jeté dans la bataille des unités d'élite. Elles avaient réussi à conquérir, parfois au prix de combats corps à corps, cette forteresse arabe, qui constituait une menace permanente pour les kibboutzim de la vallée supérieure du Jourdain. Les soldats de Tsahal avaient dépassé la ville frontière de Kuneitra, qui n'était plus que silence oppressant, ruines fumantes et cadavres brunâtres. Maintenant, les tanks et les automitrailleuses marqués de l'étoile à six branches fonçaient, sans rencontrer de résistance, sur un terrain dénudé, presque plat et, à perte de vue, recouvert par la mer ocre des éteules desséchées.

A main gauche, les dernières neiges du mont Hermon se détachaient, dans un ciel d'azur pâle, au-dessus d'un horizon tremblotant de chaleur.

Devant, c'était le vide.

Remontant une longue colonne de blindés, appartenant à l'un des meilleurs régiments, les David Fighters, je parvins, non sans peine, à rejoindre le char de tête. Il était arrêté au beau milieu de la route, à hauteur d'une borne kilométrique. Sous la gueule de son long canon, un soldat achevait d'aligner, en travers de la chaussée, une vingtaine de grosses pierres, ramassées en bordure des champs moissonnés. Un jeune capitaine surveillait attentivement cet acte dérisoire.

« Mais, qu'est-ce que vous faites donc là ? lui demandai-je.

— Comme vous pouvez le constater, me répondit-il, je pose des pierres...

— Je le vois bien. Mais, pourquoi donc ?

— Pour matérialiser, sur le sol, la limite extrême de notre avance en Syrie.

— C'est donc ici que vous avez décidé de vous arrêter ?

— Pas moi ! Je viens tout juste d'en recevoir l'ordre par radio. »

Il saisit ses jumelles, qu'il braqua vers le nord-est. La route était libre. On n'apercevait plus un seul soldat ennemi, plus un seul véhicule. Le canon s'était tu. Brusquement, l'officier éclata :

« Bande de crétins !

— Qui donc ?

— Tous ces types, aux Nations unies, qui nous imposent un cessez-le-feu. Quand je pense que, ce soir même, avant le coucher du soleil, nous pouvions atteindre Damas. »

Soudain, sur cette route brûlante, à côté de cet énorme char Centurion, parmi ces soldats qui, déjà, avaient troqué le casque d'acier pour des bobs de toutes les couleurs, je réalisai que c'était ici que Paul avait rencontré le Christ.

Ici. Ou là, tout près. Ou un peu plus loin, là-bas.

C'est ce jour-là, 10 juin 1967, que je résolus de revenir, quand je le pourrais, sur la route de Damas, non plus comme correspondant de guerre, mais pour un reportage pacifique. Partant de cette borne, sur le plateau du Golan, j'entreprendrais alors un long voyage sur les pas de mon saint patron...

Les années passèrent. Un jour, j'eus, moi aussi, un éblouissement. Pas du tout le même que l'Apôtre ! Au lieu de m'entraîner, comme lui, vers des cimes lumineuses, il me précipita dans une vallée obscure : elle débouchait sur un hôpital cardiologique...

Attendant des examens, puis me préparant à l'opération et disposant soudain de longs loisirs, je mis à profit ce temps immobile pour relire les Actes et les Épîtres. Je commençai même à griffonner des fiches.

De cet entracte, dont je me disais qu'il serait peut-être définitif, date la première ébauche de ce livre...

Chirurgiens et médecins me donnèrent une nouvelle vie. Bientôt, je repartis sur les routes du monde que, pendant quarante ans, je n'avais jamais cessé de parcourir. Plusieurs fois, autour du Bassin méditerranéen, mes itinéraires croisèrent, à nouveau, ceux de l'Apôtre Paul.

Les journalistes ont pour patron saint François de Sales, inlassable épistolier. Mais, au sein de la profession, si les grands reporters devaient posséder leur propre patron, ce serait saint Paul qu'il leur faudrait choisir. Non seulement parce qu'il fut — comme ils le sont eux-mêmes — un infatigable voyageur. Mais, plus encore, parce qu'ils sont — comme il le fut lui-même — d'insatiables chercheurs de Vérité.

Le projet me trottait toujours en tête, mais j'hésitais à le pousser plus avant. Une rapide reconnaissance dans les bibliothèques m'avait fait découvrir, avec stupeur, qu'on a consacré à saint Paul plus de trois mille livres, albums, plaquettes, brochures ; sans compter les articles de revues, parus dans cent dix périodiques, en quatorze langues différentes ; et sans oublier les actes de congrès et les « mélanges » divers. Cette montagne d'écrits m'impressionnait terriblement, moi qui ne suis ni un historien ni un chartiste, encore moins un exégète ou un théologien. Je suis, par profession, un « flâneur salarié ». Et, derrière cette façade professionnelle, je ne suis qu'un « avorton », tâtonnant pour tenter de trouver Jésus, dans le kaléidoscope du monde actuel.

J'en étais là de mes réflexions, quand le hasard me fit rencontrer un évêque français, qui venait de démissionner et trouvait dans sa retraite un regain d'ardeur. C'était un jour de printemps, aux confins vallonnés du Dauphiné et de la Savoie, dans une abbaye de bénédictines, où l'abbesse m'avait demandé de venir faire une causerie à ses moniales.

Comment, au cours du repas qui précéda, le prélat et moi en vînmes à parler de saint Paul, je ne m'en souviens plus. Mais je sais que, m'étant pris de sympathie pour cet homme pétillant, je lui confiai mon vieux projet et mes pesants scrupules. Il me regarda soudain, droit dans les yeux.

« Allez-y, me dit-il avec force.
— Mais je ne suis nullement spécialiste...
— Justement ! C'est très bien ainsi.
— Cependant, ne craignez-vous pas que... ?
— Allez-y », insista-t-il.
Sa conviction chaleureuse balaya mes hésitations.

Peu de temps après, je me mis à la tâche. Long et minutieux travail, puisqu'il allait d'abord me faire parcourir, pour la première ou pour la énième fois, des milliers de kilomètres en Turquie, en Syrie, en Israël, à Chypre, en Crète, en Grèce, dans les îles égéennes, à Malte, en Sicile et dans la péninsule italienne...

C'est de tous ces voyages que ce livre est né. Il ne veut rien démontrer, mais, simplement, montrer ; rien prouver, mais, si possible, faire éprouver. Il s'agit d'un grand reportage, deux mille ans après, sur les pas de saint Paul. Chaque chapitre est, en quelque sorte, un « papier ». Ils sont au nombre de cent trente-neuf.

Si cette très longue série d'articles peut contribuer à faire mieux connaître et mieux comprendre Paul notre frère, ma lente pérégrination n'aura pas été totalement inutile...

Première partie

UN JEUNE JUIF EXEMPLAIRE

Tarse où tout commence

Soleil brûlant, lumière aveuglante, trottoirs grouillants de monde, chaussées encombrées de véhicules pétaradants entre lesquels trottinent des ânes, alignements de boutiques aux éventaires débordants, flopées d'enfants rieurs aux cheveux noirs : c'est Tarse aujourd'hui.

Dans cette Tarsus turque, qui compte près de cent mille habitants, il est bien difficile de retrouver un seul lieu où l'on puisse évoquer la ville d'il y a deux mille ans. Là où s'élevaient les temples, des mosquées pointent vers le ciel bleu leurs minarets aux formes de missiles intercontinentaux.

Seule au milieu d'un rond-point, à proximité de la gare routière, une porte massive, à laquelle on a donné le nom de Cléopâtre, évoque encore la cité romaine. Non loin de là, au flanc d'une collinette ombragée d'eucalyptus, émergent les médiocres vestiges d'un théâtre antique, de thermes d'époque hellénistique et d'une galerie couverte. Dans le centre-ville, on peut encore apercevoir quelques pans des remparts qui furent, apparemment, puissants. Avec une dizaine d'élégants chapiteaux, de bustes et de têtes de marbre présentés dans le charmant patio du musée municipal, c'est tout ce qui subsiste du lointain passé.

Pourtant, dans les vieux quartiers, aux rues étroites et tortes, de très anciennes maisons permettent d'évoquer ce que fut sans doute la demeure des parents de Paul : murs épais en grosses pierres soigneusement appareillées, solide porte de bois massif, petites fenêtres à moucharabieh, terrasse où l'on monte, les soirs d'été, prendre le frais en attendant l'apparition des étoiles.

Derrière, dans de petits jardins clos, mûrissent les citrons, les grenades et les figues. Une treille croule sous les grappes de raisin doré. Pommiers, cerisiers et pruniers ont déjà donné leurs fruits. Au début du printemps prochain, l'amandier refleurira.

Sur le marché, rien n'a changé depuis vingt siècles. Les ménagères, agglutinées autour des étals, regardent, tâtent, font leurs commentaires et s'éternisent en de subtils marchandages. Les grainetiers vantent leur orge, leur seigle, leur blé dur, qu'ils puisent à pleines mains dans des sacs de jute pansus. Sur des balances à fléau, les maraîchers pèsent les gros concombres oblongs, les courges ventrues, les poivrons verts ou rouges, les petits piments lustrés, les choux bien pommelés, les oignons mordorés ou violacés, les pois chiches semblables à de petites billes de terre, les fèves charnues à la peau brillante, les laitues sans cesse aspergées et les minuscules lentilles brunes, qui ne valent pas un droit d'aînesse, même quand on a très faim...

Dans les échoppes, autour d'un pittoresque hammam à coupoles, le bruit que font le vendeur de transistors et le réparateur de pétrolettes ne parvient pas à faire oublier des artisans et des commerçants plus silencieux, qui semblent installés là depuis toujours, dans la fraîcheur ombreuse de leur étroite boutique : le tisserand, le potier, le savetier, le tailleur, l'herboriste, le marchand d'épices, le mercier, le bimbelotier, le fabricant de tapis.

Il faut sortir de la ville en direction du levant et marcher un assez long moment pour atteindre la rive du Cydnos. Du temple romain qui s'élevait en cet endroit il ne reste que des ruines. Quant à l'ancien pont bossu, construit par quelque empereur oublié, il semble échoué comme un navire sur le limon beige du val : car, sans prévenir, le petit fleuve a changé de cours. Un autre pont, de construction récente, enjambe le lit, où coule paresseusement une eau vert épinard. Autrefois, en ces lieux, s'étendait un lac, qu'un canal faisait communiquer avec la mer, distante d'une vingtaine de kilomètres. Tarse était alors un port, parmi les plus florissants de la région.

Ce Cydnos, presque immobile entre les roseaux qui tapissent ses bords, a bien failli arrêter définitivement un des plus célèbres conquérants de tous les temps. C'était en 333 avant notre ère. Déboulant de sa lointaine Macédoine, Alexandre le Grand arrive à Tarse, après avoir successivement bousculé toutes les armées levées pour lui barrer la route. Trempé de sueur et couvert de poussière, il voit ces eaux fraîches. Avec la fougue de ses vingt-trois ans, il enlève sa tunique et plonge. Le lendemain, il tremble de fièvre. Peu s'en faut qu'il ne meure à Tarse, emporté par une banale congestion...

Est-ce par crainte d'un semblable refroidissement que personne ce soir ne se baigne ? En ce début d'octobre, pourtant, il fait très doux encore. Des enfants pêchent. D'autres jouent au ballon. Déjà, sur la plate plaine de Cilicie, l'ombre des oliviers commence à s'allonger. Au loin, rosit la haute chaîne du Taurus. Sur le chemin de ronde de cette impressionnante forteresse, l'automne, hier, a posé sa première neige...

« Une ville qui n'est pas sans renom »

« Moi ? Je suis Juif, de Tarse en Cilicie, citoyen d'une ville qui n'est pas sans renom »... (Ac 21, 39).

Cette formule due à Paul lui-même, quelle charmante litote ! Au début de notre ère, Tarse est, tout à la fois, une cité chargée d'histoire, une importante métropole régionale, un haut lieu culturel et l'un des principaux carrefours de l'Asie Mineure.

Son nom vient du mot grec *tarsos* qui, dans l'*Odyssée*, désigne une claie pour égoutter les fromages. Selon une vieille légende hellénique, le premier établissement humain remonterait aux Argiens, lancés dans une véritable course-poursuite à la recherche de la prêtresse Io. C'est sur les bords du Nil qu'ils allaient retrouver la mignonne, que Zeus avait séduite, puis... transformée en génisse. Jolie histoire, mais sans la moindre valeur historique. En réalité, Tarse fut fondée par les Hittites, cette très ancienne population d'Anatolie, quelque mille quatre cents ans avant l'ère chrétienne. Quand une des expéditions des peuples de la mer débarque sur cette côte, deux siècles plus tard, ces navigateurs ne peuvent que donner un nouveau nom à une agglomération qui existe déjà. Bien d'autres conquérants vont leur succéder : les Assyriens au début du VIIIe siècle, les Macédoniens au IVe, les Séleucides dans la foulée, les Arméniens au Ier, conduits par leur roi Tigrane le Grand qui ravage la ville. C'est peu de temps après qu'elle est rattachée à l'empire romain.

Depuis l'année 64 avant notre ère — une date historique pour ses habitants — Tarse vit enfin en paix. Elle est devenue la capitale de la province romaine de Cilicie. Ses nouveaux maîtres l'ont couverte de monuments. Aux quais de son port bien abrité viennent s'amarrer de nombreux navires, dont les cargaisons proviennent de toute la Méditerranée orientale et bien au-delà. Elle mérite enfin l'appellation que lui a donnée, il y a longtemps, Xénophon, ce général grec qui était aussi un écrivain : « La cité grande et heureuse. »

Tarse a vu passer Cyrus, roi des Perses, et Sennachérib, roi d'Assyrie ; Alexandre le Grand et son lieutenant Seleucos, surnommé Nicator : le vainqueur ; Cicéron et Pompée ; César et Marc Antoine. C'est même ici qu'en l'an 41 avant notre ère, ce général quadragénaire rencontre Cléopâtre, la belle Égyptienne qui va être le fol amour de sa vie...

Cette ville est devenue un foyer de culture, qui éclipse, au Ier siècle de notre ère, Athènes et Alexandrie, toutes deux en déclin. « Elle possède, selon le célèbre géographe grec Strabon, des écoles pour toutes les branches des arts libéraux. » Car ses habitants ont un esprit encyclopédique, avec un goût marqué pour les sciences et une vraie passion pour la philosophie. L'enseignement des stoïciens doit beaucoup au Chypriote Zénon, mais tout autant au Cilicien Aratos et à deux Tarsiotes : Apollonos et Chrysippe. C'est un autre Tarsiote, Athénodore, ancien précepteur d'Octave, qui devint, sous le nom d'Auguste, le maître de l'empire romain. De retour dans sa bonne ville, le *magister* y a introduit une réforme révolutionnaire : ce sont les professeurs qui contrôlent la vie municipale et ont la haute main sur l'administration ! Tarse vient en quelque sorte d'inventer cette « république des professeurs », dont Albert Thibaudet lancera l'idée en 1928, dans un livre célèbre.

La belle cité se prélasse paisiblement dans la plaine côtière de Cilicie, au carrefour des grandes routes de l'Europe et de l'Orient. La mer lui apporte la raison et le droit de Rome la lointaine ; la culture et l'art de vivre de la Grèce toute proche. Par la terre lui parviennent, au pas lent des caravanes, les épices et les soieries, les astrologues et les magiciens, et les cultes mystérieux issus des profondeurs de l'Asie.

Vers l'an 6

Dans une famille juive de Tarse, au tout début du Ier siècle, naît un garçon. Ses parents le prénomment Saul, qu'on prononce Shaoul. C'est un bien beau nom, puisqu'il est, au tréma près, celui du premier roi d'Israël, Saül, et qu'il signifie en hébreu « le désiré ».

Impossible de savoir avec précision la date de naissance de ce petit garçon. L'état civil n'existe pas. Les textes sont muets. Les historiens, qui ont pâli sur cette énigme, proposent un assez large éventail de dates possibles, entre l'an 2 et l'an 10 de notre ère. Admettons que ce soit vers 6. La chronologie n'est pas, à beaucoup près, l'aspect le plus important de cette vie encore en bourgeon.

L'empereur Auguste vient d'avoir soixante-neuf ans. Il règne depuis trente-cinq ans déjà. C'est en l'an 29 avant notre ère qu'il est en effet rentré à Rome, après avoir vaincu Antoine à la bataille d'Actium. C'est cette année-là que le temple de Janus a été fermé : signe matériel aux yeux de tous que la paix règne enfin jusqu'aux limites de l'empire. La porte de ce sanctuaire, il n'était pas advenu une seule fois qu'on ait pu la clore, depuis Numa Pompilius, second roi légendaire de la ville, quelque huit siècles plus tôt ! Ô miracle de la paix enfin trouvée : la *pax romana*.

Quel est le nom de famille de ce petit Juif tarsiote ? Nous n'en savons rien. Il est vrai qu'à cette époque on avait l'habitude d'appeler chacun par son prénom. Au moins dans le monde grec. Dans les cités romaines, l'usage voulait qu'on utilise une triple appellation prénom, nom et surnom ou, comme on disait, *praenomen, nomen* et *cognomen*. En conséquence, d'astucieux chercheurs ont suggéré que Saul s'appelait peut-être Caïus Julius Paulus !

Quant à l'origine exacte de la famille, elle demeure, elle aussi, un mystère. Selon une tradition, dont saint Jérôme se fera l'écho dans ses *Hommes illustres*, les ancêtres de Saul seraient originaires de Giscala, dans le nord de la Galilée, sur la médiocre route qui sinue à travers les collines depuis les rives du lac de Tibériade jusqu'à Tyr et Sidon.

Les parents de Saul sont donc des Juifs de la diaspora — la dispersion, si l'on prend au sens littéral, comme il convient, ce mot d'origine grecque. L'émigration est aussi vieille, ou presque, que l'histoire du peuple hébreu. Elle a commencé dès le IXe siècle avant notre ère. Depuis lors, elle n'a jamais cessé, comme l'atteste une observation de Strabon dans sa célèbre *Géographie*, qui décrit précisément le monde connu au début de l'ère chrétienne. Et déjà, on sent percer une pointe d'antisémitisme : « Cette race a pénétré dans toutes les cités et il est difficile de trouver, dans le monde entier, un seul endroit qui ne l'ait accueillie et où elle ne soit devenue maîtresse. »

Les Juifs représentent alors 7 à 8 % de la population de l'empire romain, qui compte entre 60 et 80 millions d'habitants : ce large écart entre les deux chiffres s'explique par la différence des sources, qui n'utilisent pas les mêmes bases de calcul. Et celui-ci, on s'en doute, demeure très approximatif... Il y aurait donc, à cette époque, 4 à 6 millions de Juifs, dont moins de deux millions en Palestine. Les autres sont dispersés à travers l'empire.

Comment les parents de Saul sont-ils devenus des citoyens aisés de Tarse la cilicienne ? Mystère. Et leurs lointains ancêtres, quels chemins ont-ils empruntés avant de venir s'établir dans cette région ? Ont-ils fait partie des convois de déportés que Sargon II, roi d'Assyrie, expédia au VIIIe siècle de Palestine en Cilicie ? Sont-ils venus au IIe siècle, après que le roi séleucide Antiochos Épiphane eut maté la révolte des Juifs et fait périr les sept Maccabées et leur mère (2 M 7, I-42), selon une légende à fond historique, dont la tradition chrétienne s'empara, faisant de ces martyrs juifs... des chrétiens avant la lettre. Sont-ils arrivés seulement en l'an 4 de notre ère, quand les légions romaines du général Varus eurent rétabli l'ordre dans la Galilée révoltée et calmé les esprits en déplaçant une partie de la population ? Cette dernière hypothèse paraît la moins plausible, car, de toute évidence, les parents de ce nouveau-né sont établis à Tarse depuis longtemps. Ils ont pignon sur rue et ils sont citoyens romains.

Ce droit de citoyenneté — le *jus civitatis* — n'est accordé par Rome qu'avec parcimonie. Surtout dans les provinces éloignées de la capitale. Il est octroyé soit à des cités qu'on veut remercier de leur fidélité, soit à des protégés que quelque personnage éminent souhaite récompenser, soit à des individus qui ont rendu d'importants services dans le champ de la politique, de la finance ou de la culture. Toute la descendance désormais en bénéficie. Il arrive aussi qu'on l'achète après des années de bons et loyaux services. C'est le cas pour des officiers. Ce n'est pas celui de cette famille juive, à laquelle le titre a été donné. Un des ancêtres s'est-il donc acquis la reconnaissance de l'un des trois grands visiteurs romains qui ont séjourné à Tarse au siècle précédent : Pompée, César ou Antoine ? Ce n'est pas impossible.

En tout cas, cette famille juive est d'excellente origine. Leur fils ne manquera pas de le proclamer à plusieurs reprises avec un légitime orgueil : « Je suis de la race d'Abraham, de la tribu de Benjamin » (Rm 11, 11). Abraham, qui naquit à Ur, en Chaldée, est notre père à tous, juifs, chrétiens et musulmans, puisqu'il fut le premier homme à avoir la révélation du Dieu unique. Quant à la tribu de Benjamin, une des douze tribus d'Israël, elle n'était pas l'une des moindres, puisque ses villes principales s'appelaient Jérusalem, capitale du monothéisme, Jéricho, clé de la victoire lors du retour d'Égypte, et Bethel, la cité du songe de Jacob.

Le huitième jour après la naissance du petit garçon, son père le fait circoncire, comme le prescrit la loi de Moïse : « Vous aurez la chair de votre prépuce circoncise, ce qui deviendra le signe de l'alliance entre moi et vous. Seront circoncis, à l'âge de huit jours, tous vos mâles de chaque génération, ainsi que les esclaves nés dans la maison ou acquis à prix d'argent, d'origine étrangère, quelle qu'elle soit » (Gn 17, 12).

Fort minime intervention chirurgicale ! Mais, pour le peuple élu, la circoncision est le Signe par excellence. Claire est la parole de Yahvé : « Mon alliance deviendra, dans votre chair, une alliance perpétuelle » (Gn 17, 14).

Une pieuse famille

Le père est tisserand. Il fabrique des tentes en poils de chèvre : de ces étoffes rêches qui sont une spécialité de la Cilicie. Nous en avons tiré notre mot cilice.

Son métier lui donne une certaine aisance.

Avant que naisse le petit garçon, la mère a donné le jour à une fille, qui ira habiter Jérusalem. Y eut-il dans la famille d'autres enfants ? Nous n'en savons rien.

Dans ce foyer on parle grec, cet anglais du Bassin méditerranéen et, bien sûr, araméen, la langue populaire de la Palestine. Sans doute aussi connaît-on un peu de latin. Quant à l'hébreu, c'est la langue de la Bible. Encore utilise-t-on sans doute, comme chez beaucoup de Juifs de la diaspora en cette période de l'histoire, la traduction grecque des Septante. On l'appelle ainsi parce qu'elle est, dit-on, l'œuvre de soixante-dix Anciens, qui s'attelèrent à cette tâche aux IIe et IIIe siècles avant notre ère à Alexandrie. Ce texte allait être peu à peu abandonné par les Israélites, l'Église chrétienne l'ayant adopté et s'en servant pour prouver que Jésus était le Messie.

Cette famille est pharisienne. Oublions définitivement la signification péjorative qui s'attache à ce nom. Il vient du mot hébreu *parush* — au pluriel *perushim* —, qui signifie les séparés, les sanctifiés. Ce mot est synonyme de *Qadosh* — le consacré, le saint. Les pharisiens se distinguent en effet des autres membres de la communauté juive pour avoir, dès longtemps, constitué un mouvement laïc, qui veut être, à l'intérieur d'Israël, une exemplaire communauté de saints. Ils affirment que tout homme est appelé à la sainteté. Pour l'atteindre, que convient-il de faire ? Il suffit d'appliquer la Loi avec le plus grand zèle : donc de respecter rigoureusement les préceptes de pureté, d'observer fidèlement le repos du Sabbat, de prier le Seigneur trois fois par jour et de lire quotidiennement la Tora. Un bien beau nom, puisque sa racine signifie « montrer le chemin ». Effectivement la Tora, composée des cinq livres du Pentateuque, est le Livre des livres : elle contient tout l'enseignement de Moïse. Chaque juif est censé le suivre fidèlement ; mais les pharisiens ne se lassent pas de s'en nourrir. Au sein du peuple élu, ils veulent être « le camp des saints ».

Au petit garçon, dès qu'il est en âge de parler, le père commence à enseigner le Décalogue :

> *C'est moi le Seigneur, ton Dieu, qui t'ai fait sortir du pays d'Égypte, de la maison de servitude.*
> *Tu n'auras pas d'autres dieux face à moi.*
> *Tu ne te feras pas d'idole...* (Ex 20, 1-17).

Le chef de famille a l'obligation d'enseigner lui-même la religion à ses enfants (Dt 6, 7).

Comme tout juif fidèle, ce père se drape dans une sorte de toge qui deviendra, dans le culte synagogal, le châle de prière appelé le *Talith*. C'est à l'époque une ample pièce de tissu blanc, sans couture. Nous la connaissons de nos jours plus réduite de proportions, brodée d'une grappe de raisins et d'une grenade, toutes deux bleu jacinthe ; elle se termine par les franges rituelles — les *tsitsiyot* — prolongées par des pompons à huit brins. On retrouve aujourd'hui ces deux couleurs liturgiques dans le drapeau de l'État d'Israël : blanc, orné en son centre d'une étoile de David du plus beau bleu.

Ayant fait silence et s'étant recueilli pendant quelques instants, le père, tourné dans la direction de Jérusalem, récite l'admirable prière du peuple élu, le *Shéma Israël*, un des plus beaux chants qu'une créature ait jamais fait monter vers le Dieu invisible et présent.

> *Écoute, Israël !*
> *Le Seigneur notre Dieu est l'unique Seigneur.*
> *Tu l'aimeras de tout ton cœur, de tout ton être et de toute ta force.*
> *Garde gravées en toi*
> *Ces paroles qu'aujourd'hui je te donne.*
> *Tu les inculqueras à tes enfants.*
> *Tu leur en parleras de ton lever à ton coucher,*
> *sur la route et chez toi.*
> *Tu les attacheras, comme un signe, à ta main,*
> *les porteras, comme un fronteau, au-dessus de tes yeux,*
> *les inscriras au seuil de ta demeure*
> *et sur la porte de ta ville* (Dt 6, 4-9).

Quand on relit ce texte, on imagine le père attachant avec des lanières à son front et à son bras gauche, avant de commencer à prier, de petits étuis noirs de forme cubique : les *tefilin*. Faits de peaux d'animaux « purs », ils contiennent, écrits sur parchemin, de minuscules fragments des livres du Deutéronome et de l'Exode : les phylactères. Écartons cette image en ce qui concerne le père de Saul : en dépit du texte biblique qu'on vient de citer, les *tefilin* sont un objet de culte relativement tardif.

A l'entrée de la maison, sur l'un des montants de la porte, est soigneusement fixée une petite boîte allongée, à l'intérieur de laquelle sont placés les commandements de Dieu : c'est la *mézouza*, qui signale discrètement que sous ce toit vit une famille fidèle à la religion d'Israël. Aujourd'hui rien n'a changé.

Chaque jour de la semaine on fait répéter au petit garçon les dix-huit bénédictions du *Shémoné-Esré*, qui commence par ces mots : « Béni sois-tu, Adonaï, Dieu d'Abraham et Dieu d'Isaac et Dieu de Jacob, Dieu très grand, auteur du ciel et de la terre, notre bouclier et le bouclier de nos pères, notre confiance de génération en génération... ».

L'enfant frémit d'allégresse en prononçant à la fin ces deux phrases débordantes d'espérance : « Sonne la grande trompette pour notre liberté et lève l'étendard pour rassembler notre dispersion. Béni sois-tu, Adonaï, qui rassemble les exilés de ton peuple, Israël. »

Naturellement, dans cette famille les rites du sabbat sont scrupuleusement respectés et les prières de ce jour du Seigneur récitées avec une particulière ferveur.

Adorateurs du Dieu unique, tous les membres de la famille n'ont que mépris pour les divinités païennes qu'on vénère dans leur ville : le vieux Baal de Tarse, dont on brûle chaque année l'effigie au son des flûtes et des tambourins ; Mithra le Persan, dont les adeptes s'inondent du sang encore tiède des taureaux immolés ; Adonis, le charmant éphèbe, dont les processions s'achèvent en de voluptueuses étreintes dans les bosquets qui entourent son temple ; le jeune Sandan, dieu de la végétation renaissante et des virilités triomphales ; et l'empereur Auguste lui-même, qui, dès la seconde année de son règne, eut l'immodestie de se faire proclamer « divin »...

A coup sûr, dans cette famille qui se veut exemplaire, on respecte scrupuleusement toutes les règles de la pureté légale, telles qu'elles sont énumérées dans le Lévitique tout au long de six grands chapitres (Lv 11-17) et dont les scribes précisent les applications : on ne mange que de la viande des animaux immolés rituellement, on ne consomme ni porc, ni lièvre, ni matelote d'anguilles, ni cuisses de grenouilles, ni soupe de tortue, ni bien d'autres mets... Mais on respecte tout autant, et plus encore, la « loi de sainteté », qui couvre dix chapitres du même livre (Lv 17-27). Car là est l'essentiel : « Le Seigneur adressa la parole à Moïse : " Parle à toute la communauté des fils d'Israël, tu leurs diras : Soyez saints, car je suis saint, moi, le Seigneur, votre Dieu " » (Lv 19, 1-2).

Au grand soleil de la Cilicie grandit le petit pharisien. Il est tout à la fois Asiate par la résidence, Palestinien par les racines familiales, Hébreu par les plus lointains ancêtres, juif par la religion, Grec par la langue et Romain par la citoyenneté. Quant à la nationalité, inutile de poser la question : c'est un vocable qui n'a pas cours. Il appartient à notre langue française... et depuis 1808 seulement ! Le mot « nation » n'est lui-même apparu chez nous qu'au XIIe siècle. Cet enfant est tout simplement Tarsiote. Devenu homme, il s'en vantera (Ac 21, 39) :

Saul de Tarse est né sextuple.

Paul, disciple de Jésus, va devenir un seul.

La maison du Livre

Le jeune Saul a maintenant cinq ans. Il est temps pour lui d'aller à l'école.

Voilà près d'un siècle que, dans les communautés juives, l'école est obligatoire. C'est le Grand Prêtre Simon ben Setah qui en a décidé ainsi, en 75 avant notre ère : tous les enfants de sexe masculin doivent être formés dans une *Bet hasefer* — littéralement une maison du Livre. Un de ses successeurs, le Grand Prêtre Yehosua ben Gamla a rendu obligatoire la désignation d'un maître d'école dans chaque ville et dans chaque district rural. De cet homme on peut dire qu'il a été le Jules Ferry d'Israël. Il est mort assassiné par des membres de la secte des Zélotes.

A Tarse, foyer de culture, en relations constantes avec Jérusalem, on s'est empressé d'appliquer ces sages décisions. On y a vu tout de suite un excellent moyen de protéger l'identité des communautés juives, tout en assurant la transmission de la spiritualité et de la culture, malgré la distance, la dispersion et l'isolement.

L'écolier Saul, tel qu'on peut l'imaginer vers cette année 11, est un enfant râblé, attentif, sérieux pour son âge. Il garde, très vraisemblablement, les cheveux longs sur les tempes. Ces espèces de petits favoris qu'on laisse pousser bien avant l'apparition des premiers poils de barbe s'appellent les *péot*. Leur origine se trouve dans un texte du Pentateuque : « Ne taillez pas en rond le bord de votre chevelure » (Lv 19, 27). Chez les juifs orthodoxes d'aujourd'hui, qui portent la redingote noire et le bonnet de fourrure dans les rues surchauffées du quartier de Méa Shéarim à Jérusalem, ces petits favoris sont devenus d'énormes cadenettes. Un nom qui, le sait-on ? vient du seigneur de Cadenet, qui mit cette coiffure à la mode parmi les soldats d'infanterie, sous le règne de Louis XIII ! Mais l'élève Saul ne porte pas la calotte, la charmante petite *kippa*, qui rappelle qu'un fils d'Israël ne doit pas « se découvrir devant l'Éternel, son Seigneur ». Cette coiffure symbolique n'est pas encore en usage.

L'école juive de Tarse, comme toutes les écoles juives, est une pièce nue et vide, à l'exception de quelques bancs pour les élèves. Il n'y a pas de table : on écrit sur ses genoux. L'instituteur est appelé le *Qara'*, de la racine Q-R', qui veut dire lire, ou encore le *Melamed tinoqot*, l'enseignant des bébés. Il est assis sur un siège, en face de ses petits écoliers. Chacun d'eux est muni, en fait d'ardoise, d'une tablette recouverte de cire sur laquelle il écrit avec un calame fait d'une tige de roseau ou d'une plume de poulet.

On commence par apprendre les lettres de l'alphabet. Le maître en trace le modèle ; ensuite les garçons s'exercent à les reproduire. *Aleph, Bêth, Gimel, Dalet...* Ainsi pour les vingt-deux caractères de l'écriture, carrée ou cursive. Vient ensuite l'étude des syllabes, puis des mots, que les enfants apprennent en les psalmodiant comme des comptines.

Le judaïsme, plus tard, codifiera aussi le programme scolaire des enfants. La plus grande partie du temps est consacrée à la récitation de la Tora, dont l'école possède un exemplaire bon marché : les cinq livres du Pentateuque, qu'on appelle alors *Humashin*, ont été recopiés soit sur des rouleaux de parchemin de médiocre qualité, les *difterai*, soit sur des feuilles de papyrus, les *pinqesim*.

Les élèves commencent non point par la Genèse, mais par le troisième livre du Pentateuque, celui qu'on appellera le Lévitique et qui est encore intitulé *wayiqra'*. Ce mot, qui signifie « il appela », est en effet le premier de ce texte sacré.

Un texte où, en vingt-sept chapitres, Dieu transmet à son peuple « ses lois et ses coutumes ». Car « c'est en les mettant en pratique que l'homme a la vie » (Lv 18, 5). Il ne faudrait donc pas qu'une erreur rituelle, une impureté physique ou une infidélité morale viennent mettre obstacle à cette « communion vitale ». D'où la minutie avec laquelle tout est décrit : le rituel des différents sacrifices ; l'investiture des prêtres, à l'image d'Aaron et de ses fils ; les instructions sur le pur et l'impur ; la loi de sainteté, et même la tarification des vœux. On a parfois ironisé chez les catholiques à propos du Lévitique, en disant qu'on y trouvait tout, absolument tout..., y compris un traité de boucherie, un recueil de recettes de cuisine, un manuel d'hygiène, un cours de médecine, un ensemble de conseils diététiques et même un guide de sexologie... C'est oublier l'essentiel de ce livre qui tient en une phrase du Seigneur : « Soyez saints, comme je suis saint. »

Tout le chapitre (Lv 19, 1-20) qui commence par ces mots est d'ailleurs admirable. Jamais encore, à la surface de la terre, la voix de Dieu ne s'était fait entendre à l'homme aussi clairement et aussi fortement...

Les enfants apprennent par cœur les vingt-sept chapitres de cette règle de vie qui nous surprend, nous, hommes du XXe siècle, mais qui leur paraît absolument normale, puisqu'elle est la Loi. Et l'on ne discute pas la Loi ! Ils répètent les versets à haute voix, parfois même à tue-tête. Cette façon de faire est celle qu'on retrouve, aujourd'hui encore, dans les écoles coraniques des pays d'islam ou les écoles bouddhistes des pagodes asiatiques. L'Antiquité ignore, dans l'enseignement primaire, la lecture individuelle et silencieuse.

Tout en psalmodiant, les enfants se balancent doucement d'avant en arrière et d'arrière en avant. Ce lent mouvement du torse, dont le rythme s'adapte à celui des phrases, aide à leur mémorisation.

Le but est d'acquérir une connaissance parfaite du texte de la Loi écrite — la *Miqra'*. Ce texte demeure depuis des siècles absolument intangible. Moïse le législateur l'a explicitement ordonné : « Vous n'ajouterez rien aux paroles des commandements que je vous donne et vous n'y enlèverez rien, afin de garder les commandements du Seigneur votre Dieu » (Dt 4, 2).

Quand les élèves savent enfin écrire, ils commencent à recopier le texte saint. Car il ne suffit pas de l'avoir appris par cœur ; il faut encore l'avoir écrit soi-même en son entier au moins une fois ou deux. Ainsi, à la fin de leurs cinq premières années d'études, les enfants juifs n'ont pas seulement appris la loi qui a été donnée à leurs pères ; ils se sont familiarisés avec le vocabulaire et la grammaire de l'hébreu biblique, qui contient un peu plus de cinq mille cinq cents mots.

Les écoliers ont maintenant dix ans. Ils sont arrivés au terme de ce que nous pourrions appeler l'enseignement primaire. Ils vont désormais, trois années durant, étudier la Loi orale : la *mishna*. Il s'agit d'un corpus d'enseignements qui s'est peu à peu constitué grâce à quelques maîtres, réputés pour leur science et leur sagesse. Leurs cours étaient si remarquables qu'ils sont reconnus comme commentaires autorisés de la Tora.

A treize ans, les garçons atteignent l'âge de la majorité religieuse qui est aussi, juridiquement parlant, l'âge de la majorité sexuelle. La puberté et la nubilité sont précoces en ces régions. Les élèves qui entrent alors dans l'adolescence ont droit au titre de *Bar Miẓwa*, car ils sont devenus — c'est le sens de cette expression — responsables face aux commandements de la Loi.

Lors d'un de mes nombreux voyages à Jérusalem j'ai rencontré l'un de ces adolescents. Il arrivait de Rehovot pour prier avec sa famille au pied du Mur. Il avait un délicieux sourire, encore plein de la fraîcheur de l'enfance et déjà marqué par la gravité d'un jeune adulte. L'ombre d'un duvet ombrageait sa lèvre supérieure. Ses yeux étaient pleins de lumière. Visiblement, ce matin-là, il venait de rencontrer Dieu. Et moi, ce matin-là, je me dis que je venais de rencontrer Saul adolescent...

Mais, devenu en quelque sorte fils du Précepte, quand on veut être un vrai praticien de la Loi, il faut encore étudier pendant deux années. Cela nous mène en l'an 21.

...Saul a maintenant quinze ans. En Italie, l'empereur Auguste est mort depuis sept ans. Il allait avoir soixante dix-sept ans et il régnait depuis quarante-trois ans, quand il s'est éteint à Nola, près de Naples, le 19 août 14. Son gendre Tibère lui a succédé. En Galilée, le fils du charpentier Joseph vient d'entrer dans sa vingt-septième année. Hors du village perché de Nazareth personne n'a encore entendu parler de cet artisan, qui se prénomme Yeshu'a — ce qui signifie Salut.

Au sortir de l'école juive, les parents de Saul l'ont-ils fait inscrire dans un gymnase, qui n'est pas seulement un complexe omnisports, mais le lieu d'enseignement privilégié pour les philosophes grecs ? Cela expliquerait que Paul, par la suite, parlant ou écrivant, laisse transparaître une véritable culture hellénique. On le verra citer le poète stoïcien Aratos, le poète crétois Épiménide, le poète athénien Ménandre. On se dit qu'il a fort bien pu rencontrer Athénodore, l'ancien précepteur d'Auguste, qui s'était retiré dans sa ville natale. Peut-être même l'a-t-il entendu répéter le sage conseil qu'il donnait autrefois à son impérial élève : « Lorsque tu es en colère, ne dis rien, ne fais rien, jusqu'à ce que tu aies récité mentalement toutes les lettres de l'alphabet. » Peut-être a-t-il rêvé à la vie fabuleuse d'un autre de ses concitoyens, Apollonios de Tyane, qui a parcouru en long et en large le Bassin méditerranéen et l'ensemble des terres connues.

Tout donne à penser que Saul, à ce moment de sa vie, n'est pas seulement un jeune Tarsiote qui parle grec. Il s'est pénétré de culture grecque, comme un lycéen qui aurait fait ses études secondaires dans la classe d'un professeur hellène ou hellénisé. On va le voir tout au long de sa vie utiliser avec maestria les procédés de discussion des philosophes grecs : la diatribe stoïcienne, la maïeutique socratique. Au-delà des formes du raisonnement, il est évident qu'il a acquis les manières de penser grecques : l'amour de la liberté, le sens de la responsabilité, le souci de la recherche des causes, la croyance en l'importance primordiale de l'intelligence, voire la familiarité avec les règles de la comptabilité et la connaissance des jeux du stade.

Pourtant, cet adolescent juif, dont l'esprit doit tant à l'Hellade, n'a pas adopté son amour des sports. Pour lui, le corps humain est un serviteur, pas un maître, encore moins un dieu. « L'exercice corporel est utile à peu de chose », ira-t-il jusqu'à affirmer (I Tm 4, 8). Curieux pour un homme qui va connaître les courbatures des longues marches et la sangle de la besace sciant l'épaule endolorie...

La « montée »

« Le moment est venu d'envoyer notre fils à Jérusalem. »

Saul a seize ans environ quand son père prononce cette petite phrase. Le chef de famille a sans doute employé un mot cher au cœur de tous les Juifs : 'Aliya, la montée. Car pour atteindre la ville sainte le voyageur, d'où qu'il vienne, doit s'élever à travers collines et montagnes. Tout Israélite le sait, qu'il ait déjà emprunté cette route ou qu'il rêve de le faire. Ce pèlerinage, pour qui ne l'a pas encore accompli, est le plus ardent de ses vœux. « L'an prochain à Jérusalem », « *Leshanah Habaâ Birushalayim* »...

Oui, l'an prochain à Jérusalem, répéteront, au long des siècles, dans l'exil et la souffrance au plus fort des persécutions, et jusque dans les camps de la Shoah, des générations d'hommes et de femmes qui trouveront dans ces mots la force d'espérer contre toute espérance et la volonté de survivre, alors que leur vie ne tient plus qu'à un fil. Ô Jérusalem, ville entre toutes bénie...

Quand le père prend une décision dans cette famille, comme dans toute famille juive, chacun dit amen. A commencer par la mère.

Pourquoi envoyer si loin du foyer ce garçon qui n'est plus tout à fait un adolescent, mais qui est à peine un jeune homme ? Pour plusieurs raisons évidentes aux yeux du père.

La première est que Saul travaille très bien. Un élève aussi intelligent, il serait dommage qu'on ne lui fasse pas poursuivre ses études. « Il faut pousser ce brillant sujet », comme dit la sagesse populaire. S'agissant de celui-ci, il est inutile d'exercer une forte pression : il ne demande qu'à poursuivre ses études.

Or, il n'y a pas à cette époque — et c'est la deuxième raison — de culture juive de haut niveau sans un séjour plus ou moins long à Jérusalem. Séjour qui s'accompagne nécessairement d'un stage chez un maître de grande réputation.

Le plus célèbre d'entre eux, en ce début des années 20, se nomme Gamaliel. C'est un pharisien, comme le père de Saul. Peut-être le Tarsiote le connaît-il personnellement. C'est en tout cas vers lui qu'il a décidé d'envoyer son fils. Sans doute lui a-t-il écrit. Le courrier est lent, mais il arrive. A moins que la lettre n'ait été confiée au futur étudiant.

Dans ce message le père explique — et c'est la troisième raison de sa décision — que son fils est plus qu'un être pieux : il manifeste un intérêt passionné pour l'étude de la Loi et de la Tradition. Il fait montre, dans les choses de la religion, d'une pénétration d'esprit assez étonnante pour son âge.

Sans la décision de ce père de famille perspicace il n'y aurait jamais eu de saint Paul !

Voilà donc le jeune Saul parti pour le long voyage. De Tarse à Jérusalem, par voie de terre, il y a sept cent cinquante kilomètres. Théoriquement, l'*Aliya* s'effectue à pied. Mais il est possible que le père ait voulu éviter à son fils les fatigues et les risques du long voyage par terre. Du port de Tarse partent régulièrement des bateaux qui font escale le long des côtes de Syrie et de Phénicie avant d'atteindre Césarée maritime, fondée par le roi Hérode le Grand (73-4 av. J.-C.) ou Yafô, que les Grecs ont rebaptisé Joppé : la Belle. De cette ville, que nous nommons Jaffa et qui n'est plus aujourd'hui qu'un faubourg de la moderne et vivante Tel Aviv, l'origine se perd dans la nuit des temps : les vieux lettrés attribuent sa fondation à Japhet, un des trois fils de Noé.

Du quai de Yafô, on est à soixante-trois kilomètres de Jérusalem : deux journées de marche.

« Te voilà, Jérusalem ! »

Tournant le dos à la mer, le jeune Saul a pris la route de l'intérieur. Elle court d'abord dans l'opulente plaine de Sharon, entre les champs de froment, les oliviers argentés et les vignes soigneusement taillées. Puis elle commence à monter doucement, presque insensiblement, parmi de molles collines verdoyantes. Ces premières marches des monts de Judée sont couvertes de chênes et de térébinthes, auxquels se mêlent quelques cyprès et de gros genévriers. Progressivement les pentes se dénudent laissant apparaître, entre six cents et huit cents mètres, un grand troupeau éparpillé de collines au dos rond, où affleure la roche qui a la couleur d'une toison de brebis avant la tonte.

... Sur cette route de Jérusalem les soldats israéliens se sont furieusement battus au lendemain de l'indépendance de leur pays. Proclamée le 14 mai 1948, elle fut suivie, dès le lendemain, par un assaut général des armées de cinq pays arabes — Égypte, Jordanie, Liban, Syrie, Irak — qui pensaient ne faire qu'une bouchée du nouvel État hébreu.

Quand les Juifs purent passer à l'offensive, ils voulurent évidemment conquérir leur capitale. Ô déception ! Ils n'y parvinrent pas. L'armistice demandé par un ennemi épuisé les arrêta, au printemps de l'année suivante, avant qu'ils aient pu atteindre le mur du Temple. La partie la plus sacrée de Jérusalem échappait à ses fils. Et le roi Hussein conservait le contrôle de la Vieille ville.

Les carcasses des véhicules blindés détruits au cours des combats de la Guerre de l'Indépendance sont, pour la plupart, restées en place, le long de cette Voie sacrée, comme autant de bornes du souvenir. Chaque année on les repeint pieusement au minium. Dans l'infertile caillasse des collines on a réussi à planter et à faire grandir des dizaines de milliers d'arbres qu'on arrose avec des soins de pépiniériste.

Cet axe stratégique est devenu aujourd'hui une autoroute à quatre voies qui se joue du relief et sinue doucement au sein d'une luxuriante forêt...

Soudain, à l'heure où les lointains commencent à rosir, Jérusalem, à un détour de la route, est apparue.

Ce tout jeune homme qui a passé son enfance au bord de la mer, comment ne s'étonnerait-il pas de découvrir cette grande ville fortifiée, bâtie sur une montagne, parmi d'autres montagnes ? Lui qui n'est pas le moins du monde lyrique, il s'écrie, comme tous ceux qui découvrent pour la première fois la cité de David : « Que tu es belle, Jérusalem ! »

Longtemps, il contemple avec admiration cette ville incomparable : « la Trois fois sainte », perchée entre terre et ciel ; cité superbement située, merveille d'architecture, forteresse puissante, orgueil de tout un peuple, demeure des sages, résidence des savants, foyer des artistes ; celle dont on a dit qu'elle était « le Centre de l'Univers », mais qui est surtout, qui est avant tout, la « Capitale de l'Éternité », le « Trône du Seigneur », le « Temple de Dieu ».

Il s'agenouille, là, au bord de la route poudreuse, et, avec le Psalmiste, il répète :

Quelle joie, quand on m'a dit :
Allons à la maison du Seigneur !
Enfin nos pas s'arrêtent,
Jérusalem, face à tes portes,
Jérusalem, la bien bâtie
Pour rassembler dans l'unité ! (...)
Sur toi, Jérusalem, que descendent la paix
Et la sérénité pour ceux qui t'aiment !
Que la tranquillité règne entre tes murs
Et la sécurité entre tes palais (Ps 122).

Trois mille ans d'histoire

Le jeune homme se relève, atteint les remparts aux assises cyclopéennes et franchit la Porte de l'Ouest, qu'on appelle la Porte du Jardin.

Il est vrai qu'elle est superbe, cette ville tout entière construite dans une pierre couleur coquille-d'œuf, qui provient des carrières des environs. En cette fin d'après-midi, ce beau calcaire, après avoir pris des teintes d'or fondu, vire au rose tendre avant de passer au pourpre et au violet.

Là-haut, le Temple, encore éclairé par les feux du couchant, domine la cité de sa masse énorme : palais du Tout-Puissant au sommet de la colline sainte, chant de pierre sous le ciel sans nuages, citadelle imprenable, asile rassurant, symbole de la présence de Dieu au milieu des hommes, lieu de rendez-vous permanent de Yahvé avec son peuple...

Saul le Tarsiote n'ignore rien de l'histoire tourmentée de Jérusalem : ce sont des péripéties à jamais gravées dans la mémoire des enfants d'Israël.

Ce site montagneux, à sept cent soixante mètres d'altitude moyenne, a été occupé très tôt par les hommes. Les Cananéens, ces Sémites venus d'Égypte, s'y établirent trois mille ans avant notre ère. Les Jébuséens leur succédèrent au début du IIe millénaire. Ils construisirent une forteresse sur cette colline rocheuse protégée par les deux combes profondes du Cédron et du Hinnom — cette dernière plus connue sous le nom de vallée de la Géhenne.

Tout enfant, le jeune Saul a répété le passage de la Genèse qui décrit la rencontre, tout près d'ici, de Melchisédech, prêtre du Dieu Très Haut, avec Abraham, à qui il offre du pain et du vin (Gn 14, 17-18). A cette époque reculée ce lieu s'appelle déjà Uru Salim ou Uru Shalem. Certains disent aujourd'hui que le nom de Jérusalem ou Jérusalem viendrait de *Jé* : Yahvé ; *Ur* : patrie d'Abraham ; et *Salim* : paix, salut. Il faudrait alors traduire ce nom par « Dieu vous envoie le salut d'Abraham qui est venu d'Ur »... Quelle que soit l'explication, la cité sainte n'a pas changé de dénomination depuis trois millénaires et dans son nom, il y a le mot paix.

David s'en empare aux environs de l'an 1000 avant notre ère. Il y bâtit un modeste palais et construit un sanctuaire, afin d'y abriter le trésor le plus précieux des Hébreux : l'Arche d'alliance. Son fils Salomon, souverain épris de magnificence, construit le Temple et fait de la ville la capitale de son royaume. Vers 621, Josias y concentre le culte.

La suite de cette longue histoire se confond avec l'histoire même d'Israël. En 587, la ville et le Temple sont incendiés par Nabuchodonosor ; les habitants déportés à Babylone. Ils n'en reviennent qu'en 538, grâce à l'édit de Cyrus. La ville est successivement dominée par les Perses, les Grecs d'Égypte ou Lagides, les Grecs de Syrie ou Séleucides. Après de longs et durs efforts, entre 164 et 144, les Maccabées viennent enfin à bout de cette domination étrangère. Mais l'indépendance, cette passion de tous les peuples et tout particulièrement du peuple juif, n'est pas recouvrée pour très longtemps. En 63, Pompée assiège la cité sainte. Après trois mois de combats, il parvient enfin à la conquérir. Pénétrant dans le Temple il commet un crime inexpiable : il tue les prêtres, qui sont en train d'y offrir le sacrifice. Désormais le pays passe sous le contrôle de Rome. La malheureuse capitale juive va encore subir, en 41, l'invasion des Parthes. Elle en est délivrée en 37, à la suite d'un nouveau siège, particulièrement terrible. Ayant enfin réussi à reprendre la ville, avec l'aide de deux légions romaines, Hérode établit son autorité sur toute la Palestine. Sous son règne, le pays retrouve peu à peu le calme et la prospérité. Ici, comme partout dans l'empire, règne la *pax romana*.

Quand meurt à Jéricho, en l'an 4 de notre ère, deux ans avant la naissance de Saul, celui qu'on appelait Hérode le Grand, Rome ne veut plus entendre parler d'un autre monarque à Jérusalem. Le prestige, la richesse, la puissance et la vanité de ce Juif finissaient par faire de l'ombre à l'empereur lui-même. Celui-ci et ses successeurs vont désormais appliquer une règle classique de l'administration coloniale, mot et statut inventés par les Romains : le gouvernement direct, confié à un homme à poigne, spécialement choisi par l'empereur. Dans le turbulent pays des Juifs, Tibère a estimé utile de serrer la vis... Il a donc mis en place en Judée un ethnarque nommé Archelaüs, et en Galilée un tétrarque, qui n'est autre qu'Hérode Antipas : tous deux sont les fils d'Hérode le Grand. C'est le second qui fonde Tibériade, la baptisant ainsi par révérence envers le maître de Rome et espérant se faire bien voir de lui. Dernière réforme enfin, en l'an 15 de notre ère, pour renforcer plus encore la mainmise romaine : à Jérusalem, l'ethnarque est supprimé ; il est remplacé par un procurateur.

Au moment où le jeune Saul arrive dans la capitale de son peuple, ce haut fonctionnaire romain se nomme Valerius Gratius.

A la jubilation qu'éprouve le jeune Tarsiote en pénétrant ce soir dans Jérusalem la belle se mêle un sentiment de tristesse. Israël a perdu son indépendance. La cité de David vit sous un régime d'occupation.

Une étonnante mosaïque humaine

A Jérusalem Saul a une sœur, mariée et mère de famille (Ac 23, 12). C'est vers son domicile qu'il se dirige sans tarder : c'est là qu'il va loger.

Elle habite dans le quartier des Asiatiques. Il est ainsi appelé parce qu'il est peuplé de Juifs originaires d'Asie Mineure. Leurs notables viennent précisément de Tarse. Leur synagogue s'appelle d'ailleurs la synagogue des Tarsiotes. D'emblée, Saul se trouve donc en pays de connaissance.

Une deuxième communauté est celle des Babyloniens. Il s'agit des Israélites, qui sont restés dans l'empire perse, après que Cyrus eut permis à leurs coreligionnaires de regagner Jérusalem. Revenus dans leur pays, lentement et progressivement, ils ont conservé d'étroites relations avec les habitants des vallées du Tigre et de l'Euphrate. En ce début du Ier siècle de notre ère, un important courant de circulation existe entre la Mésopotamie et la Judée. Depuis la lointaine Babylone, quel pénible cheminement tout au long de la route qui conduit vers la Méditerranée et s'appelle, pour cette raison, la *via maris* ! Les voyageurs remontent par la rive gauche de l'Euphrate jusqu'à Harran, piquent vers l'ouest, traversent Damas, atteignent la vallée du Jourdain, longent la mer de Galilée et, par la Samarie, parviennent enfin en Judée. Quand les étapes leur paraissent trop dures, ils reprennent courage en se disant qu'ils suivent l'itinéraire qu'emprunta Abraham deux millénaires plus tôt, quand il eut entendu l'appel de Yahvé :

> *Pars de ton pays, de ta famille et de la maison de ton père,*
> *vers le pays que je te ferai voir.*
> *Je ferai de toi une grande nation et je te bénirai.*
> *Je rendrai grand ton nom* (Gn 12, 1-2).

Ainsi quitta-t-il la Chaldée. Ses lointains descendants, quand ils arrivent des profondeurs du Moyen-Orient, sont accueillis dans la capitale juive, au quartier des Babyloniens, par une communauté nombreuse et puissante.

Mais la communauté de loin la plus importante et la plus riche est celle qui habite le quartier des Alexandrins. Elle est composée de Juifs originaires d'Égypte, parmi lesquels ne manquent pas les familles aristocratiques, dont certaines vivent dans l'opulence. Elles entretiennent en général de bonnes relations avec les autorités romaines, que leurs frères fréquentent assidûment dans le delta du Nil.

Ces trois communautés sont loin d'être les seules à Jérusalem, ville particulièrement cosmopolite. On en a une idée lorsqu'on relit, au début des Actes des Apôtres, le récit de la Pentecôte, tel que nous l'a transmis Luc.

Originaire de Syrie, Luc a abandonné la profession de médecin qu'il exerçait, pense-t-on, à Antioche, pour adhérer à l'Évangile. On a cru qu'il était l'un des soixante-dix ou soixante-douze disciples qui se groupèrent autour de Jésus dès les premiers temps de sa prédication, car il fait un long récit de cette scène, comme s'il l'avait vécue lui-même (Lc 10, 1-20). On a imaginé aussi, pour la même raison, qu'il était un des deux pèlerins qui rencontrèrent le Christ sur la route d'Emmaüs (Lc 24, 13-55). Mais en réalité son adhésion date des alentours de l'an 40, c'est-à-dire dix ans après la Pentecôte.

Ce jour-là — 28 mai 30 — les Douze se trouvent réunis avec un groupe de cent vingt disciples, écrit Luc. Originaires de Galilée et de Judée, ils parlent l'araméen. Or, voici qu'ayant reçu l'Esprit, ils s'adressent soudain à des hommes et à des femmes qui appartiennent au moins à une douzaine de nations différentes. Et ils sont compris par tous.

Le texte de cette relation (Ac 2, 1-13) nous fournit une liste très précise des différentes races qui peuplent Jérusalem à cette époque ou qui y sont venues en pèlerinage. Il y a là des Parthes, originaires de l'Iran actuel, des Mèdes, venus de l'ouest de ce pays, et des Élamites, venus du sud-ouest ; des habitants de la Mésopotamie ; des citoyens de la Judée, bien sûr, ainsi que de toutes les régions de Palestine ; des originaires de la Cappadoce, dans la partie orientale de l'Anatolie d'aujourd'hui, du Pont au nord, de la Pamphylie au sud, de la Phrygie et de l'Asie à l'ouest ; des résidants nés en Égypte, en Libye cyrénaïque, en Arabie, en Crète, à Rome... En somme la quasi-totalité du monde connu.

Mosaïque humaine, la capitale juive est, en conséquence, un kaléidoscope linguistique. Cette multiplicité des idiomes est aux yeux des Juifs un châtiment de Yahvé. N'est-ce pas lui qui a décidé, il y a très longtemps, de « brouiller la langue de toute la terre » pour punir les constructeurs de la tour de Babel ? Car ils avaient eu l'audace insensée de vouloir bâtir « une ville et une tour, dont le sommet touche le ciel » (Gn 11, 1-9). Dès lors il y eut soixante-dix langues, affirme la Tradition. Telle est l'origine de la croyance en l'existence de soixante-dix nations païennes. Désormais, affirment certains vieux sages d'Israël, l'unité linguistique du monde ne pourra se reconstituer que dans l'hébreu, « seule langue entendue par Dieu ».

Dans cette attente, pour être juge au Sanhédrin, le tribunal religieux de Jérusalem, il faut pouvoir maîtriser les soixante-dix langues. En théorie du moins. Qui pourrait être à ce point polyglotte, même parmi les Juifs, qui le sont si souvent ? En pratique cela signifie qu'il faut pouvoir se passer des services d'un interprète. Au moins pour les quatre langues qui sont d'usage courant dans la capitale : l'araméen, l'hébreu, le grec et le latin.

A l'exemple des magistrats, tout membre de l'élite juive est polyglotte. Bien avant que Saul n'arrive à Jérusalem, ses parents et ses maîtres lui ont insufflé cette indispensable ambition.

Cette familiarité avec des langues diverses entraîne une nécessaire intimité avec des alphabets différents. Quatre au moins sont d'un usage courant : l'alphabet paléo-hébraïque, l'alphabet grec, l'alphabet nabatéen — la capitale de ce royaume est Petra, sur le territoire de la Jordanie d'aujourd'hui — et l'alphabet hérodien, dit « carré », qui est celui des manuscrits de Qumran.

Habitué à utiliser tant d'idiomes et tant d'alphabets, « ce tout petit peuple judéen » est devenu, comme l'a noté avec pertinence un écrivain, « un carrefour des langues et des parlers ». Le voilà marqué du signe des grandes civilisations à vocation universelle : « l'alphabétisation généralisée et un degré tout aussi élevé que répandu de culture lettrée ».

Pourtant, Jérusalem n'est pas une très grande ville. Au Ier siècle de notre ère sa population ne dépasse guère cent mille habitants, sauf lors des pèlerinages. Elle ne peut donc pas rivaliser, pour l'importance démographique, avec les grandes métropoles de l'empire romain : Alexandrie, Antioche, Éphèse, Athènes. Mais Cicéron a montré bien peu de jugeote quand il a écrit avec dédain dans *Ad Atticum* que Jérusalem n'est qu'une « bicoque ». Elle occupe une place honorable, sinon de premier rang.

Il est vrai que le royaume d'Hérode lui-même n'est pas très peuplé. Les estimations varient de 600 000 à... 2 556 000 habitants. Entre les deux extrêmes, il est raisonnable de penser que la *Provincia judaea* abritait un million d'habitants. Sur l'ensemble du territoire de la Palestine — ou plutôt de ce qu'on appelle *Eretz Israël :* la terre juive, la patrie juive — on dénombre à peine deux millions d'habitants.

Ayant toujours vécu dans une ville relativement importante, où se côtoyaient les langues, les écritures, les religions et les cultures, le jour de son arrivée à Jérusalem Saul ne se sent nullement dépaysé. Parmi les hiérosolymitains le jeune Tarsiote a, d'emblée, le sentiment d'être chez lui.

Le Temple

Dès le lendemain matin, la première visite de Saul est pour le Temple. Avant même d'aller se présenter à son futur maître, c'est vers la Maison de Dieu que le jeune homme dirige ses pas.

Dominant Jérusalem de sa masse puissante, le Temple est une véritable ville dans la ville. L'ensemble des bâtiments qui le constituent forme un vaste quadrilatère de quatre cent quatre-vingt-onze mètres de longueur sur trois cent dix de largeur. Ici plus que partout ailleurs c'est la glorieuse histoire tourmentée d'Israël qu'on évoque dès qu'on a franchi la porte d'enceinte.

A ce plateau, sur lequel fut construit l'édifice destiné au culte divin, on donna le nom du mont Moriah. Il y avait là à l'origine une aire rocheuse, où un noble jébuséen nommé Aron ou Arauna avait l'habitude de venir battre son grain. David lui acheta ce terrain, pour la somme de cinquante sicles d'argent (2 Sa 24, 18-25). Quand Yahvé avait demandé à Abraham de lui sacrifier son fils Isaac, il lui avait dit : « Va sur le mont Moriah » (Gn 22, 2). Certains commentateurs en ont conclu que dans les deux cas il s'agissait du même emplacement. Mais une autre explication paraît beaucoup plus plausible : le lieu de la rencontre de Dieu avec son peuple ne peut être qu'un lieu unique ; le mot Moriah est ce lieu unique, où qu'il se trouve géographiquement situé. Ce caractère unique est parfaitement affirmé dans le Livre des Chroniques : « C'est ici la maison du Seigneur Dieu et voici l'autel de l'holocauste pour Israël » (1 Ch 22, 1).

Vers 950 avant notre ère, Salomon, fils de David, construisit ici le premier Temple. C'était un splendide édifice : murs de pierres soigneusement appareillées, plafonds en cèdre du Liban, cloisons de cyprès, portes de bronze, placages d'or fin, décorations rehaussées de pierres précieuses. De ce chef-d'œuvre, la Bible donne une longue et minutieuse description (2 Ch 2-5).

Lors du siège de Jérusalem par les Babyloniens de Nabuchodonosor, ce temple fut pillé puis, en 586, détruit de fond en comble. Quand les Israélites revinrent, un demi-siècle plus tard, de la captivité en Mésopotamie, ils déblayèrent les ruines de leur capitale et commencèrent à reconstruire le Temple. Faute d'argent, ils ne parvinrent pas à restaurer dans sa magnificence la merveilleuse construction salomonienne. Cependant, malgré sa relative pauvreté, ce temple rebâti qu'on appelle parfois le deuxième Temple — bien qu'il soit en fait le un bis — est cher au cœur de tous les Juifs : il est le symbole de la résurrection nationale et le bastion de la résistance au paganisme. Judas Maccabée l'a purifié des souillures d'Antiochos Épiphane qui l'avait profané : ce qu'on appela depuis lors « l'abomination de la désolation ».

Cinq siècles plus tard paraît le roi Hérode Ier. Seule la faveur de Marc Antoine lui a permis, en l'an 40 av. J.-C., de se faire reconnaître par le Sénat comme roi des Juifs, « ami et allié du peuple romain ». Cet iduméen, dont les ancêtres occupaient un territoire situé au sud de la mer Morte, veut se faire pardonner son origine étrangère. Il décide de faire construire un nouveau temple. Exécutés par dix mille ouvriers, les travaux durent moins de deux ans — 20-19 av. J.-C. Mais les portiques ne sont terminés qu'en 11 av. J.-C., et les ultimes finitions s'achèveront seulement au bout de quatre-vingt-deux ans, en 62 ap. J.-C.

C'est le temple d'Hérode, le second Temple, que Saul découvre, dès le matin qui suit son arrivée à Jérusalem. Huit portes y donnent accès. De la splendeur née du génie de Salomon, il ne reste rien, sinon le souvenir qui subsiste dans le nom de Portique de Salomon, qui dominait à l'est la vallée du Cédron. Avec le Portique du Sud, il limitait le Parvis des Gentils. Ceux qui appartiennent à une autre race — *gens* en latin — que la race juive y ont libre accès. D'où le nom de cette enceinte, réservée aux païens et aux prosélytes. Le quatrième côté du parvis est occupé par la Stoa d'Hérode, galerie couverte donnant accès à une basilique à trois nefs, délimitée par quatre rangées de colonnes à chapiteaux corinthiens.

Du Parvis des Gentils on accède au Parvis des Femmes, aux quatre coins duquel s'élèvent quatre grands édifices : ils sont respectivement réservés aux lépreux, par légitime souci d'isolement ; aux *Nazirs*, qui ont fait vœu de pureté rigoureuse, temporairement ou de façon permanente ; aux provisions de bois pour les sacrifices ; enfin aux réserves d'huile. Au sommet des marches des inscriptions, en grec et en latin, rappellent à tout non-juif qu'il lui est strictement interdit de dépasser cette limite, sous peine de mort.

Au fond du Parvis des Femmes, du côté du couchant, un escalier de quinze marches, légèrement curvilignes, donne accès au Parvis des Hommes ou Parvis des Israélites. Là se trouvent : la mer d'Airain, un bassin de bronze de cinq mètres de diamètre, reposant sur un socle formé de quatre groupes de trois bœufs et contenant l'eau nécessaire aux ablutions des sacrificateurs ; le Foyer où les prêtres vont se reposer ; le Petit Sanhédrin enfin, qui siège dans la salle dite de la Pierre Taillée, la *Lishkat Hagazit*.

Le Parvis des Israélites entoure de trois côtés le Parvis des Prêtres, qui mesure, à lui seul, cent mètres dans chaque sens et qui est, en quelque manière, l'aorte directement abouchée avec le cœur du Temple.

A l'entrée s'élève l'autel des holocaustes, qui n'a pas moins de dix-sept mètres de côté. Il se dresse, massif, énorme, impressionnant, sur un socle à trois gradins qui domine de près de six mètres le pavement de cet ultime parvis.

Au-delà de cet autel, on atteint enfin la partie haute de ce vaste ensemble de constructions, emboîtées les unes dans les autres et symboliquement étagées, depuis celle qui est ouverte à tous jusqu'à celle qui est strictement réservée à quelques-uns. Sur cette cime culmine, cible de tous les regards, objet de l'unanime vénération, la Maison du Seigneur, c'est-à-dire le Sanctuaire lui-même.

Il comprend une première salle : le Saint — ou *Heykâl* — qui renferme le Chandelier à sept branches, l'Autel des parfums et la Table des pains de proposition, grosses galettes pétries de fleur de farine et renouvelées à chaque sabbat.

Enfin, derrière un grand voile pourpre et violet, s'ouvre le Saint des Saints — le *Débir* — entièrement obscur et totalement vide, puisque Yahvé, l'Incréé, ne peut pas être représenté. C'est ici qu'avant l'Exil était conservée l'Arche d'alliance. Ce coffret en bois d'acacia, où Moïse avait déposé les tables de la Loi, a disparu en 587.

Le Grand Prêtre est le seul homme qui ait le droit de pénétrer dans le Saint des Saints. Auparavant, il a revêtu les ornements traditionnels : tunique, ceinture et pectoral de *byssus*, c'est-à-dire de lin très fin et parfaitement immaculé ; sur la tête, turban et diadème ; sur la poitrine, l'*éphod*, une sorte de dalmatique, rehaussée sur les épaules de pierres de cornaline, une variété d'agates rouges. Ainsi paré, il entre une fois par an dans ce lieu sacré : c'est pour la fête de l'Expiation, en la journée du Grand Pardon, le célèbre *Yom Kippour*.

Ce jour-là, le Grand Prêtre purifie le lieu saint avec le sang mêlé d'un taureau et d'un bouc. Après quoi, se déroule l'étrange cérémonie du « bouc émissaire ». On tire au sort un de ces ruminants barbichus, destiné à être sacrifié à Azazel, le mauvais ange. On l'amène au Sacrificateur suprême, qui lui impose les mains en confessant à haute et intelligible voix « toutes les impuretés, toutes les désobéissances et tous les péchés des enfants d'Israël ». A l'extérieur la foule répète une prière qui ressemble à notre acte de contrition : « Mon Dieu, ton peuple a commis devant Toi bien des péchés, bien des crimes, mais, comme il est écrit dans la loi de ton serviteur Moïse, accorde-lui, par ta miséricorde, le pardon de toutes ses fautes en cette journée de l'expiation. » Un homme, connaisseur du désert, chasse alors ce bouc, qui est désormais « chargé de tous les péchés d'Israël ». Aux cris du peuple qui se presse sur le passage, celui qui a charge de conduire l'animal à Azazel, le mauvais ange, le poursuit à coups de fouet jusqu'au désert, qui n'est, à vrai dire, qu'à quelques kilomètres de la ville. Il le dirige vers un précipice, où il l'abandonne. Si le bouc émissaire n'est pas mort dans sa chute, interdiction est faite à quiconque de le soigner ou de le nourrir. L'homme du désert peut alors procéder à une ablution solennelle : le peuple de Dieu est tout entier purifié...

La tête et le cœur de la nation

Saul a traversé les deux premiers parvis. Il est arrivé au pied de l'autel des holocaustes, où les sacrifices ont commencé. Ses regards se tournent vers le Saint des Saints, seul endroit silencieux sur l'esplanade du Temple, le *Haram*. Alentour, tout est bruit et mouvement.

Le nouvel arrivant médite longuement sur la place que tient dans la vie d'Israël cet édifice unique et irremplaçable qui est à la fois la tête et le cœur de la nation.

« Ici se rencontrent, a-t-on dit à juste titre, la vie religieuse et les activités séculières, le cours des affaires et le mouvement des idées, la liturgie et la politique, l'enseignement et le commerce... »

Saul regarde autour de lui, non sans un certain étonnement, le spectacle aux cent actes divers : les lévites vont et viennent pour le service du sanctuaire ; les docteurs de la Loi, assis en rond, discutent sans jamais se lasser ; les prêtres revêtent avant les sacrifices leurs beaux ornements liturgiques, les lévites psalmodient sous les colonnades les versets de la Tora ; les juges du Sanhédrin se hâtent vers leur salle de délibérations ; les cultivateurs apportent de la fleur de farine, de l'huile, de l'encens, des gâteaux sans levain pour les oblations ; ceux qui habitent près de la capitale ont disposé dans des paniers de vannerie des figues fraîches et des grappes de raisin ; ceux qui viennent de loin arrivent avec des fruits secs ; des citadins aisés s'avancent, l'air important, suivis d'esclaves qui tiennent par le licou un jeune taureau ou un bœuf, les cornes parées d'une feuille d'or, une couronne d'olivier sur la tête ; des joueurs de flûte leur ouvrent la voie ; sur leur passage, on se lève et on dit : « Frères, venez en paix ! » ; dans le coin qui leur est réservé des lépreux se rasent tout le corps, se lavent et rincent soigneusement leurs vêtements souillés ; les jeunes accouchées accomplissent avec exactitude les rites purificatoires auxquels elles sont astreintes ; l'époux qui soupçonne sa femme d'infidélité vient la soumettre à l'épreuve de « l'eau d'amertume », qui la brûle si elle est fautive...

Sous le Portique de Salomon et dans la Basilique d'Hérode se presse une foule bigarrée : fidèles ou prosélytes groupés autour de rabbis renommés ; marchands accrédités proposant aux chalands des boucs, des chèvres, des brebis, des tourterelles, des pigeonneaux ; prêtres revendant sans vergogne les peaux des bêtes sacrifiées ; changeurs offrant des sicles juifs en échange des pièces de monnaie romaines ou grecques, prohibées en ces lieux.

Évoquant ces scènes, un écrivain note avec la précision d'un reporter attentif : « Tout ce tumulte de négociations, de discussions, de prières est dominé par l'éclat des trompettes sacrées, par le mugissement des victimes qu'on égorge, par le pétillement des flammes de l'autel d'où monte une opaque fumée. »

Plus poétiquement, Racine écrira, au début d'Athalie, ces vers inoubliables :

> *Que les temps sont changés ! Sitôt que de ce jour*
> *La trompette sacrée annonçait le retour,*
> *du Temple, orné partout de festons magnifiques,*
> *Le peuple saint en foule inondait les portiques*
> *Et tous, devant l'autel, avec ordre introduits,*
> *De leurs champs dans leurs mains portant les nouveaux fruits,*
> *Au Dieu de l'univers consacraient ces prémices.*

A peine un holocauste est-il terminé qu'un autre commence. Scènes d'abattoir ! On saigne le jeune taureau. Le sang, considéré comme principe de vie, est réservé à Dieu. Cela explique que tout animal soit soigneusement égorgé et qu'on fasse, au Temple comme chez le boucher, rituellement couler son sang jusqu'à la dernière goutte : sa consommation est interdite par la Loi. Quand enfin la bête est exsangue, on la dépèce. On dispose sur l'autel les quartiers de viande, la tête, la graisse, puis les pattes, puis les entrailles qu'on a minutieusement lavées. Enfin, on y met le feu.

C'est le sacrifice perpétuel, le *Tamid*, destiné à obtenir de Dieu l'expiation des péchés et des fautes sans cesse commis par les hommes.

Pour quelques bouffées d'encens qui parfument l'air autour du Saint des Saints, partout ailleurs quelle puissante odeur de chair grillée ! Le remugle de ce gigantesque méchoui quotidien envahit l'atmosphère à l'intérieur des parvis, flotte sur la ville entière, stagne sur les places et les placettes, suit les rues et les ruelles, s'infiltre dans les maisons, s'insinue jusque dans les lits...

Tout le jour, Jérusalem sent le barbecue !

Quand s'arrêtent enfin les sacrifices, le quartier de la ville où est parqué le bétail dans l'attente de l'holocauste du lendemain dégage un fort relent d'étable. Mais, dans cette civilisation pastorale, aucun odorat n'en est offusqué.

« Aux pieds de Gamaliel »

Aussitôt après cette première visite au Temple, Saul se rend chez l'homme qui va devenir son maître à penser. L'expression ne paraît pas excessive, quand on entend le disciple proclamer avec orgueil, près de quarante ans plus tard : « C'est aux pieds de Gamaliel que j'ai été formé à l'exacte observance de la loi de nos ancêtres. J'étais un partisan zélé de la cause de Dieu » (Ac 22, 3).

L'expression « aux pieds de Gamaliel » n'est pas une image. C'est la réalité. Dans cette sorte d'académie — la *Bet ha-Midrash*, littéralement la maison d'étude — les étudiants sont assis par terre en demi-cercle, aux pieds du maître. Comme d'autres l'ont été avant eux, à Athènes, au temps de Socrate. Comme d'autres le seront, après eux, en Orient et le seront toujours en terre d'islam.

Comme le père de Saul, Gamaliel est un pharisien. Ceux-ci sont alors divisés à Jérusalem en deux clans : celui de Shamay, un docteur de la Loi connu pour son intransigeance et son caractère irascible ; celui d'Hillel l'Ancien, le maître à penser de Gamaliel, qui est, lui, un personnage totalement différent.

Né en Mésopotamie, Hillel est venu en Israël par la route du retour de l'Exil. Surnommé « Babli », le Babylonien, il a été le disciple de deux des plus grands maîtres pharisiens. Telle était sa réputation qu'on l'a fait accéder à la dignité suprême : la présidence du Grand Sanhédrin, la *Nesi'ut*. Les honneurs ne lui ont pas tourné la tête : il a toujours été prêt à répondre à l'appel des plus pauvres, qui le vénèrent.

Gamaliel, son fils, a suivi son exemple. Ce rabbi, dont le nom signifie « récompense de Dieu » — *Gamla'* en hébreu —, est en ce début des années 20 le plus célèbre des docteurs de la Loi. Tout le monde s'incline devant son savoir et sa sagesse. A ces qualités intellectuelles il joint une grande bonté. Aussi le peuple nourrit-il pour lui des sentiments d'estime et d'affection.

C'est à la porte de ce sage que Saul, sur la recommandation de son père, est allé frapper.

Hillel disait que « le monde a trois fondements : la justice, la vérité et la paix ». C'est une formule que Gamaliel aime répéter à ses disciples. Ce même Hillel a laissé une sorte de code de sagesse, dont on fait le plus grand cas dans la famille de Saul. C'est une sorte de poème et presque de comptine, qu'on peut aisément mémoriser.

> *Excès de chair, excès de vers.*
> *Excès de bien, excès de tourment.*
> *Excès de femmes, excès de charmes.*
> *Excès de serviteur, excès de larcin*
>
> *... Excès de Tora, excès de vie.*
> *Excès d'étude, excès de sagesse.*
> *Excès de conseil, excès de sagacité.*
> *Excès de justice, excès de paix.*

Acquérir bon nom, acquérir pour soi seul
S'acquérir paroles de la Tora.
S'acquérir vie du monde à venir (Avot 2, 7).

Gamaliel possède une foi à toute épreuve en Yahvé son Seigneur. Il a une connaissance du Livre qui confond les plus érudits ; une dialectique qui laisse pantois les plus habiles. La longue fréquentation des textes sacrés ne l'a pas desséché. Tout au contraire, elle a développé dans son cœur l'indulgence, la bienveillance, la mansuétude et, ce qui n'est pas si fréquent, la tolérance.

Les méthodes d'enseignement de Gamaliel ressemblent beaucoup à celles de Socrate. Saul et ses condisciples sont là dans une sorte d'institut universitaire à ciel ouvert, qui ne possède ni salle de cours ni salle d'étude. On s'installe, en fonction du temps, soit contre un mur que tiédit le soleil, soit à l'ombre d'une colonnade du Temple, soit à l'abri de la maison du maître. Celui-ci aime alterner exposés et discussions. Il pose des questions, sollicite les réponses, corrige le raisonnement, pose d'autres interrogations, contredit, complète, résume et reprend, sans se lasser ni lasser ses auditeurs, ce cours à plusieurs voix. Cette technique pédagogique n'est pas sans parenté avec la maïeutique de Socrate et avec la diatribe des stoïciens.

Pour retenir plus aisément on mêle, en quelque sorte, la musique à la parole. D'où la psalmodie, les rythmes, la scansion. En outre, on joint le geste au verbe, d'où les balancements. « Si, pendant que tu étudies, précise un vieux texte, tu fais mouvoir les deux cent quarante-huit membres de ton corps (*sic*), le résultat de l'étude se conserve dans ta mémoire. Autrement, il se perd. »

Saul, comme la plupart des étudiants appartenant à l'élite pharisienne, poursuit un double objectif : enrichir sa culture profane et porter à un haut niveau ses connaissances religieuses. Lui dont la langue habituelle est le grec, il continue à se nourrir de culture hellénique. L'œuvre qu'on étudie par prédilection dans les lycées est celle d'Homère. Il est temps pour Saul de se familiariser avec les philosophes, les historiens, les dramaturges et les orateurs de la Grèce classique. Ce n'est évidemment pas Gamaliel qui commente devant ses étudiants les dialogues de Platon ou les discours de Démosthène. Bien qu'il soit lui-même un excellent helléniste, ce n'est pas son affaire. Il a une tâche, et une seule : transmettre à ses disciples le fruit de ses longues années d'études et de méditation dans le domaine spirituel.

Eux, les étudiants, ils doivent être, selon une formule qui fait florès dans la Jérusalem du Ier siècle, « comme des éponges qui s'imbibent de la parole du maître ».

La Loi et la Tradition

« T'es-tu lavé les mains avant de venir ?
— Oui, maître.
— Promets-tu d'observer scrupuleusement toutes les instructions concernant le pur et l'impur, telles qu'elles sont définies dans le Lévitique ?
— Oui, maître.
— Sois donc admis comme novice, pendant une période de trente jours. Si tu donnes satisfaction, tu deviendras l'un de mes disciples. »

Ces questions étaient celles qu'Hillel l'Ancien posait à ceux qui voulaient suivre son enseignement. Il semble donc logique que Gamaliel, son fils, ait fait de même pour le jeune Saul. A l'entrée de cette école aucune barrière n'est dressée ; aucun *numerus clausus* imposé. « Quiconque se présente peut être admis comme membre, précise un texte de l'époque. On le reçoit, s'il s'est toujours comporté avec pudeur et modestie. » La recommandation du père de Saul a certainement facilité le premier contact.

Dès le second entretien, le rabbi revient sur ces lois de pureté, qui tiennent une place si importante dans le pharisaïsme. Il rappelle au jeune étudiant : « N'oublie surtout pas d'observer quotidiennement toutes les prescriptions qui indiquent comment il faut préparer la nourriture. Et surtout ne mange jamais la chair d'un animal impur.

Évite soigneusement tout risque de voir l'impureté se transmettre par contamination directe — ce que nous appelons *'Av Hatum'a* —, par exemple par contact avec un cadavre humain.

Fais en sorte que la dîme — le *Ma'aser* — soit effectivement prélevée sur tous les produits que tu consommeras, y compris sur ceux que tu achèteras au marché. »

Ces conseils préliminaires ayant été donnés, l'enseignement proprement dit peut commencer. Gamaliel, comme tant d'autres, est polyglotte. Mais la langue qu'il utilise le plus souvent est l'araméen. C'est celle qu'il emploie dans son enseignement. Elle constitue l'idiome populaire de la Palestine. L'hébreu est la langue prestigieuse de la culture religieuse et profane. C'est toujours à cette époque une langue vivante, bien sûr. Mais c'est la langue sainte, la langue de la Révélation, la langue de Dieu, ou du moins du dialogue avec Dieu. On l'utilise dans l'énoncé de la Loi, dans les cérémonies officielles, dans les condensés à usage pédagogique, ou encore dans les exposés auxquels on veut donner une forme rhétorique et savante.

... A travers les terribles péripéties de leur longue histoire, les Juifs ont sauvé leur foi en préservant leur langue et préservé leur langue en sauvant leur foi. Ainsi jusqu'à la fin du xixᵉ siècle, où un petit professeur de Jérusalem, Éliézer Ben Yehuda (1858-1922), décide de refaire de l'hébreu une langue vivante. Envers et contre tous, il y parvient : en 1881 il rédige le premier dictionnaire de l'hébreu moderne ; en 1884 il fonde un journal en langue hébraïque ; en 1890 il crée un comité pour la langue hébraïque. Du point de vue linguistique, l'état d'Israël vit aujourd'hui de son Thesaurus en quatorze volumes, dont certains mots, tout modernes qu'ils sont, viennent directement de la Bible. Le mot électricité par exemple est directement issu d'Ézéchiel, chapitre I, verset 27...

Quel est donc l'enseignement que donne Gamaliel et pourquoi a-t-il une telle réputation ? La réponse à cette double question tient en une seule phrase : c'est un enseignement de très haut niveau.

A Jérusalem à cette époque il n'existe pas moins de 425 synagogues, qu'on appelle maison d'assemblée, la *Bet Keneset*. Chacune d'entre elles possède son école élémentaire, la *Bet Hasefer*, où les plus petits apprennent par cœur la Loi écrite, et son école primaire, où les plus grands commencent à s'initier à la Loi orale. On dénombre au temps de Jésus plus de six cents établissements d'enseignement dans la capitale et ses environs. Nulle autre civilisation n'a encore donné cette importance à l'école...

A l'âge de Saul et de ses compagnons d'étude il n'est évidemment plus question de psalmodier, des heures durant, le texte des cinq livres du Pentateuque. C'est toute la Tora au sens large du mot, c'est-à-dire le corpus complet de la Révélation, qu'il faut maintenant étudier, et même scruter, afin d'en comprendre tout le sens, dans tous ses chapitres. Vaste programme, quand on sait l'importance qu'a prise au cours des siècles la Tora orale, c'est-à-dire l'enseignement transmis verbalement. On lui attribue une autorité quasiment égale à celle de la Loi écrite. Pourquoi ? Parce que cette Loi orale s'est transmise par une tradition ininterrompue depuis le jour où Dieu parla à Moïse dans le désert du Sinaï. Car au sommet de la montagne c'est Moïse, l'homme de la Parole, qui fut transfiguré, et personne d'autre.

On fait remonter les premiers commentaires de l'Écriture à Esdras, qui raconte la restauration du judaïsme après l'Exil dans son livre, composé entre la fin du ivᵉ et le milieu du iiiᵉ siècle av. J.-C. Un traité mishnaïque célèbre, le *Pirqé Avot*, ira jusqu'à énumérer les maillons de la chaîne de transmission pharisienne de la Tora. Moïse, l'ayant directement reçue de Yahvé, la transmit à Josué. Celui-ci la communiqua à son tour aux Anciens et aux Prophètes, qui en firent bénéficier les Sages de la Grande Synagogue.

Une bonne partie de l'enseignement de Gamaliel consiste donc à diriger un travail d'exégèse, c'est-à-dire d'interprétation philosophique et doctrinale du texte. Il explique longuement à ses étudiants les passages essentiels de la Tora orale, afin de leur permettre d'en tirer les applications nécessaires dans leur vie quotidienne : c'est ce qu'on appelle le *Midrash*. Lorsqu'il interprète les parties narratives de l'Écriture, c'est le *Midrash aggadah*. Mais plus importante peut-être est l'adaptation permanente de la jurisprudence qui s'est peu à peu constituée à la lumière du texte saint : c'est le *Midrash halakha*.

Ce faisant, Gamaliel est dans le droit fil de la Tradition. Il applique avec exactitude les recommandations que formulaient longtemps avant lui les hommes de la Grande Synagogue :

« Soyez circonspects dans l'administration de la Justice ;

Instituez un grand nombre de disciples ;

Protégez la Tora contre toute atteinte matérielle et spirituelle. »

Un des survivants de la Grande Synagogue s'appelait Simon le Juste. Ce Grand Prêtre qui vivait au début du IIIe siècle av. J.-C. avait coutume de dire : « Le monde est fondé sur trois choses : la Tora, le culte et les œuvres de bienfaisance. »

Après lui vinrent sept autres Sages. Gamaliel est le huitième, par ordre chronologique. Aux yeux de tous il est donc enté sur la Tradition la plus directe et la plus authentique. Il est un maillon dans la chaîne vivante des hommes de Dieu qui se sont succédé depuis Moïse lui-même. Ce qu'il dit a donc valeur de loi. Pas question pour ses disciples d'y changer un iota. Un texte pharisien est formel sur ce point : « On a le devoir absolu de formuler une tradition dans les termes textuellement employés par le Maître, au moment de son enseignement » (Eduyot 1, 3).

Plus frappante encore est la comparaison employée par un contemporain de Gamaliel : « Le disciple doit être comme une citerne dont on vient d'achever le revêtement intérieur et qui ne laisse pas fuir la moindre goutte d'eau » (propos de Yohanan Ben Zakay chantant les louanges de son disciple Éliézer).

Gamaliel donne à chacun de ses étudiants ces conseils que reprendra, longtemps après lui, Yuda ben Téma :

> *Sois fort comme le léopard,*
> *Agile comme l'aigle,*
> *Rapide comme le cerf,*
> *Courageux comme le lion,*
> *En vue de faire la volonté de ton Père*
> *Qui est dans les cieux.*

A peine arrivé à Jérusalem, voilà le jeune Saul non pas en de bonnes mains, mais dans les meilleures mains de la capitale.

L'étudiant Saul

« Je faisais des progrès dans le judaïsme, surpassant la plupart de ceux de mon âge et de ma race, par mon zèle débordant pour les traditions de mes pères... »

Quelle tranquille satisfaction dans cet aveu de Saul, au détour d'une de ses lettres (Ga 1, 14) ! Et même un certain orgueil. Ce jeune homme à l'époque n'est pas une violette. S'il obtient le prix d'excellence, chez Gamaliel, il ne lui déplaît pas qu'on le sache !

Les mois passent. Il travaille. Il prie. Il regarde l'avenir avec confiance. La vie est belle. Une vie tout entière consacrée à Yahvé. Ce Dieu tutélaire, qui lui accordera peut-être de le servir durant cent ans. Qui sait ?

Saul a sûrement entendu quelques vieux sages évoquer ce plan de vie pour une existence destinée à durer un siècle. La paternité en revient à Yuda ben Téma :

A 5 ans, l'étude de l'Écriture,
A 10 ans, l'étude de la Loi orale,
A 12 ans, la pratique des commandements,
A 15 ans, les études avancées,
A 18 ans, le mariage,
A 20 ans, l'indépendance financière,
A 30 ans, la force de l'âge,
A 40 ans, l'épanouissement de l'intelligence,
A 50 ans, l'expérience qui permet de donner de bons conseils,
A 60 ans, la sagesse du soir,
A 70 ans, la vieillesse,
A 80 ans, le grand âge,
A 90 ans, l'aïeul courbé sur sa canne,
A 100 ans, l'être humain au bout du rouleau
comme s'il était déjà hors du monde (Traité *Pirqe Avot* 5, 21).

Quand Saul est arrivé à Jérusalem, il n'était encore, pourrait-on dire, que « prêtrise en fleur ». Cette charmante expression — *Pirḥé Ha-Kehuna* en hébreu — désigne spécifiquement ces adolescents, toujours fils de prêtres, qui participent comme novices au Temple à un certain nombre de tâches auxiliaires. Ce n'est évidemment pas le cas de Saul : il n'a aucune fonction au Temple, car il n'est pas de famille sacerdotale ; il y monte seulement pour prier, comme tout juif pratiquant. Mais ne peut-on imaginer que, sur les conseils de son maître, il essaie de se rendre utile ? Non pas au Temple, assurément : c'est le domaine des Sadducéens qui ont constitué peu à peu une riche aristocratie et accaparé les principales charges : une sorte de mainmise que les autres communautés voient d'un mauvais œil. Mais il existe suffisamment de synagogues à Jérusalem pour qu'un jeune étudiant, « débordant de zèle », comme il le dit lui-même, puisse trouver à s'employer utilement.

Lentement, mais sûrement, au contact de son maître, Saul avance sur la voie de la perfection. Une voie que des penseurs pharisiens célèbres aiment présenter comme un voyage en douze étapes ou un escalier à douze marches. Un de ces rabbis, Pinhas ben Ya'ir, va formuler par écrit cet enseignement au IIe siècle de notre ère. Mais il est fort probable que Saul l'a entendu répéter de bouche à oreille et en a fait son miel.

« L'observation de la Tora, dit ce texte, conduit à la circonspection. La circonspection conduit au zèle. Le zèle à l'innocence. L'innocence à la séparation. La séparation à la pureté. La pureté à l'amour sans mesure de Dieu. Cet amour à l'humilité. L'humilité à la crainte du péché. La crainte du péché à la sainteté. La sainteté à l'esprit saint. L'esprit saint à la résurrection des morts. Et, par la résurrection, on atteint, comme le prophète Elie, l'état de bienheureuse mémoire. »

Car la résurrection des morts est une des certitudes profondément enracinées dans la pensée pharisienne. Gamaliel et ses pairs ne cessent de mettre en lumière les textes bibliques qui parlent de l'immortalité de l'âme. Ils croient très profondément à l'intervention divine dans les événements de ce monde. Mais, en même temps, ils insistent sur la liberté de l'homme et sur sa responsabilité morale. De tous, Gamaliel est à cette époque celui qui sur ces sujets parle le plus haut et le plus clair.

Saul écoute, médite et commence à porter ses propres jugements. Parce qu'il est un étudiant particulièrement brillant, mais aussi parce qu'il est une âme sensible et un esprit orgueilleux, il se peut qu'il demeure rêveur devant la multitude des prescriptions que contient la Tora. Tout particulièrement les trois livres qui ont bercé son enfance : le Lévitique, le Deutéronome et les Nombres. Il semble qu'on n'ait jamais fini d'observer toutes les règles contenues dans le Livre.

Or, aucune de ces règles minutieuses n'apporte de réponse aux vraies questions qui tourmentent l'homme.

De même, aucun des sacrifices offerts sur l'autel du Temple ne correspond, si peu que ce soit, à la majesté de Dieu. S'il est ce Créateur de l'univers que dit la Genèse, s'il est ce Seigneur plein d'amour pour le peuple qu'il a lui-même élu, s'il est ce Père qui protège tout homme, comment peut-il se satisfaire de l'immolation de quelques quadrupèdes ? Comment l'adoration d'un Dieu unique et incréé peut-elle trouver son expression dans de telles boucheries ? Quelle preuve de vénération envers Yahvé recèlent donc ces égorgements ? Le tête-à-tête avec Dieu, dans le silence de l'âme ? Oui. Mais ces autodafés de mammifères saignés et coupés en morceaux, pourquoi ? Le premier monothéisme de l'histoire n'a pas encore réussi à se dépouiller des pratiques sacrificielles des vieux polythéismes. Remplacées par un Être unique, toutes les idoles ont disparu ; pas encore les pratiques cultuelles du paganisme environnant...

Quand il réfléchit à ces aspects, incompréhensibles pour lui, de la religion de ses pères, Saul n'a d'autre ressource que de rouvrir le Livre d'Amos. Il y relit ces paroles que le prophète met dans la bouche de Yahvé lui-même :

> *Vos célébrations, je les exècre.*
> *Je n'ai pour elles que dédain.*
> *Je ne peux supporter vos réunions solennelles.*
> *Je détourne les yeux de vos grasses victimes.*
> *Dans vos libations et dans vos holocaustes,*
> *il n'y a rien qui puisse me plaire* (Am 5, 21).

Mort et renaissance d'une capitale

Deux mille ans après son passage, retrouver à Jérusalem la trace d'un étudiant nommé Saul, quelle impossible gageure ! Et pourtant, comment ne pas la tenter ? Chaque année, des milliers de juifs viennent redécouvrir ici les précieux souvenirs de leur passé et ils les trouvent ; des milliers de chrétiens viennent rechercher les empreintes du Christ et ils mettent leurs pas dans les siens. Cette ville est la seule au monde où l'on puisse inverser la phrase célèbre de Paul Valéry, pour écrire : « Civilisations, nous savons maintenant que vous êtes... immortelles. »

Je me souviendrai toujours de ma première rencontre avec Jérusalem, il y a plus de trente ans. Elle faillit être la dernière, car j'avais eu la sotte idée d'arriver par la Jordanie. Il fallait alors se poser sur ce qui tenait lieu d'aérodrome, à quelques kilomètres de la vieille ville. Le relief alentour était si tourmenté, les montagnes si proches, la piste si courte et l'avion si poussif que je crus que nous nous écraserions dans les monts de Judée.

Durant la guerre de l'Indépendance, entre le 15 mai et le 19 juillet 1948, l'armée israélienne avait essayé, au prix de très violents combats, de bouter hors de Jérusalem les valeureux soldats de la Légion arabe, fine fleur de l'armée jordanienne, formés par l'Anglais Glubb Pacha. Les combattants juifs avaient réussi à atteindre, non sans de lourdes pertes, les murs de la vieille ville. Mais ils n'étaient pas parvenus à s'en emparer. Quand l'armistice avait été signé avec la Jordanie le 3 avril 1949, Jérusalem était donc coupée en deux.

A l'époque dont je parle — janvier 1964 — elle l'était toujours. A l'intérieur de ses hautes murailles crénelées, édifiées par les Mamelouks entre le milieu du XIIIe siècle et le début du XVIe, toute la partie ancienne de la cité demeurait élément intégrant du royaume d'Hussein. Pour aller de cette ville arabe, aux petites rues tortueuses, à la ville juive qui ne cessait de grandir à côté d'elle, faisant partout surgir des gratte-ciel à l'américaine, il n'existait qu'un seul passage : l'étroite porte Mandelbaum. On ne pouvait la franchir sans un laissez-passer spécial, parcimonieusement accordé, sauf aux observateurs des Nations unies installés sur le mont Scopus, le bien nommé, et à quelques rares privilégiés. Entre les deux villes ennemies que faisait communiquer cet étroit corridor coupé de chicanes s'étendait un *no man's land*, hérissé de barbelés et truffé de mines. Personne jamais ne s'y aventurait : le simple fait de s'en approcher était une raison suffisante pour se faire tirer dessus par quelque sentinelle. Car des deux côtés, sur les terrasses blanches, les guetteurs veillaient et ils avaient la détente facile.

En juin 1967, durant la campagne éclair de la guerre des Six Jours, les unités d'élite de Tsahal réussissent enfin à s'emparer de la vieille Jérusalem. Consigne : éviter au maximum les destructions dans ce trésor commun de l'humanité. Résultat : à l'intérieur des remparts les commandos juifs chargés de donner l'assaut se battent à la baïonnette et au poignard contre les soldats jordaniens. Dans les deux camps on fait preuve du même héroïsme. Les Juifs enfin l'emportent.

Dès le lendemain, la municipalité de Jérusalem réunifiée entreprend des travaux de restauration. Ils n'ont pas cessé depuis lors. Ce sont eux qui nous permettent d'évoquer la cité d'il y a deux mille ans, dans une agglomération qui compte aujourd'hui 483 000 habitants : 340 000 Juifs et 135 000 Palestiniens (musulmans et chrétiens).

Dans l'État d'Israël lui-même, on dénombre actuellement 4 406 500 habitants. Ce chiffre ne comprend pas la population des territoires occupés, en Cisjordanie et dans la bande de Gaza : 1 200 000 habitants. Parmi les citoyens d'Israël on dénombre 3 613 000 Juifs et 793 500 non-Juifs, essentiellement des Arabes : musulmans sunnites (77 %), druzes (9,5 %) et chrétiens (13,5 %). Ces chrétiens sont au nombre de 84 070, parmi lesquels 49 070 catholiques, sans compter 5 560 catholiques dans la Vieille Jérusalem et 11 600 en Cisjordanie et à Gaza. Ces catholiques appartiennent à sept rites différents : grec, latin, maronite, arménien, syrien, copte et chaldéen. Les Juifs, pour leur part, proviennent de 93 pays différents. Sauf, bien sûr, ceux qui sont nés dans le pays — les *Sabra* — qui constituent aujourd'hui la majorité du peuple d'Israël. Nation étonnante dont le territoire biscornu, à l'intérieur de frontières datant de la guerre d'Indépendance, est à peine grand comme la Bretagne...

Au lendemain de leur éclatante victoire de la guerre des Six Jours, les autorités israéliennes s'empressèrent de dégager largement la partie occidentale des soubassements du Temple. Ces restes monumentaux qui subsistaient dans une ruelle étroite et ombreuse, on les appelait autrefois, d'une expression doloriste, le Mur des lamentations ou le Mur des pleurs. Jamais, notons-le, les Juifs n'ont employé cette expression. C'était, tout simplement, le Mur. De façon fort banale, les poteaux indicateurs portent aujourd'hui l'inscription : Western Wall, Mur de l'Ouest.

A ses pieds s'entassaient de petites maisons pauvres. Dès 1967, les pelles mécaniques les ont allègrement rasées. A la place de ces bicoques on a tracé une vaste esplanade dallée de pierres blanches. Les fils d'Israël se réjouissent d'avoir enfin retrouvé ce haut lieu de prière, après mille huit cent quatre-vingt-dix-sept années d'attente, depuis la destruction du Temple par Titus en 70 de notre ère. Dans sa nudité, voici enfin un cadre digne des cérémonies collectives comme de la prière personnelle : les hommes d'un côté, les femmes de l'autre. Les visiteurs découvrent, dans toute leur puissance, les énormes pierres taillées superposées qui constituaient les assises du Temple. Les archéologues eux-mêmes voient leurs travaux facilités, la lecture de ces restes impressionnants étant devenue soudain plus aisée.

Voilà ce qu'aperçoivent les touristes pressés ou les pèlerins que d'autres visites réclament. Mais c'est loin d'être tout. Au pied de la muraille sud, à l'aplomb de la mosquée El-Aqsa — ce qui signifie le sanctuaire éloigné (de La Mecque) —, on a dégagé l'Ophel. C'est là, croit-on avec une forte probabilité, que s'élevait la cité de David.

A l'autre extrémité de l'esplanade nouvelle, derrière une porte surmontée d'une inscription quelque peu hermétique : « Western Wall Heritage », on a fouillé, dégagé et aménagé une série de galeries, d'escaliers et de salles qui s'enfoncent à l'intérieur de la colline, où Salomon édifia le premier Temple. Au bout d'un passage souterrain, qui était autrefois une rue, on aboutit dans deux grandes salles voûtées, où des juifs pieux se relayent en permanence pour prier. Ne sont-ils pas, en ce souterrain séjour, au cœur même de leur longue histoire ?

Non loin de là, entre l'esplanade du Temple et le Saint Sépulcre, une grande partie du vieux quartier juif a été restaurée. Après les combats de 1948 les habitants avaient tous été évacués. Il ne restait plus que des ruines fumantes. Lors de la réunification de Jérusalem en 1967 on trouva en ces lieux une accumulation de terre, de pierres et de débris de toute sorte qui, par endroits, atteignait quatre mètres. Une équipe d'architectes, choisis au concours, se mit au travail en 1976. Un des documents les plus précieux pour orienter leurs recherches était une mosaïque, découverte en 1884 dans l'église byzantine de Madaba en Transjordanie, qui représentait Jérusalem aux premiers siècles. Comme sur cette mosaïque, ils retrouvèrent le *cardo*, la grande artère médiane de la ville romaine. En dessous de son dallage subsistait une étonnante superposition de souvenirs qu'on croyait à jamais disparus : des éléments d'un mur d'enceinte datant du VIIe siècle av. J.-C. ; des restes de la cité hasmonéenne qui s'élevait en cet endroit au IIe siècle av. J.-C. ; les colonnes et les frises des portiques qui se dressaient des deux côtés de cette splendide artère, large de 22,50 mètres. Quand les architectes eurent terminé leurs travaux, en 1983, ils avaient restauré ou reconstitué tout un quartier de la Jérusalem du début de notre ère. Elle est là aujourd'hui, vivante sous nos yeux.

... Je flâne, cet après-midi, entre les beaux magasins de bijoux, d'antiquités et d'artisanat d'art ouverts des deux côtés du nouveau *cardo* par des commerçants israélites. J'aboutis sur une petite placette surélevée, où a été soigneusement reconstruite une école qui fut célèbre au XIXe siècle : la Yeshiva de Kodahim. Soudain, s'élève la psalmodie des élèves, lisant à haute voix la Tora. Et voilà qu'une question s'impose à mon esprit. Ne serait-ce pas près d'ici que Gamaliel enseignait ? Si ce n'est pas près d'ici, c'est un peu plus loin, là-bas. De toute façon, c'est dans ce quartier. Et cette psalmodie est la même.
Soudain, Saul est là. C'est sa voix que j'entends...

A travers le pays de la Promesse

Durant son enfance à Tarse Saul n'a guère quitté la ville. C'est à peine s'il a fait quelques promenades au bord de la mer et sur les premiers contreforts du Taurus. Aussi, lorsqu'il s'est familiarisé avec Jérusalem, est-il étonné de voir combien ses coreligionnaires voyagent.
Certes, ici, comme partout à cette époque, on ne prend pas de vacances et on ignore ce que peuvent être les week-ends. Le sabbat, seul jour de repos de la semaine, est précisément celui où l'on ne peut pas se déplacer : la Loi interdit de parcourir plus d'un mille — 1472,5 mètres —, soit environ la distance qui sépare le Temple du sommet du mont des Oliviers.
Mais que de gens voyagent à l'occasion des grandes fêtes religieuses ! Trois fois l'an, des centaines de milliers de pèlerins convergent vers la Ville sainte. Quelles que soient les fatigues du voyage, quels que puissent être ses risques, il ne leur viendrait pas à l'idée d'oser se dispenser de ce qu'on appelle joliment « les trois piétonnades » — *shelosha regalim* — qui s'achèvent par les trois grandes célébrations décrites dans la Bible (Dt 16, 14-17) : la fête des Azymes — *Ḥag hamaẓot* ; la fête des Semaines *Ḥag ha-shavuʿot* ; la fête des Huttes ou des Tabernacles — *Ḥag haṣukot*. Pour la Pâque, une année, selon le témoignage de Flavius Josèphe, on a immolé 255 600 agneaux. A raison d'une victime pour dix pèlerins, cela fait... 2 millions de personnes !

Pour ces grandes fêtes religieuses, le Juif, accompagné de sa famille et de sa domesticité, monte à pied vers Jérusalem. Il pousse devant lui des ânes, sur le dos desquels il a installé sa femme et ses enfants, arrimé ses bagages, placé les indispensables provisions de bouche, accroché des outres d'eau, des jarres d'huile d'olive, des amphores de vin. Car les déplacements sont longs, très longs : deux ou trois jours pour venir de la plaine côtière ou de la vallée du Jourdain ; trois ou quatre pour descendre de Galilée ; huit ou dix pour arriver d'Alexandrie ; quinze au moins si l'on est parti de la vallée de l'Euphrate. Chaque soir on dresse la tente, à moins qu'on ne confectionne une hutte de branchages. Si la température est assez clémente, on couche à la belle étoile. Quand on arrive enfin à Jérusalem, on s'installe sur quelque espace encore libre autour du Temple, au pied des remparts ou sur les collines. Bientôt on ne trouve plus où déballer son fourbi. En l'espace de quelques heures, cette cité dont on disait qu'elle était « la plus belle », « la parfaite », se met à ressembler à un immense camp de réfugiés. A peine la famille installée, la femme commence à faire cuire la nourriture ; l'homme sort son châle de prière ; les enfants se mettent à jouer. Bientôt la « cité céleste » offre le spectacle d'une joyeuse fête foraine ou d'une truculente kermesse flamande.

Le lendemain matin toute cette foule monte au Temple. Que d'escaliers ! Que de marches ! Mais personne n'aurait l'idée scandaleuse de s'en dispenser. Absolument personne, sauf, précise la Loi qui prévoit tout, le sourd, le fou, l'aveugle, le paralytique, l'enfant en bas âge, la femme proche de son terme, le vieillard impotent et... l'androgyne.

Certains pèlerins profitent de leur séjour pour venir écouter les plus célèbres docteurs de la Loi, dont quelques-uns sont de grands orateurs. Leurs écoles deviennent soudain des lieux de rendez-vous très courus. Le nombre des auditeurs est parfois tel que le rabbi, assiégé par ses admirateurs, doit chercher un emplacement moins exigu.

Ces jours-là, on voit Gamaliel s'installer sur l'une des esplanades du Temple. Là, on ne manque jamais de place : l'esplanade hérodienne, la plus vaste de toutes, mesure 144 000 mètres carrés. Près de deux fois notre place de la Concorde. Le roi bâtisseur l'a voulue assez grande pour accueillir « tout le peuple d'Israël ». En se serrant un peu, il pourrait y tenir tout entier !

C'est alors que Saul découvre une réalité qui lui avait jusqu'ici échappé : l'importance primordiale de la Parole ou, mieux, la puissance du Verbe. Yahvé est Verbe. Il a parlé à Moïse, il a parlé par les prophètes, il n'a pas cessé, de génération en génération, de parler à son peuple. Personne ne sait encore que « le Verbe s'est fait chair », dans le petit village de Bethléem et que, depuis lors, « il habite parmi nous », dans la bourgade de Nazareth. Mais quand on appartient à la civilisation du Livre et qu'on est nourri de la Parole, on sait depuis toujours que l'homme ne vit pas seulement de pain, puisqu'il il vit aussi du Verbe. Et qu'il en vit intensément.

En ce début du Ier siècle, on ne voyage pas seulement pour raison de pèlerinage. Des Juifs riches vont passer l'hiver en Égypte. Des gens aisés partent chez des parents éloignés. Des hommes pieux retrouvent les chemins qu'ont suivis leurs ancêtres à l'époque de l'Exil, puis à celle de l'Exode. Des passionnés du passé de leur pays s'en vont à la découverte des sites et des monuments d'Israël. Des étudiants circulent un peu partout afin de découvrir de leurs yeux le pays de la Promesse.

Saul a commencé par explorer minutieusement tous les quartiers de Jérusalem. Il a visité tout ce qui mérite de l'être. Conseillé par son maître, peut-être même guidé par lui, il n'a négligé ni la piscine de Siloé, ni celle aux cinq galeries, ni le tombeau de Zacharie, ni celui d'Absalon, ni aucune des collines qui se dressent au-delà des remparts, ni, assurément, le tombeau de David. Car, comme le dira Pierre dans le premier de ses discours : « Le patriarche David est mort, il a été enseveli, son tombeau se trouve encore aujourd'hui parmi nous » (Ac 2, 29). C'était vérité d'évidence pour les habitants de Jérusalem à cette époque. Ce ne l'est plus pour ceux d'aujourd'hui : l'énorme sarcophage, long de plus de cinq mètres, qu'on présente comme celui de David dans un sanctuaire situé sur le mont Sion, tout à côté de la basilique de la Dormition, n'est pas d'origine. De l'avis des archéologues il date du Moyen Age.

Saul, qui va bientôt se révéler un infatigable marcheur, ne se contente pas de parcourir en tous sens Jérusalem et ses environs immédiats. Il est tentant de penser qu'il est allé jusqu'à Hébron, afin d'y retrouver les souvenirs d'Abraham. A une quarantaine de kilomètres au sud de la capitale, au-delà de Bethléem, Hébron, la Qiryat-Arba de la Genèse (Gn 23, 21), est l'une des plus anciennes villes de la région. A la mort de sa femme Sara, Abraham acheta en cet endroit la double grotte de Makpéla qu'il voulait aménager en tombeau. A l'époque de Saul il ne fait de doute pour personne que le Patriarche repose en ces lieux, à côté de son épouse, d'Isaac, de Jacob, de Rebecca et de Lia.

Cette certitude continue de nos jours à habiter les Juifs. Mais ils viennent peu à Hébron, qui est devenue une ville arabe et particulièrement remuante. La tension y est constante ; les incidents fréquents. Lors d'un de mes voyages, j'ai échappé de peu à la lapidation ; ma voiture pas...

Quant au tombeau d'Abraham, père commun des Juifs et des Arabes, il a connu bien des avatars. Les musulmans, se souvenant qu'ils descendent d'Ismaël, fils du patriarche et de sa servante Agar, ont édifié en ces lieux une mosquée. Puis les croisés sont venus, qui ont bâti une église. Dès qu'ils sont repartis, les musulmans se sont empressés d'en refaire un sanctuaire de l'islam. Dans les profondeurs de cet édifice, ou plutôt de cette superposition d'édifices, les archéologues sont loin d'avoir trouvé réponse à toutes leurs questions. Et nous, visiteurs du XXe siècle, nous n'avons qu'une seule certitude : c'est que nous nous trouvons là sur un des rares hauts lieux qui soient communs aux trois grandes religions monothéistes.

Non loin d'Hébron, Saul est peut-être allé jusqu'au chêne de Mambré, autre site illustré par Abraham.

Tout près de Bethléem, où le jeune étudiant n'avait à l'époque aucune raison de s'arrêter, il n'est pas invraisemblable qu'il ait poussé jusqu'à l'Hérodion. De cette colline, en partie artificielle, qui ressemble de loin à quelque volcan éteint, Hérode le Grand avait fait l'une de ses résidences et une forteresse inexpugnable qui devait lui servir s'il avait été amené à fuir sa capitale. C'est là qu'il avait décidé de se faire inhumer. On pouvait difficilement choisir plus fabuleux tombeau : l'âpre colline solitaire au cœur d'une région désertique, les bâtiments dissimulés à la vue au fond d'une sorte d'immense cratère, le sommet lui-même affectant la forme d'un chemin de ronde qui domine le palais et ses portiques. De là-haut, à huit cent onze mètres d'altitude, la vue s'étend sur la plus grande partie de la Judée, le désert de la Quarantaine, la profonde dépression de la mer Morte et, sur l'autre rive, les monts de Moab dans la Jordanie, ocre rose, sous son soleil quasi éternel. C'est un des sites les plus extraordinaires de toute la Palestine.

Il est plausible enfin que Saul soit allé jusqu'à Jéricho. Dans cette oasis où foisonnent les palmiers dattiers, aux portes mêmes d'un désert bosselé de dunes blanches comme le sel, on l'imagine évoquant l'une des plus étonnantes victoires de la foi : durant sept jours consécutifs, les Hébreux firent à sept reprises le tour des remparts de la ville en transportant sur leurs épaules l'Arche d'alliance. Au crépuscule du septième jour ils sonnèrent de la trompette, et les murailles s'écroulèrent. Lors du partage de la Terre promise entre les douze tribus d'Israël, Jéricho devait être attribué à celle de Benjamin. Or, c'était la tribu des ancêtres de Saul. Pour lui ce pèlerinage s'imposait.

De là, a-t-il poussé jusqu'au monastère essénien de Qumran ? On n'irait pas jusqu'à l'affirmer. Pourtant, cette secte ne lui était certainement pas inconnue. Elle faisait partie à l'époque du paysage spirituel de la Palestine.

« Je crois à la vie éternelle »

Saul n'a pas mis longtemps pour découvrir, avec l'aide de son maître, qu'au pays de la Promesse la vie spirituelle ne se fond pas dans un moule unique. Outre les pharisiens, qu'il connaît bien, puisqu'il est un des leurs, trois autres tendances se partagent le judaïsme : le « parti » des sadducéens, la secte des zélotes et la communauté des esséniens.

Le mot de communauté convient mieux que d'autres à cette infime minorité d'ardents réformateurs, dont le nom reste associé pour nous au site de Qirbet Qumran. Site étonnant en vérité que ce plateau aride et relativement étroit, qui domine l'angle nord-ouest de la mer Morte, tantôt flaque de mercure, tantôt bague de saphir pâle, tantôt collier d'émeraude claire. Au-dessus se dresse une abrupte chaîne de montagnes calcaires qui passent, suivant les heures du jour, de l'ocre léger au bistre sombre, pour s'endormir dans une apothéose de lumière rose, incarnat et violette. Certaines parois sont trouées comme un gruyère. Des bergers jordaniens s'introduisirent en 1947 dans une de ces grottes suspendues et découvrirent des jarres contenant de vieux rouleaux desséchés, couverts d'une écriture pour eux totalement incompréhensible. Ils s'empressèrent d'aller les vendre à un antiquaire fort connu de Jérusalem, qui suspecta aussitôt une bonne affaire, sans savoir toutefois que ces pauvres bédouins venaient par hasard de faire l'une des trouvailles les plus extraordinaires de notre temps : celle de ce qu'on appellera plus tard « les manuscrits de la mer Morte ». Les recherches dirigées de 1949 à 1958 par le père Roland de Vaux, dominicain de l'École biblique et archéologique de Jérusalem, où il mourut en 1971, allaient permettre de retrouver beaucoup d'autres rouleaux. Parmi eux, un très précieux manuscrit d'Isaïe, quasiment complet. Dans le même temps, une campagne de fouilles menée sur la terrasse de Qumran entraîna l'étonnante exhumation d'un monastère essénien, avec ses cellules, son réfectoire, sa cuisine, son scriptorium et sa bibliothèque. C'est dans celle-ci qu'on découvrit le « Manuel de discipline », qui semble bien avoir été la règle des communautés esséniennes.

La principale était installée là, à quelques centaines de mètres du rivage de la mer Morte, dans la région désertique proche d'En Geddi, célèbre aujourd'hui pour sa plage bien aménagée et pour sa réserve naturelle, où vivent en liberté de nombreux animaux réputés sauvages, mais en vérité des plus familiers. D'autres communautés étaient dispersées à travers la Palestine. Cependant les esséniens ne réussirent jamais à faire de très nombreux adeptes, entre le IIe siècle av. J.-C., époque où ils apparurent, et le Ier siècle ap. J.-C., moment de leur disparition. A son apogée, la secte ne semble pas avoir rassemblé plus de quatre mille personnes. Leur façon de vivre était trop dure pour susciter des vocations en grand nombre. Ces chartreux du judaïsme vivaient totalement à l'écart du monde. Après avoir accompli un sévère noviciat, ils devaient se plier à une discipline particulièrement exigeante : le célibat était leur règle ; ils mettaient en commun tous leurs biens ; ils promettaient de garder secret tout ce qui concernait leur vie qui était celle, a-t-on pu dire, « d'ascètes communistes » ; par ailleurs, ils ne faisaient aucun sacrifice animal.

La secte des zélotes avait été créée par un Galiléen du nom de Yehuda. Défenseurs des humbles, protecteurs des pauvres, refusant de verser l'impôt à César, ils étaient de véritables « activistes révolutionnaires ». Aile extrémiste du parti des pharisiens, ces fanatiques religieux étaient prêts à tout pour faire respecter les prescriptions de la Loi. Y compris à utiliser la force ! Ils étaient farouchement hostiles à l'occupant romain. A tel point qu'un de leurs chefs prit la tête d'un mouvement de révolte appelé « terrorisme populiste ».

A la différence de ces marginaux, les sadducéens, eux, constituent une des deux grandes tendances du judaïsme officiel. Leur parti, né au début du IIe siècle av. J.-C., tire son nom de celui de Sadoq, un grand prêtre contemporain de David qui assura la prise du pouvoir par Salomon et lui donna l'onction royale. Au fil des générations, les sadducéens ont peu à peu annexé le service du Temple. Ils ont ainsi constitué une puissante caste sacerdotale que le peuple n'apprécie guère : trop d'argent, trop de morgue envers les petites gens, trop de courbettes devant l'occupant romain et ses créatures... Pour un peu, on les traiterait de « collabos » !

Avec les pharisiens, ils sont en désaccord complet sur plusieurs points : ils ne croient ni aux anges, ni à la résurrection des corps, ni à l'immortalité de l'âme. Un jour Jésus va leur clouer le bec, en leur lançant pour répondre à leurs arguties : « Dieu n'est pas le Dieu des morts ; il est celui des vivants » (Mt 22, 23-33).

Une telle affirmation ne peut que satisfaire les pharisiens. Ces fidèles de stricte observance ne sont que six mille. Mais leur influence dépasse, de très loin, leur nombre réduit : ils ont la confiance du peuple.

A plusieurs reprises, les discussions ont dû être vives entre pharisiens et sadducéens, comme le montrent plusieurs pages de l'historien juif Flavius Josèphe. « Les pharisiens, écrit-il, affirment que les âmes sont immortelles ; que celles des justes passent, après cette vie, en d'autres corps et que celles des méchants souffrent des tourments qui durent toujours. Les sadducéens disent qu'il est en notre pouvoir de faire le bien ou le mal, selon que notre volonté nous porte à l'un ou à l'autre ; quant aux âmes, elles ne sont ni récompensées ni punies dans un autre monde » (*La guerre juive*, II, 12).

Comme Hillel, son père spirituel, Gamaliel ne cesse de répéter : « Soyez les imitateurs du Grand Prêtre Aaron, qui aimait la paix et la recherchait sans cesse, qui aimait les hommes et les rapprochait par l'étude et par l'observance de la Tora. »

En plusieurs circonstances, on va l'entendre dire : « Je crois à la résurrection des corps, je crois à la vie éternelle. » Ainsi, déjà, le maître de Saul prononce des phrases qui seront, un jour, les deux dernières de notre Credo...

L'inconnu de Nazareth

Au moment où Saul achève à Jérusalem ce que nous appellerions dans le langage d'aujourd'hui ses études supérieures, Jésus est encore un inconnu.

Dans la petite bourgade de Nazareth acagnardée au flanc des douces et verdoyantes collines de Galilée, le fils du charpentier Joseph fait, tout modestement, le métier de son père. Sans doute est-il fort beau, très intelligent et extrêmement sympathique. Mais on étonnerait fort ses voisins si on leur disait qu'il va devenir l'homme le plus célèbre que le monde ait vu naître depuis sa création... On les surprendrait plus encore si on leur apprenait qu'il va diviser l'histoire en deux. On les stupéfierait enfin si l'on osait affirmer devant eux qu'il est le Fils de Dieu. Comment Dieu peut-il avoir un fils ? Pour des juifs, cette pensée est plus que déconcertante ; elle est sacrilège.

Ce charpentier galiléen vient d'avoir trente ans. Il n'a encore rien entrepris. Il semble satisfait de faire, jour après jour, selon le vers du poète, « voler des copeaux d'or au fil de sa varlope ». Le moment n'est pas encore venu pour lui de quitter son atelier et sa maison afin de s'en aller prêcher au long des routes. Cette heure ne sonnera qu'au début de l'année 27, lorsqu'il atteindra sa trentième année.

Saul, qui approche de ses dix-huit ans, ne peut donc pas connaître cet artisan villageois qui se prénomme Jésus et qui a une douzaine d'années de plus que lui. Son nom s'écrit Yešuʻa et se prononce Yéchoua : ce qui veut dire salut. C'est un nom à la mode en ce début du 1er siècle. Quatre Grands Prêtres vont le porter entre la fin du règne d'Hérode et la révolte de l'année 66, qui entraînera la destruction du Temple et la mort d'Israël en tant qu'État et en tant que nation.

Jésus = Salut. Quand on parle, comme on va prendre l'habitude de le faire, de la Bonne Nouvelle du salut, on parle donc aussi de la Bonne Nouvelle de Jésus ; de la Bonne Nouvelle du salut par Jésus.

Que se diraient-ils, s'ils se rencontraient, ce charpentier de trente ans et cet étudiant de dix-huit ? Pas grand-chose peut-être. Tout les distingue et, pour l'instant, tout les sépare. Le premier est né à la campagne ; le second, dans une grande ville. Le Nazaréen a passé toute sa jeunesse parmi des artisans et des paysans ; le Tarsiote a évolué, dès l'enfance, parmi des commerçants aisés, des fonctionnaires instruits, des colporteurs familiers des routes et des bateaux. L'un n'a connu que le maître de l'école primaire ; l'autre s'est frotté aux grands esprits. Le plus âgé vit dans le concret ; le plus jeune dans l'abstrait. Jésus aime les moissons qui lèvent, les oiseaux qui chantent, les fleurs qui embaument et les poissons qui strient la surface bleue de la mer de Génésareth ; Saul ne connaît encore que les rouleaux de parchemin, les stylets et les plumes. Le charpentier est à l'aise parmi les gens simples ; l'étudiant se complaît au sein d'une élite cultivée.

Pourtant, quand Joseph et Marie ont retrouvé sous les colonnades du Temple Jésus, qui leur avait filé entre les doigts, ce fils du peuple qui n'avait guère plus de douze ans était en train d'en remontrer aux vieux docteurs de la Loi. Et quand, à l'âge de trente-neuf ans, Saul s'embarquera pour sa première mission, cet intellectuel humera avec plaisir l'odeur puissante du calfat et il trouvera immédiatement les mots qui conviennent pour parler aux hommes d'équipage...

La vie de Saul de Tarse va être balayée par le vent de la mer. La vie de Jésus est caressée par la brise d'un lac. Ne ferait-on qu'une seule escale sur les pas de saint Paul, c'est sur quelque côte de la Méditerranée qu'il la faudrait faire. Ne ferait-on qu'une étape sur les pas du Christ, c'est au bord du lac de Tibériade qu'il faudrait s'arrêter.

... J'ai connu Tibériade à l'époque où elle était encore une toute petite ville, avec des barques de pêcheurs amarrées à un quai qui sentait le poisson. Alentour, on vendait en plein air la *pita*, ce gros pain rond qu'on ouvre en deux et qu'on farcit de purée de pois chiches, de quartiers de tomate, de feuilles de salade et de rondelles d'oignon. Le repas des pauvres...

Aujourd'hui, au pied des grands hôtels et des supermarchés, dans les rues empuanties le jour par les pots d'échappement et envahies la nuit par le vacarme des discothèques, on vend du *pop corn* et des *ice creams*.

Ô Jésus, qu'ont-ils fait de ce rivage, où tu embauchas plusieurs des tiens ? Un Saint-Tropez de béton et de verre !

Heureusement, ils n'ont pas pu abîmer Ton lac. C'est là qu'on Te retrouve, au fond d'une petite anse solitaire tapissée de roseaux qui ondulent sous la caresse du vent. Et ce vent trace sur le lac d'émeraude des chemins où apparaissent des touches plus sombres qui ressemblent à des empreintes de pas.

Oui, deux mille ans après, autour de la mer de Galilée et sur ses eaux calmées, Tu es toujours là...

Le retour au pays natal

Durant combien d'années l'étudiant est-il resté auprès de Gamaliel ? Saul ne le précise nulle part quand il parle de son maître. Certains historiens en ont déduit qu'il y était demeuré jusqu'à sa mission à Damas, c'est-à-dire pendant une quinzaine d'années, entre 20 et 34 de notre ère. Cette hypothèse paraît peu plausible. Avec la fierté qu'on lui connaît, il n'aurait pas manqué alors de se proclamer hiérosolymitain, car au terme d'un si long séjour Jérusalem serait devenue sa vraie patrie. Or il ne le dit pas. Bien au contraire, il continuera à affirmer, longtemps après, qu'il est tarsiote. Comme si son stage dans la capitale, aussi important qu'il ait été pour sa formation, n'avait constitué qu'un entracte. Où va-t-il revenir, après Damas et les péripéties des mois suivants ? A Jérusalem ? Non. A Tarse.

Selon toute vraisemblance, Saul est demeuré trois ou quatre ans « aux pieds de Gamaliel ». C'était le temps qu'un disciple passait normalement auprès d'un maître. S'il est, comme probable, arrivé aux alentours de sa seizième année, vers l'an 22, le Tarsiote est reparti vers l'an 25. A ce moment-là il a dix-huit ou dix-neuf ans. C'est bien l'âge où l'on considère à cette époque que la formation d'un jeune homme est terminée.

Certes, elle n'est pas parachevée. Qui aurait l'impudence de le prétendre ? Sûrement pas l'intéressé lui-même, trop lucide pour ne pas connaître ses limites. Néanmoins, à cet âge, un étudiant qui a bien travaillé, comme c'est son cas, maîtrise l'ensemble des connaissances requises pour avoir droit au titre de docteur non ordonné : celui qu'on appelle en hébreu, le *Talmid ḥakham*. Il connaît à fond la Loi écrite et la Tradition. Il a déjà le droit de prononcer l'homélie le jour du sabbat à la synagogue et de siéger dans les tribunaux religieux qui jugent les causes mineures.

Que va faire ce brillant sujet, incollable sur l'Écriture, imbattable dans le raisonnement, et qui passe avec tant d'aisance de la subtilité des discussions entre érudits juifs au raffinement des controverses entre Grecs cultivés ? On peut légitimement se demander s'il n'a pas tout simplement l'intention de consacrer sa vie au service de Yahvé. Auquel cas, il lui faudra attendre pour devenir un docteur de la Loi à part entière, un *Ḥakham*, comme on dit. Alors, il entrera de plein droit dans le collège des Scribes. Le chemin est encore long. Mais c'est, très probablement, celui qu'il a l'intention de suivre.

A Jérusalem, il y aurait trop de concurrence. Il rentre donc à Tarse. N'est-il pas normal qu'il tienne son père informé de ses projets ? Et n'est-ce pas là qu'il transmettra le mieux l'enseignement de Gamaliel ? Un enseignement qui a fait de lui, une fois pour toutes, un passionné de Dieu. Il ne manquera pas de l'affirmer à plusieurs reprises avec une tranquille assurance : « J'étais, en ce temps-là, plus attaché au judaïsme que la plupart des hommes de mon âge et de ma race, en mon zèle jaloux pour défendre les traditions de mes pères » (Ga 1, 14). Ou bien : « Dans la mesure où la Loi peut rendre juste [j'étais] irréprochable » (Ph 3, 6).

Ou encore, parlant avec une profonde affection des Israélites ses frères : « Ils sont [...] choisis par Dieu pour être ses enfants d'adoption et partager sa gloire ; ils ont la Loi, le culte, les promesses et, pour ancêtres, les patriarches » (Rm 9, 4).

Parti juif pour Jérusalem, Saul, si l'on nous permet l'expression, en revient... juifissime.

Un jeune rabbi plein d'enthousiasme

Dix-huit ans... C'est l'âge où la tradition, héritée des Anciens, conseille au jeune homme de se marier.

« Celui qui ne procrée pas selon le commandement est coupable d'avoir diminué l'image de Dieu », écrira avec vigueur le rabbi Simon Ben'Azzai à la fin du 1er siècle. Étant lui-même demeuré célibataire, ce sage s'interroge : « Que dois-je faire ? Mon âme est attachée à la Loi. Que la race humaine se perpétue grâce à d'autres. »

En est-il de même pour Saul ? Cela paraît certain. A ceux qui s'étonneront un jour de voir que plusieurs membres de son équipe sont mariés, il rétorquera avec vivacité : « N'avons-nous pas le droit, tout comme les autres Apôtres, comme Céphas, comme les frères de Jésus, d'emmener avec nous une femme chrétienne, pour nous en faire aider ? » (I Co 9, 5).

Céphas, c'est-à-dire Pierre, a donc une épouse. Lui, Saul, n'en a pas. Il s'en explique avec franchise : « Je préférerais que tout le monde vive comme moi. Mais chacun reçoit de Dieu un don, l'un celui-ci, l'autre celui-là. Je dis cependant aux célibataires et aux veuves qu'il est bon de continuer à vivre seul, comme je le fais. Mais, si vous ne pouvez vous contrôler, mariez-vous. Mieux vaut se marier que de brûler de passion » (I Co 7, 8).

Revenu à Tarse, Saul se met sans tarder au travail. Durant ses jeunes années son père l'a initié à sa profession de tisserand. La tradition l'exige. « L'homme a le devoir d'enseigner à son fils un métier », affirme un texte que tout chef de famille connaît. « Quiconque n'enseigne pas à son fils un métier, lui apprend à devenir un voleur. » Et quel métier un père peut-il mieux transmettre que le sien ?

Saul lui-même écrira plus tard cette phrase brutale que Lénine, un jour, reprendra à son compte : « Si quelqu'un ne veut pas travailler, qu'il ne mange pas non plus » (II Th 3, 10).

... Ces tentes en poils de chèvre que Saul tissait pour gagner sa vie (Ac 18, 3), je les ai longuement cherchées à travers l'Anatolie. Je commençais à croire qu'elles avaient disparu. Et puis, un jour, je les ai retrouvées. C'était près de l'ancienne Pergame, dans un campement d'ouvriers agricoles. Engagés comme saisonniers pour faire la récolte du coton, ces pauvres gens venaient de la région de Mardin, à l'extrême est de la Turquie, près de la frontière irakienne. Sur ma carte routière ils me montraient les villages qu'ils avaient quittés avec femmes et enfants pour venir gagner quelques centaines de livres turques. Et ils me racontaient leur pénible voyage qui n'avait pas duré moins de six jours et six nuits. Moi, je n'avais d'yeux que pour la grande tente que j'avais aperçue de loin. Elle était faite d'un tissu rugueux, brun sombre, apparemment inusable et parfaitement imperméable : le poil de chèvre tissé de la Cilicie. Cet abri servait de salle à manger. Devant l'entrée, des femmes commençaient à faire cuire le repas de midi dans de noirs chaudrons, autour desquels s'attroupait une marmaille qui avait la roupie au nez et, autour des lèvres, des dartres qu'assaillaient les mouches. On m'invita fort aimablement à attendre que le repas fût prêt, qu'il leur paraissait évident que j'allais prendre avec eux, puisqu'ils m'accueillaient sous leur abri. Je m'assis. Et soudain, je fus à l'étape, avec mon saint patron, quelque deux mille ans plus tôt. Regardant cette grande tente brune et ces gens simples qui me souriaient, tout heureux que je me sois arrêté parmi eux, j'écoutais chanter en moi deux phrases du tisserand tarsiote :

> *Argent, or ou vêtements, de personne*
> *Je n'ai rien convoité. Vous le savez,*
> *Ma vie et celle de mes compagnons,*
> *Avec les mains que voici, j'ai su les gagner* (Ac 20, 33-34).

Mais exercer un métier n'est pas une fin en soi pour l'étudiant revenu dans sa ville natale. Ce n'est pour lui qu'un moyen de « ne pas être à charge aux autres, en se contentant, modestement, de ce qu'il peut gagner » (Ph 4, 11). L'essentiel maintenant pour Saul est d'être un « locuteur de la Loi ». Ayant eu la chance de pouvoir apprendre plus que d'autres, il a désormais le devoir de transmettre ses connaissances ; d'être à son tour un formateur adonné à l'enseignement de la Tora, un organisateur voué à la mise en pratique de la Loi. Saul devient donc, on le dit sans ironie aucune, une sorte de rabbi au petit pied...

Dans ce nouveau rôle, il n'oublie pas ce que lui a souvent répété son maître Gamaliel et qui est une des clés de l'enseignement des pharisiens : la primauté du faire sur le dire. « Dis peu et fais beaucoup », préconisait Shamay, un des grands esprits de ce temps. Et le fils de Gamaliel, Simon, ne cessera de répéter : « Dans la Tora, ce qui est essentiel, ce n'est pas l'exégèse, c'est la mise en acte. Le principal n'est pas de disserter, mais d'agir. »

C'est aussi de prier. Saul n'y manque pas, car il a parfaitement assimilé deux des préceptes les plus importants de l'enseignement de Moïse.

Premier précepte : la rencontre avec Dieu est le résultat d'une recherche personnelle : « Tu chercheras le Seigneur ton Dieu et tu le trouveras, pourvu que tu le cherches de tout ton cœur et de toute ton âme » (Dt 4, 29).

Deuxième précepte : Yahvé a pour les hommes une affection quasi paternelle : « Le Seigneur ton Dieu est un Dieu de miséricorde » (Dt 4, 31).

Derrière une religion que les antisémites accuseront un jour d'être un simple catalogue de principes, de rites et d'interdits, voici que se profile bien avant Jésus, au cœur même du peuple juif, la religion de l'Amour.

Au lendemain de la Pentecôte

A Tarse Saul tisse donc des tentes pour gagner sa vie. Il se rend utile à la synagogue. Sa vie est bien réglée. Mais il est désormais complètement coupé de ce qui se passe en Palestine.

Selon toute vraisemblance, il n'a eu aucun écho des événements qui s'y sont déroulés entre janvier 26 et avril 30 : la prédication d'un Nazaréen nommé Jésus, son procès, sa condamnation, son exécution. Tout cela n'a guère fait de bruit dans le vaste empire. C'est maintenant, alors que ce supplicié est mort et que tout devrait être définitivement terminé, qu'une rumeur se répand dans Jérusalem, propagée par quelques illuminés qui se disent ses disciples. Cet homme qu'on a tué, vont-ils répétant, était le Fils de Dieu. Il est ressuscité. Il est vivant. Il reviendra. Nous l'attendons...

Stupéfiantes affirmations qui cinquante jours plus tard, bien loin de décroître et s'éteindre, continuent à se répercuter de plus en plus fortement. Voilà maintenant que ce petit groupe de visionnaires déclare qu'il a reçu l'Esprit de Dieu.

Cet événement se serait produit sur la colline de Sion, près de l'angle sud-ouest des remparts, à côté de l'endroit où s'élève aujourd'hui la basilique de la Dormition, construite sur un terrain acheté en 1898 par l'empereur d'Allemagne, Guillaume II.

Derrière ce grand édifice et son sanctuaire rond s'élève en bordure d'un passage conduisant au tombeau dit de David une modeste maison à deux étages. La salle supérieure serait « la pièce du haut, vaste, grande, toute prête », dont parle Marc dans son Évangile (Mc 14, 15). C'est là qu'aurait eu lieu la Cène, le soir du Jeudi saint. Là que le Christ serait apparu aux Onze le soir de la Résurrection. Là que les Apôtres se seraient retirés après l'Ascension. Là qu'ils étaient réunis, au matin de la Pentecôte...

Naturellement, il est difficile d'imaginer ce que pouvait être il y a deux mille ans cette maison qui fut, croit-on, mise à la disposition de

Pierre et de ses compagnons par un riche disciple du Christ. La « chambre haute » n'était certainement pas cette chapelle ogivale à deux travées construite à l'époque des Croisades, avant d'être modifiée par les Arabes qui la transformèrent en mosquée. Les fouilles effectuées dans le sol de la colline lorsqu'on construisit la Dormition n'ont pas permis de répondre à toutes les interrogations. Cependant, il reste que la localisation du Cénacle en cet endroit précis est attestée par une tradition très ancienne : saint Épiphane, évêque de Pavie au Ve siècle, affirme qu'un sanctuaire y existait déjà quand l'empereur Hadrien arriva à Jérusalem en l'an 135. En tout état de cause, le Cénacle, tel qu'on le voit aujourd'hui, demeure un espace de silence et de paix où il n'est pas interdit à tout homme qui cherche la Lumière de venir demander humblement le secours de l'Esprit...

Tout comme Pâque, la Pentecôte s'inscrit dans le calendrier juif. A en croire les textes, elle eut lieu en effet le jour de la Cinquantaine. C'est une fête que les Israélites célébraient, comme son nom l'indique, cinquante jours après la Pâque. On commémorait alors l'alliance conclue sur le mont Sinaï entre Yahvé et le peuple hébreu. A l'occasion de cet anniversaire, auquel l'Église allait donner un nom grec, la Pentecôte, de nombreux pèlerins se pressaient à Jérusalem. Or, voici qu'un certain nombre d'entre eux entendent un homme nommé Céphas, chef du petit clan que forment les amis du Crucifié, leur révéler son message. La plupart des auditeurs sont déconcertés. Ils se disent les uns aux autres : « Qu'est-ce que cela veut dire ? » Certains s'esclaffent : « Ils sont pleins de vin doux » (Ac 2, 12-13).

Mais, dans la journée même, ils sont trois mille à décider de « se joindre » aux disciples.

Le texte des Actes, on le notera, ne parle pas de « conversion ». Lorsqu'un juif décide, en son cœur, de devenir disciple du Christ, comment oser dire qu'il se convertit ? Ce mot, tout droit venu du latin *con-vertere*, inclut l'idée d'un retournement, voire d'une volte-face. Or, c'est tout le contraire. Découvrant soudain Celui qu'ont annoncé les prophètes, si ce fils d'Israël décide de marcher sur ses pas, il ne change pas de voie. Il poursuit sur la même voie. Et c'est une voie qui monte. Traité avec un mépris attristé par ses coreligionnaires, un juif qui décide d'adopter l'Évangile ne fait en vérité qu'accomplir la Promesse en s'accomplissant lui-même. Jugé infidèle par son peuple, il est parfaitement fidèle à l'Écriture. Toute l'ambiguïté est là. Et, demain, tout l'enseignement de Paul. Et, au-delà, cette douloureuse incompréhension entre juifs et chrétiens qui, vingt siècles plus tard, subsiste toujours.

Dès la Pentecôte, une première communauté se constitue donc à Jérusalem. Pierre guérit un infirme. Sa réputation grandit. Il prêche sur le parvis du Temple. Il annonce la résurrection des morts, à laquelle ne croient pas les sadducéens, chez qui se recrutent les desservants du sanctuaire. Ces derniers décident de mettre le holà à ces provocations. D'autant que le nombre des adeptes de Jésus ne cesse d'augmenter : les voilà déjà cinq mille... Sur l'ordre des prêtres, le commandant du Temple lâche sa police qui arrête Pierre et Jean. Après une nuit passée en prison, on les fait comparaître devant le Sanhédrin. Les juges les interrogent et ne trouvent aucun motif de condamnation. Ils les font donc relâcher. Aussitôt, ils recommencent à prêcher. Les dix autres Apôtres font de même. La foule se presse pour les écouter, sous les portiques de Salomon. On leur amène des malades, des gens que tourmentent les esprits impurs. Tous sont guéris. Furieux, le Grand Prêtre et son entourage les font appréhender pour la seconde fois. Mais dans la nuit « l'Ange du Seigneur » vient leur ouvrir les portes de la prison. Dès le point du jour, les voilà revenus dans le Temple où ils reprennent leur prédication. Traduits une nouvelle fois devant le Sanhédrin, ils répondent fièrement au Grand Prêtre, qui leur rappelle l'interdiction qui leur a été faite d'exposer leur doctrine.

« Il faut obéir à Dieu plutôt qu'aux hommes. » C'est Pierre qui a lancé cette phrase superbe. Exaspérés, les juges projettent de les faire mourir. A ce moment un homme se dresse. C'est Gamaliel, le maître de Saul, le plus célèbre des pharisiens, l'adversaire résolu des sadducéens. Ayant demandé qu'on fasse sortir les Apôtres, il affirme avec autorité :

« Israélites, prenez bien garde à ce que vous allez faire à ces hommes.

Il y a quelque temps, un certain Theudas s'est levé, se prétendant quelqu'un de grand. Environ quatre cents révoltés se rallièrent à lui. Il fut tué. De tous ses partisans, rien n'est resté.

Après lui, lors du recensement, on a vu surgir Judas le Galiléen, qui entraîna ses partisans. Il est mort, lui aussi, et ceux qui l'ont suivi ont été dispersés.

Maintenant donc, je vous le dis, écartez-vous de ces gens-là : laissez-les faire, car si leur entreprise ou leur propos est œuvre humaine, elle se détruira elle-même. Mais si vraiment elle est de Dieu, vous ne parviendrez pas à l'étouffer. Ne risquez pas de vous trouver en guerre avec le Seigneur Dieu » (Ac 5, 35-40).

Se rangeant à l'avis de Gamaliel, les juges rappellent les Apôtres, les font battre de verges, leur enjoignent de ne plus prononcer le nom de Jésus, et finalement les relâchent.

Seul contre tous, le vieux rabbi a gagné. Qui sait si, au fond de son âme, il n'a pas entendu la voix du Christ ?

La semence germe

Dans la Ville sainte, sans doute a-t-on trouvé un *modus vivendi*, puisque désormais les Apôtres ne sont plus inquiétés. Ils ont pu reprendre leur prédication. Mais, vraisemblablement, de façon plus discrète : à domicile et sur des placettes. Au Temple aussi, si l'on en croit les Actes, qui précisent : « Chaque jour, ils ne cessaient d'enseigner et d'annoncer la bonne nouvelle de Jésus Messie » (Ac 5, 42).

Ce qu'ils ont vu, ce qu'ils ont entendu, les Apôtres ne peuvent pas le taire. Ils ne cessent de le proclamer. Ce dont ils ont été les témoins est tellement extraordinaire qu'il faut absolument qu'ils le racontent. Et ils ne se lassent jamais d'en refaire le récit.

Jour après jour, semaine après semaine, la parole de Jésus se répand à travers la ville. Le nombre des disciples augmente considérablement. Les Actes parlent d'une « multitude ». Parmi ceux qui accueillent ce message du Christ figurent de nombreux prêtres. Peut-être parce qu'ils ont, plus que d'autres, médité l'enseignement des prophètes. Un calme relatif s'installe, qui va durer environ quatre années : du mois de juin 30 à l'an 34.

C'est dans ce bref espace de temps que le Message commence à se répandre à travers la Palestine. D'abord autour de Jérusalem, dans les villes et les villages de Judée. Puis en Samarie et en Galilée, par monts et collines. Très rapidement aussi dans la plaine côtière et le long du rivage, dans les petits ports, depuis Jaffa jusqu'à Tyr et Sidon en Phénicie. Bientôt, les paroles de Jésus seront emportées au pas lent des caravanes de chameaux vers Antioche, Damas, Alexandrie ; dans le sillage des navires vers Chypre, la Crète ; et un peu partout, dans le cœur des pauvres, des humbles, des opprimés, des malheureux, des sans-espoir, soudain illuminés par les paroles des Béatitudes...

C'est probablement à cette époque que Saul revient à Jérusalem. Pourquoi ? Mais pour gravir une marche de plus dans la hiérarchie religieuse. Cela fait près de dix ans qu'il est un docteur non ordonné. La période de probation s'achève. Il est temps qu'il devienne un docteur ordonné. C'est cette confirmation, on allait écrire cette estampille, qu'il vient chercher auprès de Gamaliel, auquel il est resté fidèlement attaché. Sur la date de ce retour nous n'avons aucune indication. Mais nous savons, comme on va le voir, qu'il se trouverait à Jérusalem en l'année 34.

A ce moment, Ponce Pilate est toujours procurateur de Judée. Plus pour longtemps. En 36, il va être relevé de ses fonctions et exilé en Gaule, où il ne tardera pas à mourir.

Étienne, le premier de tous les martyrs

Trois ou quatre ans après la mort de Jésus, le nombre considérable des nouveaux adeptes oblige les Douze à organiser la communauté, car une vive tension existe entre les « Hébreux » et les « Hellénistes ». Les « Hébreux », nés en Palestine, parlant hébreu et araméen, sont plus attachés à la tradition ; les « hellénistes », nés dans la Diaspora, parlant grec, utilisant la Bible grecque des Septante, sont plus ouverts du point de vue religieux, nous dirions plus « modernes ». Entre eux, des jalousies sont nées, à propos de la répartition des biens communautaires. Pour se faire seconder dans la tâche de distribution qui les accapare de trop, les Apôtres décident de choisir « sept hommes de bonne réputation, remplis d'esprit et de sagesse » (Ac 6, 3). Ils leur confient ce que les Actes appellent « le service des tables », qui pouvait s'exercer à l'occasion des repas eucharistiques. Mais d'autres charges leur échoient rapidement, comme la gestion des biens mis en commun et la distribution des aumônes. Ce sont là des tâches de responsabilité. Les Douze, pour leur part, se réservent la prédication.

A ces sept diacres, les Apôtres, sans plus tarder, imposent les mains en signe d'investiture. Ils s'appellent Étienne, Philippe, Prochore, Nicanor, Timon, Parménas et Nicolas. Sept noms ou surnoms grecs. Mais il dut y avoir aussi ultérieurement des diacres hébreux. A l'exception du dernier, Nicolas, dont on nous dit qu'il est un prosélyte d'Antioche, le seul qui ait droit dans les Actes à une ligne de présentation est Étienne, « un homme plein de foi et d'Esprit saint » (Ac, 6, 5). Rapidement, il se révèle un homme exceptionnel, « plein de grâce et de puissance », qui opère « des prodiges et des signes remarquables parmi les Juifs de la synagogue des affranchis que fréquentent des Israélites originaires de Cyrénaïque, d'Alexandrie, de la province d'Asie et de celle de Cilicie, d'où Saul vient, depuis peu, de revenir.

Ce groupe disparate a vite fait de suborner quelques bavards impénitents qui, dûment chapitrés et la patte bien graissée, s'en vont partout répétant : « Frères, prenez garde. Le diacre Étienne prononce des paroles blasphématoires contre Moïse et contre Dieu » (Ac 6, 11). Il n'en faut pas plus, dans cette ville qui a souvent les nerfs à vif, pour ameuter « le peuple, les anciens et les scribes ». Profitant de cette agitation, les plus excités se saisissent d'Étienne et le conduisent devant le Sanhédrin. Toujours lui ! C'est l'autorité suprême. L'autorité morale, s'entend, puisque l'occupant romain possède le pouvoir politique et la force publique.

A peine entrés dans la salle des séances, les geôliers improvisés expliquent avec impétuosité : « L'homme que voici tient sans arrêt des propos hostiles au Lieu saint et à la Loi. Nous lui avons entendu dire que ce Jésus le Nazôréen — c'est le mot qu'ils emploient — détruirait ce Lieu et changerait les règles que Moïse nous a transmises. »

Terrible accusation !

« Qu'as-tu à dire pour ta défense ? » demande le Grand Prêtre, qui préside la réunion.

Alors Étienne se met à parler. Et tout le monde a les yeux fixés sur ce jeune homme, dont « le visage est comme le visage d'un ange » (Ac 6, 15). Il fait un long discours sur la prédestination du peuple juif. Luc nous donne une analyse détaillée de ce morceau d'éloquence, qui ébranle le Sanhédrin (Ac 7, 1-54).

Mais le jeune orateur, emporté par sa fougue, a l'imprudence de conclure en des termes inadmissibles dans une assemblée qui a pour première mission de défendre la Tradition. Il a l'audace de s'écrier :

« Hommes au cou raide, incirconcis du cœur et des oreilles, toujours vous résistez à l'Esprit saint. Vous êtes bien comme vos pères. Lequel des prophètes vos pères n'ont-ils pas persécuté ? Ils ont même tué ceux qui annonçaient d'avance la venue du Juste, celui-là même que maintenant vous avez trahi et assassiné. Vous aviez reçu la Loi, promulguée par des messagers divins et vous ne l'avez pas observée » (Ac 7, 51-53).

C'en est trop. Les membres du Sanhédrin crient à tue-tête au scandale et se bouchent les oreilles pour ne pas entendre la suite. Quelques assistants, considérant que cette réaction équivaut à une condamnation, se jettent sur Étienne. Sans attendre un verdict que ce tribunal n'a pas le droit de prononcer, puisque le châtiment suprême relève des autorités romaines, ils se hâtent d'entraîner Étienne hors de la salle. Les juges ne disent rien. Il est si facile de fermer les yeux ! Le « j' veux pas l' savoir » ne date pas d'hier. Pilate, que Rome va bientôt limoger, a appris à plus d'un individu comment, dans une situation difficile, on peut s'en tirer en se lavant les mains...

Le petit groupe des excités conduit Étienne hors les murs de la ville. L'endroit nous est connu par une tradition fort ancienne. Il s'agit d'un terrain situé à peu de distance de l'actuelle Porte de Damas, non loin de la Poste centrale. L'impératrice Eudoxie et le patriarche Juvénal y firent édifier au Vᵉ siècle une vaste basilique. Détruite par les Perses en 614, remplacée par une chapelle que restaurèrent les Croisés, abattue peu avant la prise de la ville par Saladin, elle demeure un champ de ruines jusqu'en 1890. Cette année-là, le père Marie-Joseph Lagrange de l'ordre des Frères prêcheurs, fonde, en cet endroit même, l'École biblique et archéologique française. Dix ans plus tard, une grande basilique est inaugurée.

C'est ici, selon toute vraisemblance, que ceux qui ont assisté à la parodie de procès devant le Sanhédrin ont emmené le diacre Étienne. La scène qui suit se déroule rapidement. Les meneurs déshabillent le jeune homme. Tout le monde ramasse des pierres, qui ne manquent pas sur ce terrain vague.

Les plus excités des manifestants commencent à lapider leur prisonnier. Si quelqu'un, demain, parmi les occupants romains venait à protester, les autorités juives pourraient toujours répondre qu'il s'est agi d'une « bavure ».

Étienne a le temps de dire, à la façon du Christ lui-même sur la croix s'adressant à son père : « Seigneur Jésus, reçois mon esprit. »

Soudain, il fléchit les genoux et pousse un grand cri. « Seigneur, ne leur compte pas ce péché. »

C'est fini. Il expire.

Ainsi meurt en l'an 36, au pied des remparts de Jérusalem, dans un terrain vague, le premier martyr de l'histoire du christianisme. Un banal lynchage inaugure l'horrible liste d'atrocités qui n'en finira plus de s'allonger jusqu'au jour d'aujourd'hui.

Les bourreaux avaient déposé leurs vêtements aux pieds d'un homme de vingt-huit ans, qui n'oubliera jamais plus cette scène abominable.

Ce jeune homme s'appelle Saul. C'est sa première apparition dans les Actes des Apôtres (Ac 7, 58), qui ne sont pas plus sa biographie complète que les quatre Évangiles ne sont celle de Jésus. Et pourtant celui qu'on appellera « le premier après l'Unique » va être le personnage principal du Nouveau Testament, après le Christ lui-même.

Un chef de commando

Au moment de la mort d'Étienne, Gamaliel s'est tu. Il a mesuré le péril que court l'équilibre même de l'édifice politico-religieux du pays. Et c'est son disciple Saul qui devient le plus ardent des défenseurs de l'intégrité doctrinale. Il n'y met pas seulement une froide résolution. Ce n'est pas dans son caractère. Il y met toute sa fougue, toute sa passion. C'est ainsi qu'un homme de conviction peut devenir un persécuteur. Avant hier, il a approuvé la lapidation d'Étienne (Ac 8, 1). Hier, il a applaudi la ferme attitude des gardiens de la Loi. Aujourd'hui, il décide de participer à cette campagne contre les infidèles. Non seulement il s'y engage, mais il devient un véritable chef de commando !

Ayant constitué, comme nous le révèlent les Actes, une sorte de police supplétive, il se met en chasse. Il pénètre dans les maisons des adeptes du Christ. Il en arrache hommes et femmes. Il les jette en prison (Ac 8, 3). Son petit groupe devient un véritable « escadron de la mort ». Il ne se contente pas d'arrêter ceux qui « suivent la Voie » : il les fait enchaîner, il les torture pour les forcer à renier le Christ et lors des procès, quand procès il y a ! il approuve les condamnations à mort (Ac 26, 10-11).

Concluant trente ans plus tard la liste de ces aveux, Saul ajoute ce mot terrible : « J'étais au comble de la rage. »

Cette persécution, la première de l'histoire de l'Église naissante, a une double conséquence : elle enracine dans la foi les disciples du Christ. *Sanguis martyrum, semen christianorum*, dira-t-on un jour : sang des martyrs, semence de chrétiens. C'est à Jérusalem, aux alentours de cette année 34, que le sang des Justes commence à faire lever une moisson nouvelle.

Mais cette persécution a une autre conséquence. Le meurtre d'Étienne a été le signal d'une oppression de l'Église, mais qui a visé surtout « les hellénistes », groupe auquel appartenait Étienne, car les « Apôtres », qui sont tous « Hébreux », n'ont pas été inquiétés, reconnaît Luc (8, 1). Apparemment ce sont ces « hellénistes » qui vont commencer à annoncer le Message hors du champ clos de la Ville sainte. Les uns se dispersent à travers les bourgades de Judée. D'autres montent vers la Galilée. Certains, comme Philippe, vont en Samarie. Jean et Pierre les y rejoindront bientôt. De Samarie, Pierre gagnera Césarée, sur la côte.

Tout cela est vraiment un bien modeste début. Les Douze n'ont pas encore pris au pied de la lettre l'ordre de Jésus : « Allez dans le monde entier, proclamez l'Évangile à toute la création » (Mc 16, 15). De très vieux récits, certes, plus légendaires qu'historiques, nous les montreront plus tard prêchant aux quatre coins de l'univers.

Jean, « le disciple bien aimé », pêcheur du lac de Tibériade comme son père Zébédée, s'en va vers les rivages de la mer Égée. On le retrouve à Éphèse, où il mourra, presque centenaire, aux alentours de l'année 100, seul des Douze à n'être pas mort martyr.

Philippe, galiléen de Bethsaïde, près de Capharnaüm, un des premiers à avoir été appelé par Jésus, traverse la Phrygie et gagne le pays des Scythes, aux confins méridionaux de l'Union soviétique actuelle. Il serait mort crucifié, à Hiérapolis, en Anatolie.

André, frère de Simon-Pierre, remonte vers les côtes de la mer Noire. Selon la tradition il aurait péri, lui aussi, sur une croix, mais en forme d'X, à Patras, en Grèce, en l'année 67.

Barthélemy, de Cana, s'engage sur des pistes que certains situent en Anatolie, d'autres en Arabie, d'aucuns en Éthiopie et quelques-uns en Inde. Tout cela n'est pas très cohérent. Sauf sur un point : une légende le fait mourir écorché vif.

Thomas, encore appelé Didyme, prend la direction de l'est, prêche chez les Mèdes et chez les Perses avant de poursuivre son voyage jusqu'en Inde. Le corps transpercé, il rendra l'âme près de Madras, où son culte est toujours très vivant aujourd'hui dans la cathédrale catholique de la capitale du Tamil Nadu.

Matthieu, ou Lévi, de Capharnaüm, percepteur d'impôts de son état, se dirige vers l'Éthiopie, où il périra par le glaive. Il est l'auteur du second Évangile.

Thaddée, surnom de Jude, de Nazareth, chemine sur les routes d'Arménie, où il trouvera la mort, en croix ou sous les flèches, vers l'an 80.

Simon de Cana, dit le Zélote pour qu'on le distingue de Simon-Pierre, parcourt l'Égypte. De là, il gagne la Perse, où il périra scié.

Matthias de Jérusalem, qui a été tiré au sort peu après l'Ascension pour succéder à Judas Iscariote, passe en Macédoine. Revenu par la suite en Palestine, il sera exécuté à la hache en 64, aux environs de Jérusalem. Une autre légende le fait périr en Éthiopie.

Curieusement, aucun de ces neuf hommes n'a pris la direction de Rome. Vraisemblablement, du moins au cours des premières années, ils vont rester en Palestine ou dans les régions limitrophes de la Phénicie et de la Syrie. A Jérusalem, il ne reste plus que Pierre et les deux Jacques :

— Jacques, dit le Majeur, l'autre fils de Zébédée, fut l'un des trois témoins privilégiés, avec Pierre et Jean, des grands moments de la vie de Jésus : la résurrection de la fille de Jaïros, la Transfiguration, l'Agonie. Il fut décapité par Agrippa Ier en 44 (Ac 12, 1-4). Mais, selon la légende, aussitôt après la Pentecôte il serait allé évangéliser l'Espagne où son corps aurait été ramené miraculeusement. Grâce à Théodore et Athanase, il aurait été embarqué à Jaffa sur un bateau qui au terme d'une traversée miraculeuse aurait gagné Ira Flavia, là même où Jacques avait accosté autrefois. Un culte local prit naissance auprès de la tombe. Mais c'est seulement au tout début du IXe siècle que les restes furent découverts, identifiés comme étant ceux de l'Apôtre et transportés solennellement à Compostelle ;

— Jacques le Mineur, encore appelé le Juste, cousin de Jésus, bénéficia d'une apparition du Christ ressuscité (I Co 15, 7), ce qui l'amena à rejoindre la communauté des disciples. Il jouera un rôle important dans l'église de Jérusalem, notamment au moment du concile. Les judéo-chrétiens se réclameront de lui. D'après Flavius Josèphe, il mourut lapidé en 62.

Il ne faut pas confondre Jacques le Mineur avec Jacques fils d'Alphée, lui aussi l'un des Douze, dont on ignore ce qu'il devint.

Ainsi donc, après la mort d'Étienne, en quelques semaines les rangs des « hellénistes » se sont éclaircis. Aussi Saul estime-t-il qu'il est plus important de poursuivre ailleurs la « campagne d'épuration ». Il va donc trouver le Grand Prêtre.

« Permettez-moi, lui dit-il en substance, d'aller à Damas.
— Pour y faire quoi ?

— Si je trouve là-bas des adeptes de la Voie, hommes ou femmes, je vous les ramènerai enchaînés » (Ac 9, 2).

Le Grand Prêtre lui remet « des lettres pour les synagogues de Damas ». Et, pour bien montrer l'importance qu'il attache à la mission de Saul, il demande aux anciens Grands Prêtres de l'imiter. Il s'agit de ceux qui ont perdu leur place depuis que Hérode a pris l'habitude de les révoquer à sa guise et que les procurateurs romains l'ont copié. Le pluriel employé par Luc dans ce récit (Ac 9, 14) est d'une grande importance : il signifie que les plus hautes autorités religieuses d'Israël ont fait l'unanimité sur le nom de Saul et sur sa mission.

Le voici doté des pleins pouvoirs.

Deuxième partie

LES VOIES DU SEIGNEUR

La Rencontre

Ils marchent...

Petit groupe de juifs fanatiques, « ne respirant » — comme Saul, leur chef — « que menaces et meurtres ». Et lui, en tête de cette troupe, ruminant ses projets de grand inquisiteur. A Damas, il arrêtera tous ceux qui croient en Jésus : ces hommes qui n'ont pas encore de nom, ces « adeptes de la Voie », comme on se contente de dire, des juifs qui ont trahi la foi des fils d'Israël.

Ils marchent sans se retourner.

De toute façon, que verraient-ils derrière eux ? Jérusalem est loin maintenant. En la quittant, ils n'ont pas manqué de se répéter la strophe célèbre du psalmiste :

Si je t'oublie, Jérusalem,
Que ma main droite demeure inerte ;
Que ma langue colle à mon palais,
Si je cesse de penser à toi... (Ps 137).

Entamant en cette année 36 la mission qu'il s'est fait confier par le Grand Prêtre, Saul ne pense qu'à la Ville sainte et à Yahvé, dont il se veut le serviteur fidèle.

Ils marchent depuis une longue semaine déjà...

De Jérusalem à Damas, terme de leur voyage, il y a deux cent quatre-vingts kilomètres. Sans traîner, en partant très tôt le matin et en marchant tout le jour, il faut compter sept jours de route au moins. L'itinéraire habituel pique droit au nord, à travers la Samarie. Il passe par Sichem, proche de l'actuelle Naplouse, et au pied de la colline de Sébaste, où Hérode a multiplié les monuments à l'abri de puissantes fortifications. Mais ces chemineaux insolites ont fort bien pu descendre à Jéricho et remonter la vallée du Jourdain en suivant sa rive droite jusqu'à Bet Shean, dont le nom signifie « la maison du serpent » : superbe ville qui est un important carrefour. Moins montueuse, cette route-là est évidemment plus rapide. Très vite, ils ont atteint la mer de Galilée, sont passés par Tibériade et Capharnaüm. Puis ils ont cheminé le long du cours supérieur du Jourdain, fraîche et délicieuse oasis, avant de monter sur les flancs rocailleux du Golan. Et maintenant ils progressent d'un bon pas sur le plateau où le soleil darde d'autant plus fort qu'on est en juillet et à près de sept cents mètres d'altitude. A leur gauche se dresse la puissante barrière de l'anti-Liban que domine, tout là-haut, à deux mille huit cent quatorze mètres, la cime du mont Hermon.

Ils marchent vite...

Aussi vite que le leur permettent leurs corps courbatus par les longues étapes et cette route sans une ombre, qui file droit entre des pâturages caillouteux et de maigres champs de millet. Il est près de midi. Ils ont prévu d'arriver au début de l'après-midi. Et déjà, ils y sont presque. Ils n'ont plus qu'une vingtaine de kilomètres à parcourir. Ils viennent d'atteindre le village de Kaubab — « l'étoile » — qui s'accroche sur leur droite aux contreforts d'une petite chaîne de montagnes, aujourd'hui le Djebel el Assouad. Presque en bordure de la route se dresse une colline de rochers basaltiques, que les Arabes appelleront un jour Tell Mar Boulos, la colline de Paul.

Ils marchent, ils marchent...

... Et soudain, Saul s'arrête et s'affaisse. Là, au bord de la voie romaine sans doute. Mais nous ne savons pas l'endroit précis. Que se passe-t-il donc ? A-t-il été frappé d'insolation ? Ce ne serait pas étonnant sous ce soleil de plomb. Mais non. Il s'agit de tout autre chose.

« Une lumière venue du ciel l'enveloppe de son éclat. » C'est Luc qui raconte la scène, dans les Actes des Apôtres (Ac 9, 1-20). Une lumière « plus brillante que le soleil ».

Cet homme, qui vient d'être terrassé et comme foudroyé, entend une voix lui dire, « en langue hébraïque » :

« Saul, Saul, pourquoi me persécuter ?

— Qui es-tu, Seigneur ?

— Je suis Jésus, celui que tu persécutes. »

« Jésus le Nazôréen », précise la voix, selon le récit que Paul lui-même fera quelque vingt-trois ans plus tard à Jérusalem, devant la foule assemblée au pied des marches de la forteresse Antonia (Ac 22, 6-12).

Ses compagnons de voyage se sont arrêtés, « muets de stupeur ». Selon le récit de Luc, ils entendent la voix, mais ils ne voient personne.

Mais plus tard, dans son propre récit de sa rencontre avec le Christ, Paul dira exactement le contraire. « Mes compagnons virent bien la lumière, mais ils n'entendirent pas la voix qui me parlait. » De toute évidence, plusieurs récits circulaient sur la rencontre de Paul.

La suite est aussi brève que le début a été soudain.

« Que dois-je faire, Seigneur ? a demandé Saul.

— Relève-toi, lui répond la voix. Entre dans la ville et on te dira ce que tu dois faire. »

Paul fera un deuxième récit de la rencontre, plus de deux années après les explications données au peuple de Jérusalem. Cette fois cela se passe à Césarée, en présence du roi Hérode Agrippa II. Nous possédons par conséquent trois versions de cet événement clé : une de Luc et deux de Paul. Elles présentent entre elles de très minimes différences. La plus détaillée est la troisième : Paul y apporte à propos du message qu'il a reçu ce jour-là sur la route de Damas les précisions dont il a été, toute sa vie, si avare. Il a vu le Seigneur. Il ne cessera jamais de le répéter (Ac 9, 27). Oui, il l'a vraiment vu.

Voici en quels termes il exprime lui-même ce que Jésus lui a dit :

« Je te suis apparu pour faire de toi mon serviteur et le témoin de la vision dans laquelle tu m'as vu et de celles où je t'apparaîtrai encore. C'est pour cela que je te protégerai des nations païennes, vers lesquelles je vais t'envoyer pour leur ouvrir les yeux et pour qu'elles passent des ténèbres à la lumière, du pouvoir de l'esprit du mal à Dieu. Par la foi en moi, leurs péchés seront alors pardonnés ; elles obtiendront une part de l'héritage qu'il réserve à tous les siens » (Ac 26, 12-19).

Saul se relève en titubant. Comme un boxeur sonné... Ses compagnons s'approchent de lui pour le soutenir. Ils constatent qu'il ne les voit pas, « bien qu'il ait les yeux ouverts ». Il est aveugle.

Cécité brusque bilatérale, diraient de nos jours les médecins. En dehors de causes organiques tout à fait exceptionnelles, comme une hémorragie hypophysaire, elle est le plus souvent causée par un traumatisme crânien. Serait-ce le cas ? Saul, ébloui par la lumière « plus resplendissante que le soleil » (Ac 26, 13), a fort bien pu, « l'espace d'une culbute », selon l'expression d'André Frossard, heurter violemment le sol de la tête. Autre explication : l'éblouissement électrique. Les ophtalmologistes connaissent bien ce choc excessif de la lumière solaire ou artificielle sur la rétine, qui peut causer des brûlures superficielles de la cornée, produisant des sécrétions muco-purulentes.

Voilà pour l'étiologie de cette brutale et catastrophique affection ophtalmique. Au-delà commence le domaine de la Foi. Et, en vérité, c'est ici le seul qui compte.

Dans la poche de sa tunique, Saul palpe un morceau de parchemin désormais dérisoire : le « mandat » spécial du Grand Prêtre adressé aux synagogues de Damas. Un document qui lui confère les pleins pouvoirs pour lutter contre le schisme.

Qui oserait, à cette heure, parler encore de pouvoirs ? Saul n'est plus que faiblesse et impuissance. Il faut que ses compagnons le prennent par la main. Il tâtonne. Il trébuche. On le soutient sous les aisselles. C'est un homme brisé qui atteint enfin les remparts de Damas.

L'aveugle de Damas

D'où qu'on vienne, l'arrivée à Damas est un délice. Après les étendues pelées du plateau syrien, le regard découvre soudain une luxuriante oasis. A la gamme monotone des ocres succède la palette variée des verts : palmiers échevelés, orangers alignés au cordeau, jardins constamment irrigués par les seguias, où murmure une eau fraîche, fragrance du jasmin au printemps, parfum des roses en été.

Conduit par ses compagnons, l'aveugle longe d'un pas hésitant la partie sud des remparts achevés depuis peu par les Romains : leur protectorat sur la Syrie ne date que du passage de Pompée, en 64 avant notre ère. Le grand conquérant était alors au faîte de sa gloire.

Les voyageurs atteignent la Porte d'Orient, massive, sans décoration aucune et percée de trois ouvertures que ferment la nuit de lourds vantaux de bois. C'est aujourd'hui la Bab esh Sharqi.

Elle ouvre sur la rue Droite, qui est longue de quinze cents mètres et bordée des deux côtés d'élégants portiques reposant sur des colonnes à chapiteaux corinthiens. Ils ont disparu au fil des siècles. Des maisons ont été construites, masquant la colonnade ou l'absorbant. Des boutiques ont proliféré, gagnant peu à peu sur la chaussée. La noble avenue, une des plus belles de l'empire romain, est devenue une rue sans caractère. Mais elle reste très animée, comme tout vieux quartier en terre d'islam. Dans celui-ci sont offerts à la convoitise des chalands qui se pressent cotonnades et soieries, tapis et burnous, plateaux de cuivre et coffrets de cèdre, armes blanches et sacs de cuir, sans compter tous les parfums et toutes les épices de l'Orient...

S'il ne voit rien, Saul perçoit ces odeurs ; il entend ces voix ; il sent cette foule d'hommes et de femmes qui l'effleurent et parfois, involontairement, le bousculent.

« Place, place, vont répétant ceux qui le guident. Laissez passer un pauvre aveugle. »

Pauvre type en vérité que cet homme brutalement transformé en un infirme, alors qu'il a trente ans à peine.

Dans la rue Droite se trouve la demeure d'un Juif nommé Judas. Une petite mosquée, Djamia Medjdin, s'élève aujourd'hui en cet endroit, près du bazar du sucre. Elle a succédé à un vieux sanctuaire chrétien, édifié, croit-on, à l'emplacement de la maison de ce Judas damascène. C'est là qu'ils vont frapper. Saul s'y effondre, épuisé, abasourdi, hébété et, à coup sûr, humilié. Dans le silence de la maison aux volets clos, il ne cesse de se répéter en lui-même les paroles qu'il a entendues sur la route.

Il n'a plus aucune envie de prendre contact avec les synagogues. Aucun désir de rencontrer la communauté juive, qui est nombreuse à Damas : Flavius Josèphe parle de cinquante mille âmes. Beaucoup vivent dans un quartier tout proche, au sud de la rue Droite.

Pourquoi Saul visiterait-il Damas, puisque ses yeux morts ne peuvent pas voir cette ville à la longue histoire, une des plus vieilles cités du Proche-Orient ? Elle est déjà mentionnée dans la Genèse (15, 2), sous le nom de Dammesheq, qui signifie « la demeure de l'arrosage ». Les Arabes en tireront Dimashq es-Sham, dont nous ferons Damas. Abraham a fait étape ici, sur la berge de l'étroite Barada, durant le long voyage qui l'a conduit de Mésopotamie en Palestine. Il avait soixante-quinze ans quand, sur l'ordre de Yahvé, il quitta Harran pour gagner « le pays de Canaan » (Gn 12, 4-5). David a conduit jusqu'à Damas une expédition, au terme de laquelle il a rattaché cette cité lointaine au royaume d'Israël. Déjà le problème des frontières, déjà les territoires occupés ! Puis se sont succédé les Assyriens, les Séleucides, les Nabatéens. Enfin sont arrivés les Romains, conduits par Pompée qui marche de victoire en victoire et achève de conquérir tout l'Orient. Au nom de César, dont il aimerait tant prendre la place, il fait de cette grande ville la capitale régionale des territoires nouvellement conquis. C'est là que va résider désormais le légat de Syrie, dont dépend le procurateur de Judée.

De ces longs siècles d'existence tourmentée, la grande cité qu'est déjà Damas au 1er siècle a gardé de nombreux souvenirs. Ils sont devenus rares dans la capitale de la Syrie moderne, métropole où s'entassent un million et demi d'habitants. Dans la cité d'Hafez el-Hassad, j'ai longuement cherché la ville des temps apostoliques. Je ne l'ai retrouvée ni dans les petites rues du centre, ni sur les belles places ombragées ni dans les quartiers modernes. Comment évoquer ce lointain passé dans les camps de réfugiés palestiniens de la grande banlieue ? Ou sur les sommets du Djebel Qasioun et du Djebel Qalamoun, où tournent lentement les radars des batteries d'artillerie antiaérienne et des fusées sol-air de fabrication soviétique ? Ou même à l'intérieur de l'admirable mosquée des Omeyyades, construite au VIIIe siècle et maintes fois restaurée ? Une mosquée édifiée à l'emplacement d'une ancienne basilique chrétienne, qui succédait elle-même à un temple païen. C'est cela aussi, l'Orient : l'étonnante superposition des siècles morts, l'incroyable entassement des civilisations disparues, l'impressionnante stratification de l'histoire...

Trois jours durant, seul dans sa nuit, Saul médite en silence, dans cette maison de la rue Droite. Il prie. Il attend...

La cécité guérie

A trois cents mètres au nord de la rue Droite habite un Juif qui est devenu très tôt un disciple du Christ. Il se nomme Ananias.

Il est bien difficile aujourd'hui de retrouver le plan de sa maison dans le sanctuaire, reconstruit en 1867, restauré en 1893, embelli en 1973, que font visiter les franciscains qui en ont la garde. On y descend par un escalier de vingt-trois marches, car dans cette partie de Damas le terrain a été considérablement exhaussé par les décombres qu'on y a accumulés pendant vingt siècles. Tout en bas, on atteint une crypte formée de deux petites chambres transformées en oratoire. C'est là que vivait Ananias, selon une tradition très ancienne, en tout cas antérieure à la conquête arabe du VIIe siècle...

Ananias est un homme pieux. Une tradition très douteuse en fait l'un des soixante-douze disciples que le Christ désigna lui-même, peu après la Transfiguration et juste avant la montée à Jérusalem. Il les envoya deux par deux, en détachement précurseur, dans les villes et les localités où il devait lui-même se rendre (Lc 10, 1). Ananias aurait cherché refuge à Damas après la lapidation d'Étienne. Il serait devenu par la suite l'évêque de cette ville. Toujours selon une tradition fort discutée, il aurait été condamné à mort par le gouverneur romain Licinius. Il aurait péri, lapidé lui aussi, hors des murs de l'enceinte.

Pour l'heure Ananias, qui n'est pas encore le saint Ananie du martyrologe romain où son nom figure le 25 janvier, fête de la « conversion de saint Paul », est un serviteur modeste et obéissant. Il ne manifeste aucun étonnement quand le Seigneur l'appelle dans une vision en lui demandant d'aller trouver, dans la rue Droite, un homme qui est aveugle et de « lui imposer les mains pour lui rendre la vue ». Mais ce qui le surprend, c'est l'identité de cet aveugle. Saul de Tarse, il connaît, hélas !

« Seigneur, s'exclame Ananias, j'ai entendu bien des gens parler de cet homme et dire tout le mal qu'il a fait à tes serviteurs à Jérusalem. Et ici, il dispose des pleins pouvoirs reçus des Grands Prêtres pour enchaîner ceux qui invoquent ton nom. »

« Va, insiste la Voix, car cet homme est un instrument que je me suis choisi pour porter mon Nom aux nations païennes, aux rois et aux Israélites. Je lui ferai découvrir moi-même tout ce qu'il devra souffrir pour moi » (Ac 9, 13-17).

Voilà trois jours que l'aveugle attend sans manger ni boire. Il continue à prier.

Ananias part. Il entre dans la maison qui lui a été désignée. S'approchant du persécuteur foudroyé par qui il s'attendait, hier encore, à être arrêté, il lui dit simplement : « Saul, mon frère, c'est le Seigneur qui m'envoie — ce Jésus qui t'est apparu sur la route que tu suivais — afin que tu retrouves la vue et que tu sois rempli de l'Esprit saint. »

Aussitôt, c'est comme si des membranes ou des écailles se détachaient des yeux de Saul. Tout aussi soudainement qu'il a été frappé de cécité, il émerge de la nuit. Il voit comme avant.

Alors, il se souvient d'un passage d'Isaïe qu'il répétait jusqu'ici sans bien le comprendre :

> *Le peuple qui marchait dans les ténèbres*
> *a vu une grande lumière.*
> *Sur ceux qui habitaient le pays de l'ombre,*
> *une lumière a resplendi* (Is 9, 1-2).

« Reçois le baptême »

« Il reçut alors le baptême et, quand il se fut alimenté, il reprit des forces » (Ac 9, 18).

Le récit de Luc s'arrête ici. Il est elliptique, pour ne pas dire incomplet. Paul va heureusement nous apporter des précisions, une vingtaine d'années plus tard, dans le plaidoyer qu'il prononcera devant les Juifs de Jérusalem, après son arrestation au Temple.

Ananias lui dit ces mots importants : « Le Dieu de nos pères t'a destiné à connaître sa volonté, à voir le Juste et à entendre sa propre voix. Tu dois en effet être témoin pour Lui devant tous les hommes de ce que tu as vu et entendu. »

Sans doute, Saul se pose-t-il encore bien des questions. A commencer, évidemment, par une interrogation d'ordre général : aux yeux de la communauté juive, un fils d'Israël qui abandonne la religion des ancêtres n'est pas seulement un déserteur, c'est un traître, c'est un renégat : pire, il devient un *mechoumad*, mot terrible qui signifie un homme détruit, un être dévasté. Ce point de doctrine concerne Saul personnellement, en même temps qu'il concerne son peuple tout entier, dans sa croyance la plus profonde, la plus intime, la plus sacrée.

On va désormais retrouver ce souci, exprimé ou inexprimé, à tous les tournants de l'extraordinaire aventure qui ne fait que commencer ici, à Damas.

Autre point troublant : comment un supplicié peut-il être le libérateur d'Israël ? Pour les juifs, a-t-on dit, « la croix n'est qu'un instrument de torture et non de salut ; un bois d'ignominie et non un titre de gloire ; un poteau de mort et non un arbre de vie ».

Enfin, il y a l'autorité de la chose jugée. Et ce n'est pas rien, dans un pays formaliste comme Israël ! D'autant que la condamnation de ce prophète a été prononcée par la plus haute autorité religieuse du pays.

A ces différentes questions s'ajoute, au fond de la conscience de Saul, une douloureuse hésitation : comment a-t-il pu être choisi par le Seigneur, lui, l'odieux tyranneau qui a du sang sur les mains ? Ananias doit insister. Ce juif qui suit Jésus ajoute donc à l'adresse de ce juif endurci, qui n'ose pas encore faire le pas décisif : « Pourquoi donc hésiterais-tu encore ? Allons ! Reçois le baptême et sois purifié de tes péchés en invoquant son nom » (Ac 22, 14-17).

Alors, les dernières résistances de Saul cèdent.

La scène suivante est omise. Mais il est aisé de l'imaginer. Saul s'agenouille. Ananias est allé puiser de l'eau dans une jarre qui contient la réserve de la maison. Doucement, il la fait couler sur cette nuque, si raide encore il y a quatre jours en demandant à l'Esprit d'illuminer Saul.

Ce baptême de l'eau est un symbole. Comme était un symbole la durée même de la cécité : trois jours, comme pour le Christ qui est demeuré au tombeau pendant trois jours avant de retrouver la lumière. Toutefois, si l'on peut dire que c'est l'eau baptismale qui rend la vue à Saul, elle ne lui rend pas la vie : elle lui donne une nouvelle Vie.

Il y a donc quelque chose de plus important que le symbole : c'est la réalité de l'adhésion, définitive et indéfectible, de ce nouveau baptisé à Celui qui va être désormais le seul guide et le seul maître de son existence.

L'appel du désert

Quelle audace !

Au lieu de se faire oublier, Saul ne passe que quelques brèves journées avec Ananias, Judas et la petite communauté naissante. Puis, où va-t-il ? Il retourne vers ses anciens coreligionnaires. Que fait-il ? Il entre dans les synagogues. Il demande à prendre la parole et il y proclame, haut et fort, que « Jésus est le fils de Dieu ».

Oui, quelle audace ! Mais aussi quelle imprudence ! Une imprudence qui sera désormais une des caractéristiques de la vie de Saul. Mais peut-on demeurer prudent quand on est passionné ?

Imprudent, certes, il l'est, mais impudent plus encore... C'est du moins ce que pensent les juifs de Damas. Oui, quelle invraisemblable impudence, chez ce personnage qui arrive de Jérusalem précédé d'une réputation d'exécuteur des hautes œuvres ! A-t-on jamais vu pareille volte-face ? Les rabbis de la ville en restent stupéfaits.

« N'est-ce pas lui, s'exclament-ils, qui s'acharnait dans la Ville des villes contre ceux qui invoquaient le nom de l'agitateur nazaréen ? Et n'est-il pas venu ici tout exprès pour arrêter les militants de cette redoutable association et les conduire enchaînés aux Grands Prêtres ? » (Ac, 9, 20-22).

Ces questions, ils n'ont pas à se les poser longtemps. Presque aussitôt Saul quitte Damas. Craint-il de susciter des troubles dans la communauté juive ? C'est peu probable. Il souhaite, tout simplement, entamer sans attendre la mission qui lui a été confiée par « Celui qui l'a mis à part depuis le sein de sa mère », et qui est « d'annoncer son Fils parmi les nations » (Ga I, 15-16). Mais auparavant il veut se retirer au désert afin de réfléchir à loisir et de prier longuement. Comme le fit le Christ lui-même durant quarante jours.

Cet appel du désert, tous les affamés d'absolu l'ont entendu, de Bouddha à Jean-Baptiste. Tous y ont obéi, après eux et comme eux, d'Antoine l'Égyptien à Charles de Foucauld. Les moines coptes y ont trouvé la force de résister des siècles durant à tous les assauts de l'islam ; les chartreux, celle de conserver intacte la règle de leur fondateur Bruno qu'ils n'ont « jamais réformée parce qu'elle ne fut jamais déformée ». Le désert, pays de la mort, est source de vie spirituelle...

Sans plus tarder, Saul part donc pour l'Arabie. Il ne s'agit pas des immensités désolées de l'actuelle Arabie saoudite, mais de la région de Petra, en Jordanie, qu'on appelait parfois l'Arabie pétrée. Il y a là, aux confins de l'empire romain, en un endroit où le *limes* est une imprécise frontière, une vaste étendue de territoires arides. Les uns sont placés sous la coupe de l'empereur Caligula, qui, âgé de vingt-cinq ans seulement, vient de succéder le 16 mars 37 à Tibère, étouffé par des mains criminelles. Les autres sont soumis à l'autorité du roi des Nabatéens Arétas IV, qui est le beau-père d'Hérode Antipas, tétrarque de Galilée. Ce vieux roi est monté sur le trône en l'an 8 av. J.-C. Les Romains n'occuperont son royaume qu'en 106 ap. J.-C., sous le règne de Trajan, en même temps que la Mésopotamie et l'Arménie.

Sur ces terres, auxquelles on hésite à donner ce nom, tant y abondent le sable, le caillou et la roche, les communautés juives sont nombreuses. Leurs membres sont venus de la Judée et de la Samarie proches, après avoir franchi le Jourdain, qui n'a jamais constitué un obstacle important.

Cisjordanie, aujourd'hui territoires occupés, baptisés le *west bank*, et

Transjordanie, le torride royaume d'Hussein, ont toujours vécu en symbiose. Il a fallu la guerre des Six Jours pour les diviser ; des barbelés et des mines pour les séparer...

Les Israélites de l'Arabie pétrée résident dans de poussiéreux villages assaillis par les mouches. La plus grande partie de ce pays de la soif est peuplé par des nomades escortant des chameaux et des semi-nomades végétant parmi leurs chèvres.

Ces pauvres gens possèdent cependant une grandiose capitale : Petra, qui est à la fois un sanctuaire et une position de défense, protégée par l'étroit défilé du Siq. La prospérité de cette cité tient à sa situation ; elle a été bâtie au vi^e siècle av. J.-C., au carrefour des routes caravanières qui viennent du golfe d'Akaba ou de la péninsule arabique et se dirigent vers la Palestine, la Phénicie et la Syrie.

C'est de la Syrie qu'arrive Saul, par des sentiers rocailleux : ici, il n'existe plus de voies romaines. Il va à petites étapes, sous un soleil de feu. La chaleur est telle que l'air, à chaque inspiration, brûle légèrement la muqueuse du nez. Las de marcher dans cette fournaise, il s'arrête parfois pendant des jours entiers qu'il passe à méditer à l'ombre violette d'une falaise rocheuse ou dans le clair-obscur d'une petite grotte. Le soir, il allume un feu de broussailles épineuses et, assis en tailleur, il poursuit sa contemplation sous les étoiles qui brillent de cet éclat vif qu'elles n'ont que dans le désert...

Sur ces semaines et ces mois passés en Arabie pétrée, c'est peu de dire que nous sommes mal renseignés. Nous ne savons rien. Luc, dans ses Actes, n'en dit pas un seul mot. Nous ignorerions tout de ce séjour sans une brève allusion du solitaire lui-même dans son Épître aux Galates (Ga 1, 17). Gravit-il le mont Nébo, comme le fit jadis Moïse sur l'ordre de Yahvé pour contempler, avant de mourir, le pays de Canaan, « donné en propriété aux fils d'Israël » (Dt 32, 48-49) ? On aime à imaginer cette scène symbolique. Mais ensuite, que fait Saul ? Prêche-t-il l'Évangile aux pasteurs nabatéens, au pied des grottes sépulcrales et des tombeaux monolithiques sculptés dans les falaises de grès, jaunes, bleus, verts, mauves ou rouges, suivant les heures du jour ? Cherche-t-il, au contraire, dans « Petra l'unique », double chef-d'œuvre de la nature et des hommes, à transmettre le message de Jésus aux communautés juives ? Sans doute prend-il ces deux initiatives.

Et voilà que se produit un de ces incidents qui vont se répéter si souvent au fil des années : sourds à son appel, les Juifs, dans leur majorité, restent fidèles à la foi de leurs pères. La prédication de ce messager inattendu suscite des troubles, les premiers d'une très longue série. Les autorités s'émeuvent. « Cet étranger porte atteinte à l'ordre public... » Va-t-on l'entendre, cette formule, tout au long de l'histoire de l'Église ! Puisqu'il jette le trouble, qu'on le mette hors d'état de nuire !

Mais Saul a déjà pris le large. Prudent, pour une fois, il s'est engagé sur le chemin du retour. Le voilà sur la route de Damas. Quand les argousins du roi Arétas se précipitent pour le cueillir au logis, il est déjà loin, dans les solitudes minérales du désert où sa trace est aussi peu visible que celle d'un fennec. Furieux, le souverain donne l'ordre à son représentant à Damas, qui a le titre d'ethnarque, de faire arrêter le trublion. Mais la grande ville n'est pas sous sa juridiction. Le maintien de l'ordre y est l'affaire des autorités romaines, qui ont sans doute d'autres chats à fouetter. Les poursuites s'arrêtent. Le fugitif dispose d'un sursis. Il sera bref...

L'évasion dans un panier

Revenu à Damas après cette longue absence, Saul reprend sa prédication dans les synagogues du quartier juif qui jouxte la rue Droite où habite son ami Judas. Redoutable argumenteur, il confond les assistants « en leur prouvant que Jésus est bien le Messie » (Ac 9, 22).

Le temps a passé. Dans la grande ville syrienne, le nombre des adeptes du Christ a sensiblement augmenté. Le premier noyau s'est formé sans doute peu après la Pentecôte, quand sont revenues dans leur cité d'origine quelques-unes des trois mille personnes qui s'étaient fait baptiser à Jérusalem après avoir entendu le grand discours de Pierre (Ac 2, 41). A ce petit groupe de pèlerins revenus de la capitale juive sont venus s'adjoindre des Israélites damascènes qui ont décidé, comme on dit alors d'une belle expression, de « suivre la Voie ». Saul est persuadé qu'ils ne sont que l'avant-garde d'une immense cohorte. D'autres vont suivre. Et l'annonce faite par les prophètes va enfin se réaliser. Avec Zacharie, il aime répéter : « *Réjouis-toi, crie de joie, Jérusalem. Voici ton Roi. Il vient à toi, juste et victorieux, humble et monté sur un âne* » (Za 9, 9).

Souvent aussi, il cite ce beau texte d'Isaïe :

> *Un enfant nous est né*
> *Un fils nous est donné.*
> *La souveraineté est sur ses épaules.*
> *On proclame son nom :*
> *« Merveilleux Conseiller, Dieu Fort,*
> *« Père à jamais, Prince de la Paix. »*
> *Il y aura une souveraineté étendue*
> *Et une paix sans fin*
> *Pour le trône de David et pour sa royauté*
> *Qu'il établira et affermira*
> *Sur le droit et sur la justice* (Is 9, 5-6).

Le Christ de Saul n'est jamais celui de Bethléem ni celui de Nazareth. La crèche, la Vierge, l'atelier du charpentier sont inexistants dans ses propos, comme ils seront invisibles dans ses écrits. Son Christ est le Christ du matin de Pâques. C'est le Christ vainqueur de la mort. C'est Jésus, notre frère, qui fait de nous les fils de Dieu.

Retrouvant Damas après cette longue absence Saul pense que les Juifs se sont calmés. Il se trompe. Non seulement ils n'ont pas désarmé, mais ils se concertent pour le faire périr. Ils ont pris langue avec l'ethnarque du roi Arétas, qui, trop content d'essayer de retrouver un homme qui a échappé à la police de son souverain, décide de faire garder jour et nuit les portes de la ville (2 Co 11, 33). Saul est averti. La situation semble sans issue, au sens propre du mot. S'il tombe aux mains du groupe de fanatiques qui excite la communauté juive, il sera trucidé au coin d'une rue ; s'il cherche à franchir une des poternes, il sera arrêté, ramené à Petra et jeté dans quelque cul-de-basse-fosse...

Une nuit les disciples l'entraînent en secret et le font descendre par une fenêtre le long de la muraille dans une grande corbeille. Racontée brièvement par Luc (Ac 9, 25), cette évasion, pour le moins originale, sera corroborée par l'intéressé lui-même dans l'une de ses Épîtres.

Qui longe aujourd'hui ce qui subsiste des remparts de Damas retrouve l'enceinte de l'époque romaine. Elle est formée de gros blocs soigneusement joints sans mortier. Ces solides assises ont été ultérieurement surélevées par les Byzantins et les Arabes. Enfin les Turcs ont exhaussé le tout, édifiant la partie supérieure des murailles.

Vers l'angle sud-est de ces remparts, on voit encore les restes d'une puissante tour carrée, dont la base est formée d'énormes pierres taillées en bossage. Tout près, on découvre les vestiges d'une ancienne porte murée, la Bab el-Kisân. Selon la tradition, c'est là que Saul s'évada...

Le premier face à face avec Pierre

Où aller ? A Jérusalem, bien sûr. Certainement pas pour retrouver le Grand Prêtre à qui, trois ans plus tôt, il a demandé des lettres de créances pour Damas. Il veut rencontrer les Apôtres, à commencer par Pierre.

En cette année 39 Saul, qui vient d'avoir trente-trois ans, poursuit un quadruple apprentissage. Il a fait dès longtemps celui, délicat, de la prédication dans les synagogues. Mais lorsqu'on l'invite aujourd'hui à y parler, il n'est plus question qu'il y développe les mêmes thèmes. C'est le message de Jésus qu'il lui faut désormais présenter. Une difficulté apparaît aussitôt : comment faire, puisqu'il ne l'a pas connu ? Si intelligent qu'il soit, Saul ne peut pas tout puiser en lui-même ni dans ses souvenirs de la Rencontre. Existe-t-il déjà des textes qui rassemblent l'essentiel de l'enseignement du Christ ? Des notes prises par des auditeurs soucieux de ne rien perdre des paroles du Maître ? Des résumés de tel ou tel entretien particulièrement important ? Des fragments de récit, hâtivement griffonnés, le soir même ou le lendemain, sur des bouts de parchemin ? En somme, des morceaux d'Évangile avant les quatre évangélistes ? C'est fort probable. Cependant, dans cette société de la transmission orale, la source essentielle du moment est certainement le récit des témoins. Les scènes, les phrases, les mots sont gravés définitivement dans leur mémoire. Comment Saul, qui sait qu'il a tout à apprendre sur le Christ, pourrait-il connaître quoi que ce soit sans entendre d'abord longuement ceux qui ont vécu auprès de Lui, ceux qui L'ont entendu ? A son tour d'être un auditeur attentif. Voilà pourquoi lui qui vient de faire deux apprentissages — celui de la prédication, puis celui du désert — doit maintenant en faire un troisième en se mêlant, aussi intimement que possible, à la communauté apostolique. Ensuite, mais ensuite seulement, il aura à faire l'apprentissage de la vie missionnaire : le quatrième... et pas le plus facile.

Arrivant à Jérusalem il évite donc ceux qui étaient, hier encore, ses amis, et qui ne sont pas devenus ses ennemis, loin de là : mais ils refusent, plus que jamais, de reconnaître en Jésus le Messie annoncé par les textes de l'Écriture. Il frappe à la porte de la communauté qui rassemble ceux qui croient au Christ. Mais les premiers contacts sont plus que réservés. S'il a cru, cet activiste juif, qu'il allait pouvoir s'agréger aisément à la jeune communauté, sous prétexte qu'il a, dit-il, changé du tout au tout, et dans son comportement et dans son âme, depuis sa Rencontre sur la route de Damas, il se fait des illusions. Sa réputation d'hier continue à le suivre aujourd'hui. Tous ont peur de lui. Ils n'arrivent pas à croire qu'il est véritablement devenu un disciple du Ressuscité (Ac 9, 26).

C'est ici qu'intervient un personnage providentiel qu'on surnomme Barnabas, « ce qui signifie, disent les Actes (4, 36), l'homme du réconfort ». Son vrai nom est Joseph — « Dieu me fait progresser ». C'est un juif hellénisé, originaire de Chypre, où il exerçait les fonctions de lévite. On appelait ainsi les auxiliaires des prêtres juifs. Membres de la tribu de Lévi, au moins à l'origine, d'où leur nom, ils n'exerçaient pas le sacerdoce, apanage des descendants d'Aaron. Ils se contentaient de participer au service du Temple, collaborant aux tâches liturgiques et chantant des hymnes.

Ce Barnabas, Barnabé en français, est un cœur généreux. A peine converti, aussitôt après la Pentecôte, il a vendu son champ et, « en ayant perçu le montant, il est venu le déposer au pied des Apôtres » (Ac 4, 37).

Il fait montre vis-à-vis de Saul d'une autre forme de générosité : il l'écoute attentivement. Bientôt, s'étant pris de sympathie pour lui, il l'introduit parmi les membres de la communauté apostolique. « Cessez de vous méfier de cet homme, leur dit-il en substance. Il a vu le Seigneur qui lui a parlé. Aussitôt après, à Damas, il s'est exprimé avec assurance au nom de Jésus » (Ac 9, 27).

Présenté par cet ambassadeur improvisé, Saul rencontre celui qu'il appelle Cephas, c'est-à-dire Pierre. Il va rester « quinze jours auprès de lui, sans voir aucun Apôtre, si ce n'est Jean » (Ga 1, 18-19).

On souhaiterait en savoir davantage sur ce premier et long face à face entre les deux hommes qui vont jeter, sans autre plan d'architecte que la parole de Jésus, les fondations de l'Église. Est-il possible d'imaginer deux êtres plus dissemblables ? Pierre, le pêcheur du lac de Tibériade, Paul, le rabbin de Tarse ; Pierre, le manuel aux paumes caleuses, Paul, l'intellectuel aux mains blanches ; Pierre qui, comme Jésus, parle l'araméen, Paul qui est plus à l'aise en grec ; Pierre qui a la relative lenteur des esprits déductifs, Paul qui a la rapidité des intuitifs ; le premier qui a vécu avec le Seigneur, dans la verte Galilée, le second qui n'a fait que le voir et l'entendre quelques instants sur une route brûlante de Syrie. Mais l'un et l'autre ont été choisis par Lui ; l'un et l'autre ont reçu de Lui une mission précise ; l'un et l'autre sont destinés à accomplir, par des voies différentes, une seule et même tâche : faire connaître et aimer cet homme nommé « Salut », auquel ils ont décidé de consacrer toute leur vie, jusqu'à épuisement de leurs forces.

Tout aussi passionnants doivent être, on l'imagine volontiers, les entretiens avec Jacques, une des « colonnes » de la communauté, comme on dit souvent, en parlant de lui. On l'appelle « Jacques le Juste ». C'est lui qui va devenir, s'il ne l'est déjà, le premier évêque de Jérusalem ; lui qu'on nommera « Jacques le Mineur ».

Pierre et Jacques sont-ils déjà à ce moment les deux seuls parmi les Apôtres à résider encore à Jérusalem ? C'est fort possible. Selon la volonté clairement exprimée par le Christ le jour de l'Ascension, tous les autres sont partis pour être ses « témoins jusqu'aux extrémités de la terre » (Ac 1, 8).

« C'est vers les nations païennes que je vais t'envoyer »

Durant ces deux semaines à Jérusalem, Saul ne se contente pas de parler longuement avec Pierre et avec Jacques. Il va et vient dans la ville avec les disciples. Il s'exprime au nom du Seigneur avec une parfaite assurance. C'est la preuve qu'à l'écoute des deux Apôtres il a appris vite et bien. Cela n'étonne pas de cet homme supérieurement intelligent : s'il n'a pas encore donné sa vraie mesure, il a déjà montré ses exceptionnelles qualités.

Il ne s'entretient pas seulement avec les Juifs. Il parle volontiers avec les « hellénistes ». Ainsi appelle-t-on, comme nous l'avons vu, les Juifs de langue et de culture grecques. Certains se sont convertis au Christ, mais c'est aussi parmi ces « hellénistes » dont Saul autrefois était très proche par la langue et par son appartenance à la Diaspora qu'il rencontre la plus grande opposition.

Les Actes sont presque muets sur ce qui se produit alors. C'est Saul qui le révélera beaucoup plus tard dans son plaidoyer devant les habitants de Jérusalem, juste après son arrestation : « Alors que j'étais en prière dans le Temple, je vis le Seigneur qui me disait : " Vite, quitte Jérusalem sans tarder, car ils n'accueilleront pas le témoignage que tu me rendras. " »

Première constatation : Saul, bien qu'il ait décidé de consacrer sa vie au Christ, continue à venir prier au Temple. Il n'a pas coupé ses racines juives. Il ne le fera jamais. Deuxième constatation : Saul est loin d'être convaincu qu'il lui faille quitter la ville sans plus tarder. Mais le Seigneur insiste et lui fixe définitivement sa mission : « Va, c'est au loin, vers les nations païennes, que je vais, moi, t'envoyer » (Ac 22, 17-22).

Au loin… Vers les nations païennes… Tout vient d'être dit. Saul est destiné au monde extérieur. Il sera, selon sa propre expression, « le ministre de Jésus-Christ auprès des païens » (Rm 15, 16). Car il est désormais — il ne cessera plus de l'affirmer avec autorité — l'homme choisi entre tous les autres : celui qui a « reçu la grâce de l'apostolat, pour répandre l'obéissance de la foi en faveur de Son Nom, parmi toutes les nations païennes » (Rm 1, 5). Jamais encore la vocation de Saul n'avait été précisée avec autant de clarté et de force.

Apprenant que les « hellénistes » cherchent à faire périr le Tarsiote, des membres de la communauté lui font quitter rapidement Jérusalem. Peut-être ne sont-ils pas mécontents de mettre « au placard » ce personnage encombrant. Qu'il regagne donc sa ville natale ! Ils le conduisent jusqu'au port de Césarée et le font embarquer sur le premier navire en partance pour la Cilicie (Ac 9, 28-30).

Deuxième retour à la case départ !

Les années silencieuses

Alors commence une période de la vie de Saul dont nous ne savons rien. Absolument rien. Elle va durer plus de quatre années, de 39 à 43 environ. On ne trouve pas un seul mot, ni dans les Actes ni dans les Épîtres, qui nous apporte le plus faible éclaircissement. On croirait que, brusquement, un rideau a été tiré, une porte refermée...

Dans cette ville de Tarse où il est né, où il a grandi, où il est revenu après ses études à Jérusalem et où il reparaît aujourd'hui à l'âge de la maturité, Saul aura finalement passé plus du tiers de sa vie. Que ces longues années ne méritent pas trois lignes dans le Nouveau Testament, quel étrange mystère ! Mais il est vrai qu'on en sait encore moins sur Pierre. Et pratiquement rien sur Jean.

Sur la route de Damas, la graine a été semée. Au désert d'Arabie, la germination a commencé. Mais le temps de l'éclosion n'est pas encore venu. Voyez tous ces tours et tous ces détours. Regardez, sur une carte du Proche-Orient, ces itinéraires sinueux et apparemment irrationnels. « Dieu écrit droit avec des lignes courbes... » : c'est bien le moment de redire la phrase que citait Claudel. En outre, Son calendrier n'est pas celui des hommes.

Que de questions on se pose sur ces années cachées de la vie de Saul, entre sa trente-troisième et sa trente-septième année !

La première de toutes : quel a pu être l'accueil de sa famille quand il a raconté tout ce qui s'est passé pendant sa longue absence ? Les siens lui ont-ils fermé leur cœur et leur porte ? Ou bien l'ont-ils écouté en hochant la tête, comme ces artisans circonspects qui hésitent à dire oui ? A moins qu'ils n'aient, à leur tour, entendu le message de Jésus, transmis par cet enfant prodigue ?

Autre question : comment Saul occupe-t-il son temps ? Ici, la réponse est plus facile à donner. Il tient de son père une expérience professionnelle : le tissage de tentes en poils de chèvre. Il se rassied donc sur son banc poli par les ans, retend ses fils de trame et relance ses navettes. Il n'a jamais oublié le principe que lui a inculqué son maître Gamaliel et qui reste vrai pour tout homme, quel que soit son Dieu... et même s'il n'en a point : « C'est une belle chose que l'étude de la loi unie à un métier manuel, parce qu'en s'occupant de l'un et de l'autre on oublie le péché. Toute étude de la Loi qui n'est pas unie à un métier manuel est vaine : elle pousse l'homme au péché » (Pirqué Avot II, 12).

Troisième question : Saul continue-t-il à répandre le nom de Jésus, mort et ressuscité, depuis bientôt neuf ans ? On peut sans hésitation répondre oui. La mission qu'il a explicitement reçue — annoncer le Messie aux Juifs et aux païens —, il n'est pas question qu'il envisage de s'y soustraire. Même si les hommes semblent ne pas avoir besoin de lui. Même si apparemment les circonstances sont défavorables. Même si tout échoue de ce qu'il entreprend. Une tâche lui a été confiée par Jésus lui-même. Cette certitude ne l'abandonnera jamais, même si d'autres doutes doivent venir l'assaillir. Cette tâche, il a déjà commencé à l'accomplir sans bruit. Il continue. Si l'on cherche un titre pour caractériser ces quatre années-là, il en est un qui s'impose : Saul ou la persévérance.

Sa journée de travail terminée, il retrouve des amis d'enfance, d'anciens condisciples, des relations, des clients de ses parents. Peut-être existe-t-il déjà une communauté chrétienne à Tarse ? Assis au milieu d'eux, il explique ce qu'il a vu et ce qu'il a entendu sur une route de la Syrie proche. Ce récit est tellement extraordinaire qu'on est forcé de l'écouter. Ensuite il dit ce dont il a été le témoin à Jérusalem : il décrit cette communauté naissante, parle de ces hommes qui ont connu Jésus, expose le message que depuis lors ils vont partout propageant...

... Et, à son tour, le voilà qui répète dans cette communauté les paroles du Christ, telles que Pierre et Jean les lui ont transmises. Il prend du pain. Il le rompt et il leur distribue... « Vous ferez ceci en mémoire de moi. »

Le jour du sabbat, il parle à la synagogue. Nul n'est prophète en son pays : chacun le sait bien et lui, Saul, plus que beaucoup d'autres. Aussi évite-t-il de prendre une attitude triomphante et un ton vaticinant. Il parle aussi simplement que possible, dans cette langue grecque qui chante aux oreilles.

La seule question à laquelle on puisse répondre sans trop de difficulté est, paradoxalement, celle qui semble la plus délicate : que se passe-t-il secrètement dans l'âme de Saul ? On a envie de dire tout simplement : il réfléchit, il prie. Et cela suffit. Mais peut-être faut-il essayer de percer le secret de ses réflexions. Nul doute qu'il continue à se préparer pour la mission qui lui a été assignée. Jésus, lui aussi, s'est préparé longuement, dans le silence et la méditation. Lui aussi, il a mené longtemps une « vie cachée », dont nous ne savons pratiquement rien. Lui aussi, il a révélé tardivement son vrai visage. Lui aussi, il a débuté modestement, discrètement, en s'adressant à de maigres auditoires, composés de gens simples...

Mais si forte est la foi de Saul qu'il ne doute pas un instant qu'il ait été personnellement choisi par le Seigneur pour accomplir une œuvre importante. La succession monotone des journées, en apparence vides et inutiles, en tout cas peu efficaces, n'entame pas sa tranquille certitude. C'est un homme patient ; il attend son heure. C'est aussi un esprit lucide : il a compris que certaines des méthodes qu'il a employées n'étaient sans doute pas les bonnes. Sagement, il va en choisir d'autres. L'heure est aux expérimentations, aux tâtonnements. Ce n'est pas du temps perdu ; bien au contraire.

Comme il est doté d'un grand sens pratique, il avance pas à pas, en jetant autour de lui des regards pénétrants : non point sur le paysage, qui ne l'intéresse guère, mais dans le cœur des hommes. Aux événements du monde il ne prête que peu d'attention.

A Rome, en 41, l'empereur Caligula meurt assassiné, après moins de cinq années de règne. Un bref délai a suffi pour qu'on découvre que ce jeune homme était complètement déséquilibré. Grisé par le pouvoir, vivant comme un despote oriental, subissant l'influence délétère de son entourage égyptien, il s'était rendu odieux, en multipliant les supplices et les exécutions. Il était temps de l'éliminer. Pour la seconde fois, ce sont les chefs de la garde prétorienne qui choisissent le successeur. Un putsch à froid, en quelque sorte ! Ils proclament empereur par acclamation un homme de cinquante et un ans, physiquement disgracié et même un peu ridicule. C'est Claude, l'oncle de Caligula et le neveu de Tibère. Ce brave homme n'a rien de plus pressé que de promettre de l'argent aux troupes qui l'ont porté au pouvoir...

... Pour Saul, ces années de Tarse ont l'air d'un exil. Elles sont une dernière préparation. Le Seigneur lui a dit le pourquoi. Il ne lui a pas dit le comment. Il ne dit jamais le comment. C'est à l'homme de le découvrir.

Saul de Tarse attend son heure...

Les Grecs aussi...

Après la lapidation d'Étienne à Jérusalem, une partie de la première communauté s'est dispersée pour échapper à la tourmente. Certains, on l'a vu, ont cherché refuge en Phénicie, en Judée et en Samarie (Ac 8, 1), et aussi du côté de Tyr et de Sidon, au sud de l'actuelle Beyrouth. D'autres se sont embarqués pour les îles les plus proches, à commencer par Chypre. D'autres encore ont gagné Antioche (Ac 11, 19).

Antioche est alors une très grande ville : la troisième ou la quatrième de l'empire romain. Elle compte près de cinq cent mille habitants. On y trouve toutes les races, toute les langues, toutes les religions. Les disciples de Jésus qui arrivent de Jérusalem ont naturellement commencé par s'adresser à leurs coreligionnaires juifs. Mais voici que d'autres arrivants, originaires de Chypre ou de Cyrénaïque, prennent contact avec les « Grecs », c'est-à-dire les païens et leur annoncent le message du Seigneur. Et voici que celui-ci « leur prête main forte, notent joliment les Actes. Si bien que le nombre est grand de ceux qui se tournent vers le Christ et deviennent croyants » (Ac 11, 21).

Tournant inattendu sur le chemin des premiers pionniers. A l'origine, les adeptes du Christ étaient tous des Juifs, comme lui-même et comme les Douze, et eux-mêmes n'annonçaient l'Évangile qu'aux Juifs.

Or, voici qu'à Antioche va se poser un problème nouveau : les adeptes de l'Évangile ne seront plus seulement des Juifs hellénisés, mais aussi des Grecs de race, c'est-à-dire des « païens », comme disent les Juifs, pour désigner tous ceux qui ne pratiquent pas leur religion. Des *goïm*, dans la langue hébraïque. Par ce mot — un *goï* ou *goye* — au singulier —, les Israélites désignent aujourd'hui encore, parfois avec une connotation quelque peu méprisante, tous les hommes qui n'observent pas la loi de Moïse. L'Église naissante va-t-elle être « colonisée » par des non-Juifs ? Grave question pour les « hébreux », qui constituent, à ce moment de l'histoire, le gros de la communauté rassemblée autour de Pierre et qui sont, pour certains, presque aussi judaïsants que les Juifs de stricte observance.

Dès que l'écho de ces difficultés inattendues « parvient à ses oreilles », rapportent les Actes, l'Église de Jérusalem décide d'envoyer un délégué à Antioche. Barnabé est désigné (Ac 11, 22). Il est l'un des plus aptes à examiner la situation avec sérénité, puisqu'il n'est lui-même ni un Hébreu ni un Grec, mais un « helléniste », donc un homme de double culture.

Il arrive en Syrie. Il voit, dans la grande ville, « la grâce de Dieu à l'œuvre ». Il en éprouve une vraie joie. C'est, note l'Écriture, « un homme droit, rempli d'Esprit saint et de foi. » Il demande à tous les nouveaux disciples de rester « du fond du cœur attachés au Seigneur » (Ac 11, 23-24). Mais leur nombre ne cesse d'augmenter. Les textes parlent d'une « foule considérable ». Barnabé craint d'être débordé par l'ampleur de la tâche. Il lui faut de l'aide. Qui choisir ? Il se souvient de l'homme aux yeux de braise qu'il a connu à Jérusalem : ce Saul qu'il a lui-même présenté à Pierre. Que fait-il donc à Tarse où il s'est retiré ? Cette ville n'est pas si loin d'Antioche : deux cent vingt-cinq kilomètres par la route côtière ; beaucoup moins en bateau, puisqu'on évite le long et fastidieux contour du golfe d'Alexandrette, l'Iskenderum de la Turquie moderne. Il part. Il cherche Saul dans sa ville natale. Il le trouve sans peine. Il le convainc. Il le ramène avec lui.

Voilà le Tarsiote enfin « mis dans le circuit », grâce à Barnabé qui va devenir son fidèle compagnon et l'un de ses meilleurs amis. La carrière de l'Apôtre des païens commence. Il a trente-sept ans. Quelle leçon de patience ! Oh, oui, quelle leçon, pour chaque homme en sa nuit...

Antioche la belle

Pour comprendre Antioche il faut escalader les flancs rougeâtres du mont Silpios qui domine la ville de près de quatre cents mètres. Un sentier pierreux se hisse lentement entre des maisons blanches aux terrasses pavoisées de lessives qui sèchent au soleil, et parmi des jardins hérissés d'ifs et de cyprès. Du sommet aux formes tabulaires, quel panorama on découvre !

Vers le sud poudroie la route qui, par la Syrie et la Phénicie, conduit en Palestine et, au-delà, en Égypte. Vers l'est file, presque rectiligne, la voie qui s'enfonce dans les déserts du Proche et du Moyen-Orient. Vers le nord, au-delà du défilé des Portes syriennes, qui n'est pas vraiment un obstacle, commence le réseau des voies romaines qui sillonnent l'Asie Mineure. Vers l'ouest enfin, la mer est proche, argentée et toute parsemée de navires en partance pour la Grèce, la Sicile, l'Italie.

Quand Seleucos Ier, surnommé Nicator — le Vainqueur — après sa victoire sur Antigone le Cyclope, a fondé cette cité, en 301 av. J.-C., il a été poussé par une géniale intuition. Nulle position n'était plus centrale pour un empire, celui des Séleucides, qui allait embrasser l'Asie Mineure, la Mésopotamie et la Perse, tout en possédant une indispensable façade sur la Méditerranée. A ce carrefour se croisent ou aboutissent d'innombrables caravanes.

Depuis le IVe siècle treize souverains se sont succédé sur le trône séleucide : depuis Antiochos Ier, fondateur de la capitale, jusqu'à Antiochos XIII, que Pompée a mis à genoux en 64 av. J.-C. et dépouillé de sa couronne.

Barnabé et Saul arrivent dans une cité libre, mais qui est intégrée à l'empire romain, où elle joue un rôle important. On peut même dire qu'elle est la clé de voûte de l'édifice que les Romains ont bâti au Proche-Orient. C'est à Antioche, et non point à Damas, que réside habituellement le gouverneur de Syrie, qui exerce le pouvoir au nom de l'empereur Claude. Il ne commande pas moins de quatre légions, dont une en Palestine, aux ordres du procurateur de Judée.

Déchue de son rôle politique, l'ancienne capitale de l'empire séleucide est demeurée l'un des foyers économiques et culturels du monde hellénistique. On y lit les philosophes grecs, à commencer par Aristote. On y joue les tragédies d'Euripide et les comédies d'Aristophane. On y récite les vers d'Anacréon et de Pindare. Les fêtes, les jeux, les compétitions sportives qui s'y déroulent attirent des foules enthousiastes. Les écoles sont réputées les meilleures de toute cette vaste région. Les bibliothèques sont les plus riches. Les temples les plus beaux. En tous domaines, Antioche peut rivaliser avec Alexandrie, Athènes, Éphèse, avec Rome elle-même.

La ville est traversée en son centre par une superbe avenue, large de neuf mètres soixante et dallée de grandes plaques de calcaire dur, taillées avec exactitude et polies comme du marbre. Elle est bordée des deux côtés par d'élégants portiques : trois mille deux cents colonnes, la plupart en granit gris ou rose. Autour de la grande place circulaire du forum se dressent les temples, les théâtres, les thermes, les édifices publics, ornés les uns et les autres de statues de marbre ou de bronze. Parmi ces dernières, la plus célèbre est une Tyché, la déesse de la Fortune, protectrice de la cité depuis de nombreuses générations : elle est l'œuvre d'un certain Eutychidès, disciple du célèbre sculpteur Lysippe.

Six ans plus tôt à peine, en 37 de notre ère, Antioche a été secouée par un violent tremblement de terre. Les dégâts, nombreux et graves, sont maintenant réparés. Les habitants rient de nouveau. Leurs descendants connaîtront des catastrophes plus graves : le séisme de l'an 115, où l'empereur Trajan faillit périr ; ceux de 525 et de 528 ; des inondations dévastatrices ; l'invasion des Perses ; l'invasion des Arabes ; l'invasion des Sassanides ; le siège sanglant à l'époque des Croisades ; enfin la destruction totale par le glaive et la torche des Mamelouks d'Égypte...

... Dans l'Antioche d'aujourd'hui que les Turcs ont rebaptisée Antakya et parsemée d'innombrables mosquées, il est quasiment impossible de retrouver le plan de la ville où vécurent Barnabé et Saul. Disparu, le rempart qui protégeait les soixante hectares de la cité. Disparues, les murailles qui entouraient chacun des quatre quartiers, d'où le nom de Tétrapole que lui donna le géographe Strabon. Disparus, les bas-reliefs assyriens avec leurs soldats en armes, les colonnes de basalte ornées de lions hittites datant d'un millier d'années avant notre ère et les belles mosaïques à décors floraux ou géométriques. Si l'on veut en voir les restes somptueux, c'est au musée qu'il faut aller.

Le seul endroit où l'on puisse encore évoquer l'Antioche du 1er siècle de notre ère, c'est le bord de l'Oronte. Sortant des gorges du mont Amanus, il court assez rapidement encore lorsqu'il atteint la ville. Ses eaux, gorgées de limon, ont la couleur d'une épaisse soupe aux lentilles. Le long de la rive droite, près d'un pont, des bergers se sont arrêtés ce matin avec leur troupeau de moutons. Des peaux sèchent sur le sol, au soleil brûlant. Des enfants courent entre les pattes des brebis, qui bêlent tristement.

Tableautin inchangé, dans un paysage immuable...

Les délices de Daphné

Voulant faire d'Antioche la rivale d'Alexandrie, les Séleucides ont attiré dans leur capitale artisans habiles, commerçants avisés, financiers finauds, artistes réputés, professeurs de renom. Ils sont venus de Grèce, de Palestine, d'Égypte, de Cyrénaïque, de Mésopotamie. Dans ce creuset au bord de l'Oronte est née une société cosmopolite. Elle a ses hommes d'affaires, qui tiennent le haut du pavé ; ses riches, qui étalent un luxe exubérant ; ses intellectuels, qui raffolent de discussions subtiles ; ses parvenus, qui mènent une vie dissolue. Pendant ce temps, les pauvres ploient sous les faix, ahanent dans les échoppes, s'échinent sur les établis, transpirent sous les haillons, traînent la savate dans la poussière des ruelles malodorantes.

Mosaïque de races, cette grande ville est aussi un patchwork de religions. Les Grecs ont importé Zeus et les dieux de l'Olympe. Avec les caravanes venues d'Orient ont débarqué les cultes ésotériques. Arrivant de Judée, les Isréalites ont apporté la Tora. Ils sont une cinquantaine de milliers, établis là, pour la plupart, depuis des générations. Des négociants modestes ou aisés, des changeurs toujours bien informés, des joailliers habiles, d'humbles lévites, des bouchers rituels, des restaurateurs attentifs aux prescriptions de la Loi, des professeurs érudits. Ils possèdent quatre synagogues. Entre les différentes communautés ethniques et religieuses présentes à Antioche, les relations sont parfaitement harmonieuses : pas de frictions et, bien sûr, pas de ghetto. Nous ne sommes pas à Alexandrie où, en l'an 37, un pogrom a ensanglanté la ville et affreusement meurtri les familles juives.

Comment parler des religions à Antioche sans évoquer Daphné ? C'est, à neuf kilomètres de la ville, une délicieuse oasis où murmurent des cascades parmi de sombres cyprès et des buissons de lauriacées roses, rouges et blanches. Un petit bois sacré est dédié à Apollon. Ce beau jeune homme, raconte la légende, poursuivait la nymphe Daphné. Elle fut, en cet endroit même, transformée en laurier. Depuis lors, il est strictement interdit de couper une seule branche de ces arbustes qui tapissent le vert vallon. Ainsi la religion contribue-t-elle à la protection de l'environnement. L'écologie, si présente déjà, avant la lettre, dans la Bible, vient de faire sur la scène du monde sa première apparition...

Autour du bois sacré est né un quartier résidentiel. Les archéologues modernes ont retrouvé des temples dédiés à Artémis la chasseresse, à Aphrodite l'érotique, à Isis l'égyptienne ; un sanctuaire consacré à Apollon, représenté sous les traits d'un joueur de cythare ; et surtout, un édifice voué à Zeus olympien, dont la grande statue d'ivoire et d'or faisait l'admiration de tous les visiteurs. Dans le stade, édifié à quelque distance, se déroulaient des compétitions sportives, des récitals de musique, des représentations théâtrales, des jeux floraux. Chaque année s'y déployaient des processions solennelles, sur le modèle grec des panathénées. Non loin de là, une grotte profonde, où l'on descendait par des degrés malaisés, abritait le souterrain séjour d'Hécate, l'infernale déesse aux trois corps, qui envoyait aux hommes les fantômes, les spectres et les terreurs nocturnes.

Quand Barnabé et Saul arrivent dans la capitale de la Séleucie, Daphné en est devenue une banlieue résidentielle. Elle est, tranquillement à l'écart, le quartier de la *dolce vita*. C'est de lui qu'on veut parler quand on évoque « les délices d'Antioche ». Les hommes, qui tentent de défendre la morale, sans toujours beaucoup de succès, affirment qu'en ces lieux de perdition « le fanatisme de l'orgie se donne libre cours ». La charmante oasis est, entre autres, un des hauts lieux de l'amour grec. Ce qui explique l'insistance avec laquelle est évoqué, sur les mosaïques, un Zeus représenté sous la forme d'un aigle, qui enlève dans ses serres le charmant Ganymède, ce jeune berger dont il est tombé amoureux fou.

En ce milieu du Ier siècle, la morale et la religion sont bien malades. Les efforts tentés autrefois par l'empereur Auguste pour restaurer l'une et l'autre n'ont eu qu'un fort pâle succès. Aucune des divinités aux formes humaines que les clercs proposent à l'adoration des fidèles ne peut les satisfaire. Tous ces cultes anthropomorphiques se réduisent à un catalogue de gestes purement formels, à un codex de rites dépourvus de toute signification profonde. La religion n'est plus qu'une laque sur un coffret vide.

Antioche, cette métropole bourdonnante qui s'étourdit tout le jour et une partie de la nuit dans un tourbillon d'activités, de spéculations, de plaisirs, s'éveille le matin l'esprit insatisfait. Elle a faim d'autre chose. De quoi ? Elle ne le sait pas. Sans doute attend-elle un appel. Peut-être confusément se prépare-t-elle à écouter un message.

En ces jours-là, il y a sur les bords de l'Oronte quelque chose qui ressemble à une attente de Dieu.

...Et on les appela les chrétiens

Dès qu'il est revenu de Tarse, Barnabé a présenté Saul aux membres de la communauté.

Nous connaissons le nom de plusieurs d'entre eux : Syméon, qu'on a surnommé « Niger », le noir, sans doute parce qu'il est très basané ; Lucius, qui porte un nom latin bien qu'il vienne de Cyrène, sur la côte d'Afrique ; Manaem, qui fut un ami d'enfance d'Hérode, le Tétrarque.

Parmi les membres de la communauté d'Antioche, les uns, nous dit Luc, sont des « prophètes » ; les autres, des « hommes chargés de l'enseignement » (Ac 13, 1).

Les « prophètes », dont on va entendre souvent parler, sont des hommes comme les autres, qui ont reçu l'Esprit saint. Dans l'Ancien Testament, Joël l'a très bien expliqué, quand il a transcrit cette phrase de Dieu : « Je répandrai mon esprit sur tout être vivant. Vos fils et vos filles prophétiseront » (Jl 3, 1). Leur rôle est moins d'annoncer l'avenir que de parler au nom de Dieu. Ils encouragent, ils réconfortent et, surtout, ils expliquent le mystère du Christ. Les prophètes sont donc des porteurs de Lumière. Ils utilisent leurs dons pédagogiques pour instruire ceux qui veulent connaître le message de Jésus.

Peu à peu, le nombre des convertis augmente. La communauté

grandit. Elle réalise de mieux en mieux le nom qu'elle va désormais garder : l'Église. Le mot vient du grec *ecclesia*, en hébreu *qahal*, qui veut dire assemblée, une assemblée qui a été convoquée : assemblée des guerriers, dans la langue d'Homère ; assemblée du peuple à Athènes, où cette désignation apparaît très tôt. Les chrétiens désigneront ainsi Église laissant aux juifs l'usage du mot synonyme « synagogue ».

L'Église d'Antioche est née. Elle est l'une des toutes premières de l'Église avec un E majuscule. On ne s'étonne donc pas, aujourd'hui encore, dans l'Antakya turque de ne pas trouver moins que cinq patriarcats chrétiens : orthodoxe, catholique latin, maronite, melchite et syrien...

C'est également à Antioche que, pour la première fois, est employé le nom de « chrétien ». Jusque-là, on les appelait les « frères », les « croyants », les « disciples », les « saints », les « adeptes de la Voie ». Tous ces noms figurent dans les Actes des Apôtres. C'étaient ceux que se donnaient à eux-mêmes les gens qui avaient décidé de suivre le Christ. Mais, à vrai dire, aucune de ces appellations n'était vraiment satisfaisante, car aucune n'était tout à fait appropriée.

Un jour, quelqu'un qui s'exprimait en grec a dû parler des adeptes de *Christos*. Il a forgé un néologisme, en les appelant les *christianoï*, les disciples de Christ. De ce vocable hellénique, nous avons fait le nom français : chrétien. C'était, à l'origine, un sobriquet qu'on employait familièrement ; peut-être même avec une pointe de dérision. Car *chrestos* en grec, ce mot dont on a tiré le nom du Christ, c'est celui qui a été oint. Dans le texte grec de la Bible, dite des Septante, ce vocable désigne celui qui a reçu l'onction sainte : le roi, mais aussi le Roi par excellence, le Messie. Le chrétien reconnaît Jésus comme le Messie.

Antioche est-elle aussi l'endroit où a été établi le premier lieu de culte permanent de l'histoire du christianisme ? Au flanc du mont Silpios, un peu au-dessus des dernières maisons de la ville, s'ouvre dans le rocher une anfractuosité naturelle : on l'appelle aujourd'hui encore la grotte de Pierre. Profonde de 13 mètres, large de 9,50 et haute de 7, elle conserve de nos jours une façade construite au temps des Croisés. Une tradition locale affirme que ce sanctuaire servit de lieu de réunion aux premiers chrétiens. On y montre même, tout au fond à gauche, l'amorce d'une galerie, qui leur permettait de s'échapper en cas de danger. Serait-ce la première église du monde ? Après tout, pourquoi pas ?

Le matin où j'y vins, un garçonnet, près de l'entrée, chauffait ses doigts gourds à un feu de broussailles qu'il venait d'allumer. Il me dit qu'il s'appelait Hassan, qu'il avait douze ans et qu'il était originaire de la Syrie toute proche. « Veux-tu voir Myriam ? » me demanda-t-il. Je crus qu'il voulait me présenter sa sœur...

Grimpant comme un chevreau il m'entraîna dans la montagne. A quelques centaines de mètres de la grotte de Pierre, il me fit découvrir un rocher assez maladroitement sculpté. Un personnage s'en détachait, qui avait un visage de femme.

— Voilà Myriam, me dit Hassan, tout content de me montrer, avec l'espoir de ramasser quatre sous, ses talents de guide en herbe.

— Qui est donc cette Myriam ?

Alors, le petit Arabe, surpris de mon ignorance, s'écria :

— Quoi ? Tu ne connais pas Myriam, la mère de Jésus, dont on parle dans le Coran ?

Jamais comme ce matin-là, je n'eus l'impression d'avoir rencontré la Vierge-Mère... et la certitude que ses fils étaient innombrables.

La querelle avec Pierre

Dans cette « grotte de Pierre », où subsiste encore une très ancienne mosaïque, comment ne pas évoquer le séjour que fit à Antioche, vers l'an 43, le chef des Apôtres ?

Vint-il y chercher refuge par nécessité, après la persécution qui avait entraîné la mort de Jacques et sa propre arrestation (Ac 12, 1) ? Voulut-il, tout simplement, y faire une tournée d'inspection ? Nous n'en savons rien, les seuls détails connus étant ceux que Paul nous donne dans son Épître aux Galates. Ils ne nous éclairent que sur un seul point : la querelle qui opposa les deux hommes à propos de l'attitude à adopter vis-à-vis des païens.

Mais nous ne savons pas à quelle époque eut lieu cette altercation. « Je me suis opposé à lui ouvertement, car il s'était mis dans son tort », note simplement Paul qui, à son habitude, va droit au but (Ga 2, 11).

Les faits sont simples : à Antioche Pierre, tout comme Barnabé et Saul, a pris l'habitude de manger avec les chrétiens d'origine païenne. Un juif de stricte observance n'a pas le droit d'agir ainsi : s'asseoir à la même table que des hommes qui sont impurs — puisqu'ils consomment des animaux impurs —, c'est commettre une de ces fautes contre la pureté dont la longue énumération couvre plusieurs pages du Lévitique (Lv chap. 7 et 11).

Pourtant Pierre, à la suite de la vision qu'il avait eue à Joppé (Ac 10, 9-17), a bien compris qu'il ne faut « déclarer immonde ou impur aucun homme ». Il l'a clairement affirmé dans le discours qu'il a prononcé, peu de temps après, devant la nombreuse assistance réunie à Césarée, dans la maison de Corneille. Beau texte, où souffle l'Esprit. « Dieu n'est pas partial. En toute nation, quiconque craint et pratique la justice trouve accueil auprès de Lui » (Ac 10, 34-35). Cela semble clair une fois pour toutes.

Mais « des gens de l'entourage de Jacques », le « frère de Jésus », qui est, semble-t-il, plus traditionaliste, sont venus, eux aussi, à Antioche. Tout chrétiens qu'ils sont, ils demeurent fidèles aux fameuses « lois de pureté » des Hébreux. Ils morigènent Pierre. Celui-ci, désirant éviter un incident, accepte de se tenir désormais « à l'écart, par crainte des circoncis » (Ga 2, 12). D'autres chrétiens d'origine juive suivent cet exemple. Barnabé lui-même se laisse influencer. Une partie de la communauté d'Antioche refuse de prendre place à la même table que ceux qui consomment des viandes qui n'ont pas été immolées selon les rites. On allait écrire : des viandes qui ne sont pas *kasher*. Mais ce mot hébreu ne sera employé dans ce sens qu'à partir du XIXe siècle.

Saul voit tout de suite le danger : si chaque groupe se met à faire sa popote séparément, sous prétexte de traditions à respecter, la communauté ne sera bientôt plus qu'un mot ; l'Église naissante va se diviser en chapelles rivales. De plus, il n'apprécie pas du tout la volte-face que Pierre vient de faire, sous la pression des « judaïsants ». Les écouter, ce serait admettre que le salut est gagné par la pratique de la Loi juive, et non par la foi au Christ. Le Tarsiote en est si profondément convaincu qu'il apostrophe Pierre devant tout le monde : « Si toi, qui es juif, tu suis les coutumes des païens et non celles des juifs, comment peux-tu, maintenant, contraindre les païens à se comporter en juifs ? » (Ga 2, 14).

Saul a acquis une certitude, qu'il ne cessera plus de proclamer : il n'y a plus ni juifs ni païens, ni Grecs ni Romains, dès lors qu'on croit au Christ. Il n'y a plus qu'un seul et unique Peuple de Dieu, dont l'unité est manifestée par la communauté de foi, la communauté eucharistique, la communauté de vie, mais aussi la communauté de table.

Tout vient d'être dit par Saul, en quelques mots qui fustigent Pierre. Et ces mots prononcés à Antioche vers l'an 43, vont, une fois pour toutes, guider les chrétiens. Sans cette intervention de Saul, le grand élan de la foi nouvelle était brisé ; la conversion des païens aurait à peu près cessé ; le christianisme serait retombé, à leurs yeux, au rang d'une religion nationale ; une petite secte du judaïsme... Heureusement que Pierre, avec son gros bon sens, l'a compris à temps !

Famine à Jérusalem

Antioche vit en paix. La ville prospère. Les chrétiens y sont de plus en plus nombreux. Les voyageurs affluent.

Parmi ces derniers, ceux qui arrivent de Jérusalem ne peuvent pas brosser de la capitale juive un tableau aussi rose : la situation économique y est déplorable. Les cités libres de la côte phénicienne, comme Tyr et Sidon, tirent leur subsistance d'un arrière-pays fertile. Mais les habitants de Jérusalem, dans leurs montagnes rocailleuses, ont beaucoup de mal à assurer leur ravitaillement. Cette ville ne produit rien... si ce n'est de la prière.

C'est ce qu'expliquent, non sans inquiétude, des « prophètes » venus de la cité sainte. L'un d'eux, nommé Agabus, « annonce même qu'une grande famine va régner dans le monde entier » (Ac 11, 28).

La pénurie alimentaire sévit dans plusieurs régions de l'empire romain depuis le début du règne de Claude, en 41. Une succession de mauvaises récoltes a tout aggravé. Après les soudures difficiles, sont venus les temps de disette. La faim tenaille les plus pauvres. La maladie frappe les moins résistants. La mort fauche les vieillards et les enfants. L'historien Flavius Josèphe note sèchement : « Beaucoup de gens périssaient par manque de ressources. »

A ce moment arrive à Jérusalem Hélène, reine d'Adiabène, un royaume d'Assyrie septentrionale, aux confins de l'actuel Kurdistan irakien. Son fils Izatès, qui a embrassé la religion juive, l'accompagne avec ses cinq garçons. Voyant la gravité de la situation, la reine prend aussitôt des dispositions : elle envoie une partie de ses serviteurs à Alexandrie pour s'y procurer du blé, et une autre à Chypre pour y acheter des figues sèches. Ils ont pour mission de revenir au plus vite. Dès leur retour, elle fait distribuer ces vivres aux indigents. Dans l'intervalle, son fils et elle ont mobilisé toutes les ressources financières dont ils peuvent disposer.

Ainsi commence la grande passion pour Jérusalem de cette famille venue d'au-delà du Tigre. Le roi Izatès se fera édifier une sépulture, connue sous le nom de « tombeau des Rois ». Quant à Hélène, sa mère, son sarcophage découvert en 1863 se trouve au musée du Louvre.

Les chrétiens d'Antioche peuvent-ils demeurer insensibles aux appels du « prophète » Agabus ? Peuvent-ils faire moins qu'Hélène et Izatès ? Ils décident d'organiser une collecte au profit de leurs frères de Judée. C'est la première d'une longue série.

Barnabé et Saul ont sans doute pris l'initiative de ce mouvement de solidarité, véritable Secours catholique de la primitive Église. Ils sont désignés pour porter l'argent à Jérusalem. Ils partent tous deux, couvrent les quelque cinq cent trente kilomètres qui séparent les deux villes et remettent la somme aux Anciens.

Saul n'était pas revenu à Jérusalem depuis quatre ans. La situation de la communauté chrétienne ne s'est pas améliorée. Sur le plan financier, l'expérience de communisme intégral, tentée par les premiers chrétiens, qui ont décidé de tout mettre en commun, ne semble pas avoir été une réussite. Barnabé en sait quelque chose, lui qui a versé dans la cagnote tout l'argent produit par la vente de son champ... Or, d'autres ont fait comme lui. Et voilà que les caisses sont vides. Cette impécuniosité va être quasi permanente dans l'Église de Jérusalem, pour laquelle l'Apôtre des païens ne cessera pratiquement jamais de tendre la sébille... Il expliquera longuement le sens de cette collecte dans la deuxième lettre aux Corinthiens (Co 1, 8).

Aux difficultés matérielles s'ajoutent, infiniment plus graves, les menaces que fait planer le régime sur les adeptes de l'Évangile. En 41, Hérode Agrippa Ier, neveu d'Hérode Antipas, a réussi, en intriguant à Rome dans l'entourage de l'empereur, à se faire proclamer roi de Judée et de Samarie. Il a retrouvé le trône d'Hérode le Grand. Vaniteux, bambocheur, dissimulé, mais incontestablement intelligent, cet habile homme fait montre, quand il vient à Jérusalem, d'une dévotion poussée jusqu'à la bigoterie. Il pense ainsi se faire bien voir de la hiérarchie religieuse. Pour faire bonne mesure, il entreprend bientôt « de mettre à mal certains membres de l'Église » (Ac 12, 1). Cette formule de Luc est un doux euphémisme. En 44, ce roi cruel fait arrêter et décapiter à l'épée Jacques, frère de Jean — celui qu'on appelle Jacques le Majeur.

Constatant que les juifs sont satisfaits de cette exécution, peu avant la Pâque il faut arrêter Pierre. Il se propose de le faire comparaître devant le peuple après la fête. Pendant ce temps, la communauté chrétienne prie avec ferveur. Dans la nuit qui précède la comparution du chef des Apôtres, un ange lui apparaît dans sa prison. Instantanément, les chaînes se détachent des mains de Pierre. Ni les deux soldats entre lesquels il dormait, ni les gardes en faction devant la porte n'entendent quoi que ce soit. Il met sa ceinture, lace ses sandales, passe son manteau et suit l'ange qui lui montre la voie. Ils franchissent un premier poste de garde, puis un second. La porte de fer qui donne sur la ville s'ouvre toute seule. Pierre court jusqu'à la maison de Marie, mère de Jean surnommé Marc. Non sans peine, car l'heure est tardive, il se fait connaître. Il raconte son extraordinaire évasion. Et, avant l'aube, sur les conseils de ses amis, il quitte la ville.

Où est Saul, cette nuit-là ? Nous l'ignorons. Peut-être dans cette maison de Marie qui semble servir d'abri à une partie de la communauté ? Peut-être dans une autre, celle de Jacques, le frère de Jésus, que Pierre a demandé qu'on aille prévenir sans tarder. Car après le départ de Pierre ce Jacques va devenir le vrai responsable de la communauté de Jérusalem. Mais, selon une hypothèse plus vraisemblable quand on scrute le texte des Actes, qui ne s'embarrassent guère d'exactitude chronologique, Saul a déjà quitté la ville.

Au matin, le roi Hérode Agrippa entre dans une grande fureur. Il fait rechercher Pierre partout dans la ville. On ne parvient pas à le retrouver, et pour cause ! Il interroge les gardes. « Nous n'avons rien vu, disent-ils. Nous dormions.

— Ah! vous dormiez... Eh bien vous allez dormir définitivement. » Et il donne l'ordre qu'on les exécute.

Sur ce, il regagne Césarée.

A quelque temps de là, en avril 44, ce souverain sanguinaire se rend au théâtre, vêtu d'une superbe robe en lamé d'argent. Il prend place à la tribune officielle et prononce une harangue. Toute l'assistance l'acclame. Mais, au beau milieu du spectacle, il est pris d'intolérables douleurs abdominales. On le ramène à son palais. Il se couche et appelle d'urgence son médecin. Celui-ci a vite fait son diagnostic : les intestins de l'auguste malade sont littéralement dévorés par les vers...

Cinq jours plus tard, comme si Dieu lui-même voulait le châtier, le persécuteur meurt dans d'atroces souffrances. A Césarée et à Sébaste, la population laisse éclater sa joie.

« Enlevé jusqu'au troisième ciel »

Leur mission accomplie, Barnabé et Saul ont repris la route du nord. Ils ont emmené avec eux Jean-Marc, qu'on appellera désormais Marc. C'est un cousin de Barnabé. On l'identifie habituellement au jeune homme qui fut témoin de l'arrestation de Jésus, au Jardin des Oliviers : « Tous, l'ayant abandonné, avaient pris la fuite. Cependant, un jeune homme le suivait, n'ayant qu'un drap sur le corps. On l'arrête, mais lui, lâchant le drap, s'enfuit tout nu » (Mc 14, 50-52).

Comme Marc est le seul à raconter cette scène, dans son Évangile, on la pense autobiographique : le jeune homme qui veut rester fidèle au Christ, visiblement c'est lui, le futur auteur du deuxième Évangile.

Ils parviennent donc sur les bords de l'Oronte. C'est, semble-t-il, peu de temps après leur retour à Antioche que Saul a de nouveau une vision. Bien qu'il soit d'une grande importance, cet épisode n'est pas mentionné dans les Actes. Le seul récit qu'on possède est celui qu'en fait l'intéressé lui-même, bien des années après, dans sa deuxième Épître aux Corinthiens. Pudiquement, il n'emploie pas le « je ». Il utilise une curieuse formule, qui ne laisse d'ailleurs aucun doute sur l'identité du visionnaire : « Je connais un homme uni au Christ, qui, voici quatorze ans — était-ce dans son corps ? je ne sais, était-ce hors de son corps ? je ne sais, Dieu le sait —, cet homme-là fut enlevé jusqu'au troisième ciel » (2 Co 12, 1-11).

La cosmologie de Babylone superposait sept cieux. Cet étonnant décompte a survécu jusqu'à nos jours, comme le montre l'expression « être au septième ciel », encore employée pour signifier être dans le ravissement. Dans les conceptions juives, le nombre de cieux a varié de cinq à dix. Sept est le nombre le plus courant, parce qu'il est considéré comme le chiffre parfait. Chacun des différents niveaux a un nom, qui est mentionné dans les vieux textes. Ainsi le Paradis est-il souvent situé au troisième ciel. Être à ce troisième étage, c'est donc se trouver à côté de Dieu lui-même.

Si brève qu'elle soit, cette confidence faite par Paul à ses amis de Corinthe est un document essentiel pour trois raisons au moins.

C'est dans l'histoire du christianisme le premier texte de la littérature mystique.

Seconde raison : il permet de comprendre la différence essentielle qu'établit Saul entre des événements apparemment analogues, mais en réalité tout à fait dissemblables ; d'une part, ce qu'il appelle les « visions et révélations du Seigneur » : celle-ci est la deuxième, après celle de Jérusalem, cinq ans plus tôt, dans les semaines qui ont suivi ses entretiens avec Pierre ; d'autre part, sa Rencontre avec le Christ sur la route de Damas, qui l'a marqué d'un sceau indélébile et qui a définitivement transformé sa vie.

Enfin, ce texte nous introduit — un tout petit peu — au cœur de ce qu'il faut bien appeler, faute d'une meilleure expression, le mystère de Paul. A Antioche aujourd'hui, comme à Jérusalem hier, il est ravi en extase. Il est « enlevé jusqu'au paradis », comme l'ont été tant de prophètes, tels Isaïe (6, 1) et Ézéchiel (1, 1). Il entend « des paroles inexprimables, qu'il n'est pas permis à l'homme de redire ». Il se borne à noter que « ces révélations » sont « extraordinaires ».

Pour lui « éviter tout orgueil », le Seigneur a chargé « un ange de Satan » de le « frapper » et « une écharde » a été « mise dans sa chair ». A trois reprises Saul a imploré son Maître, répétant peut-être, comme Lui, dans le jardin de Gethsémani, au pied du mont des Oliviers : « Écarte de moi cette coupe » (Mc 14, 36). Mais le Seigneur lui a répondu ces deux phrases qu'il n'oubliera jamais plus... et nous non plus : « Ma grâce te suffit ; ma puissance donne toute sa mesure dans la faiblesse » (2 Co 12, 9).

Quelles sont-elles donc, ces « paroles inexprimables » que Jésus lui a dites ? Quelles sont-elles donc, ces « révélations extraordinaires » qu'il lui a faites ? Paul restera toujours, sur ce point, d'une totale discrétion. Cependant, tout donne à penser que le Seigneur, ce jour-là, lui a dit que le moment était venu d'entreprendre la grande mission pour laquelle il l'avait choisi. Sans doute ne lui a-t-il pas caché les épreuves qui l'attendaient et qui sont d'ailleurs évoquées quelques lignes plus loin : « les infirmités, les insultes, les privations, les persécutions, les contraintes, les angoisses »... Enfin, après une vie de luttes incessantes, une mort sanglante.

Beaucoup auraient refusé. Saul, ce jour-là, sur les bords de l'Oronte, a dit oui. Pourtant, il ne se prend pas pour un « super-

Apôtre ». Il le dit sans ambages. Investi d'une énorme responsabilité, il regarde l'avenir sans trembler.

« Je place mon orgueil dans ma faiblesse, afin qu'habite en moi la puissance du Christ. »

Et il fait cet aveu bouleversant : « Lorsque je suis faible, c'est alors que je suis fort » (2 Co 12, 10).

Troisième partie

SUR LES ROUTES
D'ASIE MINEURE

La mission

Brusquement, le rythme change. Partir, partir, il faut partir...
Pourquoi cette hâte soudaine ?
Première explication : cela fait « une année entière » que Barnabé et Saul « travaillent ensemble dans cette église » d'Antioche. Les résultats ont dépassé leurs espérances : ils sont parvenus à « instruire une foule considérable » (Ac 11, 26). La moisson lève. Les deux hommes estiment qu'il est temps d'aller semer ailleurs.

Deuxième explication, qui n'est pas en contradiction avec la première : le Seigneur vient de lui rappeler personnellement et avec insistance qu'il le destine à une importante mission parmi les païens. Tous les signes concordent. Le moment est venu pour lui de se mettre en route.

Troisième explication, qui est probablement la bonne : les « piliers » de la communauté entendent un de ces messages que captent seuls les cœurs éperdus de Dieu. C'est ce qui ressort clairement du texte des Actes : un jour que « les prophètes et les hommes chargés de l'enseignement (...) célèbrent la liturgie du Seigneur et qu'ils jeûnent », l'Esprit saint leur dit : « Réservez-moi donc Barnabé et Saul pour l'œuvre à laquelle je les ai appelés » (Ac 13, 2).

La décision est promptement prise. On s'en aperçoit en lisant la courte phrase que Luc consacre à ce tournant de la vie de Saul et de Barnabé. Celui-ci premier nommé, car, au départ, c'est lui qui va être le chef de l'expédition.

La communauté « jeûne, prie, leur impose les mains et leur donne congé » (Ac 13, 6). Dix mots ; pas un de plus ! Rarement, dans l'histoire, un événement aussi important aura été relaté avec une telle concision. Mais à travers cette phrase, on découvre que Saul et Barnabé ne prennent pas l'initiative de la mission, c'est l'Église d'Antioche qui les envoie en leur imposant les mains. Tous deux restent membres de la communauté d'Antioche et ils y reviendront chaque fois à leur retour de mission.

Il n'est pas pensable que les deux « missionnaires » appliquent à la lettre les instructions données par Jésus aux Douze lorsqu'il les a envoyés sur les routes pour préparer sa venue, ce qui constitue l'essence même de la « mission ». « Vous ne devez vous procurer ni or, ni argent, ni monnaie pour vous garnir la ceinture, ni sac pour le voyage, ni deux tuniques, ni chaussures, ni bâtons » (Mt 10, 9-10). Ces conseils, qui valent pour de courts déplacements en Palestine, ne peuvent pas s'appliquer à un lointain voyage. Si sommaires que soient les emplettes faites dans les souks d'Antioche, Barnabé et Saul ont besoin d'une ample besace, d'un épais manteau et de solides sandales. Mais il est plus important encore que les missionnaires partent à deux, comme Jésus l'avait demandé à ses disciples qu'il envoyait en mission (Lc 10, 1).

De l'itinéraire qu'ils vont suivre, les deux compagnons ont certainement discuté. Mais, sagement, ils se gardent bien de le fixer avec précision. Ils ont l'intention d'agir selon les circonstances et de se fier à leur intuition. Avant tout, ils se laisseront guider par l'Esprit.

Quant à la méthode, elle ne suscite pas de discussions entre eux : ils iront de ville en ville, car c'est là, et non dans les villages, qu'ils ont l'espoir de réunir des auditoires relativement nombreux ; ils choisiront les cités où existent des communautés juives, puisque leur appartenance au peuple d'Israël leur ouvrira des portes ; ils travailleront, pour n'être à charge à personne ; ils porteront témoignage par une vie de prière.

Ont-ils un plan ? Si, par ce mot, on veut signifier un programme à suivre et des délais à respecter, j'allais dire un planning, la réponse est non. Ils n'ont pas de planning.

Ils ont une Idée.

L'embarquement à Séleucie

La première étape est décrite avec une extrême brièveté : « Se trouvant ainsi envoyés en mission par le Saint-Esprit, Barnabé et Saul descendirent vers Séleucie » (Ac 13, 4). Un point, c'est tout !

En ce printemps de l'année 45, quelques membres de la communauté ont accompagné les voyageurs jusqu'à l'embarcadère. D'autant qu'ils sont chargés : à cette époque, on ne monte pas à bord d'un bateau sans son matériel de couchage, même si ce n'est qu'une simple couverture ;

sans une toile ou une tente pour se protéger, car on dort sur le pont ; sans sa nourriture pour toute la durée de la « croisière », le capitaine du navire ne fournissant que l'eau potable.

Malgré ce total inconfort, le passage n'est évidemment pas gratuit. Sur les lignes régulières, les tarifs sont fixés par les armateurs, en fonction du temps mis par le bateau pour atteindre le port où se rend le voyageur. Pour les courtes navigations, il arrive souvent que ce dernier discute le prix directement avec le capitaine. Il en résulte des palabres, parfois des discussions. Pour tenter de mettre de l'ordre dans ces pratiques, Dioclétien, empereur de 284 à 305, va publier un minutieux édit. Ce socialiste avant la lettre veut tout réglementer ! Précieux texte que celui-ci : il contient mille détails concernant la navigation sur les routes maritimes de l'empire romain.

Séleucie de Piérie, le port d'Antioche, se trouve à 32 kilomètres de la ville. Il faut donc près d'une journée pour y parvenir, par une route qui sinue entre les collines. A mi-chemin, on passe un petit col d'où l'on découvre la mer qui miroite au loin.

Dans ce pays, où nul ne se lasse jamais d'entendre le récit des prodiges, on raconte encore qu'en 300 av. J.-C., le roi Seleucos Nicator offrait un sacrifice à Zeus, au sommet du mont Cassius, quand un aigle emporta la victime à peine immolée. Le rapace la laissa tomber sur le sable qui ourlait le golfe au pied de la montagne. Il n'en fallut pas plus pour que le roi décide de créer, en cet endroit même, le port dont il cherchait depuis quelque temps l'emplacement idoine. Il fit approfondir le bassin naturel, creusé par un torrent qui descendait des collines ; il construisit des quais aux puissantes assises ; il entoura le port de murailles ; il le couronna d'une agora ; il l'enrichit de temples.

De tout cela, aujourd'hui, il ne reste quasiment rien. Seuls quelques vestiges des môles et des remparts subsistent à proximité d'un modeste village turc nommé Magaraçik. Ces pierres sont seules à évoquer encore la prospérité que connut ce grand port de l'Antiquité. De Séleucie de Piérie, qui faillit être la capitale d'un empire, les écoliers qui gentiment m'accompagnent ignorent jusqu'au nom. Pourtant, vers ses quais et ses docks affluaient les caravanes de chameaux lourdement chargés de toutes les marchandises venant de Baalbek, de Palmyre, de Babylone, d'ailleurs...

Parvenu au quai où il va s'embarquer, Saul dit-il une allocution qu'il a préparée ? Probablement pas. Déroule-t-il une carte pour montrer l'itinéraire qu'il a choisi ? Certainement pas : les cartes géographiques datent du Moyen Age. Barnabé a décidé d'aller à Chypre, son île natale, et Saul accepte avec joie. Après, on verra...

De toute façon, c'est vers l'ouest que Saul a résolu de s'aventurer.

Pourquoi ? Mais parce que les Apôtres sont tous partis vers l'est ou vers le sud ou vers le nord. Il a donc envie de prendre une autre direction : le couchant. C'est de ce côté que se trouvent les trois grands centres de l'empire à son apogée : Éphèse, Athènes et Rome.

Sans doute, Saul reste-t-il là un moment, dans les lueurs roses du crépuscule, à contempler cette Méditerranée où se croisent les routes de tant de civilisations. Peut-être déjà se dit-il que le *mare nostrum* des fils de la Louve va devenir le lac intérieur du christianisme.

Au sud de la baie, les derniers rayons du soleil enflamment le sommet du mont Cassius, repère commode pour les navigateurs. Vers l'est, la nuit tombe sur Antioche, qui va rester longtemps encore pour Saul la base arrière de ses expéditions. Mais c'est vers l'occident qu'il regarde. L'instant est venu de lever l'ancre. Que les matelots se hâtent de larguer les amarres. Et que le navire cingle vite vers le large. Là où ce voyageur méditatif sait que l'attendent les tempêtes ; mais aussi les pêches miraculeuses.

Destination Chypre

Ils voguent vers Chypre.

De Séleucie de Piérie jusqu'au port de Salamine, sur la côte est de l'île, il y a cent seize milles, deux cent quatorze kilomètres à vol d'oiseau. Avec un bateau qui file à la vitesse de quatre nœuds en moyenne, la traversée demande près de trente heures. Moins si le vent est exceptionnellement favorable. Plus si l'on tombe sur la bonace.

Ce n'est pas un grand vaisseau que celui à bord duquel ils ont embarqué. Probablement s'agit-il d'un navire de transport — un *oneraria* de faible tonnage. Il possède un mât unique, sur lequel est gréée, sur une vergue transversale, une grande voile de lin de forme rectangulaire, sensiblement plus large que haute. Le gouvernail est constitué par deux longues rames attachées à des mèches qui dépassent des trous de guidage, forés à l'arrière, de chaque côté de la poupe. A l'extrémité supérieure de ces mèches est fixée, perpendiculairement, une barre qu'on appelle le *clavus*. C'est sur cette barre qu'agit le timonier pour diriger le navire. On comprend qu'il ne puisse accoster que par l'avant.

Les trois compagnons — Barnabé, Saul et Marc — se sont assis sur le pont, encombré de jarres, de caisses, de ballots, de couffins, de colis, de paquets. Comme les autres voyageurs autour d'eux, ils n'ont plus qu'à attendre, en espérant que le vent ne mollira pas.

Pourquoi ont-ils choisi d'aller à Chypre ? Est-ce seulement parce que Barnabé est originaire de cette île et qu'il a parlé à Saul de la petite communauté chrétienne qui y est née déjà et ne demande qu'à grandir ? Ne serait-ce pas plutôt parce que Chypre, la grande île, à la limite orientale des eaux helléniques — ce qui est toujours vrai de nos jours —, constitue une sorte de pierre de gué pour passer en Occident ?

Ces trois conquistadors du Christ font penser aux premiers découvreurs portugais, lorsqu'au XVe siècle ils quittaient Sagrès, au sud-est du cap Saint-Vincent, sur les traces de l'infant Henri le Navigateur qui, lui aussi, voulait propager l'Évangile. Ils descendaient par étapes le long de la côte d'Afrique : Henri leur avait montré la route vers le Rio de Oro et le Sénégal ; Diego Caõ continua jusqu'au Congo et en Angola ; Bartolemeu Dias alla jusqu'au cap des Tempêtes ; Vasco de Gama enfin réussit la grande circumnavigation. Il est vrai que deux inventions récentes leur facilitèrent la tâche : la boussole et le gouvernail d'étambot.

En cette année 45, les trois missionnaires embarqués à Séleucie n'ont qu'une boussole : le Christ, et qu'un gouvernail : l'Esprit saint...

A Chypre, on sort du monde juif pour entrer dans l'univers grec. Certes, le port de Salamine ouvre sur la Palestine et la côte de Phénicie. Il a d'ailleurs été fondé par des Phéniciens, ces navigateurs habiles ayant découvert, en cet endroit, un golfe abrité des vents par la presqu'île montagneuse de Karpassos. Mais Chypre elle-même regarde vers l'occident. Ses monuments sont grecs. Grecques sont sa langue et son écriture. Grecs ont été ses souverains, jusqu'en 58 av. J.-C., année où ils ont fait leur soumission aux Romains. De ce jour, Paphos est devenu la capitale du pays, à la place de Salamine. Et un administrateur, envoyé par Auguste, a pris le contrôle des mines de cuivre — *kupros* en grec — dont l'île a tiré son nom. Un des bénéficiaires de l'exploitation était le roi Hérode, à qui l'empereur avait octroyé la moitié des revenus de ces mines et la direction de l'autre moitié.

Ce Salamine cypriote, il ne faut pas le confondre avec l'île grecque de Salamine, dans le golfe d'Égine, à l'ouest du Pirée, dans les eaux de laquelle la flotte athénienne détruisit celle de Xerxès, pendant la seconde guerre Médique. C'est une belle ville, toute blanche sous le ciel bleu foncé. Avec un temple ravissant aux colonnes élancées, pavé de tomettes couleur de crème fraîche. Avec un beau théâtre en hémicycle. Avec plusieurs synagogues, car les juifs sont nombreux dans la cité.

Et c'est là que les trois compagnons, à peine débarqués, commencent à « annoncer la parole de Dieu » (Ac 13, 5).

Un prodige au pays d'Aphrodite

Lorsqu'ils estiment leur mission terminée à Salamine, ils prennent la route à destination de Paphos, la capitale. Sans doute, choisissent-ils l'itinéraire du sud, deux cents kilomètres environ, en suivant la côte. Un peu plus long, il leur permet de rencontrer plus de monde, d'abord à Citium, dans la baie de Larnaca, puis à Amathus, l'actuelle Limassol.

En chemin, Chypre leur offre les délices de son climat et de sa végétation : orangers et citronniers soigneusement taillés ; vignes croulant sous les raisins mordorés ; cerisiers et oliviers dont les branches ploient sous les fruits ; figuiers et pommiers lourds de promesses savoureuses ; caroubiers aux longues gousses brunâtres, dont on fait du tourteau pour le bétail ; et le chaud soleil qui caresse agréablement le dos des vieilles dentelières assises sur le seuil des petites maisons au crépi immaculé.

Paphos occupe une place de choix dans la culture hellénique : c'est ici qu'est née, de l'écume de la mer, Aphrodite, la déesse de l'Amour. Comment ne pas évoquer cette légende lorsqu'on voit les vagues se briser en moussant sur les noirs récifs qui ceinturent le port de la capitale cypriote ? Ce culte, qui est resté vivant au fil des siècles, a sans doute été introduit ici par les Arcadiens quand ils sont venus s'installer dans cette ville, fondée par des navigateurs phéniciens dès le Xe siècle av. J.-C. Le soir à la veillée, près du rivage qu'effleure le ressac, les îliens continuent inlassablement à évoquer la merveilleuse créature qui incarne, pour l'homme grec, les fantasmes du désir et, pour la femme grecque, les espoirs de fécondité. Plus que quiconque sur l'Olympe, Aphrodite est la divinité des passions violentes : épouse infidèle que son mari, Héphaïstos, retrouva un jour dans le lit de son amant Arès ; insatiable amoureuse qui donna naissance à Éros, le dieu du plaisir sexuel ; bonne mère pourtant, puisque son second fils, Antéros, grandissait lorsqu'il était auprès d'elle, ... quitte à rapetisser lorsqu'elle s'éloignait.

Billevesées que ces récits, aux yeux des trois voyageurs, qui reçoivent bon accueil dans la petite capitale où s'activent les maçons : la vieille ville a été détruite, quelques années plus tôt, par un tremblement de terre. L'empereur Auguste a donné ordre qu'on la reconstruise une quinzaine de kilomètres plus au nord. On l'a rebaptisée Sébaste. On l'appelle parfois Néa Paphos — la nouvelle Paphos. Nicosie ne deviendra que plus tard la capitale de l'île.

Dans la cité d'Aphrodite, des juifs se sont établis, depuis fort longtemps. Une petite communauté chrétienne est née tout récemment. Elle a été créée sans doute par certains de ceux qui ont fui Jérusalem après la lapidation d'Étienne. Comme dans la plupart des ports du bassin méditerranéen, on trouve ici un mélange de Grecs, fortement majoritaires, de Romains, de Phéniciens, d'Égyptiens.

Dans ce milieu composite, les magiciens sont particulièrement prisés. Selon le témoignage de Pline le Jeune, ils ont même ouvert des écoles. A Curium, près de Paphos, les archéologues retrouveront un jour de nombreuses tablettes de plomb couvertes de formules magiques. C'est tout ce qui reste de nos jours pour évoquer, indirectement, le passage des trois missionnaires. Presque tout, si l'on excepte une colonne dite de Saint-Paul et une église dédiée à saint Barnabé...

L'un de ces magiciens, fort réputé, se nommait Bar Jésus ; comme son nom l'indique, il était d'origine juive. Il enseignait peut-être dans une des écoles de magiciens de la ville. Le plus souvent on l'appelait tout simplement Elymas, ce qui veut dire, si l'on remonte à la racine sémitique, l'homme des choses cachées. Ce magicien vivait dans l'entourage du proconsul romain de Chypre, Sergius Paulus.

C'est un homme intelligent, cultivé, ouvert aux idées nouvelles. Ayant entendu parler des prédications de Barnabé et de Saul, il les convoque. Il manifeste le désir d'entendre la parole de Dieu (Ac 13, 7). Elymas est fort mécontent : ces nouveaux venus sont, pour lui, de dangereux rivaux. Il fait tout pour détourner le proconsul de la foi. Saul prend la mouche. Dardant son regard sur le magicien, il lui dit :

« Homme pétri de toutes les fourberies et de toutes les scélératesses, fils de l'esprit du mal, ennemi de toute justice, tu ne cesseras donc pas de rendre tortueux les droits chemins du Seigneur ? »

Aussitôt, il ajoute : « Eh bien, Sa main va te frapper. Tu vas être aveugle et, pour un temps, tu ne verras plus la lumière du soleil » (Ac 13, 9-11).

A l'instant même, obscurité et ténèbres s'abattent sur le magicien. Il tourne en rond, cherchant quelqu'un à qui donner la main. Voyant ce qui s'est produit, le proconsul se convertit. Car, nous dit le récit, « la doctrine du Seigneur l'a vivement impressionné ». Selon une pieuse tradition, il deviendra évêque de Narbonne...

C'est la première fois que Saul accomplit un prodige. Était-il indispensable pour qu'éclate son autorité ? C'est probable. Les hommes de cette époque ont besoin de signes. Ils en auront besoin de tout temps. Et aujourd'hui encore... Il était donc nécessaire que, par l'intermédiaire de Saul, la puissance du Christ fût affirmée d'éclatante façon, face à la puissance que prétendait posséder le magicien Elymas. Ce dernier n'est frappé que provisoirement, on l'a noté : « Tu vas être aveugle pour un temps. » Quand il recouvrera la vue, peut-être aura-t-il, comme Saul lui-même, trouvé la Voie.

C'est la première fois aussi que les Actes des Apôtres donnent à Saul le nom sous lequel il va entrer dans l'histoire. « Saul, ou plutôt Paul », précise le texte (Ac 13, 9). Quatre mots seulement. Mais leur importance est grande. Soudain, à Chypre, le citoyen romain l'emporte sur le Juif d'origine que, depuis trente-neuf ans, tout le monde appelait Saul — « le désiré » — en prononçant « Shaoul ». Désormais cet homme s'appelle Paul. Dans cette île, on se trouve déjà au cœur du monde hellénique. Quand on lit les poèmes d'Anacréon, on découvre que le mot *Saûlos* y est employé pour désigner un homme d'allure efféminée. Ce n'est certainement pas l'apparence extérieure de Saul. Mais on comprend qu'il ait envie d'abandonner ce nom juif, qui sonne si mal aux oreilles grecques. Il choisit donc celui de Paulos qui, dans la langue grecque, dont aucune finesse ne lui échappe, veut dire petit. Cela correspond mieux à la réalité. L'intéressé n'est pas un homme de haute stature. Symboliquement, l'allusion à sa petitesse lui convient. Il se veut le modeste serviteur de Jésus. « L'avorton », dira-t-il lui-même un jour.

Voici que l'avorton prend la tête de l'expédition. Jusqu'ici, les textes parlaient toujours de « Barnabé et Saul ». Désormais, il ne sera plus question que de « Paul et Barnabé ».

Chypre n'a pas été un détour. Cette île a été une étape décisive.

A l'assaut d'une forteresse

... Ce soir à Antalya, sur la côte sud de l'Anatolie, est venu s'embosser un porte-avions de la VIe flotte américaine, entouré de ses *sister ships*. Autour du petit port fortifié, dans les ruelles en pente bordées par les boutiques des vendeurs de bimbeloterie et des marchands de tapis, il est vain d'essayer de retrouver l'atmosphère de l'ancienne Attalia, où Paul et ses compagnons débarquent à l'automne 45 en arrivant de Chypre. Encore plus vaine est cette recherche sur la corniche, où s'alignent immeubles modernes, superbes hôtels et bars étincelants le long de larges trottoirs, où flânent, parmi les derniers vacanciers, des groupes de touristes ébaubis et de marins américains en goguette.

Que reste-t-il de la cité fondée au IIe siècle av. J.-C. par Attale II, roi de Pergame, qui lui donna son nom ? Quelques beaux morceaux des puissants remparts ; l'élégante porte de Pergé, modifiée par l'empereur Hadrien ; la grosse tour qui servit de phare et qui domine toujours la crique profonde où naquit le port...

Du moins le cadre n'a-t-il pas changé. Approchant de la côte, après trente-six heures de navigation, depuis leur embarquement à Paphos, les trois hommes ont découvert avec émerveillement le golfe superbe, protégé des bourrasques d'ouest et de la bise du nord par d'abruptes falaises ; la darse parfaitement abritée dans son repli rocheux ; les portefaix ahanant dans les rues montueuses qui mènent aux entrepôts ;

la plaine de Pamphylie, verdoyante et riche, que dominent les masses puissantes du mont Solyma et du mont Climax ; et, tout là-bas, du côté du couchant, la haute chaîne du Taurus, déjà couverte de neige en ce début d'automne, comme si elle voulait interdire tout accès à l'Anatolie intérieure.

Quelle forteresse naturelle, cette Anatolie, ultime protubérance du continent asiatique ! On ne lui donne pas d'autre nom, d'ailleurs, à cette époque que celui d'Asie Mineure. Sur nos cartes, elle ressemble à un avant-bras, avec son poing fermé, dirigé vers le bas-ventre de l'Europe. Elle paraît toute simple, cette massive péninsule, qui s'étale et prend ses aises entre la mer Noire, la mer Égée peuplée d'îles innombrables, et le fond du bassin méditerranéen. Sous son apparente unité, elle n'est que diversité et morcellement : au sud, les riantes plaines côtières de Lycie, de Pamphylie, de Cilicie ; au centre, les plateaux austères et dénudés de Phrygie, de Galatie, de Lycaonie, de Cappadoce ; à l'ouest, les promontoires découpés de Mysie, de Lydie, de Carie, de la province romaine d'Asie ; au nord, les grands balcons de Bithynie, de Paphlagonie et du Pont ; à l'extrême est, l'Arménie.

Mineure par le nom, cette Asie ne l'est pas dans l'histoire de l'humanité. Elle constitue l'un des berceaux de la civilisation. Elle a été l'un des creusets où se sont fondues les races depuis les premiers occupants connus du sol anatolien : les Hattites, auxquels ont succédé les Hittites, puis les Hurrites. Durant des siècles, on a vu déferler sur cette terre tous les peuples de la mer : Égéens, Phrygiens, Ioniens, Éoliens, Doriens. On a vu Crésus y porter au pinacle son richissime royaume de Lydie. On a vu passer, et parfois s'installer à demeure, les Perses de Darius, puis les Macédoniens d'Alexandre. Enfin, en 190 av. J.-C. sont arrivés les Romains...

Sur toute l'étendue de ces territoires, vastes comme la France et la Grande-Bretagne réunies, il n'y a pas en ces temps-là un seul Turc. Ces tribus nomades, d'origine ourano-altaïque, ne commenceront leur grande migration vers l'ouest qu'au xe siècle de notre ère. Venues de l'Afghanistan et des régions voisines, elles vont occuper successivement une partie de l'Iran actuel, le royaume d'Arménie, dont les malheurs commencent ; elles vont pousser enfin leurs chevaux, au xie siècle, vers l'ouest de l'Anatolie. La plus ardente de toutes ces tribus, celle des Seldjoukides, va donner naissance à une remarquable civilisation.

C'est à l'assaut de cette formidable forteresse que Paul, Barnabé et Marc s'apprêtent à se lancer. Sans s'attarder à Attalia ils gagnent Pergé, à quinze kilomètres de là (Ac 13, 13). C'est, de loin, la plus belle ville de la Pamphylie, qui est devenue province romaine en 25 av. J.-C. Son nom rappelle aux hellénistes qu'elle est peuplée par toutes sortes de races et de tribus — *phulon* en grec. Sur la terrasse où la cité est superbement bâtie les trois voyageurs ne s'attardent guère : ils ont hâte de se procurer l'équipement et les vivres dont ils vont avoir besoin au cours de leur « expédition ».

Car c'est une véritable expédition qui débute, pour eux sur cette côte méridionale de l'Asie Mineure. Non point une exploration, comme on l'entendra à l'époque des Vikings ou au temps de Christophe Colomb ; mais une grande aventure, tant sur le plan matériel que dans l'ordre spirituel.

Au moment où ils l'entreprennent, soudain ils se retrouvent deux seulement. Marc se sépare du groupe, « pour rentrer à Jérusalem ». S'est-il jugé incapable d'accomplir de longues marches dans la montagne qui les domine de son énormité grandiose, mais austère, inhospitalière et, à coup sûr, farouchement hostile dès qu'arrive la mauvaise saison ? A-t-il été effrayé par avance en songeant à la succession prévisible des dangers, sans parler de tous ceux qui sont imprévisibles ? A-t-il été frappé par la malaria, qui sévit dans la plaine de Pamphylie ? S'est-il trouvé brutalement en désaccord avec Paul, qui n'est certainement pas un compagnon facile ? Quelle que soit la raison de cette brusque défection, elle laisse dans la gorge de Paul un arrière-goût d'amertume. Pendant un certain temps, il en tiendra rigueur à Marc, avant de lui rendre son amitié (Col 4, 10).

Réduite à un binôme, l'équipe s'engage sur la route du nord. Elle plonge dans les profondeurs de l'Asie Antérieure. Les voies de Dieu sont insondables, dit-on volontiers. En voilà une preuve : rien, absolument rien, ne prédispose cette région du monde à recevoir le message du Christ. Elle y semble même plutôt allergique, tant s'y juxtaposent, s'y superposent et s'y concurrencent les religions les plus diverses, avec leur fouillis de divinités, leurs grouillements de prêtres, leurs vaticinations de devins et leurs calembredaines de magiciens. Aux peuples de son empire, Rome a su donner « l'ordre administratif, mais non la paix du cœur », a dit un historien. C'est pourtant « au sein de ce monde hellénistique, pétri d'esprit grec et d'anarchie orientale », que le christianisme, en ce milieu du Ier siècle, va connaître sa première expansion. Avant l'Égypte, avant l'Éthiopie, avant la Grèce, avant Rome, avant Marseille et Vienne, et Lyon...

... Ce soir, dans le port d'Antalya, tandis que résonne la psalmodie nasillarde du muezzin, comment ne pas évoquer l'homme qui débarqua sur ce quai, il y a près de deux mille ans ? Comment ne pas songer, dans ce pays devenu intégralement musulman, à ce que fut cette Anatolie, véritable « terre sainte inviolée » : premier champ ensemencé, dernier jardin de la Vierge, ultime sillon de Jean, humus d'où vont naître tant de disciples, terreau qui va produire tant de martyrs, avant de devenir une des premières patries du monachisme, dans les étonnants sanctuaires troglodytiques de la lunaire Cappadoce ?

En route

« Quant à eux, quittant Pergé, ils poursuivirent leur route et arrivèrent à Antioche de Pisidie » (Ac 13, 13).

Deux cent soixante kilomètres de route, sept à neuf jours de marche... et deux lignes dans les Actes des Apôtres ! Le récit de ce voyage est vraiment réduit à sa plus simple expression. Que s'est-il passé durant cette longue semaine ? Rien de notable assurément, sinon Luc l'aurait signalé. Paul et Barnabé ont marché, marché, marché...

Depuis deux siècles et demi qu'ils ont rattaché l'Asie Mineure à leur empire, les Romains y ont tracé un impressionnant réseau de routes. Tout comme en Europe, les voies romaines traversent plaines et plateaux, enjambent collines et montagnes. Elles suivent un cours aussi rectiligne que possible, pour permettre aux légions de se déplacer rapidement jusqu'au limes, la frontière au-delà de laquelle habitent les Barbares. Cette nécessité d'acheminer relèves et renforts fait que les axes principaux sont orientés ouest-est. C'est le cas notamment de la plus importante voie romaine de toute la région : la via Sebasta, qui part d'Éphèse pour atteindre la Cappadoce et, au-delà, la rive droite de l'Euphrate. Au centre, une autre voie majeure mène de Troie jusqu'au cœur du plateau. Au nord, une troisième route longe la côte de la mer Noire. Au sud, une quatrième relie entre elles les cités de la côte méditerranéenne. Mais il faut aussi pouvoir faire riper les légions du nord au sud et vice versa. A cet effet, trois itinéraires ont été aménagés : près de la côte égéenne ; au beau milieu du plateau ; à l'est enfin, depuis le Pont Euxin jusqu'au golfe d'Alexandrette, cul-de-sac de la Méditerranée. Enfin, une grande rocade suit le limes, depuis la région subcaucasienne jusqu'à Dura Europos, sur l'Euphrate, aux confins de l'Irak actuel et de la Syrie.

Pour construire ce réseau routier, Rome a employé des dizaines de milliers d'hommes : les soldats eux-mêmes, des migrants recrutés un peu partout, des terrassiers requis dans les localités traversées. Tous ces manouvriers ont besogné dur sous la direction d'ingénieurs romains, afin d'effectuer une série de travaux soigneusement échelonnés : préparer, pour commencer, le soubassement de la route, dont la largeur peut varier de quatre à douze mètres : dans ce but, on constitue d'abord une solide base de maçonnerie ; au-dessus, on coule une épaisse couche de béton. Là où le terrain est instable, elle peut dépasser deux mètres. Après quoi, on met en place le revêtement, qui est le plus souvent composé de dalles polygonales, minutieusement juxtaposées, sans aucun joint de ciment. Voilà pour la chaussée elle-même. Mais n'oublions pas les innombrables ouvrages d'art, qui demandent plus de travail encore et une extrême habileté. C'est sur les chantiers de ces routes, où tant d'hommes ont lutté contre la nature, le climat, l'épuisement, la maladie, qu'est née l'expression « un travail de Romains ».

Cependant, en Asie Mineure à cette époque le maillage des routes est beaucoup moins serré qu'en Europe. C'est encore vrai de nos jours. Dans ces immensités que Paul parcourt en n'avançant jamais, comme dira Péguy, « que d'un pas à la fois », des régions entières ignorent encore ce qu'est une voie romaine : le dallage à perte de vue, les mouvements incessants des légionnaires et des troupes auxiliaires, les allées et venues continuelles des fonctionnaires et des marchands, les bornes milliaires qui permettent à tout moment de se repérer, les points d'eau qui évitent de mourir de soif, les commissariats de police qui représentent l'ordre, les relais de poste qui assurent la célérité, les hôtelleries officielles, coquettes et confortables, pour ceux qui ont la chance de voyager aux frais de l'État...

L'itinéraire qu'empruntent Paul et Barnabé, à la sortie de Pergé, n'est justement pas une voie romaine : c'est un chemin vicinal. Laissant à main gauche la forteresse de Termessos, réputée inexpugnable depuis qu'elle a victorieusement résisté à Alexandre, les deux compagnons s'enfoncent dans la montagne. En bonne logique, ils choisissent l'itinéraire qui remonte la vallée de l'Aksu, puis celle de son affluent l'Isparta, qui, l'un comme l'autre, tantôt bouillonnent au fond de gorges sauvages, taillées dans des montagnes dénudées, et tantôt musardent en chantonnant dans de petites plaines, vêtues d'ocre jaune et de terre de Sienne brûlée. Après avoir passé un col, qui n'est pas trop malaisé, ils atteignent l'immense lac Limnai, l'un des quatre plus grands d'Anatolie (486 km^2). Sur sa rive sud, la forteresse de Prostanna, devenue de nos jours Egridir, se mire dans les eaux couleur de jade et d'émeraude. Longeant la rive orientale de cette véritable mer intérieure ils poursuivent leur route vers le septentrion.

Ces deux marcheurs partent dès les premières lueurs du jour, afin de parcourir le plus de distance possible avant le coucher du soleil : normalement, une trentaine de kilomètres. Ils ne progressent pas très vite, car ils sont chargés. Voyez-les marcher, vêtus d'une courte tunique, la clamyde grecque, chaussés de sandales, un bâton à la main, un chapeau à larges bords, le *pétase*, sur la tête. Ils ont emporté avec eux pour traverser les montagnes où le froid est vif parfois, un gros manteau de laine à capuchon, le *birrus*, et de solides bottines. Ils n'ont eu garde d'oublier un vêtement de pluie, la *paenula*, une toile de tente pour s'abriter, quelques vivres et un minimum d'instruments de cuisine. Le tout peut tenir dans leurs besaces. Mais il n'est pas exclu qu'ils aient arrimé leur bagage sur le dos d'un âne ou d'un mulet. C'est ce que font ceux qui voyagent loin et qui peuvent difficilement se priver de ce qu'on appelle alors d'un mot si bien approprié : les *impedimenta*. Seuls les riches ont les moyens de circuler à cheval ou en voiture. Eux, ils sont pauvres...

Que mangent-ils ? Ce qu'ils trouvent en route, aux étals des marchés, dans les villages traversés ou à la table d'hôte, dans les auberges des bourgades. Que boivent-ils ? De l'eau ou du lait de chèvre. Ces deux voyageurs sont d'une grande frugalité. Les plaisirs de la table n'intéressent pas Paul.

Où dorment-ils ? Quand le temps le permet, à la belle étoile ou sous leur toile de tente, ou encore à l'abri de quelque auvent. Quand il fait mauvais, ils demandent l'hospitalité dans une ferme, et il est rare qu'on leur refuse d'utiliser la grange comme chambre à coucher. Parfois aussi, ils s'arrêtent chez une famille qu'on leur a signalée. Une famille israélite le plus souvent. On en trouve partout, si l'on en croit l'historien juif Flavius Josèphe : « Il n'y a pas au monde un seul peuple qui ne contienne une parcelle du nôtre. » Il arrive qu'ils descendent dans une hôtellerie. Mais il faut vraiment qu'ils ne puissent pas faire autrement : les meilleures sont coûteuses ; celles qui affichent des prix abordables sont mal tenues ou mal fréquentées.

A plusieurs reprises, Paul parlera dans ses lettres des inconvénients, des difficultés et des risques du voyage. Il n'en conte pas le centième. Qui a plongé dans les profondeurs de l'Orient, en évitant les circuits touristiques et les hôtels étoilés, pourrait, aujourd'hui encore, évoquer longuement ce que l'Apôtre a connu : le danger que peuvent faire courir les bêtes : bandes de loups féroces, chiens de ferme dressés à mordre, fauves affamés, charognards des solitudes ; le péril que causent parfois les hommes : brigands dans les gorges et sicaires au coin des bois, détrousseurs des auberges et tire-laine des marchés ; les excès du climat : l'été, soleil brûlant ou vent desséchant, à l'automne, pluies battantes, l'hiver, neige aveuglante ou gel à pierre fendre ; les surprises de la table : plats brûlés, mets refroidis, sauces tournées, graillon écœurant, épices volcaniques ; l'inconfort des gîtes : auberges minables, salles enfumées, bouges puants, conversations bruyantes, altercations, éclats de voix, cris, bagarres ; la rusticité des couchages : promiscuité des dortoirs, lits défoncés, paillasses crevées, matelas réduits à l'état de galette, couvertures trouées, draps douteux ; et, brochant sur le tout, l'incessant carnaval des parasites : les moustiques, les puces, les poux, les punaises, les morpions...

C'est cela aussi, ce grand voyage qui commence.

Quel courage, mais également quelle extraordinaire résistance physique chez ces deux hommes que porte la volonté d'annoncer partout la Bonne Nouvelle !

Antioche de Pisidie

Ils atteignent enfin Antioche de Pisidie.

C'est une ville importante, au cœur d'une région vallonnée, que dominent de hautes montagnes. La plus élevée culmine à 2 980 mètres.

Annexée par les Romains, en même temps que la Pamphylie d'où ils arrivent, cette province de Pisidie défend farouchement son identité. Complètement enclavée, elle a peu de relations avec le monde extérieur. Une partie de la population est encore nomade. Les pillards sont particulièrement nombreux. Les brigands aussi, qui, il y a tout juste soixante-dix ans, ont poussé l'audace jusqu'à assassiner le roi Amyntas... Pour essayer de rendre les routes plus sûres, l'empereur Auguste a établi, sur les principaux itinéraires autour d'Antioche, des vétérans des légions gauloises, notamment la célèbre « Alauda », c'est-à-dire l'alouette. Tout en cultivant leur lopin de terre, ils veillent au grain.

De la capitale, fondée à la fin du IIIe siècle av. J.-C. par Seleucos Nicator, quelques années seulement après l'autre Antioche, un lieutenant d'Auguste a voulu faire une petite Rome. Il se nommait Publius Sulpicius Quirinus. Dépêché, une dizaine d'années avant notre ère, vers cette lointaine région avec mission de la pacifier, cette sorte d'officier des affaires indigènes s'est découvert une âme de bâtisseur.

... De l'antique capitale, adossée aux premières pentes d'une chaîne de montagnes, sur un replat tourné vers le sud-ouest, que reste-t-il aujourd'hui ? Les ruines grandioses d'un aqueduc et, dispersés parmi les herbes folles, des restes impressionnants, mis au jour grâce aux fouilles effectuées par l'université du Michigan. Elles ont permis de reconstituer le plan de la ville. Du tapis herbeux, émaillé de fleurs sauvages, on voit maintenant émerger de longues parties de l'enceinte, les colonnes brisées d'une porte monumentale à triple arcade, le vaste rectangle de l'agora, l'hémicycle du théâtre, les soubassements du temple d'Auguste précédé de propylées corinthiens, auxquels conduit une large avenue à colonnes, et les substructions d'une basilique, dite de Saint-Paul.

Antioche de Pisidie n'est plus qu'un cimetière de pierres, parmi des terres en friche peuplées de quelques vignes échevelées. Seule n'a pas changé la petite rivière Anthios qui, descendue de la montagne, va irriguer, en contrebas, l'oasis où se niche la bourgade de Yalvaç, parmi les saules, les peupliers et les arbres fruitiers. Son musée abrite un grand nombre de statues et de chapiteaux retrouvés à l'occasion des fouilles. Sagement alignés dans les salles et le long des allées du jardin fleuri qui entoure le bâtiment, ils parlent d'un passé qui fut, sans doute, grandiose : celui de la très belle ville que connut Paul. Elle n'est donc pas morte tout à fait.

Certain matin que je passais par là, entendant chanter des paysannes dans les pâturages que le vent faisait ondoyer au pied de l'aqueduc, j'ai même cru qu'Antioche de Pisidie était toujours vivante...

L'homélie à la synagogue

Toute ville juive, si petite soit-elle, doit, selon une tradition ancienne, attestée par le Talmud de Babylone, respecter dix règles considérées comme essentielles : posséder un maître d'école, un médecin avec ses plantes, un chirurgien pour les saignées, un écrivain public — le *libellarius* —, un boucher pour abattre et saigner rituellement les animaux ; elle doit alimenter une caisse de bienfaisance ; édifier une synagogue ; assurer l'existence d'un tribunal, comprenant au minimum vingt-trois membres ; entretenir des bains publics, aménager des latrines.

Sans être une ville juive, Antioche de Pisidie abrite une importante communauté israélite. Elle possède donc ces dix « attributs », à commencer par sa synagogue. A ce jour, les fouilles n'ont pas permis d'en retrouver la trace. A la différence des beaux temples grecs, c'était sans aucun doute, comme presque partout dans les villes de la diaspora, un édifice modeste. Il comprenait essentiellement une salle rectangulaire où l'on conservait avec beaucoup de respect les rouleaux de la Loi enfermés dans une petite armoire portative qui évoquait l'Arche d'alliance. Quand on ouvrait ses deux petits battants, apparaissait, comme dans un tabernacle, la Tora vénérée : long parchemin enroulé sur deux axes de bois. Ô hommes du Livre, voici la parole de Dieu, celle d'où tout procède pour le peuple élu... Sur le côté de la salle était accolée une pièce réservée aux hôtes de passage. Le jour du sabbat, la synagogue était pleine, les hommes devant, les femmes derrière, ou à la tribune lorsqu'il y en avait une. Le mot synagogue, directement calqué sur le grec *synagogos*, veut dire assemblée. C'est *Keneset* en hébreu, d'où la *Knesset*, le Parlement israélien. Celui qui la présidait portait le titre d'archi-synagogos. Il était assisté par le *hazzan*, un peu diacre, un peu bedeau, voire instituteur.

Le premier sabbat qui suit leur arrivée, Paul et Barnabé entrent à la synagogue. Ils s'asseyent. L'office commence, dont le déroulement ne varie pas : récitation des prières habituellement réservées au Jour du Seigneur ; lecture d'un passage de la Bible en hébreu, puis en grec dans la traduction des Septante ; chant d'un psaume. A ce moment, le président de l'assemblée, à qui les deux voyageurs sont allés se présenter dès leur arrivée dans la cité, leur fait dire : « Frères, si vous avez quelques mots d'exhortation à adresser au peuple, prenez la parole. »

Il est fréquent qu'un membre de l'assemblée soit invité à prononcer l'homélie. En la circonstance, c'est courtoisie, les deux hommes venant de loin et Paul étant précédé d'une réputation d'orateur. Il accepte aussitôt, se lève, et, pour capter l'attention, fait un signe de la main. Ce n'est pas, comme certains l'ont dit, « un petit Juif aux yeux chassieux ». On se le représente au contraire, comme l'a si bien décrit E. B. Allo, « promenant sur ses auditeurs un regard majestueux, étincelant, qui commandait tout de suite le silence, le respect, l'attention ».

Aussitôt, il commence en ces termes : « Israélites et vous qui craignez Dieu, écoutez-moi... »

De ce discours, les Actes nous ont conservé un long compte rendu (Ac 13, 13-42). Bien sûr, il ne s'agit pas du texte mot pour mot : la sténo n'existe pas encore ! Nous avons là plutôt une sorte d'analyse. Mais, comme elle est copieuse, précise et truffée de citations de l'Écriture, elle mérite attention. D'autant qu'elle constitue le seul exemple développé qui nous ait été conservé d'une homélie prononcée par Paul dans une synagogue.

Dès l'exorde, il commence par rappeler comment Dieu a choisi le peuple d'Israël et lui a donné Canaan pour héritage (16-19), puis des Juges (20) et enfin un roi, David (21-22). A ce peuple a été promis « un Sauveur » (23-25). Ce Sauveur est venu, en la personne de Jésus. Il a été mis à mort (26-29) et il est ressuscité (30-31). Ainsi s'est accomplie la Promesse (32-37). Désormais, l'homme ne peut plus compter sur la Loi de Moïse, mais sur la Foi en Jésus, pour obtenir « le pardon des péchés » et la « Justification » (38-39). Ceux qui ne croiront pas au Christ, qu'ils prennent garde au châtiment annoncé par les prophètes (40-41) !

En somme, la première partie fait penser au discours d'Étienne, nourri de l'Écriture, et la seconde à la prédication de Pierre, illuminé par l'Esprit. Mais la conclusion est proprement paulinienne : le pardon des péchés vient de la Foi, et non point de la Loi. C'est déjà l'un des premiers bourgeons de l'Épître aux Romains, où fleurira le grand thème de la Justification (Rm 3, 24).

Dès cette première homélie, Paul poursuit un double but :

— affirmer le caractère original et novateur du christianisme. Sinon comment comprendre qu'il se détache du judaïsme ?

— revendiquer sa filiation biblique. Sinon, comment le légitimer auprès des juifs observants ?

L'office terminé, les membres de l'assemblée rejoignent Paul et Barnabé à l'extérieur de la synagogue. Ils les entourent, leur disent combien ils ont été intéressés. « Il faudra revenir, la semaine prochaine, pour nous parler du même sujet. »

Rendez-vous est pris pour le sabbat suivant.

En attendant, un bon nombre d'auditeurs, juifs d'origine ou étrangers convertis au judaïsme, accompagnent les deux hommes afin de poursuivre avec eux cet entretien qui les passionne. « Que nous conseilles-tu de faire ? demandent-ils à Paul. Restez attachés à la grâce de Dieu », leur répond-il simplement.

Le grand tournant

« Il nous est arrivé un visiteur qui prêche de façon extraordinaire... »
Propagée de bouche à oreille, cette petite phrase a rapidement fait le tour d'Antioche de Pisidie.
Le sabbat suivant, une grande partie de la population de la ville se rassemble pour écouter Paul. Les juifs sont mécontents. Que les propos de ce prédicateur aient un tel impact, cela les trouble profondément. Que tant de non-juifs se réunissent à l'entrée de « leur » synagogue, et veuillent même y pénétrer, cela ne leur plaît guère. Ils en éprouvent un sentiment de jalousie vis-à-vis de ce voyageur. En une courte semaine, on peut dire qu'il a semé une jolie pagaïe ! Décidément, il parle trop bien ! Quant aux membres les plus traditionalistes de la communauté israélite, ils trouvent que ce prêcheur risque d'ébranler un système de pensée auquel leurs pères n'ont jamais rien changé et qu'il ne faut surtout pas modifier. Oser affirmer, comme l'a fait cet homme, que la Loi de Moïse est incomplète, quel toupet ! Quand il commence à parler, ce jour-là, ils se mettent donc à l'injurier. Lui ne fait ni une ni deux : s'adressant à ses coreligionnaires, il leur lance avec hardiesse : « C'est à vous d'abord que devait être adressée la parole de Dieu. Puisque vous la repoussez et que vous vous jugez vous-mêmes indignes de la vie éternelle, alors nous nous tournerons vers les païens. Car tel est bien l'ordre que nous tenons du Seigneur : " Je t'ai établi lumière des nations pour que tu apportes le salut aux extrémités du monde " » (AC 13, 46-47).
En ce jour du sabbat à Antioche de Pisidie, le christianisme naissant vient de prendre son premier grand tournant. Puisque les juifs ne veulent pas entendre le message de Jésus, Paul s'adressera, désormais, aux non-juifs. L'Église commence à s'éloigner de la Synagogue.
Paul n'a pas oublié ce que le Seigneur lui a dit à Jérusalem un jour de l'année 39, alors qu'il était en prière dans le Temple : « Ils n'accueilleront pas le témoignage que tu me rendras (...). Va, c'est vers les nations païennes que je vais t'envoyer. »
Certes, à chacune de ses étapes ultérieures Paul va continuer à prendre contact avec la communauté juive locale. Avec persévérance il tentera chaque fois d'y faire entendre l'Appel. Mais sans trop se faire d'illusions sur ses chances de succès. Il sait que ses « bons » auditeurs, ceux qui sont disposés à suivre le Christ, se trouvent, en grande majorité, hors de

la religion israélite. Certes, il comprend les réticences des juifs, lui qui est, pourrait-on dire, juif jusqu'à la moelle ; lui qui, plus que beaucoup d'autres, a étudié l'Écriture ; lui qui a, durant tant d'années, cherché et trouvé sa nourriture spirituelle dans la Tora et dans la Tradition. Mais, en même temps, il ne parvient pas à admettre la réserve de ses coreligionnaires. Et encore moins leur hostilité. Pourquoi ne veulent-ils pas reconnaître en Jésus le Messie annoncé et attendu ? Lui l'a découvert. Qu'attendent-ils donc pour en faire autant ? Cela le navre, cela l'irrite ! Ô mon peuple que j'aime, pourquoi continues-tu à nier l'évidence ? Tu es pourtant la race prédestinée. Pourquoi faut-il que ce soient d'autres hommes — et pas vous, mes frères — qui aperçoivent la lumière ?

Ce jour-là, en entendant les propos de Paul sur le parvis de la synagogue d'Antioche de Pisidie, ceux que les Actes appellent « les païens » sont « tout joyeux ». Ils se mettent à chanter les louanges du Christ et beaucoup d'entre eux se convertissent (Ac 13, 48).

Deuxième sujet de mécontentement pour les juifs, et même de fureur pour les plus conservateurs d'entre eux : voilà que la parole du Seigneur gagne toute la région. Leur réaction est assez minable : ils montent le bourrichon aux dévotes de la communauté israélite, ainsi qu'aux notables païens de la ville. Ils réussissent à provoquer une véritable persécution contre Paul et Barnabé. Tant et si bien qu'ils parviennent à les faire expulser d'Antioche. Les deux compagnons « secouent contre eux la poussière de leurs pieds ». C'est une coutume juive qui signifie la rupture des relations. Jésus lui-même a suggéré à ses Apôtres d'agir ainsi en quittant les maisons ou les villes où l'on a refusé de les recevoir et d'écouter leurs paroles (Mt 10, 14).

Ils s'en vont. Paul vient de subir la première d'une longue série de rebuffades.

Un homme chauve sur la route d'Iconium

Voulant éviter des incidents, Paul et Barnabé quittent sans plus tarder Antioche de Pisidie pour Iconium. Ce n'est pas la porte à côté : cent quatre-vingt-dix kilomètres, dont trente en montagne pour commencer.

Cette première étape les entraîne sur une route difficile, mais pittoresque. Elle sinue longuement entre des collines pelées, où de petits troupeaux de chèvres et de moutons cherchent, entre les cailloux, une herbe rare et courte. Un soleil implacable rayonne dans le ciel bleu indigo. Pas un arbre, donc pas une ombre. Seuls poussent quelques arbustes épineux.

Les deux hommes progressent à pas lents, accompagnés par l'odeur pénétrante des absinthes, parmi les genêts d'or, les asphodèles, les euphorbes et les grandes touffes de bouillon blanc. Derrière eux s'estompent les douces collines de Pisidie que dominent les masses mauves et violettes de puissantes chaînes de montagnes.

Au cours de l'après-midi ils franchissent des gorges sauvages, hérissées de rochers acérés aux couleurs brun sombre. Le soir tombe quand ils débouchent enfin sur l'immense plateau de Lycaonie. Une petite ville leur offre, pour la nuit, l'abri de ses murailles : c'est Philomenion, devenue aujourd'hui Aksehir.

Dès le lendemain matin ils repartent, cap à l'est, sur la voie romaine qui file tout droit, dans un paysage d'une rigoureuse platitude. Ils ont encore cinq jours à marcher entre ciel bleu et sol beige, sur cette route sans la moindre végétation, qui devient un cauchemar l'hiver, quand se lève le vent accouru du fond des steppes de l'Asie. De nos jours, grâce aux engrais et aux tracteurs, les paysans anatoliens ont transformé cette aride contrée en terre à blé et à betterave. A l'époque de Paul les moissons sont maigres sur les rares petits champs qu'on parvient à cultiver, autour de quelques gros villages isolés, dont certains ont été fondés à l'époque lointaine des Hittites.

Au bout d'une semaine, comme ils approchent d'Iconium, Paul et Barnabé voient venir vers eux un homme qui se nomme Onésiphore. Il est accompagné de sa femme Lectra et de ses deux fils, Simias et Zénon. Ayant appris que les deux voyageurs arrivent, il vient au-devant d'eux pour leur offrir l'hospitalité. Il ne possède de Paul que le signalement qu'on lui en a donné. Il dévisage donc tous les piétons, jusqu'à ce qu'il voie s'avancer vers lui « un homme de médiocre stature, trapu, les jambes torses, la tête chauve, les sourcils touffus et joints, le nez bombé... ».

Ce portrait, comme tous les détails de cette scène, figure dans les Actes de Paul, un apocryphe grec du IIe siècle. C'est la seule et unique description que nous possédions de l'Apôtre. Raison suffisante pour que nous ne la jetions pas directement au panier. Le texte précise que : « ... son visage était plein de grâce, car tantôt il apparaissait tel qu'un homme et tantôt il avait le visage d'un ange ».

On s'est demandé si ce signalement ne provenait pas d'une sorte de passeport que possédaient les premiers missionnaires du christianisme afin de se faire identifier en arrivant dans les communautés où ils étaient inconnus.

Accompagné de ses nouveaux amis, Paul atteint Iconium, solidement assise sur le plateau à 1 026 mètres d'altitude, à peu de distance des contreforts du Taurus.

... Dans cette ville qui s'appelle aujourd'hui Konya et qui est l'une des principales agglomérations du centre de l'Anatolie, j'ai longuement cherché les traces de Paul. Cette très vieille cité, fondée trois millénaires av. J.-C., a vu se succéder de nombreux envahisseurs, avant d'être ravagée par les Arabes aux viie, viiie et ixe siècles. Tant de persévérance dans la destruction du passé explique qu'on ait grand-peine à retrouver des souvenirs de l'époque romaine. Pour les dénicher, il faut visiter plusieurs salles du musée archéologique et s'attarder dans la célèbre mosquée du sultan Selim, où l'on a réutilisé des colonnes antiques. Tout à côté se dresse le plus célèbre monument de la ville : le Tekke de Mevlana, l'ancien couvent des derviches tourneurs, fondé au xiiie siècle. C'est de cette époque, où elle fut la capitale des Seldjoukides, que date la splendeur de Konya.

J'en étais là de ma décevante exploration quand je découvris qu'on creusait un parc à voitures, en plein centre, sous le large boulevard Ala et Tin. La curiosité me fit m'approcher de la fouille, qui était très profonde et soigneusement étayée. Je compris pourquoi : sous le sol de l'avenue, on venait de mettre au jour une partie de l'ancienne Iconium. Une fois encore, le hasard me faisait retrouver vivants les vestiges d'une ville parcourue par Paul...

Cette cité, dont le nom évoque une icône, alors qu'il vient de l'empereur Claude — *Claudiconium* —, voit se reproduire le même scénario, peu après l'arrivée des deux voyageurs : Paul se rend à la synagogue en compagnie de Barnabé ; tous deux y prennent la parole ; des juifs et des Grecs, en grand nombre, deviennent chrétiens ; la réputation des prédicateurs s'accroît ; d'autant que « le Seigneur opère, par leur intermédiaire, des signes et des prodiges » (Ac 14, 3). A la différence d'Antioche toutefois, leur séjour ici se prolonge un certain temps. La population finit par se diviser en deux clans hostiles : nouveaux convertis d'un côté ; juifs traditionalistes de l'autre. Ces derniers, unis aux païens, décident de recourir à la violence et de lapider ces deux empêcheurs de tourner en rond.

Mais eux, « conscients de la situation », nous dit Luc, décident de filer discrètement...

Une vierge du nom de Thècle

Que, durant son séjour à Iconium, Paul ait rencontré une jeune fille qui se nommait Thècle, cela n'a rien d'impossible. Le seul récit que nous possédions de ce fait est un texte apocryphe : les Actes de Paul et Thècle.

On veut bien admettre que cette charmante créature ait écouté avec passion la prédication de l'Apôtre ; que, durant des heures et des heures, elle ne l'ait pas perdu des yeux, puisque la fenêtre de son logis donnait sur la maison d'Onésiphore où il habitait ; qu'elle se soit convertie ; qu'elle ait fait vœu de virginité perpétuelle ; que son fiancé Thamyris se soit estimé lésé ; qu'il en ait conçu amertume et fureur ; qu'il soit allé jusqu'à demander réparation de cet engagement rompu devant le tribunal du gouverneur Cestilius.

Mais la suite de l'histoire est totalement invraisemblable : cette prison où Thècle est enchaînée à côté de Paul ; ce bûcher sur lequel on la condamne à périr et que la pluie éteint ; ces fauves auxquels on la donne en pâture et qui se dévorent les uns les autres au lieu de la déchirer en lambeaux ; ces phoques affamés, qui tourniquent dans le bassin où… elle se donne à elle-même le baptême par immersion ; sa longue errance jusqu'à Antioche, pour retrouver Paul après son départ ; les soixante-douze années qu'elle passe dans une caverne, avant d'y mourir à quatre-vingt-dix ans.

Tous ces épisodes sont purement romanesques. Ils n'en ont pas moins alimenté une littérature pieuse, qui connut un grand succès durant plusieurs siècles. Et l'on verra un jour sainte Thècle entrer dans le martyrologe romain, qui la fait périr sous l'empereur Néron, être gratifiée d'une fête liturgique le 23 février, prendre place enfin parmi ceux et celles que le prêtre invoque dans les prières des agonisants. On l'y supplie de délivrer l'âme du mourant, elle qui « a été délivrée de trois horribles tourments ». Allusion aux trois supplices dont elle réchappa : le feu, les fauves et la noyade…

Lystre : de l'adulation à la lapidation

Une journée de marche leur suffit pour atteindre Lystre, à trente kilomètres au sud-sud-ouest d'Iconium.

… C'est une charmante bourgade que la plupart des archéologues identifient aujourd'hui avec Hatunsaray. Des monuments qui faisaient autrefois la réputation de cette cité, fondée par Auguste vers 6 av. J.-C., il ne reste que quelques fragments : les ruines massives de l'enceinte fortifiée, quantité d'énormes pierres éparses alentour, des morceaux de frises ou d'architraves réemployées, ici ou là, dans les murs des fermes. Des sarcophages antiques on a fait des auges, et les autels des dieux sont devenus des éviers ! Mais le site n'a rien perdu de sa beauté sauvage. Bâtie sur les premiers contreforts de la chaîne du Taurus, Lystre domine légèrement un immense plateau marron, bistre et jaune. Bien alimentés en eau sur cette terrasse à peine inclinée, jardins potagers, vergers et champs ont la luxuriance d'une oasis.

C'est dans cette région que le poète latin Ovide, mort en exil dans l'actuelle Roumanie une vingtaine d'années plus tôt, a situé l'un des plus charmants récits de ses *Métamorphoses* : l'histoire de Philémon et Baucis. Les deux vieillards offrent une hospitalité si délicieuse à Zeus et Hermès, qui visitent incognito la Lycaonie, que les deux voyageurs, absolument ravis, transforment leur cabane en temple. Après quoi ils changent le vieil homme en chêne et sa compagne en tilleul. Dans ce pays où l'on raffole des légendes, on raconte volontiers celle-ci, le soir, à la veillée. Il faut le savoir pour comprendre ce qui va se produire, peu après l'arrivée de Paul et de Barnabé...

A peine installés, ils ont recommencé à annoncer la Bonne Nouvelle. Parmi leurs auditeurs se trouve un malheureux qui n'a jamais pu marcher. Un jour qu'il écoute la prédication de Paul, celui-ci fixe son regard sur lui et « voyant qu'il a la foi pour être sauvé », lui dit d'une voix forte : « Lève-toi droit sur tes pieds. »

L'homme bondit. Il marche (Ac 14, 8-10).

A cette vue, des cris d'étonnement éclatent dans l'assistance. Ces deux hommes qui viennent de faire un miracle ne peuvent être que Zeus et Hermès. Comme ils ne comprennent pas le lycaonien, Paul et Barnabé ne réagissent pas. Jusqu'au moment où le prêtre du temple de Zeus-hors-les-murs fait amener des taureaux pour offrir un sacrifice et des couronnes qu'il prétend poser sur la tête des deux voyageurs... Réalisant soudain qu'on les prend pour des dieux, ils déchirent leurs vêtements, comme le fit Caïphe pendant la Passion. Démonstration un peu spectaculaire : on brise, avec une apparente énergie, les liens fragiles, préparés à l'avance, qui rapprochent les deux bords de l'échancrure placée en haut et sur le devant de la tunique. Ce qu'ayant fait, ils se précipitent vers la foule en criant : « Amis, qu'allez-vous faire ? Nous sommes des hommes comme vous et venus justement pour vous demander de renoncer à ces vanités et de vous tourner vers le Dieu vivant qui a fait le ciel, la terre, la mer et tout ce qu'ils renferment... »

Malgré ces paroles sans équivoque, ils ont grand-peine à empêcher la foule d'offrir un sacrifice en leur honneur.

L'incident serait terminé et tout rentrerait dans l'ordre si les juifs d'Antioche de Pisidie et d'Iconium ne continuaient à poursuivre les deux voyageurs de leur vindicte. Toutes affaires cessantes, les plus excités ont résolu de les pourchasser. Ils les ont retrouvés — ce qui n'était pas bien difficile — et n'ont plus qu'une idée : réussir aujourd'hui ce qu'ils ont raté les deux premières fois. Les circonstances s'y prêtent : les adorateurs de Zeus sont furieux ; ils sont persuadés qu'on les a bernés, alors qu'il n'y a pas d'autre coupable que leur incroyable naïveté. Les juifs ont beau jeu d'exploiter ce mécontentement. Ils rallient la foule à leurs noirs projets.

Cette fois, on n'hésite plus. On commence à lapider Paul. Ce n'est pas simplement une leçon, très brutale en vérité, que ses adversaires veulent lui donner. Ils sont résolus à l'accabler de pierres jusqu'à ce que mort s'ensuive. Leur victime perd connaissance. Persuadés que c'en est fini, ils traînent sa dépouille hors de la ville et l'abandonnent comme un chien crevé...

Plus heureux qu'Étienne, Paul respire encore. L'évanouissement l'a sauvé. Miraculeusement, aucun organe vital n'est atteint ; aucun membre fracturé ; et le crâne, si mal protégé pourtant à cause de la calvitie, est intact. Quand ses amis arrivent, Paul se relève et rentre dans la cité. Sans doute profite-t-il de l'obscurité pour gagner une maison amie. Mais il serait dangereux de s'y attarder. Dès le lendemain, il va falloir déguerpir...

Un adolescent nommé Timothée

Quelle est donc à Lystre cette maison amie ? C'est celle de Loïs, une juive devenue chrétienne, qu'anime « une foi sincère » (2 Tm 1, 5). Sa fille, Eunice, adepte du Christ elle aussi, a épousé un Grec de bonne bourgeoisie. Ils ont un fils, qu'ils ont prénommé Timothée : celui qui honore Dieu.

Le père est-il décédé ? C'est très probable, car les textes ne nous parlent que des deux femmes, qui ont instruit le garçon, « dès sa tendre enfance », dans les Saintes Écritures.

Quel âge a-t-il quand Paul vient loger chez sa mère et sa grand-mère ? On ne le sait pas exactement. Mais certains détails donnent à penser qu'il est encore un jeune adolescent, entre quinze et seize ans sans doute. On imagine aisément la scène.

Paul a commencé à raconter son expérience singulière. Soudain, voyant cet homme aux yeux de braise et l'entendant parler avec une telle force de conviction, c'est l'éblouissement. Timothée se prend pour Paul d'un sentiment d'admiration si enthousiaste, si passionné, qu'il n'est pas d'autre mot, pour le définir, que celui d'amour. Les jouvenceaux ont parfois de ces coups de foudre...

Stupeur des deux femmes, quand elles entendent celui qui, pour elles, est encore « le petit » dire à cet homme de quarante ans : « Je veux partir avec toi. »

Paul regarde au fond des yeux ce garçon qui pourrait être son fils.

« Tu ne crois pas que tu es encore un peu jeune ?

— Ainsi, toi aussi, tu me prends pour un enfant ?

— Non, Timothée, puisque tu es déjà un jeune homme. Mais il faut attendre encore un peu.

— Et si tu ne revenais pas ?

— Je reviendrai.

— Promis ?
— Promis.
— Je saurai t'attendre. »

Il a bien failli ne jamais revenir, l'homme qui lui a fait cette promesse. Cette nuit, c'est un pauvre type, couvert de bleus et le visage tuméfié, qu'on a étendu sur la meilleure couche de la maison.

Avant l'aube il s'en va.

« Fais-moi confiance. Je ne t'oublierai pas, a-t-il murmuré à Timothée, en lui posant la main sur l'épaule.

— Je t'attendrai, Paul. »

Dans les yeux de l'adolescent, deux grosses larmes ont perlé.

... et Derbé, perdue corps et biens

« C'est ici, Monsieur, me dit l'aimable paysan turc, qui m'a accompagné en voiture jusqu'à cette colline aux formes parfaitement régulières qui se dresse à cinq ou six kilomètres de sa ferme.

— Ici ? Mais alors, il ne reste donc rien de Derbé ?

— Les ruines de la ville sont enfouies sous ce tell. Regardez, le sol est jonché de pierres, de tuiles romaines, de tessons d'écuelles et de bols. »

Effectivement, sur cette maigre terre où pâturent des moutons il suffit de se baisser pour faire une abondante moisson d'humbles souvenirs du passé. Pourtant, aucune campagne de fouilles n'a encore été entreprise. Sans doute réserverait-elle des découvertes intéressantes. N'a-t-on pas retrouvé, sans faire de recherches systématiques, une superbe inscription grecque, qui parle de l'évêque Michel, un des premiers évêques de Derbé ? Ce bloc de marbre, datant de 147 ap. J.-C., a été transporté jusqu'à la ville voisine de Karaman. Il est aujourd'hui exposé, parmi des massifs de fleurs, dans le jardin d'une délicieuse médersa du XIVe siècle, qui n'est plus depuis longtemps un établissement d'enseignement. Derrière ce vieil édifice on a, depuis peu, construit un intéressant petit musée archéologique.

Du sommet de la butte, que m'a fait découvrir l'obligeant agriculteur, on découvre en ce matin clair une grande partie de la plaine de Lycaonie. Au loin se dresse la masse sombre du Karadag (2 288 mètres), un ancien volcan, dont le cratère principal, depuis longtemps éteint, est entouré d'une nombreuse famille de cratères plus petits, eux aussi profondément endormis. Peut-être est-ce une éruption qui a détruit Derbé ? Peut-être un tremblement de terre ? Nulle part on n'évoque mieux qu'ici le célèbre passage de « la crise de l'esprit » dans *Variété* de Paul Valéry : « Nous avions entendu parler de mondes disparus tout entiers, d'empires coulés à pic, avec tous leurs hommes et tous leurs engins ; descendus au fond inexorable des siècles, avec leurs dieux et leurs lois » (...).

Quand Paul arrive ici, vers la fin de l'année 46, il entre dans une ville importante. Il est heureux de l'atteindre, après l'incident de Lystre où il a failli laisser la vie. Couvert de plaies et d'ecchymoses, il s'est traîné tout au long des cent quarante kilomètres qu'il lui a fallu parcourir pour gagner ce refuge. Il a grand besoin de se soigner et de se reposer. Heureusement, il va pouvoir le faire tranquillement : ceux qui le poursuivent avec tant d'acharnement depuis Antioche de Pisidie ont renoncé à lui courir après.

Il peut de nouveau, avec le fidèle Barnabé, « annoncer le message de joie ». Ils font tous deux, nous disent brièvement les Actes, « un grand nombre de disciples » (Ac 14, 21). Après quoi, soucieux de l'avenir, ils dotent la communauté locale d'une organisation presbytérale assez comparable à celle que possède la communauté de Jérusalem.

L'itinéraire de la persévérance

Au printemps de l'année 47 ils quittent Derbé, où ils laissent une ardente communauté.

Vont-ils continuer leur voyage en direction de l'est ? Ils ne sont qu'à deux cent soixante-cinq kilomètres de Tarse. Mais non, ce n'est pas par là qu'ils décident d'aller. Peut-être le Taurus est-il encore trop enneigé pour qu'ils puissent franchir l'âpre défilé des Portes de Cilicie. C'est une explication. Il en est une autre, toutefois, qui paraît plus plausible : Paul veut revoir les communautés qu'il a fondées. Il décide donc de revenir par le même chemin. Tarse, c'est le passé. Lui, il ne pense plus qu'à l'avenir. Il reprend donc la route de l'ouest sur l'immense plateau qui commence à verdir. C'est l'itinéraire de la persévérance. Quel courage il faut pour reparaître, à quelques mois de distance seulement, dans des villes où il a couru de tels dangers ! Certains diront : quelle inconscience ! Pourtant, ce n'est jamais le cas chez Paul. En toutes circonstances il affronte lucidement les risques qu'il a calculés. Pas plus. Mais pas moins...

Ils repassent donc par Lystre, où Timothée s'enhardit à rappeler à Paul sa promesse ; par Iconium, où leur première visite a divisé la population ; par Antioche de Pisidie, d'où on les avait chassés. Cette fois-ci, tout se passe bien. Le calme est revenu dans les esprits. Les communautés chrétiennes ont survécu et même continué à se développer. Les deux messagers fortifient le cœur des disciples, les encouragent à rester fermes dans la foi. A ceux qui se plaignent des difficultés qu'ils rencontrent dans un milieu hostile ou indifférent ils répondent ce que l'Église ne cessera de répéter au cours des siècles à venir : « Pour entrer dans le royaume des cieux, il faut passer par beaucoup d'épreuves » (Ac 14, 22).

Dans chaque communauté ils désignent des Anciens. Le texte grec des Actes les appelle *Presbuteroï*, dont la langue française fera le mot prêtre. Mais, à l'époque, ce mot signifie simplement les plus âgés. Il s'agit de ceux qui, par leur ancienneté, mais aussi par leur piété, leur prudence, leur sagesse, bref par l'exemplarité de leur vie exercent dans leur cité une sorte de magistrature morale. Ils ont l'estime de tous.

Après avoir prié et jeûné, comme chaque fois qu'ils ont une décision importante à prendre, c'est à ces hommes d'expérience que Paul et Barnabé confient les jeunes communautés.

Pergé, cette perle grecque

Après avoir traversé de nouveau la Pisidie, sans y rencontrer les redoutables brigands qui attaquent les voyageurs isolés, ils redescendent vers la douce plaine de Pamphylie qui semble se prélasser au bord de la Méditerranée.

A l'aller, ils n'ont fait qu'une rapide étape à Pergé. Dans cette région et dans la Lycie proche, d'autres villes « méritent un détour », pour employer la formule d'un Guide célèbre : Aspendos, Sidé, Termessos, Myra, qu'effleurent aujourd'hui les cars climatisés des circuits touristiques… Mais c'est à Pergé qu'ils ont décidé de s'arrêter plus longuement. Il est vrai que Pergé, elle, mérite plus qu'un détour : elle « vaut le voyage ». Située à une quinzaine de kilomètres d'Attalia, c'est une délicieuse ville au passé particulièrement riche. Fondée au début du Ier millénaire avant notre ère, elle a vu passer toutes les invasions : Alexandre notamment, qui la conquit sans combat.

Depuis le début de la période hellénistique, Pergé n'a cessé de se développer. Son célèbre sanctuaire d'Artémis, déesse de la chasse, n'a pas peu contribué à sa réputation. Au pied de la colline qui l'abrite des aigres vents du nord et du nord-est, la cité, entièrement ceinturée par de puissants remparts, s'est couverte de somptueux monuments : vaste agora bordée de portiques de marbre, large avenue dallée menant à l'acropole, théâtre pouvant contenir quinze mille spectateurs, stade qui peut en accueillir tout autant et qui est l'un des plus beaux du monde grec.

Aucune des statues qui ornent les temples de Pergé ne retient l'attention de Paul : ni Artémis tenant un arc et des flèches dans sa main gauche et une torche dans sa droite, ni Apollon représenté sous les traits d'un athlète olympique, ni Hermès, ni Pan, ni les neuf Muses, ni les Dioscures, fils jumeaux de Zeus. Aucune des histoires plus ou moins légendaires — plutôt plus que moins ! — qu'on raconte sous les colonnades ne l'intéresse le moins du monde : ni celle de Mopsos, le fondateur mythique de la cité, ni celle de Chalcas, le célèbre devin, ni celle de Planca Magna, la charmante prêtresse morte dans la fleur de l'âge.

Sans doute Paul admire-t-il cette perle de l'urbanisme hellénistique ; mais, en réalité, il ne regarde que les âmes. Pour lui rien d'autre n'existe. C'est bien ce qui transparaît dans le récit des Actes, où ce séjour est résumé en une courte phrase : « ils annoncent la parole de Dieu à Pergé » (Ac 14, 24).

Quand ils estiment avoir achevé ce qu'ils souhaitaient faire à Pergé, ils redescendent jusqu'à Attalia. Ils n'ont pas de peine à y trouver un bateau en partance pour la Syrie. Au printemps 48 ils atteignent Séleucie de Piérie où ils s'étaient embarqués. Ils regagnent Antioche et, sans tarder, ils réunissent la communauté.

Voilà près de trois ans qu'ils sont partis. Ils ont parcouru plus de deux mille cinq cents kilomètres, dont quinze cents par voie de terre. Mais ce qu'ils ont accompli ne se mesure ni en unités de temps ni en unités de longueur. Le récit qu'ils font de leur périple est dépouillé de toute fioriture, car ils n'ont cure du pittoresque et de l'anecdotique. Qu'ont-ils fait de sensationnel ? Vraiment rien, répondraient-ils si on leur posait cette question. Ils sont là, devant leurs frères, pour présenter un « rapport de mission ». Pour le définir, les Actes ont deux phrases d'une parfaite sobriété : « Ils racontèrent ce que Dieu avait accompli par leur intermédiaire et comment Il avait ouvert aux païens les portes de la foi » (Ac 14, 27).

Ils ont donc fondé six églises. Pourtant, à vue humaine ce n'est qu'un demi-succès : ils n'ont pas reçu partout l'accueil qu'ils attendaient ; ils ont encouru la vindicte d'une partie de leurs coreligionnaires ; ils sont incapables d'apprécier si toutes les graines qu'ils ont semées et qui ont germé vont donner une moisson abondante ou une médiocre récolte ; ils ont suivi un itinéraire qui, vers la fin, s'est involuté : ils ont hésité, et puis ils sont revenus sur leurs pas ; visiblement, ils n'ont pas encore trouvé leur cap.

A vrai dire, ce demi-succès est un demi-échec. Mais que valent nos jugements et nos raisonnements humains, face à une telle Aventure ? Rien...

Circoncis ou incirconcis ?

Soudain, à Antioche, à la fin de l'année 48 ou au début de l'année 49, un conflit éclate : quelques hommes venus de Judée se répandent dans la communauté chrétienne en disant : « Si vous ne vous faites pas circoncire selon la règle de Moïse, vous ne pouvez pas être sauvés » (Ac 15, 1).

De vives discussions opposent Paul et Barnabé à ces traditionalistes. La controverse s'aggrave bientôt de façon si préoccupante qu'on décide de porter la question devant les responsables de l'Église de Jérusalem. On y envoie donc les deux hommes, auxquels on adjoint quelques membres de la communauté d'Antioche, parmi lesquels le jeune Tite. Si longs que soient les déplacements à cette époque — cinq cent trente kilomètres à pied dans le cas présent —, personne n'hésite à entreprendre un voyage, lorsqu'il est nécessaire. Or, en la circonstance, celui-ci est indispensable : le différend doit être soumis aux Apôtres et tranché par eux.

Ainsi se trouve soudain décidée une réunion qui va entrer dans l'histoire sous le nom de concile de Jérusalem. L'expression peut étonner, quand on sait que l'institution dans l'Église de conciles régionaux n'est pas antérieure à la fin du IIe siècle et que le premier concile général ou œcuménique n'aura lieu qu'en 325, à Nicée — aujourd'hui l'Iznik turque, non loin d'Istanbul. Pourtant, à Jérusalem, en ce milieu du Ier siècle, c'est bien d'un concile qu'il s'agit déjà : on va y débattre, en effet, selon la définition même du mot *Concilium,* qui veut dire assemblée, de « questions de doctrine et de discipline ecclésiastique ».

Que ce mot de concile, cependant, ne fasse pas illusion. N'allons surtout pas imaginer une assemblée comparable à la vingtième et dernière : celle de Vatican II, avec ses trois mille deux cents évêques. Le concile de Jérusalem, en ce printemps de l'Église, est une réunion des plus modestes. Y assistent les Apôtres présents dans la capitale, c'est-à-dire Pierre, Jacques et Jean, « considérés comme des colonnes », selon l'expression même de Paul (Ga 2, 9), les Anciens et, bien sûr, les délégués venus d'Antioche. Au total, guère plus d'une vingtaine de personnes, au moins pour la première séance, qui se déroule, semble-t-il, en petit comité. Lors des réunions suivantes, l'assemblée sera élargie à d'autres membres de l'Église de Jérusalem : des chrétiens d'origine hellénique et des « fidèles issus du pharisaïsme », formule inattendue pour désigner des israélites devenus chrétiens.

Que ce concile se soit déroulé en plusieurs temps, on en a la certitude quand on scrute le chapitre 15 des Actes qui lui est pour l'essentiel consacré. Certains historiens vont plus loin ; ils pensent qu'il y aurait eu, en réalité, deux assemblées distinctes : l'une en 48 ou 49, dominée par Pierre ; l'autre, vers 52, animée par Jacques. Sans entrer dans cette discussion compliquée, qui n'intéresse que les spécialistes, bornons-nous à suivre le récit des Actes. Bien qu'il ne soit pas un compte rendu analytique du concile, il éclaire d'une éclatante lumière le cœur même des débats.

Peu après l'ouverture de la séance inaugurale, la discussion est « devenue vive » (*sic*). Pierre intervient pour déclarer que, dès les premiers jours, il a annoncé l'Évangile aux « nations païennes ». C'est une allusion très nette à son discours chez Corneille, à Césarée (Ac 10, 34-38). Il affirme de nouveau avec force sa certitude du salut par la foi : l'Esprit saint, affirme-t-il, ne fait aucune différence entre les hommes. « C'est par la grâce du Seigneur Jésus que nous avons été sauvés, exactement comme eux ! » (Ac 15, 7-11).

Il y a un silence dans l'assemblée. Paul et Barnabé en profitent pour abonder dans le sens de Pierre. Pour soutenir sa démonstration, ils ne vont pas chercher des arguments spirituels : ils racontent tout simplement ce qu'ils viennent de faire, trois années durant, parmi ces « nations païennes », dont vient de parler le chef des Apôtres.

Lorsqu'ils ont terminé leur récit, Jacques prend la parole. Son intervention, particulièrement nuancée, montre son désir de ménager la chèvre et le chou. Il commence par rappeler qu'Israël est le peuple élu. Bon moyen de s'attirer la sympathie des « judaïsants ». Il appuie son raisonnement sur une citation, d'ailleurs fort bien choisie, dans le livre d'Isaïe : « Je viendrai reconstruire la hutte écroulée de David »... Cet exorde terminé, il pénètre au cœur même du sujet. Il dit tout net, avec le souci évident de satisfaire les « hellénistes » : « Je suis d'avis de ne pas accumuler les obstacles devant ceux des païens qui se tournent vers Dieu. »

En termes clairs : vous voulez devenir chrétiens, mais vous êtes incirconcis ; demeurez incirconcis et rejoignez-nous dans l'Église du Christ.

Néanmoins, soucieux de tout concilier et surtout de ne froisser personne, Jacques suggère une concession : il propose qu'on demande aux nouveaux convertis, venus du paganisme, de tenir compte de trois autres exigences, dont une, la troisième, est antérieure à la Loi de Moïse, puisqu'elle date de Noé (Gn 9, 4) : « s'abstenir des souillures de l'idolâtrie, de l'immoralité, de la viande étouffée et du sang » (Ac 15, 20). Ce serait probablement le bon moyen de désarmer les préventions des « judaïsants ». Il ne le dit pas, mais il le pense...

Tels sont les trois grands discours de ce concile : celui de Pierre, celui de Paul et celui de Jacques. Mais un concile n'en est pas un s'il ne prend pas des décisions et s'il ne les proclame pas : on les appellera un jour des canons ou des décrets. Voilà une autre raison qui fait que cette assemblée de Jérusalem, à la mi-temps du Ier siècle, est bien un concile : elle prend deux décisions.

Première décision : envoyer à Antioche deux délégués : Judas, appelé Barsabas, et Silas, également connu sous le nom de Sylvain, citoyen romain parlant le grec, qui va devenir un fidèle compagnon de l'Apôtre. Ce sont des « personnages en vue parmi les frères ». Deuxième décision : ces légats ne partiront pas les mains vides : ils emporteront une lettre. C'est un texte d'une page, parfaitement clair et précis : la conversion au christianisme d'un homme qui vient du paganisme ne nécessite, en aucun cas, qu'il se fasse circoncire ; en revanche, il lui est demandé de respecter les règles de pureté — alimentaire notamment — et les principes de moralité qu'observent les juifs.

En somme, le premier concile de l'histoire de l'Église vient d'accoucher d'une motion nègre-blanc. Tout en respectant les arguments de Pierre et de Paul, on a réussi à introduire dans la lettre que vont emporter les deux légats les concessions de Jacques !

Un point important est acquis cependant : de la circoncision il ne doit plus être question. C'est là l'essentiel : voici la porte officiellement ouverte désormais — et sans aucune restriction — à tous les païens. L'Église naissante vient de faire clairement son choix : elle ne sera pas un judéo-christianisme, sorte d'excroissance équivoque de la religion d'Israël. Elle vient de choisir d'être, tout simplement, le christianisme. C'est-à-dire une religion neuve, dont, selon le mot de Jean Guitton, « l'essence est le Christ, le Christ seul. »

L'assemblée de Jérusalem est donc beaucoup plus qu'un concile : elle est l'acte de naissance du christianisme. Le signataire de cet acte s'appelle Pierre. C'est indiscutable. Mais le cosignataire s'appelle Paul.

Retour à Antioche

Ils repartent tous pour la Syrie : Paul et Barnabé, Tite avec la délégation d'Antioche, ainsi que les deux « messagers » du concile, Judas et Silas, qui emportent la fameuse lettre.

Avant le départ, il s'est passé une petite scène, que ne mentionnent pas les Actes. C'est Paul qui la racontera quelques années plus tard dans son Épître aux Galates. Pierre, Jacques et Jean leur ont donné la main, à Barnabé et à lui, en « signe de communion » (Ga 2, 9).

Au-delà du symbole, tout le monde comprend que l'assemblée de Jérusalem vient de consacrer un partage des responsabilités. Paul le dit clairement : les Apôtres iront vers les circoncis et eux, qui quittent la ville sainte, ils vont vers les païens. Deux champs d'apostolat différents viennent donc d'être clairement définis et délimités. Il serait sot pourtant de parler d'un partage du monde ! Plus ridicule encore d'évoquer une sorte de Yalta ! Ces deux apostolats sont tout à fait complémentaires. Une volonté de communion unit très profondément tous les protagonistes de la scène qui vient de se dérouler sur le mont Sion. Puisque c'est sur cette « colline inspirée » que s'est, croit-on, réuni le concile. De leur entente solidement scellée, ces hommes ont un bon moyen de rendre témoignage : l'amour fraternel. C'est ce que Paul explique en une phrase, qui est la véritable conclusion de « l'accord de Jérusalem » : « Simplement, nous aurions à nous souvenir des pauvres... »

Et il ajoute, plus soucieux de précision que d'effacement personnel : « ... Ce que j'ai eu bien soin de faire » (Ga 2, 10).

Deux semaines de marche les amènent enfin à Antioche. Là, ils n'ont rien de plus pressé que de réunir la communauté pour lui communiquer la lettre du concile. Sa lecture est une joie pour l'assemblée. Particulièrement pour les frères d'origine païenne, qui acceptent bien volontiers de se soumettre aux observances demandées, dès lors qu'ils ne seront pas tenus à se faire couper le prépuce. Une intervention fort peu agréable à l'âge adulte, surtout avec les pratiques chirurgicales de l'époque !

Judas et Silas, qui sont des hommes habités par l'Esprit, ne se contentent pas de délivrer ce message écrit. Ils apportent « longuement, de vive voix, encouragement et soutien à la communauté » (Ac 15, 32). Ils restent quelque temps avec elle. Puis, les frères leur donnent congé. Mais seul Judas retourne à Jérusalem. Silas préfère rester sur les bords de l'Oronte. Une seule explication : il a envie de travailler avec Paul. Son désir ne tardera pas à être comblé. Déjà, cet homme d'action, qui ne tient pas en place, prépare sa seconde « expédition »...

L'apôtre des Gentils

La première fois que le Seigneur a parlé de la mission à laquelle il destine Paul, c'était à Damas, quand il envoya vers lui Ananias pour le guérir de sa cécité et le baptiser. Il lui dit, rappelons-nous : « Cet homme est un instrument que je me suis choisi pour porter mon nom devant les nations païennes, les rois et les Israélites » (Ac 9, 15). Certains préfèrent une autre traduction : « pour répondre de mon nom ».

L'essentiel n'est pas là. Ce qui est important, c'est que les trois objectifs soient juxtaposés. Déjà viennent au premier rang les « nations païennes », les peuples, *Ethnoï*, comme dit simplement le texte grec des Actes des Apôtres. Les rois — c'est-à-dire les grands de ce monde — et les Israélites passent après.

La seconde définition de la mission de Paul date de la vision qu'il a eue lors de son précédent séjour à Jérusalem. Ce jour-là, le Seigneur lui a dit : « Va, c'est au loin, vers les nations païennes que je vais, moi, t'envoyer » (Ac 22, 21).

Même expression. Même mot aussi, dans le texte grec : *Ethnoï*, les peuples.

Cette fois-ci, ce sont les Apôtres eux-mêmes qui viennent de décider que Paul doit aller « vers les païens » (Ga 2, 9). Ils viennent donc enfin d'oser dire tout haut ce que le Seigneur, à deux reprises, a dit tout bas à Paul. Sous cet angle aussi, le concile de Jérusalem est important : il investit officiellement l'Apôtre Paul de la mission que Jésus lui a réservée. Une mission dont il a clairement pressenti toutes les conséquences, dès les premiers incidents qu'a suscités sa prédication, dans la synagogue d'Antioche de Pisidie.

Les païens... ce sont les traductions françaises de l'Écriture qui emploient ce mot. A Jérusalem, pendant le concile, on a très probablement parlé des *Nokhri*. C'est le mot qu'on utilise en hébreu pour désigner les étrangers, ceux qui n'appartiennent pas à l'ethnie d'Israël. Quand les premiers textes ont été rédigés — et ils le furent en grec —, on s'est tout naturellement servi du mot *Ethnoï* — les peuples. Ultérieurement, dans les traductions en latin, à commencer par la célèbre *Vulgate* de saint Jérôme, mort à Bethléem en 420, on a choisi le mot *gens*, qui signifie d'abord la race, puis le peuple, puis le pays. Au pluriel, *gentes* est utilisé pour désigner les Barbares ou plus généralement les étrangers, par opposition aux Romains. Tel est également le sens du diminutif *gentiles*, qui apparaît dans le bas latin. Nous en avons tiré le mot « Gentils », qui apparaît dans la langue française à la fin du xve siècle. Voilà comment Paul, « l'Apôtre des Nations », est devenu « l'Apôtre des Gentils » : une expression quelque peu hermétique, avouons-le, pour l'homme du xxe siècle...

Quatrième partie

CAP A L'OUEST

La nouvelle équipe

Printemps de l'année 49, à Antioche.

Paul ronge son frein. Tel un officier de corps francs, il ne parvient pas à se contenter d'une vie de garnison. Il a besoin de vivre sur le terrain, de se mesurer à des adversaires, de prendre d'assaut des positions. J'emploie à dessein un vocabulaire militaire. Cet homme est de la race des conquérants. Ses armes sont pacifiques : la parole, l'exemple, la prière. Mais, dans sa main brandie, la croix du Christ devient une épée de feu.

Un jour, n'en pouvant plus de piétiner dans un sillon unique alors qu'il se sait désigné pour l'ensemencement universel, il dit à Barnabé : « Retournons donc visiter les frères dans chacune des villes où nous avons annoncé la parole du Seigneur. Nous verrons où ils en sont » (Ac 15, 36).

Curieusement, pour l'instant, il n'envisage pas d'aller plus loin. Ou bien il n'en dit rien à Barnabé, de peur de l'inquiéter.

« D'accord, lui répond ce dernier, mais emmenons avec nous mon cousin Marc.

— Pas question », tranche Paul.

Il n'a pas admis que Marc les ait quittés à Attalia, au moment où ils allaient entreprendre leur mission en Asie Mineure.

Barnabé insiste. Mais Paul ne change pas d'avis : « Je ne reprendrai pas comme compagnon cet homme qui nous a quittés en Pamphylie, il y a trois ans, et qui n'a donc pas partagé nos travaux. »

Leur désaccord s'aggrave à ce point qu'ils se séparent. Barnabé, prenant Marc avec lui, s'embarque pour Chypre, son île natale. Il y mourra en 63, lapidé comme Étienne. C'est pourquoi l'on fera de lui le saint qu'on invoque contre la grêle ! Mais, auparavant, il se sera réconcilié avec Paul, qui parle de lui affectueusement dans sa Première Épître aux Corinthiens : Barnabé est quelqu'un qui sait l'importance du travail ; il n'a jamais demandé à en être dispensé (1 Co 9, 6).

Voilà donc Paul seul avec Silas, ce Grec dont le véritable nom — Sylbanos — signifie « dieu des forêts ». Ils partent tous les deux vers le nord en empruntant la voie romaine qui file, rectiligne, à travers la riche vallée de l'Oronte. Bientôt, la route s'élève sur les flancs boisés de l'Amanus, la montagne « noire », aujourd'hui le Kizil Dag. Elle franchit la chaîne aux célèbres Portes de Syrie, devenues le col de Belen. Elle redescend doucement vers l'antique Myriandos, rebaptisée Alexandrette, en attendant que les Turcs l'appellent Iskenderum. Elle atteint enfin, tout au fond du dernier golfe de la Méditerranée orientale, la plaine d'Issos. C'est là qu'en 333 av. J.-C. Alexandre le Grand a livré bataille à Darius III, roi des Perses. Battu à plates coutures, ce dernier n'a dû son salut qu'à une fuite échevelée. Sautant sur un cheval, il est parti au galop, abandonnant sur le terrain les débris de son armée, ses bagages et toute sa famille. Cette victoire du Macédonien est une date clé de l'histoire des civilisations : c'est elle qui a ouvert l'Orient à l'influence hellénique. Tout près de là, les Byzantins construiront, sur une éminence, la formidable forteresse de Toprakale, qu'occuperont, au fil des siècles, les Arméniens, puis les Croisés. Elle se dresse toujours sur sa colline, colossale carcasse hantée de souvenirs.

Poursuivant leur route, les deux hommes atteignent Adana, dont une légende assure qu'elle aurait été fondée au début du Ier millénaire de notre ère par deux fils d'Uranus, Sanus et Adunus. Mais elle est plus probablement l'ancienne capitale du roi Azitawadda, seigneur de Danunas, vers la fin du IXe ou le début du VIIIe siècle av. J.-C.

Adana fut, à l'époque contemporaine, une des principales bases de l'U.S. Air Force en Turquie. C'est de là que partit, le 1er mai 1962, l'avion espion U 2 qui allait être abattu par une fusée russe alors qu'il photographiait une base spatiale soviétique de la mer d'Aral.

Les voyageurs arrivent enfin à Tarse. Il est probable que Paul s'y arrête quelques jours pour revoir sa famille et ses amis.

Tout au long de cette longue route — deux cent cinquante kilomètres depuis Antioche, donc un minimum de sept ou huit jours de marche — ils ont visité les communautés chrétiennes qui existent déjà en Syrie et en Cilicie. Les Actes nous disent que Paul « affermit » ces Églises (Ac 15, 41). Rien ne nous interdit de penser que certaines d'entre elles, autour de Tarse, ont été fondées par lui, durant les « années obscures ».

Bientôt, ils repartent en direction du nord. Après avoir remonté la courte vallée du Cydnos, tiède et luxuriante oasis, ils atteignent les premiers contreforts de la chaîne du Taurus. Cette formidable barrière, dont Paul a déjà traversé la partie occidentale après avoir quitté Attalia, est un interminable rempart, presque démuni de poternes. La nature semble l'avoir édifié tout exprès pour interdire l'accès du plateau intérieur. Il défend le cœur de ce qu'on appellera un jour l'Anatolie.

La route commence par sinuer entre des collines chauves, aux délicieuses couleurs d'ocre rose. Elle s'enfonce bientôt dans une épaisse forêt de pins. Elle émerge tout soudain dans un cirque dénudé que dominent de hautes murailles de rochers gris. Rabotée par les neiges de l'hiver qui vient de s'achever, ravinée par les pluies, défoncée par les charrois, elle s'insinue dans des gorges sauvages où s'accrochent encore des névés. Elle se hisse, comme elle peut, entre les parois abruptes et finit par atteindre deux cols, l'un à 1 060 mètres, l'autre à 1 268. Entre les deux s'étend un défilé austère, pompeusement dénommé les portes de Cilicie. Par ici sont passés les Hittites, les Perses, les Macédoniens, les Grecs, les Romains. Par ici passèrent les Croisés. Par ici passe la voie ferrée qu'emprunte le « Taurus express »...

Dès qu'on atteint le versant nord de la chaîne, apparaît un paysage tout différent : montagnes ruiniformes, analogues à notre Dévoluy et, comme lui, uniformément teintées avec des crayons de pastel gris, bistres et rosâtres. Un plateau dénudé leur succède. A main gauche, une route file tout droit vers l'ouest. Les deux compagnons s'y engagent. Elle les conduit à Derbé ; elle les ramène à Lystre.

Là, attend Timothée. Il a maintenant dix-huit ou dix-neuf ans. « Alors, maître, demande-t-il à Paul, accepteras-tu, cette fois-ci, de m'emmener avec toi ? »

Paul se souvient de la promesse qu'il a faite trois ans plus tôt à celui qui n'était encore qu'un jeune adolescent. Il enquête discrètement autour de lui. La réputation du jeune homme est « bonne parmi les frères de Lystre et d'Iconium » (Ac 16, 2).

« Oui, Timothée, cette fois-ci, je t'emmène avec moi. »

Auparavant, il le circoncit...

Pourquoi donc, alors que le concile de Jérusalem vient de prendre une décision contraire ? « A cause des juifs qui se trouvaient dans ces parages, dit le texte des Actes. Ils savaient tous en effet que son père était grec » (Ac 16, 3). Mais sa mère est juive : donc, aux yeux de la loi d'Israël, Timothée est juif. La décision de Paul clarifie la situation. Ce n'est pas la première fois qu'il montre sa volonté de rester fidèle à la religion de ses ancêtres ; fidèle à l'essentiel, sinon aux détails. Or, voici précisément un point essentiel : puisqu'il devient en quelque sorte le père adoptif de Timothée, il n'y a rien de surprenant à ce qu'il procède lui-même à la bénigne, mais cuisante opération.

Exactement comme l'avait fait Abraham, à l'âge de quatre-vingt-dix neuf ans, quand le Seigneur lui eut donné ce « signe de l'alliance ». Le texte de l'Écriture nous précise : « Il prit son fils Ismaël, tous les esclaves nés dans sa maison ou acquis à prix d'argent, tous les mâles de sa maisonnée ; il circoncit la chair de leur prépuce, le jour même où Dieu avait parlé avec lui » (Gn 17, 23).

En revanche, Paul n'a pas cru devoir circoncire Tite, qui l'a accompagné à Jérusalem. C'est qu'il est grec. Si Paul avait cédé sur ce point, il aurait été ravalé au rôle d'un juif moderniste, tentant de réformer le judaïsme au nom d'un Galiléen novateur nommé Jésus... L'histoire du christianisme en eût été totalement changée.

Timothée, le jeune Israélite circoncis, et Tite, le jeune Hellène incirconcis, vont devenir les deux plus fidèles compagnons de Paul. Ses deux meilleurs collaborateurs. Ses deux plus chers amis.

Les communautés chrétiennes se développent

« Dans les villes où ils passaient, Paul et Silas transmettaient les décisions qu'avaient prises les Apôtres et les Anciens de Jérusalem, et ils demandaient qu'on s'y conformât. Les Églises devenaient plus fortes dans la foi et croissaient en nombre de jour en jour » (Ac 16, 4-5).

Une fois de plus, c'est d'une façon elliptique que les Actes nous décrivent le début de ce deuxième voyage missionnaire. Ce précieux petit livre n'est ni un grand reportage, ni un récit de voyage, ni un journal de bord, ni un compte rendu d'opérations, ni un plaidoyer *pro domo*, ni un rapport moral destiné à quelque conseil d'administration. Même s'il participe parfois de tel ou tel de ces genres, il ne s'identifie à aucun. Et surtout, il comporte des blancs. D'où la difficulté que nous avons à déterminer avec précision certaines parties de l'itinéraire de Paul et, plus encore, à reconstituer son emploi du temps.

Des deux phrases qu'on vient de citer il ressort clairement que les trois missionnaires, Paul, Silas et Timothée, commencent par retourner dans les villes où des Églises ont été fondées lors du premier voyage. En d'autres termes, après Derbé et Lystre, Paul s'arrête pour la troisième fois à Iconium et à Antioche de Pisidie. Le début de ce second voyage ressemble fort à une tournée d'inspection !

Ces premières communautés chrétiennes, comment sont-elles organisées ? C'est une question qu'on doit se poser à ce moment du périple. Il n'existe pas, on s'en doute, d'organigramme applicable à toutes les situations. Celles-ci varient suivant les régions, les villes, les personnalités locales. En outre, Paul est assez indifférent, semble-t-il, aux hiérarchies administratives. Il croit à une hiérarchie spirituelle, comme il l'expliquera six ans plus tard dans une de ses lettres aux Corinthiens.

« Ceux que Dieu a établis dans l'Église sont, premièrement, des Apôtres, deuxièmement des prophètes, troisièmement des hommes chargés de l'enseignement ; viennent ensuite le don des miracles, puis de guérison, d'assistance, de direction et le don de parler en langues » (1 Co 22, 28).

Certes, tous ne possèdent pas tous ces dons. A commencer par le don de prophétie, qui ne consiste pas, contrairement à ce qu'on pense souvent, à annoncer l'avenir, mais à révéler le mystère de Dieu.

Les personnages les plus importants de chaque communauté sont les *Anciens*, encore appelés les *presbytres*. Ils sont investis d'une responsabilité morale.

« Dans chaque ville, établis des Anciens, conseillera Paul à Tite quand il sera devenu un important chargé de mission. Chacun d'eux doit être irréprochable, mari d'une seule femme, avoir des enfants croyants, qu'on ne puisse accuser d'inconduite ou d'insoumission » (Tt 1, 5-6).

Presque aussi importants sont les *épiscopes*, — c'est-à-dire, si l'on prend le mot grec en son sens littéral, ceux qui sont chargés de surveiller ; on allait dire de veiller au grain. De ce vocable la langue française tirera le mot évêque. Mais l'épiscope de la primitive Église n'est pas un évêque. Son rôle, à l'origine, se confondra avec celui des presbytres (Tt 1, 5-7). Il ne deviendra un évêque qu'à la fin de l'âge dit « apostolique ». Selon l'expression de Paul, il est « l'intendant de Dieu ». Il exerce une responsabilité qui s'étend à la fois, semble-t-il, à l'administration et à la prédication. Lui aussi, il faut qu'il soit un homme irréprochable. Paul prend bien soin de préciser qu'il ne doit être « ni arrogant, ni coléreux, ni buveur, ni batailleur, ni avide de gains honteux. Il doit être hospitalier, ami du bien, pondéré, juste, saint, maître de soi, fermement attaché à la parole digne de foi, qui est conforme à l'enseignement. Ainsi sera-t-il capable d'exhorter, dans la saine doctrine, et de réfuter les contradictions » (Tt 1, 7-9).

Viennent ensuite les *diacres*, institués peu après la Pentecôte. Leur rôle est essentiel, comme le laisse entrevoir une lettre de Paul, qui les cite aussitôt après les épiscopes (Ph 1, 1). « Ils doivent être dignes, n'avoir qu'une parole, ne pas s'adonner au vin ni rechercher des gains honteux. » De nouveau, la même formule. L'honnêteté est une marque distinctive du chrétien. Paul est, sur ce point, d'une rigoureuse exigence. Les diacres ont pour mission de garder « le mystère de la foi dans une conscience pure ». Tout comme les épiscopes, on aura soin, d'abord, de les mettre à l'épreuve. « Ensuite, si on n'a rien à leur reprocher, ils exerceront le ministère du diaconat » (1 Tm 3, 8-10). Il convient que ces diacres « soient fidèles à leur épouse, qu'ils dirigent convenablement leurs enfants et leur famille. Car ceux qui exercent bien ce ministère s'acquièrent l'estime générale et la grande assurance que donne la foi en Jésus-Christ » (1 Tm 3, 12-13).

Dans certaines communautés vont être institués des *diaconesses*. C'est le cas à Cenchrées, l'un des deux ports de Corinthe, avec Phoebé, que Paul appellera « notre sœur » (Rm 16, 1). Ces diaconesses « doivent être dignes, point médisantes, sobres, fidèles en toutes choses » (1 Tm 3, 11). Cette recommandation vaut également pour les femmes des diacres.

Parmi les diverses catégories de fidèles, une longue mention particulière est accordée aux *veuves* : celles du moins qui ont mis « leur espérance en Dieu » et qui persévèrent « nuit et jour dans les supplications et les prières » (1 Tm 5, 3-16).

Paul parle aussi des *esclaves*, qui « doivent être soumis à leurs maîtres en toutes choses » (Tt 2, 9). Car le citoyen romain qu'est Paul ne remet pas en question l'organisation de la société, même s'il a l'audace de proclamer cette vérité, scandaleuse à l'époque, que le maître et l'esclave sont « frères dans le Christ » (1 Tm 6, 1-12).

S'il n'y a pas eu au temps apostolique de mouvement anti-esclavagiste spectaculaire, la prédication habituelle et continue de l'Évangile a fini par rendre l'esclavage anormal. Mais le premier libérateur des esclaves n'est pas Paul. Ce fut, avant lui, Spartacus, qui rata son coup en 78 av. J.-C. Et ce sera, longtemps après lui, saint Jean de Matha (1160-1213), fondateur de l'ordre des Trinitaires, voué au rachat des captifs. Son action se situe après le IIIe concile du Latran, qui se préoccupa enfin de ce drame.

Les *riches*, de leur côté, ont droit à un couplet. Ils ne doivent pas « s'enorgueillir » et « mettre leur espérance en des richesses incertaines, mais en Dieu qui nous dispense tous les biens en abondance ». En conséquence, « qu'ils fassent le bien pour être riches d'actions fécondes, qu'ils donnent avec largesse, et qu'ils sachent partager » (1 Tm 6, 17-18).

Pour terminer, Paul n'oublie pas les *jeunes gens*, qu'il exhorte à « la pondération en toutes choses ». Car il souhaite que chacun d'eux « montre, en sa personne, un modèle de belles œuvres » (Tt 2, 6-7).

Telle est, en ce milieu du Ier siècle, l'organisation des communautés chrétiennes d'Asie Mineure nées des semailles de Paul.

Au pays du bonnet phrygien

Après avoir fait étape, pour la troisième fois, à Antioche de Pisidie, Paul hésite sur l'itinéraire à suivre. Il est fort tenté de continuer vers l'ouest pour gagner la riante Asie, cette province romaine qui s'étend sur les rivages de la mer Égée. Mais dans les principales villes, à Éphèse en particulier, il risque de marcher sur les brisées de messagers du Christ qui l'y ont précédé. Sagement, il renonce à prendre la route de la côte.

C'est ce qu'il faut lire entre les lignes, quand Luc écrit : « Paul et Silas parcoururent la Phrygie et la région galate, car le Saint-Esprit les avait empêchés d'annoncer la parole en Asie » (Ac 16, 6).

Sur la nature de cet empêchement nous n'avons pas d'indication. Peut-être s'agit-il tout simplement de quelque obstacle matériel, où ils voient un « signe du ciel », comme nous disons encore aujourd'hui. Ils décident donc de se diriger vers les régions qui se trouvent au centre même du plateau anatolien.

La Phrygie, dont nous parlent les Actes, tire son nom des Phryges. Ces tribus indo-européennes étaient apparentées aux Macédoniens et aux Thraces. Vers le XIIIe siècle avant notre ère, elles quittèrent la péninsule grecque, traversèrent les détroits et vinrent s'installer en plein cœur de l'Asie Mineure. Les Phrygiens sont cités dans l'*Iliade* parmi les alliés des Troyens. Leur longue histoire est pleine de légendes. Il a fallu attendre notre époque pour que les archéologues décryptent, un à un, les secrets de leur civilisation.

A travers cette mystérieuse Phrygie, l'itinéraire que suivirent Paul, Silas et Timothée est difficile à reconstituer. Toutefois, il est logique de penser qu'ils sortirent de Pisidie par Acroênus, que les Turcs rebaptiseront Afyonkarahisar, le château noir de l'opium, et qui aujourd'hui s'appelle plus brièvement Afyon. La sombre citadelle est en ruine ; la culture du pavot survit, dont la Turquie est le deuxième producteur mondial, loin derrière l'Inde.

C'est à Afyon qu'ils prennent la route du nord, en direction de Yazilikaya, où s'élève un extraordinaire sanctuaire rupestre datant des Hittites. De là, ils atteignent Midas Sehri, la ville du roi Midas. Heureux souverain que celui-ci, puisque Dionysos lui avait accordé le pouvoir de changer en or tout ce qu'il touchait. Ce qui n'empêcha pas Apollon, par mesquine jalousie, de lui faire pousser des oreilles d'âne ! Les fouilles, effectuées après la Seconde Guerre mondiale par l'Institut français d'archéologie d'Istanbul, ont permis non seulement de retrouver le tombeau de Midas, mais de préciser de nombreux points d'histoire. On disait que ce roi avait inventé le plomb et l'étain : on a retrouvé une fonderie de fer. Son peuple semble bien avoir été parmi les tout premiers à en produire. On le disait immensément riche ; on sait maintenant pourquoi : son royaume recélait des mines d'or. A leurs pépites s'ajoutaient les paillettes que roulait dans ses eaux un des fleuves de la région, le Pactole. Son nom est entré dans la langue française : « c'est un vrai pactole », dit-on pour désigner une importante source de profit...

A l'est de la ville de Midas, la route atteint la vallée du Sangarios, qui est la grande voie de communication au cœur de ce royaume encore mal connu. Ce cours d'eau s'appelle aujourd'hui le Sakarya Nehri.

En suivant sa rive, on atteint Pessinonte, à côté d'un village nommé Ballihisar. C'est ici, dans les ruines de ce qui fut la capitale de la Phrygie, qu'il faut évoquer la déesse Cybèle dont le culte, parti d'Asie Mineure, se répandit à travers tout l'empire romain. Culte étrange ! Celle qu'on appelait « la mère des dieux » a recueilli le jeune Attis qui, tel Moïse, a été abandonné à sa naissance, au bord du Sangarios. A la suite d'aventures amoureuses, le jeune dieu se châtre lui-même ; mais, moins heureux qu'Abélard ne le sera dans le Paris du Moyen Age, il en meurt. La déesse le ressuscite, en fait son compagnon d'élection et ne manque pas une occasion d'emmener ce beau jeune homme sur son célèbre quadrige. Voilà pour l'histoire. Mais que dire du culte, sinon qu'il est orgiaque ? Les prêtres de Cybèle, les Galles, sont tous des eunuques, habillés en femmes, portant colliers et boucles d'oreilles. Leurs danses se terminent par des scènes de délire, au cours duquel ils vont jusqu'à se blesser, voire se mutiler eux-mêmes... On imagine la réaction de Paul lorsque, peu après son arrivée à Pessinonte, il découvre ces débordements, aussi étranges qu'équivoques, qu'on a l'audace d'appeler une religion.

Encore une étape et ils arrivent à Gordion. Le lieu doit sa célébrité à Alexandre. C'est là qu'il trancha d'un coup d'épée le fameux « nœud gordien » que personne n'avait jamais pu délier. Nombreux pourtant étaient ceux qui avaient essayé, puisqu'on disait que celui qui y parviendrait conquerrait l'Asie. Près de ce lieu historique subsiste aujourd'hui encore une des portes de la ville, dite Porte Phrygienne. Plus loin, au-delà du village turc de Yassihoyuk, on a mis au jour une ancienne nécropole phrygienne qui renferme un tombeau royal.

Tous ces monuments, Paul les a vus au cours de cette longue traversée de la Phrygie, qui a laissé fort peu de traces dans l'Écriture et à peine plus sur le terrain. Suivant le même itinéraire que l'Apôtre, je n'ai pas rencontré un seul paysan coiffé du bonnet phrygien, qui fut le couvre-chef du jeune dieu Attis, avant d'être adopté par la Révolution française : elle allait, un jour de juin 1792, en couronner Louis XVI avant d'en faire, deux mois plus tard, la coiffure des membres de la Commune de Paris.

... Sur l'une de ces routes perdues, un jour, un petit paysan m'arrêta pour m'offrir, ouverte en deux, une grenade juteuse. Le fruit était rouge vif. Lui était blond filasse et il souriait. Je me dis que des rencontres comme celle-là, Paul avait dû en faire souvent en ces lieux mêmes.

L'enfant à la grenade reste mon plus charmant souvenir de Phrygie.

Chez les descendants des Gaulois

Après avoir traversé ce pays de part en part, Paul et ses deux compagnons mettent cap à l'est. Ils arrivent chez les Galates, qui occupent le centre du plateau anatolien.

Avant de s'établir dans cette région, ces tribus ont parcouru un très long chemin : elles sont originaires en effet du sud de la Gaule. Nomades, ou en tout cas mal sédentarisées, vers la fin du IVe siècle avant notre ère elles ont quitté leurs territoires, situés entre Rhône et Garonne. Elles ont franchi les Alpes, parcouru le nord de l'Italie, cheminé dans les Balkans, traversé les détroits. Ce sont peut-être elles qui, au passage, ont donné son nom au quartier de Galata à Istanbul. Au-delà du Bosphore, elles se sont bientôt répandues à travers l'Asie Mineure. Si, en 278 av. J.-C., elles ont aidé le roi de Bithynie, Nicodème Ier, à affermir son pouvoir, elles ont ravagé, plus au sud, les villes grecques de la province d'Asie, dont elles ont ensuite exigé de lourds tributs. Poussant vers le sud-est, elles se sont heurtées au roi de Syrie, Antiochos, qui vers 270 av. J.-C. les a repoussées vers le nord. Quelques décennies plus tard, en 241 av. J.-C., la même mésaventure leur est advenue avec le puissant roi de Pergame, Attale Ier. Battues, dispersées, mais indomptées, ces hordes turbulentes, farouches et incapables, semble-t-il, d'avoir avec leurs voisins des relations autres que conflictuelles, finissent tout de même par s'apaiser. Elles s'établissent au cœur même de l'aride plateau central. C'est là, sur des terres à moutons, que naît la Galatie, dont les hommes vont désormais louer leur trop-plein d'énergie aux princes d'Asie Mineure, à qui ils servent de mercenaires. On en trouve jusqu'en Palestine, dans l'armée du roi Hérode.

Quand les Romains envahissent la région en 189-188 av. J.-C., ils commencent par laisser ces tribus sous l'autorité du roi de Pergame, jusqu'à ce que Pompée leur accorde l'autonomie. Après lui, Auguste octroie à la Galatie, grossie de la Paphlagonie, le titre de province romaine.

Lorsque Paul arrive chez les Galates, ils ont un roi qui règne sur une confédération de tribus. Chacune d'entre elles comprend quatre tétrarchies ; à leur tête est placé un tétrarque, assisté d'un chef militaire et d'un juge. Les trois principales tribus sont : celle des Trocmes, installés dans la région de Tavium ; celle des Volques, autour de Pessinonte ; celle des Tectosages, surtout, avec pour capitale Ancyre, qu'on appelle encore Ankyra. C'est une très vieille cité que les lointains cousins de nos ancêtres ont baptisée Galatia. Mais quand les Romains sont arrivés, ils ont changé son nom pour celui de Sébaste des Tectosages, Sebaste Tectosagum. Ankara, puisque c'est d'elle qu'il s'agit, ne reprendra son vieux nom d'origine qu'avec l'arrivée des Turcs et ne deviendra la capitale de leur pays qu'en 1923. C'est, parmi tant d'autres, une des décisions du grand réformateur et du créateur de la Turquie moderne que fut Mustafa Kémal, beaucoup plus connu sous le titre d'Atatürk — le « père de tous les Turcs » —, que lui décerna l'Assemblée nationale en 1934.

Paul reçoit chez les Galates un excellent accueil. Il aura plaisir à le leur redire, cinq ou six ans plus tard, lorsqu'il sera amené à leur écrire une longue lettre. « Vous m'avez accueilli, y dit-il, comme un ange de Dieu, comme le Christ Jésus. (...) Si vous l'aviez pu, vous vous seriez arraché les yeux pour me les donner » (Ga 4, 14-15).

Mais, alors même qu'il est traité avec tant d'affection, il ne manque pas de s'inquiéter du paganisme de ses hôtes. Ils « ne connaissent pas Dieu », note-t-il. Ils sont « esclaves de dieux qui, à la vérité, n'en sont pas » (Ga 4, 8). Quels sont-ils, les grands monuments que Paul voit à Ancyre, devenue Sébaste ? Le temple de Rome et d'Auguste, qu'on a restauré il y a peu de temps sur ordre de l'empereur ; des thermes monumentaux ; une élégante palestre où l'on pratique les sports. Bref, tout ou presque tout pour le corps ; rien ou fort peu pour la vie spirituelle.

Dès qu'il le peut, Paul s'attache, en cet été 50, à faire entendre aux Galates le message évangélique. Qu'ont-ils à faire de toutes ces idoles, qui sont muettes comme des carpes, car elles n'ont rien à leur dire, alors qu'il y a un homme qui s'appelle Jésus et qui leur parle des seules choses essentielles dans la vie ? « Je vous appelle par la grâce du Christ », leur dit-il, avec son habituelle force de conviction (Ga 1, 6). Le résultat ne se fait pas attendre : voici que naissent parmi les Galates non pas une, mais plusieurs communautés chrétiennes. Elles vont se développer rapidement, comme le prouve le début de la lettre qu'il leur écrit durant l'hiver 56-57. Il y est explicitement précisé qu'elle est adressée « aux Églises de Galatie » (Ga 1, 2). C'est à dessein que le signataire emploie le pluriel. Nulle part encore les succès n'ont été aussi prompts ni aussi décisifs.

Inutile d'en chercher trace de nos jours dans la vaste et moderne Ankara, entre le Musée hittite et le mausolée de Kemal Atatürk, ou sur le boulevard, long de cinq kilomètres et planté d'acacias, qui porte son nom, ou encore entre les ambassades, posées sur des pelouses soigneusement tondues qu'ombragent des frangipaniers aux fleurs roses et blanches. De cette capitale de plus de trois millions d'habitants, Paul a complètement disparu...

« Il m'a été planté une épine dans la chair »

Est-ce pour raison de santé qu'il s'est arrêté chez les Galates ? Une phrase le donne à penser : « Vous le savez bien, ce fut à l'occasion d'une maladie que je vous ai, pour la première fois, annoncé la Bonne Nouvelle » (Ga 4, 13).

Paul était sûrement très mal en point. Lui qui n'a pas pour habitude de se plaindre précise au paragraphe suivant : « Si éprouvant pour vous que fût mon corps, vous n'avez montré ni dédain ni dégoût » (Ga 4, 14).

Paul a déjà été malade. La première atteinte semble pouvoir être datée de l'année 44. Elle a fait suite à la vision qu'il a eue à Jérusalem. « Parce que ces révélations étaient extraordinaires, explique-t-il, pour m'éviter tout orgueil, il m'a été planté une écharde dans la chair : des coups portés par l'ange de Satan » (2 Co 12, 7).

Qu'est-ce donc que cette écharde ? Voilà deux mille ans qu'on se perd en hypothèses sur sa nature. S'agit-il d'une simple métaphore, destinée à évoquer de façon imagée quelque trouble du comportement ? Des crises de dépression par exemple ? Non, car Paul est tout le contraire d'un dépressif. Faut-il alors penser à des tentations des sens, comme celles que saint Antoine connaîtra au désert d'Égypte ? Voire à un combat intérieur contre des tendances homosexuelles, comme l'ont prétendu certains auteurs ? C'est feindre d'ignorer les phrases extrêmement sévères que Paul a écrites sur ce sujet, au début de son Épître aux Romains : entraînés par « les convoitises de leurs cœurs », les hommes qui s'abandonnent à cet « égarement » et « s'enflamment de désir les uns pour les autres », « avilissent eux-mêmes leurs propres corps dans l'impureté ». Ils sont « inexcusables », eux qui, échangeant « les rapports naturels pour des rapports contre nature », « commettent l'infamie d'homme à homme » (Rm 1, 20 et 24-27).

Il faut donc admettre que le mot « écharde » a été choisi pour ce qu'il évoque : une douleur physique, là où le petit éclat de bois est enfoncé. Faut-il en déduire que Paul était stigmatisé ? Certains l'ont dit. Mais rien n'apparaît, à ce propos, dans les textes, et rien, surtout, dans les témoignages de ses compagnons de voyage, bien placés pour tout observer.

Dès lors, il ne peut s'agir que d'une maladie.

Maladie dont nous savons qu'elle était récidivante. Et ces récidives sont parfois assez graves pour obliger Paul à garder le lit. Maladie dont nous apprenons que l'homme qui en est atteint n'est, au plus fort de la crise, pas beau à voir. Il peut même susciter « dédain » ou « dégoût », chez ceux qui l'approchent.

Quelle est donc cette mystérieuse maladie ? On a songé à une ophtalmie purulente, lointaine conséquence de l'éblouissement de la route de Damas ; ou bien à l'une de ces affections intestinales si fréquentes, aujourd'hui encore, au Proche-Orient : une bilharziose, par exemple ; ou encore à l'une de ces affections classiques dans cette région, comme la leishmaniose, dont il existe une forme viscérale, le kala-azar, qui atteint surtout les jeunes enfants, et une forme cutanée, qu'on appelle le bouton d'Orient ou bouton d'Alep. Pas impossible, puisque Paul a vécu plusieurs années en Syrie.

Mais l'hypothèse la plus vraisemblable est que Paul avait contracté le paludisme, dont les crises, à plusieurs reprises, le mirent sur le flanc. La malaria était une maladie fréquente à cette époque en Asie Mineure. Les plaines côtières étaient infestées de moustiques. Tarse n'était pas à l'abri de ce fléau. Ni Attalia. Ni Pergé, plus encore, cette « ville malsaine, située au milieu des marécages ». Et c'est peut-être là que...

S'agissant de ce très lointain malade, personne ne pourra jamais établir un diagnostic avec certitude. Mais il existe une assez forte probabilité pour qu'on ait le droit d'écrire : Paul avait le palu.

Là où la guerre de Troie eut lieu

Si Paul n'est pas homme à se plaindre, il l'est moins encore à se faire dorloter. Sitôt rétabli et les communautés fondées, il quitte la Galatie.

Marchant vers l'ouest, les trois compagnons atteignent la Mysie, une des régions les moins connues d'Asie Mineure si l'on excepte sa capitale, Pergame — aujourd'hui Bergama —, rivale des plus grandes cités de l'empire romain. Son acropole couronnée de temples merveilleux est superbement plantée sur un piton fortifié qui domine plaines et vallées étalées en contrebas, à perte de vue, dans le tremblement de l'air surchauffé. Sur les pentes qui conduisent à cette ville haute ont poussé de beaux quartiers, urbanisés avec intelligence ; plus bas s'étendent les faubourgs populaires où s'entasse une nombreuse population. Pergame est une grande ville, aux dires du docteur Claude Galien, qui va y naître au IIe siècle, devenir le pape de la médecine occidentale et le rester jusqu'au milieu du XVIIe siècle. C'est dans cette cité qu'on a fabriqué pour la première fois avec des peaux tannées de mouton ou de chèvre le parchemin — *pergamena* en latin. Un roi d'Égypte n'avait-il pas eu la sotte idée d'interdire l'exportation des papyrus, afin de maintenir la primauté de la bibliothèque d'Alexandrie ?

Bien qu'il y ait à Pergame une importante communauté juive, il ne semble pas que Paul ait fait une longue étape au pied des monuments construits deux siècles plus tôt par le roi Eumène II : le théâtre, le sanctuaire d'Athéna et la célèbre bibliothèque aux deux cent mille volumes. Il veut aller vers le nord, c'est-à-dire vers la Bithynie, qui donne d'un côté sur la mer de Marmara — la Propontide — et de l'autre sur la mer Noire — le Pont Euxin. Sans doute l'helléniste qu'est Paul se souvient-il de la fameuse scène de l'*Anabase*, où Xénophon montre les Dix mille, épuisés par leur très longue marche, découvrant enfin cette mer tant espérée et s'écriant : « Thalassa, Thalassa ! » Peut-être est-il attiré par ces eaux qui ne lui sont pas familières, au-delà desquelles vivent non seulement des « païens », mais des « barbares », contre lesquels l'empereur Hadrien ira un jour croiser le fer.

Mais, au moment où ils vont tous trois prendre cette direction, il se passe une scène qui garde son mystère, malgré toutes les hypothèses qu'ont émises les commentateurs. Elle tient en une courte phrase dans le texte des Actes : « L'Esprit de Jésus ne les laissa pas faire » (Ac 16, 7). Ils obliquent donc vers le nord-ouest et atteignent Troas.

Là, pour Paul, comme pour Silas et pour Timothée, pareillement nourris d'Homère, jaillissent soudain les souvenirs. Car cette Troas de l'Écriture, qui est aujourd'hui le minuscule village turc de Truva, n'est autre que Troie.

On imagine Paul débouchant dans la petite plaine, au pied des contreforts du mont Ida, l'actuel Kaz Dagi, et évoquant le récit de l'*Iliade*, dont il connaît par cœur des passages entiers :

> *Chante, ô ma Muse,*
> *la colère d'Achille le Grec,*
> *qui valut à ses compatriotes*
> *d'innombrables malheurs,*
> *précipita au souterrain séjour*
> *les âmes généreuses d'une foule de héros*
> *et fit de leurs corps*
> *la proie des chiens errants*
> *et des oiseaux voraces.*

Il se souvient des deux vers annonciateurs de la catastrophe :

> *Car il viendra le jour qui verra Troie en flammes*
> *Et Priam abattu et son peuple tombé.*
> Il évoque aussitôt « ... *et les bûchers des morts et leur lourde fumée.* »

On lui montre les trois petits tertres, ces trois *tumuli* circulaires qui sont, dit-on, les tombes du « bouillant » Achille, de son très cher ami Patrocle et du « rapide » Ajax. Là, il redit avec le poète aveugle :

> ... *Et le héros mourut, vaincu par l'âpre glaive et par la sombre mort...*

Mais c'est la ville de Troie qu'il cherche. Au bout d'un certain temps, il finit par découvrir, sur une terrasse qui domine la plaine indifférente, une sorte de grosse taupinière : la butte d'Hissarlik. Une centaine de mètres de côté, une trentaine de mètres de hauteur. Ce n'est donc que cela, la célèbre cité chantée par Homère ? Quelle déception !

L'archéologue allemand Heinrich Schliemann n'est pas encore passé par ici. C'est lui qui va exhumer, au prix d'un travail acharné qui durera de 1871 à 1890, les ruines de neuf villes superposées. La première, qui date de trois mille ans avant notre ère, est enfouie à vingt-six mètres au-dessous du niveau de la plaine. C'est la sixième, construite entre les années 1800 et 1300 avant notre ère, qui est celle du roi Priam. Elle porte encore des traces d'incendie. La cité que voit Paul aujourd'hui est la neuvième. Elle a été reconstruite sur les ruines des huit autres au Ier siècle av. J.-C., au lendemain de la visite qu'y fit César. L'empereur Auguste a poursuivi les travaux et y a fait édifier un beau temple de marbre.

Solitaire au pied de cette butte, Paul n'a plus qu'à se répéter d'une voix désabusée avec l'auteur de l'*Iliade* :

*... Les générations se succèdent et passent
Comme, dans les forêts, les feuilles.*

« Passe en Macédoine »

... Tout d'un coup, comme il parcourt la plaine de Troie la mémoire pleine de vers homériques, le temps change.

Le ciel se charge de gros nuages gris et le vent se lève. Non pas le brûlant vent du sud, venu des terres calcinées par le soleil, tout là-bas en Syrie et en Irak. Non pas le vent d'est glacial des hivers anatoliens, qui accourt en mugissant des profondeurs de l'Asie centrale, où les cavaliers turcs ne se sont pas encore ébranlés. Non. C'est une bonne petite brise fraîche, qui souffle vers l'Europe.

Paul descend jusqu'au port de Troie, non loin du tombeau d'Achille, à l'embouchure du Simoïs, tout près de l'actuel village de Kumkale. Le soleil brille sur le détroit qu'on appellera les Dardanelles. Il joue, de l'autre côté de ce mince bras de mer, sur les rochers blancs d'une presqu'île qu'on connaîtra un jour sous le nom de Gallipoli. Un demi-million de soldats français, britanniques et turcs y périront en 1915 et 1916. Cent fois plus que n'en perdirent, entre 1190 et 1180 avant notre ère, les armées d'Agamemnon au pied des remparts de Troie. Le vent festonne de coton perlé blanc la robe bleu sombre de l'eau. Paul s'approche du quai où somnolent des barques de pêche et de petits caboteurs. Un marin détache l'amarre de son bateau et, s'adressant au mousse : « Allons ! Hisse la voile, garçon. Nous allons traverser. »

Une des nuits suivantes, Paul a une vision. Un Macédonien lui apparaît, debout, et lui fait cette prière : « Passe en Madédoine ; viens à notre secours » (Ac 16, 9).

A Troas, Luc a rejoint l'équipe. Ce médecin a des talents de peintre. La tradition veut qu'il ait exécuté un portrait de la Vierge qu'on vénère à Rome, dans la basilique de Sainte-Marie-Majeure, en la chapelle de Pie V. Elle n'est probablement rien d'autre, selon les historiens de l'art, qu'une copie byzantine exécutée au XIIIe siècle d'après le modèle d'une Madone antique. Il n'en a pas fallu plus pour qu'on fasse de Luc le patron des peintres, en même temps que celui des médecins et des chirurgiens, à cause de sa profession ; des notaires, en raison de ses Actes ; des bouchers et des relieurs, puisque son animal symbolique est le bœuf... Luc a en outre un don d'écrivain. Fasciné par « l'Apôtre des nations », il va devenir son irremplaçable historiographe. Irremplaçable, parce qu'il sera, pendant dix-sept ans, un témoin attentif et infatigable. Il va accompagner l'Apôtre partout, devenant, comme Tite et comme Timothée, le compagnon inséparable, l'ami fidèle et le discret confident.

Dans les quinze premiers chapitres des Actes, Luc a raconté tout ce qu'il a pu apprendre depuis la Pentecôte, quelque vingt ans plus tôt. Avant d'écrire, il a mené une minutieuse enquête. Il a interrogé tous les témoins qu'il a pu retrouver. Il a rassemblé tous les documents qu'il a pu récupérer, à commencer par des fragments de parchemin où certains avaient jeté des notes. Mais, à partir de Troas, Luc est directement mêlé aux événements. Il poursuit donc sa relation des faits en employant la première personne du pluriel. Le style du récit en est profondément modifié : on passe de l'exposé historique au témoignage vécu ; de l'enquête au reportage... C'est frappant dès la première phrase : « A la suite de cette vision de Paul, *nous* avons immédiatement cherché à partir pour la Macédoine, car *nous* étions convaincus que Dieu venait de *nous* appeler à y annoncer la Bonne Nouvelle » (Ac 16, 10).

On l'a compris, dès ce paragraphe : Luc n'est pas, et ne sera jamais, un froid historien. C'est un propagandiste. Au-delà de la narration des faits, qu'il choisit d'ailleurs soigneusement, parmi ceux qui sont susceptibles de montrer les progrès de l'Église, il n'a qu'un seul désir : c'est, a-t-on pu dire, « d'exalter la foi ».

Premiers pas en Europe

Quittant l'Asie mystérieuse, ils font voile vers l'Europe compliquée.
Entre les deux continents, une île est posée, comme une pierre au milieu d'un gué : Samothrace, montagneuse, verdoyante et sauvage. Une journée de navigation suffit pour atteindre ses côtes peu hospita-

lières. On jette l'ancre au nord-ouest, au fond de la seule baie abritée, où somnole aujourd'hui le petit port grec de Kamariotissa.

Pour nous, aujourd'hui, le nom de Samothrace évoque la célèbre Victoire : cette puissante matrone aux ailes déployées qui, debout à la proue d'une galère, accueille les visiteurs à mi-hauteur du grand escalier du musée du Louvre. Victime d'un séisme, elle va dormir longtemps sous la terre, jusqu'au jour où l'archéologue français Charles Champoiseau, consul de France à Andrinople, découvre en 1863 son corps, brisé en plus de cent fragments. Et cherche vainement sa tête...

A l'époque de Paul, tout le monde dans l'île se souvient des légendes qui entourent sa longue histoire : celle de Dardanos, qui quitte ce rivage à bord d'un radeau et qui dérive en direction de l'Asie où, après avoir traversé le détroit auquel il donne son nom — les Dardanelles —, il fonde le royaume de Troie ; celle de son frère Aetion ou Iasion, que Zeus, dit-on, initia lui-même à la connaissance des mystères sacrés ; celle du Phénicien Cadmos, qui était parti à la recherche de sa sœur Europe — on la cherche toujours, en dépit des efforts de Jacques Delors ! — et qui rencontra, ici même, une ravissante jeune fille prénommée Harmonie.

L'escale est trop brève pour que les voyageurs aient le temps de parcourir quelques-uns des 180 km^2 de Samothrace ; la soirée trop courte pour qu'ils aient le loisir de se faire expliquer le culte qu'on célèbre dans le sanctuaire des Cabires, presque aussi célèbre dans le monde hellénique que celui d'Éleusis, près d'Athènes. Ici comme là, le peuple grec, oubliant ses querelles incessantes, venait à dates fixes se rassembler dans le culte commun de ses Dieux et de ses Héros. Et, de la proue de sa galère de marbre qui dominait la terrasse du sanctuaire, l'impressionnante déesse aux ailes déployées semblait vouloir les protéger tous, et tous les réconcilier...

Dès le lendemain matin, le navire de Paul lève l'ancre et cingle vers le nord-ouest. Contournant par le nord la grande île montagneuse de Thasos, ce morceau des Balkans tombé dans la mer de Thrace, il entre, le soir même, dans le golfe de Néapolis (Ac 16, 11).

C'est un des principaux ports de la Macédoine. Sa darse et ses quais s'abritent au pied d'un promontoire rocheux, au sommet duquel se dresse, tout blanc sur le ciel tout bleu, le temple d'Athéna Parthénos aux ravissants chapiteaux ioniques. A la place de ce sanctuaire, édifié au ve siècle av. J.-C., le sultan Mehemet Ali, né sur ce rivage, construira en 1769 l'Imaret, un couvent aux apparences de château fort.

La ville de Néapolis s'étage en amphithéâtre dans un cirque de collines, où poussent le palmier, l'olivier et la vigne. Elle sera baptisée

Christopolis, avant de devenir de nos jours Kavala : un nom qui évoque les chevaux de l'important relais de poste qui exista ici sur la route de Constantinople.

Le site de la vieille cité macédonienne de Néapolis n'a pas changé. Mais c'est en vain qu'on chercherait des souvenirs du passage de Paul sur les quais où les pêcheurs font sécher leurs filets couleur lie-de-vin. Du royaume de Macédoine il ne subsiste rien non plus dans la ville. Sauf quelques trésors, exposés dans les salles lumineuses du musée archéologique.

Aucun monument, aucune stèle, aucune inscription ne rappelle au visiteur que c'est ici, à l'automne de l'année 50, que le héraut du Christ débarqua sur le sol de l'Europe.

Philippes au nom royal

Quinze kilomètres à peine séparent Néapolis de Philippes.

Qu'est-ce donc qui attire Paul dans cette ville, qui porte le nom du père d'Alexandre le Grand ? Est-ce le souvenir du fougueux conquérant qui faillit mourir d'un bain dans la rivière de Tarse ? L'Apôtre, subjugué par l'aventure du grand capitaine, veut-il appliquer à la conquête évangélique les méthodes qui ont valu à la Phalange macédonienne des victoires aussi soudaines qu'éclatantes : la mobilité, la rapidité, la puissance des armes, mais surtout une remarquable intuition dans la manière d'utiliser les circonstances ? Car ce jeune général avait l'art d'engager, à l'instant voulu, toutes ses forces dans l'action principale, dirigée droit vers le but. Cela, Paul aussi sait le faire. Et ce sera l'un des secrets de sa réussite. Mais on ne peut tout de même pas comparer ses voyages missionnaires à des campagnes militaires, où l'essentiel ne serait qu'habile tactique et intelligente stratégie...

Si Philippes attire Paul, c'est parce qu'elle demeure, en ce milieu du Ier siècle de notre ère, une des villes importantes de la Macédoine. Fondée au IVe siècle av. J.-C. par des bannis athéniens frappés par une sentence d'expulsion, l'ostracisme, elle a pris le nom du roi Philippe II lors de son avènement au pouvoir, en 356 av. J.-C. Elle a connu une extraordinaire prospérité grâce à l'exploitation des mines d'or du Pangée, dont le massif montagneux ferme la plaine du côté du couchant. La légende veut que le roi Cadmos, fondateur de Thèbes, ait découvert le premier ce précieux métal et l'ait, pour la première fois, fondu. Il allait assurer sa fortune, avant de faire celle des souverains macédoniens.

La ville de Philippes est célèbre pour une autre raison, qui n'est pas si lointaine pour Paul et ses trois compagnons. En 42 av. J.-C. deux armées romaines se sont affrontées en ces lieux : l'une était commandée par

Brutus et Cassius, les meurtriers de Jules César qui l'ont percé de trente-cinq coups de poignard ; l'autre était sous les ordres d'Octave et d'Antoine. Ce sont eux qui remportèrent la victoire. Les deux vaincus se donnèrent la mort. Les deux vainqueurs, voulant récompenser leurs troupes, décidèrent de créer dans la région d'importantes colonies de vétérans. Ces soldats-laboureurs, à peine établis dans la plaine de Philippes, se mirent à amender les terrains marécageux et y firent pousser des moissons d'abondance.

Pendant ce temps, les ingénieurs des Ponts et Chaussées traçaient la Via Egnatia, qui allait joindre la Thrace à la côte adriatique. On en voit encore aujourd'hui une petite section, le long de la route nationale qui traverse Krénidès, le moderne village grec, répandu parmi les amandiers en fleurs à côté des ruines impressionnantes de la cité macédonienne. Dans les grandes dalles grises qui pavent cette voie romaine, les roues des chariots ont creusé de profonds sillons. Ces pierres ont deux mille ans ; on croirait qu'elles datent de la semaine dernière...

En revanche, parmi les champs de blé de la future moisson, qui ne sont encore, en ce début du printemps, qu'une épaisse moquette verte, il ne reste pas grand-chose de la ville que connut Paul. La vaste agora rectangulaire n'est plus qu'un cimetière de pierres d'où émergent quelques dizaines de colonnes, certaines encore couronnées de leur chapiteau et, à une extrémité de cette grande place, l'encadrement massif d'une porte, qui fut celle de la bibliothèque municipale. Un peu plus loin, au flanc de la colline rocheuse où était bâtie l'acropole, un sobre théâtre semble toujours prêt à accueillir une représentation d'*Antigone* ou de *Lysistrata*.

Toutes les autres constructions sont postérieures au passage de Paul. Notamment les quatre basiliques, dont la plus ancienne date du ve siècle de notre ère. Leur nombre, à lui seul, révèle à quel point le christianisme, dès les premiers temps, fut ici prospère.

En prison pour la première fois

« Nous avons passé quelque temps dans cette ville » (Ac 16, 12).
Pour parler du séjour à Philippes, Luc a la brièveté de Tacite !
La cité au nom royal ne possède pas de synagogue. La communauté juive y est peu nombreuse. Toutefois, il existe un « lieu de prière », hors les murs, le long d'une petite rivière paresseuse, le Gangitès, qu'on surnommera « le petit Jourdain ». C'est là que, le jour du sabbat, Paul parle aux femmes qui se trouvent réunies. L'une d'elles est tout oreilles. Elle se nomme Lydia. Elle est marchande de pourpre. Elle est originaire de Thyatire, un important centre de teinturerie en Asie Mineure. Elle se

convertit et reçoit le baptême. Aussitôt après, elle dit à Paul : « Puisque vous estimez que je crois au Seigneur, venez loger chez moi. » Paul a pour habitude de subvenir à ses besoins, y compris pour son logement. Mais Lydie insiste. Il finit par accepter.

Ainsi naît la première communauté chrétienne en Europe. Outre Lydie, nous en connaissons quatre autres membres, qui seront cités dans l'Épître aux Philippiens : Épaphrodite, auquel Paul ne ménage pas ses éloges — « mon frère, mon compagnon de travail et de combat, envoyé par vous pour se mettre à mon service, alors que j'étais dans le besoin » (Ph 2, 35); Syzygos, dont le nom signifie « compagnon » et qui est qualifié de « compagnon véritable » (Ph 4, 3); deux femmes, Syntiche, c'est-à-dire « rencontre », et Évodie, ou « chemin facile » (Ph 4, 2).

Que de fois n'a-t-on pas prétendu que Paul était misogyne ? Et encore aujourd'hui... Étrange affirmation ! Cet homme qu'on présente comme un contempteur du sexe faible, observez-le bien à chaque étape : il est entouré de femmes, hébergé par des femmes, servi par des femmes ; il a pour premières auditrices des femmes, pour admiratrices, parfois envahissantes, des femmes ; les premières conversions qu'il fait sont souvent celles de femmes ; dans toutes les églises qu'il fonde, il n'hésite pas à confier des responsabilités importantes à des femmes. Ceci dans une société où la femme est encore loin d'être l'égale de l'homme...

Bientôt, l'Église de Philippes se développe. Il faut désigner des diacres et des épiscopes.

Un jour que Paul et ses compagnons se rendent à leur lieu de prière habituel, ils sont talonnés par une jeune servante, qui ne cesse de crier : « Ces hommes sont les serviteurs du Dieu très haut. Ils vous annoncent la voie du salut. » Cette jouvencelle a un esprit de divination, « l'esprit Python », comme on dit en Grèce, où ce serpent est, de tradition, le gardien de l'oracle de Delphes. Les maîtres de la jeune servante profitent de ce don de voyance. Ils en abusent même, dans la mesure où ils en tirent de substantiels profits.

Excédé par la rengaine de cette fille, Paul se retourne et s'adressant à l'esprit qui l'habite : « Au nom de Jésus-Christ, crie-t-il, je te l'ordonne, sors de cette femme » (Ac 16, 18).

L'esprit s'enfuit, et la source des profits avec lui. Les maîtres sont furieux. Ils s'emparent de Paul et de Silas, les traînent jusqu'à l'agora et les font comparaître devant les « stratèges », qui ne sont pas, contrairement à ce que leur nom pourrait laisser croire, des militaires, mais des juges de paix.

« Ces deux hommes, disent les plaignants, jettent le trouble dans notre ville. Ils sont israélites et prônent des règles de conduite qu'il ne nous est pas permis, à nous, Romains, d'admettre ni de suivre » (Ac 16, 20-21).

La foule se déchaîne. Désireux de l'apaiser, les « stratèges », sans examiner l'affaire plus avant, « font arracher les vêtements » de ces deux juifs errants. Ils ordonnent qu'on les frappe de verges. Après quoi, ils décident de les faire jeter en prison, en ordonnant au geôlier de les surveiller de près. Cet homme prend ses précautions : il les enferme dans le cachot le plus retiré, non sans leur avoir auparavant étroitement « bloqué les chevilles dans des ceps », c'est-à-dire dans de lourdes pièces de bois fixées au mur de la cellule.

Vers minuit, Paul et Silas chantent les louanges de Dieu. Les autres prisonniers les écoutent. Soudain se produit un tremblement de terre, si violent que les fondations du bâtiment en sont ébranlées. Les portes s'ouvrent. Les liens de tous les prisonniers se détachent. Le gardien accourt, l'épée à la main, prêt à faire un carnage. S'il laisse des détenus s'évader, demain il sera passible de la même peine qu'eux. A ce moment, Paul intervient d'une voix forte : « Ne fais rien de funeste pour toi. Nous sommes tous là. »

Le geôlier demande de la lumière, pénètre à l'intérieur du cachot et, tout tremblant, se jette aux pieds de Paul et de Silas. Les ayant fait sortir, il leur demande avec un soudain respect : « Mes Seigneurs, que dois-je faire pour être sauvé ? »

Ils lui répondent : « Crois au Seigneur Jésus et tu seras sauvé, toi et ta maison. »

Aussitôt dans le cœur de cet homme fruste et violent c'est l'illumination, le coup de grâce de l'Esprit. Sans hésiter, il emmène chez lui les deux prisonniers. Il lave leurs plaies. Et, sans plus attendre, il demande à recevoir le baptême, ainsi que tous les siens. Puis il offre un médianoche aux deux hommes.

Le lendemain matin, les stratèges dépêchent à la prison les « licteurs » : ce sont des huissiers qui escortent les magistrats en portant les faisceaux de verges, symbole de leur cuisant pouvoir. Ils ont pour mission de dire au geôlier : « Relâche ces deux prisonniers. »

Le geôlier s'empresse de transmettre cet ordre à Paul et à Silas : « Les stratèges m'envoient vous dire que vous êtes libres. Je vous invite donc à sortir de cette cellule et à partir en paix. »

Mais Paul n'est pas d'accord. Il le dit haut et fort : « Les stratèges nous ont fait fouetter devant tout le monde et ils nous ont jetés en prison sans nous avoir jugés, nous qui sommes des citoyens romains. »

La loi Porcia interdit, sous peine de condamnation sévère, de soumettre un citoyen romain à la flagellation.

« Et maintenant, poursuit Paul, c'est clandestinement qu'ils veulent nous faire quitter la prison. Il n'en est pas question. Qu'ils viennent en personne nous libérer. »

Les licteurs s'empressent d'aller rapporter ces propos aux stratèges. Pris de crainte en apprenant la qualité de citoyen romain des deux prisonniers, ils viennent s'excuser. Ils les libèrent officiellement. Mais, en échange, ils leur demandent de bien vouloir quitter la ville. Pour éviter des incidents, Paul accepte.

Ainsi s'achève son séjour à Philippes. Il fait le tour de ses amis, pour leur dire au revoir. Il passe chez Lydie pour rassembler ses affaires. Et il part.

Jamais il n'oubliera l'accueil chaleureux qu'il a reçu dans cette ville de Macédoine. Jamais non plus la prison où il a été, pour la première fois, incarcéré.

... Cette prison, selon une tradition orale, se trouvait le long de la Via Egnatia, du côté opposé à l'agora. C'est aujourd'hui le seul édifice de Philippes qui ne soit pas totalement ruiné : à demi enfoui, un cachot a été protégé. Une grille de fer en interdit l'entrée. Quatre étais de bois ont été dressés et calés pour soutenir la voûte à demi éventrée, comme si la secousse sismique datait d'hier.

Et si c'était vraiment ici que Paul a été enfermé ? Voyageur, même si tu n'en as pas la certitude absolue, arrête-toi un instant, fais silence en ton cœur et recueille-toi...

La marche vers l'ouest

Et voilà Paul et Silas en route vers l'ouest. Luc est resté à Philippes, où il va séjourner près de sept ans. Il a gardé auprès de lui, pour un temps, le jeune Timothée.

Deux longues étapes conduisent les deux compagnons à Amphipolis, chef-lieu d'un des quatre districts de Macédoine : soixante-dix kilomètres, à peu près plats, en longeant le versant sud de la chaîne du Pangée.

Ce sont les Athéniens qui ont fondé cette ville, en 436 av. J.-C. L'or les attirait, que l'on commençait déjà à extraire des flancs de la montagne. Mais, plus encore, les intéressait la remarquable situation d'Amphipolis. Dressée sur une colline, au-dessus de l'embouchure du Strymon dont paressent, en longues sinuosités, les eaux lentes et vertes, cette énorme ville fortifiée constitue une position stratégique de premier ordre. Une puissante muraille de plus de sept kilomètres la protège de tous les assauts. Elle n'a pas empêché pourtant l'armée de Sparte de s'emparer de la cité, durant la guerre du Péloponnèse, en 423 av. J.-C. Mais, curieusement, les troupes d'élite de Lacédémone ont échoué, en contrebas, devant le port. Il est vrai qu'il était défendu par le plus habile des généraux d'Athènes, Thucydide, qui fut aussi son meilleur historien. Un peu moins d'un siècle plus tard, en 348, Philippe II mit fin à ces querelles de propriétaires... en annexant purement et simplement Amphipolis qu'il déclara partie intégrante du royaume de Macédoine.

Ces détails, ce n'est pas dans le récit de Luc qu'il faut les chercher : cette partie de son texte ne dépasse pas une demi-ligne !

L'étape suivante, trente-neuf kilomètres plus loin, à Apollonie, n'a pas droit à plus. Si le sol d'Amphipolis n'en finit plus de livrer ses trésors, les archéologues n'ont pratiquement rien retrouvé dans cette seconde ville. Elle n'est plus qu'un site, à côté d'un banal village de la Grèce du nord. Du passé il n'a conservé que son nom : Apolonia. Sur un pan de mur, à côté d'une source qui murmure délicieusement, on a apposé une petite plaque de marbre où l'on a gravé, en lettres grecques, le minuscule texte des Actes : « Passant par Amphipolis et par Apollonie, ils arrivèrent à Thessalonique » (Ac 17, 1).

Cette inscription n'émeut guère la vieille femme, de noir vêtue, qui, dans son bistrot poussiéreux au carrefour de la route nationale et du chemin qui s'enfonce entre les fermes blanches, vend l'omniprésent ouzo et le sempiternel yaourt. Que l'Apôtre Paul se soit arrêté ici une nuit avec Silas, cette cabaretière n'en a que faire. Les fillettes pimpantes, qui reviennent de l'école, ont déjà la même réaction que l'aïeule aux cheveux blancs enserrés dans un fichu noir : « Paul, oui, bien sûr, on connaît. Le pope nous en a parlé. Mais c'est une si vieille histoire... »

Ces chers Thessaloniciens

En franchissant par la porte du levant les murailles ocrées de Thessalonique, Paul entre dans sa première métropole en Europe.

Cette ville a une longue histoire. Elle a été fondée en 315 av. J.-C. par Cassandre, roi de Macédoine, qui a conquis toute la Grèce, Athènes comprise. A la nouvelle cité il a donné galamment le nom de son épouse Thessalonikè, qui n'est autre que la sœur d'Alexandre le Grand.

Depuis près de deux siècles, cette cité, aux confins de l'Occident et de l'Orient, fait partie de l'empire romain. Prise par les légions en 168 av. J.-C., elle a tenté vingt ans plus tard de secouer le joug que supportaient difficilement ses habitants au tempérament frondeur. Le pouvoir central a réagi avec habileté : il a fait de la ville la capitale d'une région agrandie. Son économie s'en est trouvée stimulée.

Quand Paul arrive à Thessalonique, elle connaît une situation particulièrement florissante. Depuis 42 av. J.-C., elle possède le statut de ville libre. L'empereur y a nommé un proconsul, qui a entrepris de grands travaux dans la cité et fait agrandir son port. Cet excellent mouillage, au fond du golfe thermaïque, est devenu l'exutoire des régions balkaniques dont les productions agricoles et artisanales empruntent jusqu'à la côte la vallée de l'Axios, cours inférieur du

Vardar. La Via Egnatia traverse d'est en ouest la vaste plaine fertile qui entoure la cité. Une population cosmopolite se presse à l'abri de ses remparts, entre collines et quais, dans un lacis de rues, de ruelles et de placettes, où artisans et commerçants, armateurs et avitailleurs font tranquillement fortune. Dans le quartier du port, tavernes et bouges à matelots sont légion. Ne manquent pas non plus les restaurants, célèbres pour leur nourriture épicée.

La communauté juive est nombreuse, active, prospère. Elle le restera jusqu'à notre époque, où elle sera presque totalement éliminée, durant la Seconde Guerre mondiale, par les nazis : un horrible génocide local parmi tous les massacres de la Shoah... Au Ier siècle, ces Israélites de Thessalonique possèdent une importante synagogue. Selon une habitude à laquelle il ne déroge pas, c'est à cette porte que Paul va frapper lorsqu'il arrive à la fin de l'année 50.

Où s'élevait-elle, cette synagogue ? Nous n'en savons rien. Doit-on perdre tout espoir de la retrouver un jour ? Personne n'oserait plus l'affirmer : on a découvert récemment, en plein cœur de la Salonique moderne, l'agora de la Thessalonique romaine. Avec quelques restes de l'enceinte fortifiée, le petit Odéon et surtout les trésors du musée archéologique, c'est tout ce qui subsiste de la belle cité que Paul a connue et aimée. De son temps, elle était déjà très vivante.

Qu'on n'aille pas la comparer cependant à la Thessaloniki de la Grèce actuelle, deuxième ville du pays et son second port : plus de six cent mille habitants, une université renommée, une importante foire internationale, une vitalité besogneuse, de l'aube à la nuit close ; une hâte permanente à produire, négocier, transporter ; un tintamarre incessant, une pollution inquiétante, une circulation plus que difficile et le stationnement quasiment impossible dans les artères du centre... Voilà la Salonique d'aujourd'hui, qui a presque entièrement recouvert la cité romaine, si l'on excepte l'Arc de l'empereur Galère et les substructions de son palais, qui datent, l'un et l'autre, du IVe siècle apr. J.-C.

Plus nombreux et plus passionnants sont les souvenirs de la Salonique byzantine : Sainte-Sophie, Saint-Georges, Saint-Démètre. Comme tout cela est beau et évoque la somptueuse, la merveilleuse, l'envoûtante Constantinople !

Paul loge chez un Grec, qui porte un nom célèbre : celui de Jason, ce héros mythologique qui à bord de la nef Argo partit de Thessalie pour s'emparer de la Toison d'or. « Trois sabbats de suite, Paul s'adresse aux Israélites réunis en la synagogue » (Ac 17, 2). Faut-il en déduire qu'il serait resté à Thessalonique moins de quatre semaines ? C'est fort peu vraisemblable, puisque nous savons qu'il y a trouvé du travail. Il précise même qu'il besogne « jour et nuit » (1 Th 2, 9).

Il prêche donc. Et son discours, chaque fois différent, est chaque fois bâti sur un même plan en six points :

>Christ a été annoncé par les Prophètes ;
>Christ est venu ;
>Christ est mort ;
>Christ est ressuscité ;
>Christ est vivant ;
>Christ reviendra.

Nous possédons, grâce aux Actes, un compte rendu détaillé de quelques-unes de ces prédications, au tout début de l'histoire de l'Église : homélie de Paul à Antioche de Pisidie, cinq discours de Pierre après la Pentecôte. Toujours revient cette succession des six affirmations qui constituent l'essentiel du contenu de la foi. C'est le *kérygme* : un mot grec qui signifie « proclamation à haute voix, annonce d'une nouvelle par un héraut ».

Certains Juifs se laissent convaincre par les paroles de Paul, mais aussi une multitude de Grecs, comme Aristarque, des Romains, comme Secundus, et bon nombre de femmes de la haute société (Ac 20, 4). Une fois de plus, elles vont être au premier rang des pionniers. Cependant, parmi les Juifs, il en est qui n'apprécient pas du tout les propos de ce prédicateur, encore qu'il vienne de Jérusalem. Ils « recrutent des vauriens qui traînent dans les rues, ameutent la foule et sèment le désordre dans la ville » (Ac 17, 5). Ils vont chez Jason, pensant y trouver Paul qu'ils ont la prétention de traduire devant l'assemblée du peuple. Mais il a disparu. S'est-il caché, pour éviter le renouvellement des scènes vécues à Philippes ? Lui a-t-on procuré un refuge où il a pu se mettre à l'abri en temps voulu ? Toujours est-il que ses poursuivants ne parviennent pas à le trouver. Furieux, ils tournent leur colère contre Jason. Ils le traînent, lui et quelques frères, devant les magistrats de Thessalonique, qui portent le nom de politarques. Sans se démonter, ils affirment : « Ces individus agissent à l'encontre des édits de l'empereur. Ils prétendent qu'il existe un autre souverain, qui se nomme Jésus. »

L'accusation est habile : un décret datant d'Auguste stipule qu'il n'y a qu'une seule religion qui ait droit de cité dans les villes romaines, et Thessalonique en est une : la religion des Romains. « Que personne n'ait de dieux à part, ni de nouveaux, ni d'étrangers, s'ils ne sont pas admis par l'État. » Ceux qui poursuivent Paul de leur haine tenace connaissent très certainement ce texte, que Cicéron cite dans son célèbre traité *De legibus* (II, 8). Curieusement, ce sont ces fils de Yahvé qui viennent rappeler aux juges d'une cité romaine qu'on n'a pas le droit d'y vénérer d'autres dieux que les dieux de Rome. Et, parmi ceux-ci, l'empereur lui-même, puisqu'il s'est fait proclamer « divin » ! Peu à peu, ce texte est tombé en désuétude. Mais il n'a jamais été abrogé.

Les magistrats sont impressionnés. Pourtant, ils hésitent à prêter l'oreille à ces plaignants par trop roués. D'autant que leur accusation est mal fondée. Paul et ses trois compagnons n'ont jamais prétendu que Jésus allait supplanter l'empereur. Cela ne tient pas debout. Et Jason n'a aucune difficulté à le démontrer.

« Es-tu prêt à verser une caution ? lui demandent les politarques.

— Bien sûr », répond Jason qui a visiblement les moyens.

Les juges fixent la somme et le relâchent. Mais le Grec a compris que le vent vient de tourner. Il veut éviter de nouveaux incidents, qui lui semblent inévitables, les excités de la communauté juive n'ayant pas dit leur dernier mot.

Dès que la nuit est tombée, les frères font partir Paul et Silas pour Bérée (Ac 17, 10).

Heureusement, l'Église de Thessalonique est maintenant assez solide pour se débrouiller seule. Elle va le montrer en demeurant « exemplaire ». C'est l'expression que Paul emploiera pour parler d'elle (1 Th 3, 8). Et c'est ce qui explique l'affection qu'il conservera toujours à cette communauté généreuse.

Bérée l'accueillante

Regrettant ces Thessaloniciens à qui il écrira bientôt qu'ils sont « sa gloire et sa joie », Paul se console en constatant que Bérée, presque voisine, le reçoit très cordialement.

Les juifs lui ont ouvert leur synagogue. « Plus courtois que ceux de Thessalonique, ils accueillent la Parole avec une entière bonne volonté et, chaque jour, ils examinent les Écritures », afin de savoir si Jésus est vraiment le Messie annoncé. Pour un grand nombre, cela ne fait aucun doute. Si bien que « beaucoup d'entre eux deviennent croyants, ainsi que des femmes grecques de haut rang et des hommes en nombre appréciable » (Ac 17, 11-12).

De cette synagogue où, pour la première fois, on accepte si volontiers d'entendre le message de Jésus, nulle trace n'a pu être retrouvée dans le moderne Verria — Beroia en grec — qui occupe, sur les flancs d'un plateau, l'emplacement de l'ancienne Bérée macédonienne.

Pourtant, on en a découvert, des trésors, dans le sous-sol de cette ville de quarante mille habitants, à soixante-douze kilomètres à l'ouest de Salonique ! Le jardin de son musée archéologique regorge de stèles et de sarcophages ; dans ses trois salles, bustes et statues, du marbre le plus blanc et du travail le plus délicat, permettent d'imaginer ce que devait être à l'époque romaine la splendeur de cette cité, aujourd'hui fort banale.

Bérée fut la première ville de Macédoine à faire sa soumission à la puissance romaine, dès 168 av. J.-C. Pompée, le grand Pompée, passa ici l'hiver 49-48 avant de se faire écraser par César à Pharsale, au sud de l'actuelle Larissa. Enfin et surtout, c'est à une quinzaine de kilomètres d'ici, sur le site de l'antique Aigai, que se dressait l'immense palais des rois de Macédoine. Cette ville disputa à Pella, à trente-sept kilomètres au nord-ouest de Salonique, l'honneur d'être leur capitale. En contrebas de la colline, sous une butte de terre, en plein cœur d'un village qui s'appelle aujourd'hui Verghina, on a mis au jour en 1977 la tombe du roi Philippe II, père d'Alexandre le Grand. C'est une des découvertes archéologiques les plus extraordinaires de notre époque.

Paul a appris durant ses études à Tarse que le fondateur de l'empire macédonien, après sa victoire sur la Grèce, a été poignardé par son mignon, Pausanias, en été 336. Mais Paul ignore, comme nous l'ignorions nous-mêmes il y a peu, que, par la suite, les ossements du souverain ont été réunis dans un coffret en or massif ; que sa célèbre couronne de feuilles de chêne et de glands — en or elle aussi — y a été placée, avec son manteau de pourpre ; que la tombe renfermait en outre sa cuirasse, son bouclier, ses meilleures épées et des dizaines d'objets familiers. Tandis que les fouilles se poursuivent encore sur le site de Verghina, tout ce qui a été retrouvé dans la sépulture a été rapporté à Salonique. A commencer par le frêle squelette de ce grand roi, qui était un tout petit homme : un mètre soixante à peine, avec un crâne d'oiseau de proie. Les objets trouvés dans la tombe constituent l'un des plus fabuleux trésors du musée archéologique de la seconde ville de la Grèce.

Si l'on a retrouvé près de Bérée, à une date toute récente, les restes du roi Philippe, on ignore toujours l'endroit où l'Apôtre Paul annonça l'Évangile. Est-ce à l'emplacement de la grande église orthodoxe dédiée à saint Pierre et saint Paul, à côté de la résidence du métropolite ? Il est tentant de l'imaginer ; mais rien ne le prouve. La question ne semble pas passionner le pope que j'interroge, cet après-midi. Pas plus qu'elle ne préoccupe évidemment la jeunesse de Bérée, qui court ce soir, comme chaque fin de semaine, à ses modestes distractions : les minimes au basket, dans la cour du lycée ; les cadets au salon de jeux, où clignotent les flippers ; les aînés, en compagnie de filles aux cheveux noirs, au disco, situé à côté du café chic, qui s'appelle... Chez Alexandre. Ah, l'horrible sous-sol enfumé où les décibels, multipliés à foison, vous déchirent le tympan !

Les juifs traditionalistes de Thessalonique ont eu, eux aussi, de loin, le tympan qui a vibré à cause des prédications de Paul à Bérée ! Ces gens-là ont la rancune tenace. Entendant parler du succès de celui qu'ils tiennent pour un apostat, ils accourent « pour agiter et troubler, là encore, les foules » (Ac 17, 13).

Les nouveaux chrétiens de Bérée n'hésitent pas un seul instant.

Gardant avec eux Silas, qui n'est pas menacé personnellement, et Timothée qui est venu le rejoindre, ils se hâtent de faire filer Paul jusqu'à la côte : ils choisissent alors très probablement le petit port de Pydna, tout proche de l'actuelle Katerini, au nord du massif de l'Olympe. Paul a-t-il un regard pour ces sommets, et notamment pour le plus élevé — 2 917 mètres d'altitude — dont on dit qu'il est le séjour des dieux ? Sans doute l'a-t-il vu, car il ne peut pas ne pas apercevoir cette cime superbe qu'on appelle « le trône de Zeus ». Mais toute cette mythologie l'agace, avec son foisonnement de divinités, dont aucune n'est respectable dans sa vie privée, et sa multitude de héros dont aucun n'est crédible dans ses aventures, toutes plus extraordinaires les unes que les autres.

« Paul, voilà l'Olympe, lui a sans doute dit son guide : la montagne vers laquelle toute la Grèce regarde.

— Oui, je sais, je sais », répond-il, sans marquer la moindre curiosité.

Il n'y a que deux montagnes qui l'intéressent : le Sinaï où Moïse reçut les Tables de la Loi et le mont des Oliviers, où Jésus échappa aux regards humains le jour de l'Ascension...

Destination Athènes

Voilà Paul de nouveau embarqué sur la mer grecque...

Depuis le golfe Thermaïque, dans la lointaine Macédoine, il faut à un navire plusieurs jours pour gagner Athènes. Plus si les vents ne sont pas favorables. La plupart des bateaux sont des caboteurs : ils vont de port en port, chargeant ou déchargeant des cargaisons. Accessoirement, ils prennent sur le pont quelques passagers.

La route que suit le capitaine n'est rien moins que rectiligne. De toute façon, au long de ces côtes découpées, le plus court chemin n'est jamais la ligne droite. Il faut d'abord longer, pendant plus de cent cinquante kilomètres, les rivages de la Thessalie. Quand on atteint Skiathos, l'île la plus occidentale de l'archipel des Sporades, deux possibilités s'offrent au navigateur : l'une consiste à contourner, par la haute mer, la longue île de l'Eubée, amarrée au flanc tribord de la Grèce centrale et plus vaste, à elle seule, que l'Attique ; l'autre, que les marins choisissent plus volontiers, car elle les met à l'abri du gros temps, les pousse à s'engager dans le sinueux chenal qui sépare l'Eubée du continent. C'est le célèbre canal d'Euripe, dont le nom signifie « courant rapide » : en effet, par un curieux phénomène, ses eaux vives coulent tantôt dans un sens, tantôt dans l'autre, en changeant de direction en moyenne toutes les trois heures. Au point le plus resserré, face à Chalcis — aujourd'hui Halkida —, le détroit n'a qu'une quarantaine de mètres de largeur. Dès l'année 441 av. J.-C., les habitants y avaient lancé un pont entre deux digues protégées par des tours. A travers ce goulet ne pouvait passer qu'un seul navire à la fois.

Plus au sud on retrouve la mer libre. On contourne le célèbre cap Sounion, consacré à Poséidon, le dieu de la mer. Son temple, magnifiquement situé à l'extrémité d'un haut promontoire rocheux, dresse vers le ciel d'azur ses colonnes de marbre blanc. Dans leur rigueur dorique ce sont peut-être les plus belles de toute la Grèce.

Dès qu'on a doublé le cap, on abat vers le nord-nord-ouest. On longe ce qu'on appelle toujours la côte d'Apollon.

Enfin, le bateau jette l'ancre au pied du mont Hymette, dans l'anse de Glyfada. Selon une tradition orale, qui s'est transmise durant vingt siècles, c'est dans ce petit port de pêche que Paul débarque. On y voit encore les ruines d'une basilique paléo-chrétienne, qui fut construite pour commémorer l'arrivée de l'Apôtre.

Athènes n'est qu'à une quinzaine de kilomètres. En avant !

Peu de paysages sont aussi ravissants que ceux de l'Attique. Tout concourt à leur charme : les lignes douces des collines, la transparence de l'air, le ciel céruléen, le soleil chaleureux, les oliviers empanachés d'argent et les vignes alignées ainsi que des hoplites. Nulle part comme sur cette terre brune, déchiquetée par l'eau bleue, verte et violette, l'homme n'a porté à un plus haut degré de perfection l'art sous toutes ses formes. Architectes et sculpteurs, peintres et mosaïstes, dramaturges et poètes, philosophes et législateurs, et jusqu'aux bergers eux-mêmes, tous ont eu, dirait-on, l'insoutenable ambition d'atteindre l'absolu.

Sur la route côtière, bordée de temples et de villas, Paul marche d'un bon pas en direction d'Athènes. A tant de beauté il ne peut demeurer insensible. Rien ne transparaît pourtant dans le récit de Luc. Et rien dans les écrits de l'Apôtre. Paysages et monuments, villages et maisons, us et coutumes, anecdotes et péripéties, tout cela en est absent. Seuls existent les hommes. Et, en eux, seule existe l'âme.

Voyageurs du XXe siècle, si vous voulez connaître la Grèce ne prenez pour guide ni les Actes ni les Épîtres. Ils ne la décrivent jamais. On a l'impression que Paul et ses compagnons la parcourent sans la voir.

Au fait, que vont-ils, sur la route, apercevoir ? Aucune des merveilles de la nature, comme les Météores, Nauplie ou le mont Pélion. Aucun des hauts lieux de l'Histoire, tels que Marathon, les Thermopyles ou Salamine. Aucune des grandes rivales d'Athènes que furent Sparte, Thèbes ou Pella. Aucune des glorieuses cités du passé : Mycènes rêvant encore aux Atrides, ou Tirynthe à l'abri de ses murailles cyclopéennes. Aucun des grands sanctuaires : Delphes consacré à Apollon, le plus beau de tous les hommes ; Épidaure à Asklépios, dieu de la médecine ; Olympie à Zeus, ce barbu tout-puissant et débonnaire. Aucune des îles délicieuses, à l'exception de celles des escales obligées. Donc ni Rhodes, à peine effleurée, ni, bien sûr, Délos, Mykonos, Naxos, Paros et cent autres éparpillées par un Créateur prodigue ou munificent...

Comme tous les autres voyages de Paul, celui-ci est rigoureusement atouristique. Le voyage n'est pour lui qu'un aspect de la géométrie plane : une ligne tracée entre un point et un autre. Au début de la ligne se trouve une Église fondée. Au bout de la ligne, une Église à fonder. Entre les deux, il n'y a rien. Il passe... Avec Jésus, on vit dans les champs ou au bord d'un lac ou sur quelque douce colline. Avec Paul, on est à la cime d'une montagne. Et l'on se tient debout, sur un sommet chauve, qui domine un désert ou qui émerge, solitaire, d'une épaisse mer de nuages : Ararat au lendemain du déluge ; Horeb dans l'attente du coup de baguette qui fera jaillir l'eau pure...

Un phare éteint

C'en est fait d'Athènes, phare du monde. Cette ville qui fut la lumière des civilisations n'est plus ni un foyer artistique, ni un haut lieu culturel, ni un centre intellectuel. Elle n'a aucune importance économique. Elle ne joue aucun rôle politique. Elle ne peut même pas s'enorgueillir de son poids démographique : sa population atteint à peine deux cent mille habitants, parmi lesquels les citoyens et les affranchis sont moins de cent mille. La masse est composée d'esclaves.

En ce milieu du Ier siècle, la plus célèbre des villes de Grèce est tout bonnement la moins inconnue des cités d'un pays déchu. *Graecia capta...* la Grèce captive...

Le déclin de ce pays, à vrai dire, ne date pas d'hier. Il a commencé dès la fin du règne de Périclès, mort de la peste en 429 av. J.-C. Malgré les efforts d'Alcibiade, sa patrie n'a jamais retrouvé le souffle du grand homme. La prospérité n'a pas survécu aux trente années de la guerre du Péloponnèse (431-404 av. J.-C.) et à la cruelle défaite infligée par Sparte. Les dirigeants athéniens se sont fourvoyés dans d'imprudentes campagnes. Ils ont envoyé en Sicile un corps expéditionnaire : il a été anéanti. Il leur restait la suprématie navale : ils l'ont perdue en 405, à la bataille d'Aigos-Potamos. N'étant plus la reine des mers, Athènes a été prise l'année suivante par ses ennemis coalisés, qui ont détruit ses fortifications et occupé ses possessions.

Dès lors, la décadence était inéluctable. Elle s'est accélérée après les trois guerres de Macédoine (entre 215 et 168 av. J.-C.), en dépit des éloquentes tentatives de Démosthène. Alors a commencé ce qu'on appelle la période hellénistique. Les royaumes grecs d'Orient, issus du démembrement de l'empire d'Alexandre, ont connu un développement extraordinaire, tandis que la Grèce elle-même continuait à s'étioler.

En 146 elle est devenue une province romaine. Cette date est celle de la prise de Corinthe. Elle marque un tournant de l'histoire : la disparition pure et simple de la Grèce en tant qu'État, même si cet État n'était qu'une juxtaposition de cités indépendantes. Ce pays occupé a perdu jusqu'à son identité, puisqu'on l'a rebaptisé « la province d'Achaïe ».

De longues années se sont écoulées, durant lesquelles la nation morte s'est trouvée étroitement mêlée, bien malgré elle, aux aventures militaires de ses voisins latins. Longue est la liste des batailles livrées sur son sol par des généraux romains en lutte pour le pouvoir suprême. Mais aucun malheur n'a plus frappé les esprits que celui qui s'est abattu sur Athènes le 1er mars de l'année 86 av. J.-C. Ce jour-là, Sulla, le brutal et cruel Sulla, a fait son entrée dans la ville et l'a mise à sac.

Enfin, avec Auguste, ici comme partout, la paix a refleuri. Mais elle vient trop tard, après trop de drames, trop de ruines, trop de sang répandu...

En cet automne de l'année 50, quand Paul arrive à Athènes, que reste-t-il de sa grandeur passée ? Des monuments et des statues, des philosophes et des orateurs. Bref, parmi de marmoréens souvenirs, on cause, on cause, on cause...

Sous les portiques de l'Agora

Fidèle à ses habitudes, Paul commence par parler, dans les synagogues d'Athènes, « aux juifs et aux adorateurs de Dieu ». Mais, puisqu'il est dans la ville de Démosthène et que, trois siècles après sa mort, le discours forain y est toujours prisé, il décide « d'adresser la parole (...), chaque jour, sur la place publique, à tout venant » (Ac 17, 17).

C'est la première fois qu'il prêche en plein vent, comme on voit faire aujourd'hui, à Londres, les orateurs de Hyde Park Corner... Mais ici, l'endroit n'est pas n'importe lequel : c'est l'Agora.

Nous qui visitons de nos jours ce grand cimetière de pierres, en contrebas de l'Acropole, nous avons peine à imaginer ce qu'étaient les lieux à l'époque de Paul. Seul subsiste le temple dorique d'Hephaïstos, dieu de la métallurgie, que tout le monde appelle le Théseïon, la plupart de ses sculptures évoquant les exploits de ce héros. A l'autre extrémité de la place, le portique d'Attale a été reconstruit par les soins de l'École américaine d'archéologie. Avant de devenir une place publique, l'Agora fut le lieu où siégea l'assemblée du peuple. Tel est d'ailleurs le premier sens de ce mot, par opposition à celui qui désigne le Sénat : la célèbre *Boulè*. Aucun autre site ne permet comme l'Agora d'évoquer la naissance de la démocratie athénienne : donc la première apparition à la surface de la terre de ce que Churchill appelait, d'une boutade célèbre, « le plus mauvais des régimes, à l'exclusion de tous les autres ». C'est ici que se réunirent les représentants du peuple jusqu'à la fin du vi^e siècle av. J.-C.

L'Agora n'était pas seulement le centre de la vie politique. Elle était le carrefour administratif de la cité, qui avait rassemblé là, fort commodément pour les citoyens, les principaux services de l'État. Elle était le foyer de la vie sociale. Elle était le haut lieu des manifestations artistiques : sur l'orchestra centrale, là où subsistent les ruines de l'Odéon d'Agrippa, furent organisées les premières représentations théâtrales, les premiers spectacles chorégraphiques, les tout premiers concours littéraires. Elle était le rendez-vous des négociants et des armateurs qui venaient y traiter leurs affaires. Elle était même, à chaque nouvelle lune, le marché aux esclaves qui y étaient vendus aux enchères...

Aux yeux des Grecs, une ville sans agora était une ville non civilisée.

Au Ier siècle de notre ère, l'Agora d'Athènes a perdu plusieurs de ses fonctions : on n'y élabore plus la politique ; on n'y joue plus ni tragédies ni comédies ; on n'y rencontre plus de services administratifs. En revanche, on s'y retrouve toujours pour discuter. Comme on le fait, de nos jours encore, sur les places et les mails, tout autour du bassin méditerranéen.

Paul est seul. Il déteste cela. Ceux qui l'ont accompagné jusqu'à Athènes sont repartis pour Bérée. Il leur a demandé, dès leur retour, « d'ordonner » à Silas et à Timothée, qui sont restés en Macédoine, de « venir le rejoindre au plus vite ». Il est de ces capitaines qui ont besoin d'avoir leurs lieutenants autour d'eux.

En les attendant, il visite Athènes. Peut-il faire autrement ? Il n'y voit rien, si ce n'est le nombre incroyable de temples et de statues. Comment se peut-il qu'un peuple intelligent possède tant et tant de dieux ? La mythologie l'a toujours agacé. Mais, cette fois, le sentiment qu'il éprouve est plus profond. Il a, nous dit Luc, « l'âme bouleversée de voir cette ville pleine d'idoles » (Ac 17, 16).

C'est dans cet état d'esprit qu'il arrive à l'Agora. Peut-être s'assied-il sous le Portique du milieu, dont on voit encore de nos jours les solides fondations en conglomérat rougeâtre, sur lequel reposent, brisés, les fûts de colonnes de marbre blanc datant du IIe siècle av. J.-C. Tout près de là se trouve la boutique du savetier Simon, où Socrate aimait s'arrêter pour bavarder tranquillement. Non loin, une grosse pierre dressée porte une inscription gravée au vi^e siècle : « Je suis la borne de l'Agora. »

Un groupe s'est formé autour de Paul : des quidams, des passants, mais aussi, nous disent les Actes, « des philosophes épicuriens et stoïciens ». Il discute avec eux. Il démontre aux premiers que la recherche du plaisir ne peut pas être le seul but de la vie ; aux seconds que supporter, subir, souffrir, en tentant d'opposer toujours un front serein à l'adversité, est une attitude étrangement négative. L'un de ses auditeurs a dû lui dire :

« Alors, toi, que proposes-tu ?

— Jésus, le Christ ressuscité d'entre les morts, a-t-il répondu.

— De quoi veux-tu parler ?

— De la résurrection. »

En grec, cela se dit *anastasis*. Le mot signifie littéralement se lever après avoir dormi ou encore se relever après une chute. C'est un nom du vocabulaire classique, mais que personne, bien sûr, en ces lieux n'a encore employé dans le sens chrétien. Et pour cause ! Les Grecs n'ont jamais cru à la résurrection des corps. Ils ne conçoivent la survie que comme une immortalité spirituelle. Ils ne sont pas près d'admettre par conséquent ce qui s'est passé à Jérusalem, au matin de Pâques, une quarantaine d'années plus tôt

Voilà le mot lancé : *anastasis*. Certains des auditeurs font comme s'ils ne comprenaient pas. Il n'y a pas de pire sourd que celui qui ne veut pas entendre... D'autres n'y comprennent vraiment rien du tout. On le lit entre les lignes, dans le récit de Luc. L'un demande : « Que veut dire ce jacasseur ? »

Il emploie, pour le désigner, le mot *spermologos*, qui désigne le freux, une sorte de corneille noire, qui ne cesse de picorer et de babiller.

Un autre répond : « Ce doit être un prédicateur de divinités étrangères. »

Pardi ! Anastasis, c'est sans doute quelque nouvelle déesse...

Il en faut beaucoup pour scandaliser les Athéniens. Quand même, cet orateur les trouble : il dit des choses si étranges, si incroyables... Ses auditeurs « mettent la main sur lui, pour le conduire devant l'Aréopage ».

Cette phrase des Actes est par trop elliptique. En réalité, ils le conduisent à l'archonte-roi. C'est l'un des trois Sages élus chaque année pour exercer les plus hautes fonctions publiques. Il siège sous le portique royal, le portique *basileïos*, au pied du temple d'Hephaïstos. Ce portique a disparu aujourd'hui, éventré par la tranchée du chemin de fer Athènes-Le Pirée. Sous ce toit on conservait précieusement les stèles où étaient gravées les lois de la cité : en particulier celles du très sage Solon et celles du très sévère Dracon qui a donné son sens à l'expression « une décision draconienne » !

L'archonte-roi possédait, entre autres pouvoirs, celui d'inculper les individus accusés de crime ou d'impiété notoire. Il signait l'arrêt de renvoi devant les tribunaux.

Cet homme, réfléchi et prudent, écoute attentivement le petit groupe de citoyens qui lui ont amené Paul. A coup sûr, il leur dit : « Mais, cet homme n'a tué personne, que je sache. Et où réside l'impiété dans les propos qu'il a tenus ? Je n'ai aucune raison de le poursuivre, puisqu'il n'existe pas le moindre motif d'inculpation. Cependant, il me semble que ce visiteur a des choses à dire. Conduisez-le donc à l'Aréopage. Là, il pourra s'expliquer à loisir. »

Le discours de l'Aréopage

Traversant l'Agora de bout en bout, Paul et les philosophes se dirigent donc vers l'Aréopage.

C'est, comme son nom l'indique aux Grecs, la colline d'Arès. Elle est dédiée à ce cruel dieu de la guerre, qui n'aime rien tant que la violence et le sang, ainsi qu'aux Érynies, ces infernales déesses de la vengeance, dont le sanctuaire servait d'asile aux meurtriers.

Sur cette éminence a longtemps siégé la cour criminelle d'Athènes, dite Sénat de l'Aréopage ou Conseil d'en haut : elle jugea, pendant un temps, les meurtriers et les incendiaires. Mais l'emplacement convient mal : trop étriqué, trop escarpé, trop malaisé d'accès. Le Conseil d'en haut a émigré vers le bas, sur l'Agora. Il tient maintenant ses audiences sous le portique royal, le portique basileïos, près de l'autel des Douze dieux.

Des installations, sans doute assez sommaires, qui couronnaient le rocher de l'Aréopage il ne reste pratiquement rien aujourd'hui : à mi-pente, quelques gradins usés, qu'on tailla, il y a bien longtemps, dans le rocher gris, veiné de rouge pourpré ; au sommet, une pierre cubique, isolée. Est-ce l'autel d'Athéna Arcia ? Ne serait ce pas plutôt l'un des deux sièges inconfortables dont les textes nous ont gardé le souvenir : la « pierre de l'outrage » sur laquelle s'asseyait l'inculpé et la « pierre du ressentiment », où prenait place l'accusateur ?

Du sommet de cette colline, quel somptueux panorama ! Devant nous, l'Acropole, si proche qu'on croirait pouvoir en toucher les Propylées. Derrière, l'Agora. A droite, la petite colline de la Pnyx, littéralement « l'endroit où l'on est serré, entassé les uns contre les autres ». C'est là que l'Assemblée du peuple tenait ses réunions après avoir quitté l'Agora. Symbolique étagement des diverses activités des Athéniens : sur la haute table rocheuse de l'Acropole, la vie religieuse ; en contrebas, sur la colline d'Arès, la vie judiciaire ; un peu plus bas encore, sur la Pnyx, la vie politique ; tout à fait en bas, sur l'Agora, la vie sociale. Répartis sur quelques hectares, ces quatre étages se déploient toujours sous nos yeux.

Au-delà commence la ville, qui se prélasse au pied du Lycabette dans la plate petite plaine, accablée par la pollution due aux embouteillages de voitures, d'autobus et de camions. A l'horizon tremble dans la brume de chaleur la ligne de faîte des montagnes de l'Attique : au nord la longue croupe dénudée du mont Parnès (1413 mètres) ; au nord-est le Pentélique (1 109 mètres), célèbre pour son marbre blanc à grain fin qu'au temps de Périclès on réservait à l'architecture, le paros, plus facile à travailler, servant pour la statuaire ; à l'est l'Hymette (1 026 mètres), couvert de thym, de lavande, de sauge, de menthe et de térébinthe, paradis des abeilles qui y élaborent un miel parfumé ; au sud le port du Pirée, qu'on devine à peine au bord du golfe aux eaux bleu pâle, d'où émerge la sombre masse de l'île de Salamine.

Quel spectacle, du haut de cette colline de l'Aréopage ! Il change suivant les saisons, au fil des heures du jour. La nuit ne l'interrompt même pas, la lune enveloppant temples et statues de ses lueurs romantiques...

C'est sur cet éperon rocheux que, selon la tradition, Paul est monté pour s'adresser aux Athéniens. Ils se pressent autour de lui, poussés par la curiosité. « Il faut dire, note Luc, qui n'a pas mis longtemps à comprendre cette ville, que tous les habitants d'Athènes et tous les étrangers en résidence passaient le meilleur de leur temps à raconter ou à écouter les dernières nouveautés » (Ac 17, 21). Le silence se fait. Un des philosophes pose la question que toute l'assistance attend : « Pourrions-nous savoir quelle est cette nouvelle doctrine que tu exposes ? Tu nous as rebattu les oreilles de propos étranges. Nous voudrions bien savoir ce qu'ils veulent dire » (Ac 17, 19-20).

Alors Paul se lève et dit :

« Athéniens,

Vous êtes vraiment les plus religieux des hommes. Parcourant en effet votre cité et observant vos monuments sacrés, j'ai découvert, sur un autel, l'inscription : A UN DIEU INCONNU.

Eh bien ! Celui que vous adorez sans le connaître, c'est celui que je viens, moi, vous annoncer.

Ce Dieu qui a créé le monde et tout ce qu'il contient, ce Dieu qui est le Seigneur du ciel et de la terre, n'habite pas des temples édifiées de main d'homme. Son service ne requiert pas des mains humaines. A-t-il besoin de quelque chose, lui qui donne à tous la vie, le souffle et tout le reste ?

A partir d'un seul homme, il a créé tous les peuples, pour habiter toute la surface de la terre, prescrivant leur durée et l'étendue de leur expansion, afin que tous cherchent Dieu de leurs mains tâtonnantes et le trouvent. Encore qu'il ne soit pas si loin de chacun de nous !

C'est en lui que nous avons " la vie, le mouvement et l'être ", comme l'ont dit certains de vos poètes. Car " nous sommes de sa race ".

Alors, puisque nous sommes de la race de Dieu, nous ne devons pas penser que la divinité ressemble à de l'or, de l'argent ou du marbre, œuvrés par la technique et la pensée de l'homme.

Voici que Dieu, sans tenir compte de ces temps d'ignorance, annonce maintenant aux hommes qu'ils ont, tous et partout, à se convertir. Car il a fixé un jour pour juger l'univers avec équité et il a choisi un homme pour le faire, l'accréditant auprès de tous, en le ressuscitant d'entre les morts... »

En entendant ce mot de résurrection, une partie des assistants se moque de Paul. D'autres s'esclaffent : « Nous t'entendrons là-dessus une autre fois... »

Mais il n'y aura pas d'autre fois. C'en est fini de la prédication de Paul aux Athéniens. Cet admirable discours, que leurs lointains descendants feront graver, en 1938, sur une plaque de bronze et apposer sur la partie inférieure du rocher de l'Aréopage, est le premier, mais aussi le dernier. Convaincu qu'il perd son temps, Paul quitte Athènes.

A-t-il vraiment perdu son temps ? Ce n'est pas sûr. Quelques Athéniens « se sont attachés à lui et sont devenus croyants » (Ac 17, 34) : un certain Denys, une femme nommée Damaris, d'autres encore. Une communauté naît. Denys, surnommé l'Aréopagite, car il était, dit-on, l'un des juges de ce tribunal, organise la nouvelle Église. Il va devenir le premier évêque d'Athènes.

... Bien que la cathédrale catholique de la capitale grecque porte aujourd'hui son nom, on sait très peu de chose sur sa vie. On l'a parfois confondu avec notre Denis de France, qui vécut au IIIe siècle, périt décapité et qu'on honore toujours près de Paris, dans la basilique Saint-Denis qui abrita les tombeaux des rois de France. Denys l'Aréopagite, lui, aurait été brûlé vif : en 95 selon certaines sources ; en 117 selon d'autres. Son chef aurait été rapporté de Constantinople en France en 1205 par Nivelon de Chérizy, évêque de Soissons, qui participa à la quatrième croisade. Il en aurait fait don à l'abbaye de Longpont, avant qu'il ne soit finalement déposé dans la cathédrale de sa ville épiscopale.

Cet échec à Athènes, quelle leçon pour Paul ! Il vient de découvrir soudain les limites de la culture hellénique. Athéna, déesse de la raison, n'est rien d'autre que le symbole de la sagesse humaine ; Apollon, le plus beau de tous les dieux, rien d'autre que la glorification du corps, sous son apparence la plus parfaite.

Paul n'a pas mis longtemps à comprendre pourquoi son discours n'a pas passé la rampe. Il a osé remettre en cause, fondamentalement, les limites rassurantes de la civilisation grecque. Il a cru pouvoir proposer à ses auditeurs de chercher la vérité loin des satisfactions humaines et bien au-delà des limites de la vie terrestre. Il a imaginé qu'il pouvait, avec quelque chance de succès, parler de la résurrection des morts à ces hommes qui, depuis des siècles, ne croient qu'à l'adulation du corps. Il a voulu opposer Jésus ressuscité aux personnages mythologiques humains, trop humains, du panthéon hellénique : Zeus et Déméter, mais aussi Éros, Aphrodite, Artémis, Sapho, Léda, Corydon, Ganymède... Il a cru que les Athéniens allaient, à son appel, tourner le dos à ces incarnations de leurs croyances et plus encore de leurs amours, de leurs désirs et de leurs fantasmes. Quelle illusion ! Pas commode décidément pour Paul de faire une place au christianisme entre le fanatisme du monde juif et le scepticisme du monde gréco-romain !

Cependant, Paul, déçu dans son espérance, a vu partout dans Athènes les statues aux yeux vides et les bustes sans prunelles. Est-ce absence de regard ? Ne serait-ce pas plutôt regard intérieur ? Regard tourné vers l'invisible ?

Comme tous les êtres humains, ceux que l'Apôtre vient de quitter sont à la recherche d'un absolu que le monde ne peut pas leur donner.

Un isthme si étroit

Adieu, Athènes, patrie du scepticisme ! En route pour Corinthe ! Parmi toutes les cités helléniques pourquoi choisir celle-ci ? Parce qu'elle est devenue la capitale de la Grèce romaine. En 44 av. J.-C., César l'a même rebaptisée Colonia Julia Corinthiensis.

Pour l'atteindre aujourd'hui, par l'autoroute, il ne faut guère plus d'une heure. Dès la sortie d'Athènes, on roule dans un paysage défiguré par les chantiers navals, les raffineries de pétrole et les cimenteries empanachés.

Au temps de Paul, trois journées de marche ne sont pas de trop pour parcourir les quatre-vingt-dix kilomètres qui séparent les deux villes. Cet itinéraire paisible qu'emprunte chaque année la procession des Panathénées, la grande fête d'Athéna, serpente le long de la côte en offrant d'admirables aperçus sur le golfe saronique. Le premier soir, on couche sans doute du côté de Loutropourgos, en face de l'île de Salamine, après avoir passé Éleusis sans s'arrêter.

Éleusis, c'est la ville des mystères sacrés où Déméter, la déesse de la Terre, folle de joie d'avoir retrouvé sa fille Coré grâce au roi Kéléos, lui donna le premier grain de blé et lui apprit les rudiments de la culture. C'est donc ici que l'homme aurait pris le grand tournant qui lui fit délaisser le nomadisme de la vie pastorale pour s'enraciner dans la glèbe, en même temps que la « divine » céréale. Paul n'a qu'un regard distrait

— voire méprisant — pour le sanctuaire « des grandes déesses », Déméter et Coré, alias Perséphone, dont l'accès est interdit sous peine de mort aux non-initiés,... tout comme le Saint des Saints à Jérusalem.

Le deuxième soir, ayant traversé Mégara, on fait étape du côté de Kinéta. Le troisième jour enfin, on atteint l'isthme de Corinthe.

On peut difficilement imaginer position qui ait une plus grande importance stratégique. Pour la défendre, les Mycéniens ont construit une muraille énorme dès le XIIIe siècle av. J.-C. Les Corinthiens en ont bâti une seconde, au Ve siècle.

C'est qu'elle est particulièrement étroite, cette bande de terre qui attache le Péloponnèse à ce qu'on appelle joliment la « Grèce solide » — *sterea Elada*. Pas plus de six kilomètres et demi. Aussi a-t-on, depuis longtemps, envisagé de creuser un canal qui ferait communiquer la mer Ionienne avec la mer Égée, porte de l'Orient. Ainsi éviterait-on aux navires un long détour pour aller doubler, tout au sud de la Grèce, les hautes falaises du cap Matapan. Parmi ceux qui ont soutenu ce projet on cite Périandre, un des sept Sages de la Grèce, Alexandre le Grand, Démétrios, le général macédonien surnommé Poliorcète, « le preneur de ville », et César lui-même. Caligula, vers l'an 40, a même envoyé sur place des ingénieurs pour étudier la faisabilité du projet. Néron va tenter de le mettre à exécution. On le verra, en 67 de notre ère, donner avec une pelle d'or le signal du début des travaux. Vespasien, son successeur, fera même venir de Judée, pour accélérer les travaux, six mille prisonniers juifs.

Finalement, il faut attendre la fin du XIXe siècle pour que le projet soit repris par une compagnie française. Les travaux, commencés le 1er mai 1882, sont achevés par les Grecs en 1893. Enfin l'isthme est percé par un canal long de 6 343 mètres et large de 23, qui évite aux navires à destination du Pirée ou en provenant un détour de 185 milles.

Faute d'une voie d'eau à travers l'isthme, on utilise à l'époque de Paul une voie de terre : le *diolkos*, littéralement « le chemin de traction ». Créé au VIe siècle av. J.-C., il est pavé de larges dalles, qu'on voit encore aujourd'hui en plusieurs points de son parcours. Les petites embarcations y sont transportées sur des chariots. Les plus gros navires sont posés sur des rouleaux. Tous sont traînés d'un bout à l'autre de l'isthme, sur ce « canal à roulettes », par des centaines d'esclaves, ahanant sous les cordages qui leur scient l'épaule.

Apercevant ces malheureux au moment où il approche des remparts de Corinthe, Paul se dit que c'est à eux qu'il faut transmettre sans tarder le message des Béatitudes.

Surprenante Corinthe

Les esclaves du « canal à roulettes » sont loin d'être les seuls de Corinthe. Deux tiers des habitants de la ville partagent leurs dures conditions de vie. La plupart d'entre eux ont été « importés » par César pour repeupler la cité, après qu'il eut décidé de la reconstruire.

C'est qu'elle a vécu un drame épouvantable, l'infortunée Corinthe. En 146 av. J.-C., l'année même où les légions romaines faisaient enfin leur entrée dans Carthage, le consul Mummius s'en est emparé. Ses troupes l'ont pillée, après quoi ils y ont bouté le feu.

« Corinthe, où sont tes murs ? Où sont tes forteresses ? (...) La guerre a tout brisé, dans son obscène rage », gémit le poète Antipater de Sidon.

Quand Paul arrive, à la fin de l'année 50, la reconstruction de la ville est enfin achevée. Pour la mener à bien, il a fallu faire appel à de nombreux travailleurs étrangers. La présence de ces immigrants n'est pas du goût de tout le monde. Le poète Crinagoras de Rhodes demande avec une feinte naïveté : « D'où viennent ces gens-là ? » Comme s'il ne savait pas qu'ils sont originaires de toutes les régions, si diverses et parfois si lointaines, qui constituent l'empire romain. Il n'a que des formules méprisantes pour ces « nouveaux habitants », qu'il qualifie de « bande haïssable » et de « coquins trois fois vendus ». Le racisme ne date pas d'hier...

La protection de César a permis à Colonia Julia Corinthiensis de retrouver sa prospérité d'antan. Et bien au-delà. Elle est devenue une très grande ville, que peuplent quelque cinq cent mille habitants. Mais il serait plus exact de parler d'une agglomération. Car Corinthe, ce n'est pas seulement la cité elle-même, à l'intérieur de ses remparts. C'est Acrocorinthe, près de six cents mètres plus haut, sur son plateau rocheux ; c'est Léchaïon, le port de l'ouest, sur le golfe de Corinthe, au bout d'une route protégée de chaque côté par un mur ; c'est Cenchrées, la porte de l'est, de l'autre côté de l'isthme, sur le golfe saronique ; c'est Isthmia enfin où depuis six siècles ont lieu tous les deux ans au printemps des Jeux presque aussi brillants que ceux d'Olympie.

Grand carrefour des voies maritimes entre Méditerranée occidentale et Méditerranée orientale, Corinthe est devenue le siège d'une importante industrie navale. Ses chantiers construisent des bateaux de tous tonnages, parmi lesquels la trière à trois rangs de rames, comme son nom l'indique, que ses architectes se targuent d'avoir inventée. Ses potiers utilisent l'argile locale pour fabriquer de ravissants petits vases à décor rouge violacé qu'ils exportent dans tout l'Empire. Ses artisans des métiers du textile produisent des tissus, des tapis, des tentures, réputés pour leur beauté. Ses armuriers fabriquent les plus belles cuirasses de bronze qu'on puisse trouver. Ses sculpteurs ont créé le chapiteau à feuilles d'acanthe que tout le monde appelle corinthien. Ses gabelous prélèvent des taxes sur toutes les marchandises qui transitent à travers l'isthme. Comme toutes les villes-octroi, celle-ci tire de sa situation géographique d'importants revenus. Ses fils, familiers de la mer depuis des générations, ont ouvert des comptoirs, et même créé de véritables colonies, à Leucade, à Corfou et surtout à Syracuse.

Bref, Corinthe est une ville très riche, au cœur d'une région qui produit en abondance le blé, les fruits, les légumes, les vins, sans oublier un délicieux raisin de table. Si Déméter a offert aux habitants d'Éleusis la première graine, personne n'oublie ici que, selon la légende, Corinthos, qui donna son nom à la cité, était le petit-fils d'Hélios, le dieu du Soleil. Que de bienfaits on lui doit!

Paysans aisés, armateurs fortunés, commerçants enrichis, transiteurs finauds, artisans habiles se pavanent sur l'Agora, au pied du temple d'Apollon. Il est l'un des plus anciens de la Grèce, avec ses colonnes ocre rouge du plus pur style dorique. Sept d'entre elles sont toujours debout de nos jours, en dépit de la violence des tremblements de terre, et parfois aussi de la sottise des hommes.

La foule des esclaves, son travail terminé, traîne dans les tavernes, où elle se mêle aux marins dont les navires font escale pour décharger leurs cargaisons : ivoire de Libye, encens d'Arabie, cuirs de Cyrénaïque, papyrus d'Égypte, dattes de Numidie, tapis de Carthage, pourpre de Phénicie.

Au sommet du mont qui domine la ville, dans le site extraordinaire de l'Acrocorinthe a été construit le temple d'Aphrodite. Ses prêtresses, qu'on nomme les Hiérodules, s'y adonnent à la prostitution sacrée. Monter jusque là-haut est une rude épreuve. Aussi la prostitution sacrée — la hiérogamie — s'exerce-t-elle également en bas, dans la ville où les prêtresses sont plus d'un millier. Sans compter toutes celles qui n'ont pas droit à la « qualification professionnelle », mais qui n'en exercent pas moins, dans les quartiers populaires et aux alentours des quais des deux ports, le plus vieux métier du monde. La morale grecque, dans le domaine de la sexualité comme dans beaucoup d'autres, est tout à fait indulgente. Le poète Apollodore d'Athènes l'a résumée en quelques phrases, au IIe siècle av. J.-C. :

> *Nous prenons une prostituée pour notre plaisir;*
> *une concubine, pour recevoir les soins journaliers qu'exige notre santé;*
> *Une épouse, pour avoir des enfants légitimes et une fidèle gardienne de tout ce que contient notre maison.*

On comprend que Corinthe soit considérée comme la « ville chaude » de la Grèce. D'une jeune fille qui tourne mal on dit, dans le parler populaire, qu'elle « se corinthise ». Les souteneurs sont parfois désignés sous le nom de « corinthiastes ». Et l'expression « vivre à la corinthienne » signifie qu'on mène une existence dissolue.

Dans tout l'empire romain, Corinthe a la réputation d'être le plus grand lupanar du bassin méditerranéen. Un peu comme Bangkok, de nos jours, dans l'Asie des moussons. Faire le voyage de Corinthe, quand on habite Rome, c'est avouer qu'on court à ses plaisirs. Ne peuvent l'entreprendre que ceux qui en ont les moyens. « Tout le monde, dit un adage latin, n'a pas la possibilité d'aller à Corinthe. » Ces dames — surtout les hiérodules — ont la réputation d'être particulièrement grippe-sou.

« Un peuple nombreux m'est destiné »

A peine arrivé à Corinthe, Paul a rencontré un homme qui fait le même métier que lui : fabricant de tentes.

C'est un juif converti qui se nomme Aquilas. Originaire du Pont, sur la côte méridionale de la mer Noire, il était allé s'établir à Rome. Mais il vient d'en être chassé avec sa femme Priscille par une décision antisémite de l'empereur Claude : il y a un an, en 49, il a ordonné aux Israélites de quitter la capitale. Motif de cette décision ? Suétone, son biographe, explique que les Juifs « ne cessent d'entretenir l'agitation, sous l'impulsion d'un certain Chrestos ». De là à penser que des incidents ont éclaté entre Juifs fidèles à la Tora et Juifs adeptes de l'Évangile, il n'y a qu'un pas...

L'homme et la femme sympathisent avec Paul, au point de lui proposer de s'installer chez eux et de travailler avec eux. L'Apôtre ne va plus quitter ce logis durant les dix-huit mois de son séjour à Corinthe, entre la fin de l'année 50 et l'été 52. Cette maison devient, comme d'autres dans chaque ville évangélisée, la « cellule-mère » de la communauté chrétienne. C'est là qu'on se réunit pour prier. On n'a pas encore bâti de chapelles. Il ne vient pas à l'idée qu'on édifiera, un jour, des cathédrales. Né humblement, le christianisme grandit modestement Il se soucie peu des apparences, ignore les falbalas liturgiques et ne s'embarrasse pas des hiérarchies.

Selon son habitude, Paul besogne toute la journée, « afin de n'être à charge à personne » (1 Th 2, 9). Ainsi, précise-t-il en une jolie formule, « je suis libre d'offrir gratuitement l'Évangile que j'annonce » (1 Th 9, 18). Cette indépendance que lui procure son travail, il l'estime si importante qu'il y reviendra, à une demi-douzaine de reprises, dans sa correspondance.

Chaque sabbat, il prend la parole à la synagogue pour tenter de convaincre les Juifs de Corinthe. Chaque soir qu'il le peut, il organise une réunion dans telle ou telle maison amie. Le plus souvent on lui demande de venir parler à un petit groupe de gens qui souhaitent l'entendre. Parfois c'est lui qui propose. On prie, avec grande ferveur. Puis il parle de Jésus-le-Christ. Enfin, on partage un très simple repas. Dans les maisons pauvres, peut-être chacun apporte-t-il son manger. Lui, il prend le pain, le bénit, le rompt et le leur distribue... Jamais ils ne sont aussi frères qu'en ces moments-là. Si forte est leur union, si grand leur recueillement qu'ils éprouvent, presque physiquement, l'impression que Jésus est soudain au milieu d'eux...

Sans doute Paul s'occupe-t-il aussi d'organiser la communauté naissante. Après le vide athénien, c'est le trop-plein corinthien. Aussi n'est-il pas mécontent de voir Silas et Timothée le rejoindre. Dès lors, il peut « se consacrer entièrement à la parole ».

Comme toujours, il essaie de convaincre les Juifs, nombreux dans l'agglomération. Comme toujours, il essaie de leur démontrer, textes à l'appui, que ce charpentier galiléen était vraiment le Messie annoncé par les Prophètes. Comme toujours, il affronte, au bout d'un moment, « leur opposition et leurs injures ». Alors, une fois de plus, il secoue la poussière de ses sandales, une fois de plus, il fait ce geste juif de la rupture, et il lance à ces cœurs endurcis : « Que votre sang vous retombe sur la tête. J'en suis pur. Désormais, c'est vers les païens que j'irai » (Ac 18, 6).

Sortant de la synagogue où, décidément, il ne trouve que des sourds, il entre dans la maison contiguë. Elle appartient à un certain Titius Justus, un Romain à en juger par le nom. Lui croit en Jésus. En faisant ce geste de venir frapper à la porte d'à côté, Paul veut marquer sa rupture avec la Synagogue en tant qu'institution. Mais il ne rompt pas pour autant avec les Juifs. Au moment où il désespère d'en convaincre un seul, voici que le chef de cette synagogue, Crispus, se convertit avec toute sa maison — femme, enfants et domestiques.

Voici surtout que Jésus apparaît à Paul une nuit pour le réconforter. Comme cela est advenu à deux reprises déjà, Il éclaire la route de son messager. « Sois sans crainte, lui dit-il. Continue à parler. Ne te tais pas. Je suis avec toi et personne ne mettra la main sur toi pour te maltraiter, car, dans cette ville, un peuple nombreux m'est destiné » (Ac 18, 9-10).

Cette promesse ne tarde pas à se réaliser. Beaucoup de Corinthiens, après avoir écouté Paul, deviennent chrétiens et reçoivent le baptême. Nous en connaissons au moins sept par leur nom, qui est cité, ici ou là, dans les Épîtres : Caïus et Stéphanas, que Paul baptise ; mais aussi Tertius, à qui il dictera l'Épître aux Romains ; Eraste, qui occupe un poste important dans l'administration de la ville ; Achaïcus et Fortunatus : Phébée enfin, cette grande dame qui va devenir diaconesse.

C'est ici, à Corinthe, que le christianisme commence à faire boule de neige. L'Apôtre, « qui a échoué dans la capitale de l'intelligence, notera un jour Daniel-Rops, réussit dans cette ville du lucre et du stupre (...). Cette leçon est valable pour les hommes de tous les temps : un pécheur est plus près de Dieu qu'un discoureur. » Souvenons-nous de la phrase de Jésus : « Je te bénis, Père, Seigneur du ciel et de la terre, d'avoir caché cela aux sages et aux intelligents et de l'avoir révélé aux tout-petits » (Mt 11, 25).

Gallion, le sage proconsul

Les mois passent. Les conversions se multiplient. Les juifs observants en éprouvent un ressentiment qui ne cesse de s'enfler contre Paul. Ce frère de race, qui leur était apparu, à son arrivée, comme un bavard illuminé, se révèle maintenant un personnage dangereux. Il ne reste pas un simple dissident, un déviant, comme le judaïsme en a connu au cours de sa longue histoire. Il fait vraiment figure — et cela arrive pour la première fois — de pionnier d'une religion nouvelle.

Ces Juifs réitèrent les démarches que leurs pères avaient faites à Jérusalem pour tenter de se débarrasser de Jésus. Ils vont trouver les autorités romaines. Ils traînent Paul devant leur tribunal. Ses juges siègent sous un des portiques de l'Agora, non loin de la célèbre fontaine Pirène, cette source que de nos jours on entend encore murmurer, parmi les ruines, dans les profondeurs obscures du sous-sol. Ce léger babil, l'Apôtre l'a entendu quand, escorté de ses accusateurs, il a traversé la place et longé une rangée de boutiques pour atteindre le prétoire en plein air, reconnaissable à sa tribune de marbre. C'est la *bèma*, littéralement l'enjambée, car, pour y monter, il faut faire un grand pas.

Le proconsul a estimé que la cause était importante : ce suspect ébranle, paraît-il, les fondements de l'État. Quel intéressant procès en perspective, si ces Israélites parvenaient à démontrer qu'un des leurs a voulu introduire subrepticement une religion nouvelle ! Gardien de l'unité dans ce morceau de l'empire qu'est devenue la Grèce, rebaptisée Province romaine d'Achaïe, le haut fonctionnaire a donc décidé de se déplacer lui-même.

Voici qu'on amène un petit homme chauve et barbu, qui ne paie pas de mine. Est-ce donc le dangereux agitateur qu'on a décrit au proconsul ? C'est la question que se pose, dès qu'il le voit debout devant lui, ce tout-puissant personnage drapé dans sa toge blanche. Il se nomme Lucius Junius Gallion. Il est le frère de Sénèque, qui lui a dédié son traité *De la colère*. En vérité, il est tout le contraire d'un colérique. Il a la réputation d'être un homme calme, plein de sagesse, avec un goût prononcé pour la philosophie. C'est une marque de famille ! Il est si affable qu'on le dit « charmant envers tous ». On le connaît encore assez peu à Corinthe, où sa nomination est récente. Une inscription retrouvée à Delphes nous apprend qu'il y exerça son magistère de juillet 51 à juillet 52. La scène qui se déroule sur l'Agora se situe donc à la fin du séjour de Paul. C'est une des rares dates sûres de la chronologie paulinienne.

Aussitôt, les plaignants attaquent : « Cet individu enseigne un culte divin, contraire à la loi. »

Paul s'apprête à répondre. Mais Gallion prend la parole : « Si cet homme avait commis quelque délit ou quelque grave méfait, je recevrais votre plainte, comme il se doit. Mais il s'agit de vos querelles sur des mots, des noms et votre loi à vous. C'est votre affaire ! Je ne veux pas, moi, être juge en pareille matière » (Ac 18, 14-15).

Ayant dit, il les renvoie.

Sans doute n'y a-t-il pas que des Juifs dans la petite foule qui s'est rassemblée sous le portique. Sinon comment expliquer ce qui se passe aussitôt après qu'ils aient été déboutés de leur plainte ? Des assistants, des païens, mais peut-être aussi quelques chrétiens, furieux qu'on ait osé chercher des noises à leur ami Paul, se précipitent sur Sosthène, le nouveau chef de la synagogue. Ils l'injurient, le bousculent et vont jusqu'à le frapper.

Le sage Gallion ne s'en mêle pas. Faisant celui qui n'a rien vu, il se lève et regagne son palais.

Un des premiers écrits chrétiens

Que se passe-t-il à Thessalonique ?

Les semaines passent et Paul se fait du souci. Sans raison précise, comme un père de famille qui n'a pas, depuis quelque temps, de nouvelles de ses enfants. Que deviennent les amis qu'il a laissés là-bas ? Qu'advient-il de la communauté qu'il a fondée ? Comment se comportent les nouveaux chrétiens, au milieu de difficultés prévisibles et de péripéties inattendues ? Il aimerait les revoir. Mais il ne peut quitter Corinthe, où il voit enfin se produire dans l'Église la grande mutation qu'il espérait : le passage du groupuscule à la multitude. Finis, les petits cénacles élitistes. Désormais, un seul auditoire : le peuple.

Immobilisé dans le Péloponnèse, Paul envoie Timothée en Macédoine. Lorsqu'il en revient, après un aller et retour rapide, c'est pour apporter de bonnes nouvelles : les frères de Thessalonique « tiennent bon dans le Seigneur » (I Th 3, 8). Sans doute rapporte-t-il aussi quelques sommes d'argent qui vont libérer Paul des soucis matériels et lui permettre de consacrer tout son temps à la prédication (2 Co 11, 8-9).

Paul en éprouve tant de joie qu'il leur envoie une lettre. Ainsi naît la

Première Épître aux Thessaloniciens. Texte important : c'est le premier des deux messages à eux adressés ; c'est le premier des quatorze textes de l'Apôtre que nous possédions, plusieurs autres ayant certainement disparu ; enfin, c'est l'un des premiers écrits chrétiens. On a même cru longtemps qu'il était le tout premier. On en est moins sûr aujourd'hui. Sans entrer dans une discussion savante, disons qu'on peut, semble-t-il, dater cette Épître du début de l'année 51. Jésus est mort depuis vingt et un ans. A cette époque, les traditions évangéliques ont déjà commencé à prendre corps, et même à prendre forme. Selon les hypothèses les plus récentes, plusieurs écrits auraient été rédigés, vraisemblablement en hébreu ou en araméen, à partir de l'année 36. Des ébauches d'Évangile, en quelque sorte. Car les textes, tels que nous les connaissons aujourd'hui, ne sont pas encore complètement élaborés. Elle est donc particulièrement importante, cette Épître qui débute par ces mots :

« Paul, Silvain et Timothée, à l'Église des Thessaloniciens, qui est en Dieu le Père et dans le Seigneur Jésus Christ. A vous, grâce et paix. »

L'Apôtre commence par féliciter ses amis de leur « foi active ». Après leur avoir parlé de sa tâche missionnaire et leur avoir confié son « vif désir » de retourner les voir, il aborde les deux points essentiels de sa lettre : il les exhorte à vivre avec le Christ, dans la prière, la pureté, la générosité et l'amour fraternel ; il les invite à garder l'espérance, puisqu'ils ressusciteront, comme Jésus lui-même, « au signal donné, à la voix de l'archange et au son de la trompette de Dieu » (1 Th 4, 16).

A la lecture de cette lettre, les Thessaloniciens s'imaginent que le retour du Christ est tout proche. Une phrase de Paul le leur a donné à penser : « Nous les vivants, qui serons restés jusqu'à la venue du Seigneur » (1 Th 4, 15). Certains en ont aussitôt déduit que la « parousie » ne va pas tarder à se produire. A coup sûr, c'est leur génération qui va entendre la « trompette de Dieu » : premier sujet d'incompréhension. Mais il en est un autre, plus grave : une fausse lettre de Paul a circulé. L'apprenant, il leur adresse donc, quelque temps après, une seconde missive : c'est la *Deuxième Épître aux Thessaloniciens.* Elle est courte, mais très pressante. Elle met les choses au point de façon bien nette : Attention ! A propos du retour du Christ, « n'allez pas trop vite perdre la tête » (2 Th 2, 2). L'Apocalypse annoncée pour bientôt, dans la première lettre, s'éloigne soudain dans la seconde... Ce qui a fait croire à certains exégètes que les deux textes ne seraient pas du même auteur. Cette hypothèse paraît peu vraisemblable. En tout cas, afin qu'il n'y ait aucun doute sur l'authenticité de cette deuxième Épître, l'Apôtre précise à la fin : « La salutation est de ma main à moi, Paul. Je signe ainsi chaque lettre : c'est mon écriture. »

Épîtres, que de questions...

Que de questions on se pose à propos des Épîtres ! Elles soulèvent des problèmes si complexes que des spécialistes ont consacré des années, voire leur vie entière, à les étudier. Sans entrer dans les détails, il faut évoquer ici les quinze principaux sujets de réflexion.

1. Le nombre
Il est de quatorze. Ces textes, mis bout à bout, sont presque aussi longs que les quatre Évangiles. Nous savons que plusieurs autres ont été perdus : deux lettres aux Corinthiens, une lettre aux Laodicéens, sans parler de celles, dont il n'est fait mention nulle part, mais qui ont pu disparaître, comme ont sombré ces deux grands navires de la culture mondiale, engloutis corps et biens : la célèbre bibliothèque d'Alexandrie, avec ses sept cent mille manuscrits, et la splendide bibliothèque de Celcius, au cœur d'Éphèse.

2. L'appellation
On les appelle les Épîtres, du mot grec *epistolè* qui veut dire lettre. Mais, sous ce terme générique, sont groupés des écrits très différents :
— des *billets*, assez courts et d'un ton très amical, comme ceux à Philémon, à Tite et surtout les deux à Timothée ;
— des *lettres*, le plus souvent motivées par des raisons précises, comme celles aux Galates, aux Philippiens, aux Éphésiens, aux Colossiens et les deux aux Corinthiens ;
— un véritable *traité de théologie*, sorte d'encyclique, avant celles qu'écriront les papes : l'Épître aux Romains ;
— enfin une *œuvre à part*, le second grand traité : l'Épître aux Hébreux.

3. L'auteur
Il ne fait aucun doute que l'auteur des Épîtres est Paul lui-même. Cependant, l'étude attentive des textes montre — ce que personne ne discute plus aujourd'hui — qu'ils comportent des rajouts et des interpolations. L'une des Épîtres, la quatorzième et dernière, l'Épître aux Hébreux, a probablement été rédigée par un disciple de Paul à partir de fragments et de notes que l'Apôtre avait laissés. Considérée pourtant comme un écrit canonique, elle n'a pas été acceptée sans réticences par l'Église d'Occident.

4. La date de composition
Treize des quatorze Épîtres ont été composées en l'espace d'une quinzaine d'années : entre 51 et 67.

Certaines d'entre elles sont assurément antérieures à la Ire Épître de saint Pierre et aux Épîtres de Jean, comme aussi aux Actes des Apôtres.

Ce problème de la détermination des dates auxquelles furent composés les vingt-sept textes canoniques du Nouveau Testament est des plus compliqués. Si important qu'il soit, de toute évidence, il ne passionne que les spécialistes, qui sont loin d'être tous d'accord entre eux.

On trouvera quelques précisions sur ce point dans le tableau chronologique qui figure à la fin de ce livre.

5. L'élaboration

A part les trois billets, appelés « Épîtres pastorales », chacun des écrits de Paul a nécessité une longue maturation. Avant de donner à sa pensée la forme que nous connaissons, il a mûrement réfléchi. Parfois même, lorsque la missive avait pour but d'aider telle ou telle Église à surmonter une crise, il a envoyé sur place une « mission d'information » et il a attendu son rapport avant d'intervenir personnellement par écrit.

6. La rédaction

Paul ne rédige de sa main aucune de ses Épîtres. Il les dicte à un secrétaire. Nous n'en connaissons qu'un, Tertius, le scripteur de l'Épître aux Romains (Rm 16, 22). Ce collaborateur écrit caractère par caractère, lentement et soigneusement. Il ne dépasse pas cent mots à l'heure. Quand on sait que l'Épître aux Galates comprend deux mille deux cents mots, on peut penser que son auteur eut recours à plusieurs secrétaires ou dicta au même pendant plusieurs jours. Le premier jet étant écrit, Paul le relit. Puis, il est recopié sur de belles feuilles, capables de supporter le voyage...

7. La langue

Paul dicte toute sa correspondance en grec. Qui a la chance, de nos jours, de pouvoir lire les Épîtres dans cette langue, retrouve la fraîcheur du texte original. Ce grec n'est ni très pur ni très littéraire. C'est le grec en usage à l'époque dans tout le Proche-Orient. Il s'y mêle quelques tournures populaires savoureuses et, ici ou là, certaines survivances de l'araméen.

8. Le support matériel

A l'époque on utilise pour écrire diverses sortes de supports : tessons de poterie, tablettes enduites de cire, plaquettes de métal, parchemins faits avec de la peau de mouton — les plus beaux fabriqués à Pergame — et papyrus importés d'Égypte. Ces derniers s'achètent dans des « papeteries », où ils sont vendus par feuilles séparées. Car le papyrus coûte cher : une journée de travail environ pour une seule feuille de format normal. On écrit, au recto uniquement, avec un *calame* — un roseau taillé, qu'on trempe dans une encre faite d'un mélange de noir de fumée et de gomme arabique. Cela forme une sorte de laque, vendue en tablettes, qu'on délaie dans l'encrier avec de l'eau avant de commencer à rédiger. C'est ce que font encore les Chinois, quand ils écrivent au pinceau.

9. Le style

Prenant note à la volée, le scribe décalque littéralement les manières de parler de son « patron ». Celui-ci peut soit dicter lentement, phrase par phrase, soit indiquer les principales idées, en laissant à son secrétaire le soin de les mettre en forme. Il paraît évident que Paul a adopté la première formule. Cela explique qu'on trouve au fil des Épîtres des répétitions de mots, des tics de langage et des phrases mal équilibrées : tantôt hachées, tantôt, au contraire, « immenses et rocailleuses ». Mais, malgré ces imperfections, ou plutôt à cause d'elles, quelle spontanéité, quel jaillissement de la pensée, quel élan du cœur, quelle véhémence dans les impulsions de l'esprit, quelle parfaite fusion de l'âme et du style ! Que de formules frappantes ! Que de réflexions profondes ! Que de trouvailles et de perles !

10. Le mode de raisonnement

Le mode de raisonnement, typiquement hébraïque, est parfois déroutant pour un esprit occidental. L'argumentation ignore notre habituelle progression thèse-antithèse-synthèse. Elle se déroule selon un schéma qu'on pourrait appeler circulaire : A, B, A'. Un schéma dans lequel A' développe le principe énoncé en A. Les digressions sont nombreuses. Les répétitions très fréquentes. Parfois il manque un mot. Certaines métaphores nous étonnent. Quelques passages sont obscurs, voire incompréhensibles. Deux mille ans de commentaires n'ont pas réussi à les éclairer.

11. La signature

Pour authentifier l'Épître, il arrive que Paul ajoute un mot de sa main, appose sa signature et précise même, afin que nul n'en doute : « Voyez ces grosses lettres. Je les ai écrites de ma propre main. » C'est le cas à la fin de l'Épître aux Galates, de l'Épître aux Colossiens, de la Première aux Corinthiens et de la Seconde aux Thessaloniciens.

12. L'acheminement

Il n'est évidemment pas question d'expédier ces lettres en utilisant la poste impériale : elle est réservée à la correspondance officielle. C'est une sorte de valise diplomatique. Pour en bénéficier, il faut une autorisation spéciale : la *combina,* un mot de même racine que *combinare,* qui signifie réunir, joindre deux choses.

Le papyrus ou le parchemin, soigneusement roulé, est lié au moyen d'un ruban dont les extrémités sont fixées par un sceau de cire ou de plomb. A l'extérieur de ce rouleau on écrit lisiblement l'adresse du destinataire. Puis on confie la lettre à un messager. Les commerçants aisés et les gros négociants utilisent des porteurs professionnels, les *tabellarii*. Paul, lui, dépêche des membres de son entourage. Les délais d'acheminement varient suivant la saison. Cicéron, écrivant à son fils à Athènes, s'étonne de la rapidité avec laquelle sa lettre est parvenue à destination. Depuis Rome, elle a mis quarante-six jours !

13. La diffusion

Les Épîtres sont destinées à être lues publiquement. Dès la première, Paul précise : « Je vous conjure par le Seigneur de lire cette lettre à tous les frères » (I Th 5, 27). Paul est l'ancêtre de la diffusion de l'information. Bien avant le début de la « galaxie Gutenberg », bien avant Théophraste Renaudot et sa célèbre *Gazette,* il est, d'une certaine façon, le premier patron de presse de l'histoire...

14. La conservation

Les Épîtres ne sont pas seulement faites pour être lues en public. Elles sont faites pour être communiquées. C'est la volonté clairement exprimée de Paul. « Quand vous aurez lu ma lettre, précise-t-il, à la fin de l'Épître aux Colossiens (Col 4, 16), vous la transmettrez à l'Église de Laodicée. Qu'elle la lise à son tour. Lisez, de votre côté, celle qui viendra de Laodicée. »
Ainsi naissent les premières collections d'Épîtres.

15. Les premiers manuscrits

Comme les Évangiles eux-mêmes, les Épîtres nous sont connues par un très grand nombre de manuscrits, dispersés aujourd'hui dans les principales bibliothèques du monde et traduits dans des langues très diverses : grec, copte, syriaque, arménien, gothique, géorgien, éthiopien et, bien entendu, latin. Les plus anciens de tous sont des fragments de papyrus écrits en grec, qui ont été, pour la plupart, retrouvés dans des tombes d'Égypte. On en possède une cinquantaine, quelques-uns datant du IIe siècle. Mais le papyrus est un support fragile. C'est pourquoi, dès le IIe siècle, l'usage se généralisa de recopier le texte sur du parchemin. Ces manuscrits ont merveilleusement résisté au temps. Rien que des Évangiles, il en existe environ deux mille cinq cents, écrits en grec, dont une bonne quarantaine a plus de mille ans d'existence. On les désigne sous l'appellation de Codes — du latin *codex*. Les deux plus célèbres d'entre eux sont le *Codex Sinaïticus* et le *Codex Vaticanus*.

Le *Sinaïticus* est, très probablement, un des cinquante manuscrits qu'Eusèbe de Césarée nous dit avoir fait transcrire, sur l'ordre de l'empereur Constantin, vers 331. Il lui en offrit un exemplaire et adressa les quarante-neuf autres aux principales Églises de la chrétienté. Ce Codex comprend 346 feuillets et demi d'un parchemin si fin qu'on pense qu'il s'agit de peau de gazelle. Ces feuillets mesurent 43 centimètres de haut sur 37 de large. Il fut découvert en 1844, au monastère de Sainte-Catherine, dans le désert du Sinaï, d'où son nom. Après avoir appartenu aux Tsars de Russie, il fut vendu par les Soviets à la Grande-Bretagne, qui l'acheta par souscription nationale.

Le *Vaticanus* est, semble-t-il, un des exemplaires que le même empereur Constantin reçut de saint Athanase, vers 340. A l'instar du précédent, il est un des meilleurs textes du Nouveau Testament. Comme son nom l'indique, ce Codex est conservé à la Bibliothèque vaticane. A la fin du siècle dernier, tous ses feuillets ont été séparés pour être placés, dépliés, dans des chemises de carton, qui ont été rangées dans une armoire métallique de la réserve des manuscrits. Cette réserve constitue une partie du magasin souterrain des manuscrits, creusé et aménagé, sur l'ordre de Jean-Paul II, en 1983. C'est un caisson de béton armé, enterré, entièrement climatisé, doté de systèmes d'alarme perfectionnés afin d'être protégé contre le vol et l'incendie. L'environnement n'a pas permis d'en faire, comme on l'avait envisagé, un véritable abri, capable de résister à l'impact direct d'une puissante bombe conventionnelle ou, *a fortiori*, d'un engin nucléaire. Il n'est pas non plus isolé contre les retombées radioactives. Comme nous l'écrit, non sans humour, le conservateur de cette section des manuscrits que nous avons consulté : « Espérons que ces éventualités ne se réaliseront pas, car, avec Saint-Pierre et les Palais du Vatican, disparaîtrait une part importante du patrimoine culturel de l'humanité. »

... Et retour par mer

A la fin de l'été 52 ou au début de l'automne, Paul quitte Corinthe.

Peut-être est-il remonté une dernière fois au sommet de la montagne qui domine la ville où il vient de passer un an et demi. Il peut partir tranquille. La graine qu'il a semée ressemble à celle de la moutarde, dont parlait Jésus au bord du Lac : « Elle est la plus petite de toutes les semences du monde ; mais quand on l'a semée, elle monte et devient la plus grande de toutes les plantes potagères, et elle pousse de grandes branches, si bien que les oiseaux du ciel peuvent faire leur nid à son ombre » (Mc 4, 31-32).

Par un petit matin de cristal, moi aussi, avant de repartir je remonte à Acrocorinthe. Les oiseaux gazouillent parmi les ruines du temple d'Aphrodite. Les pruniers sauvages sont couverts de fleurs roses. Deux poules faisanes s'en vont doucement, côte à côte, sur le sentier, comme deux commères qui devisent. Plus haut, le bruit de mes pas fait fuir un gros renard roux. J'atteins enfin le sommet rocheux que couronnent les puissantes fortifications construites par les Francs, après cinq longues années de siège, lors de la quatrième croisade. Du haut de ce prodigieux belvédère, l'isthme de Corinthe paraît minuscule. Au-delà moutonnent les collines de l'Attique, où naquit la démocratie. Au nord du grand golfe bleu sombre, la neige couronne le Parnasse qui domine de toute sa masse Delphes, où Zeus parlait aux hommes par la voix d'Apollon. Sur cette rive-ci du golfe, à main droite, s'étend vers l'est la longue péninsule d'Argolide où sinue, parmi les chênes verts, la route qui conduit à Épidaure, où se dresse le sanctuaire d'Asklepios, le dieu de la médecine.

Plus près, au fond du golfe saronique, on aperçoit la petite anse de Cenchrées, où Paul va s'embarquer « pour la Syrie, en compagnie de Priscille et d'Aquilas » (Ac 18, 18). Mais, du port, l'un des deux de l'antique Corinthe, on ne voit plus que des ruines léchées par le ressac. A quelques brasses de là, l'École américaine d'archéologie a fait des fouilles sous-marines. Elles ont permis de retrouver, en 1964, les quais du port antique, le sanctuaire d'Isis, des entrepôts et, à l'intérieur de l'un d'entre eux, quatre-vingt-quatre panneaux de verre peint, encore emballés dans leurs caisses d'origine et dont les couleurs étaient aussi fraîches qu'au premier jour : des vitraux commandés par quelque riche propriétaire et qui ne sont jamais parvenus à destination...

Paul et ses deux compagnons ont trouvé un capitaine qui s'apprête à partir pour l'Asie Mineure. Ils s'entendent avec lui sur le prix du passage. Ils achètent leurs provisions de bouche. On largue les amarres. On hisse la voile carrée.

Assis sur le pont, Paul se couvre la tête avec un pétase pour se protéger du soleil ardent. Avant de quitter Corinthe, il s'est rasé le crâne. Il a « fait un vœu », nous indique Luc (Ac 18, 18), sans nous donner plus de détails. Rien ne nous permet donc de préciser la nature de ce vœu...

Le navire cingle, cap à l'est, durant des jours et des nuits. Ce n'est pas un petit voyage que de traverser toute la mer Égée. Mais on a peu de chance de se perdre : il y a toujours une île en vue. D'abord, dans l'archipel des Cyclades : Kitnos, Siros, Tinos, Mykonos ; puis dans celui des Sporades : Ikaria, Samos.

Le navire jette l'ancre à Éphèse. Paul s'y sépare de ses compagnons. Il se rend à la synagogue, où il adresse la parole aux juifs. Malgré la malédiction lancée à Corinthe, dans un moment de colère, la rupture avec ses coreligionnaires n'est pas définitive. Elle ne sera jamais définitive. Du moins en ce qui le concerne. Ces juifs d'Éphèse lui demandent de prolonger son séjour. Mais il ne peut accéder à leur désir. Il veut rentrer sans plus tarder. « Je reviendrai chez vous une autre fois, si Dieu le veut » (Ac 18, 21).

Il reprend la mer, longe la côte sud de l'Asie Mineure et débarque à

Césarée. De là, il monte à Jérusalem, pour « saluer l'Église » et y célébrer la Pâque. Ayant fait ce crochet, il regagne Antioche.

Ainsi s'achève ce qu'on appelle le « deuxième voyage missionnaire » de Paul. Depuis son départ, il y a deux ans et demi, il a parcouru près de cinq mille kilomètres, dont plus de deux mille à pied. Telles sont les distances que n'importe qui peut relever de nos jours en suivant le même parcours. Je les mentionne pour fixer les idées, tout en restant convaincu qu'elles n'ont pas grand sens. Comme pour le premier voyage, l'importance de celui-ci ne se mesure pas en kilomètres parcourus...

Avec son intuition de poète, Victor Hugo écrira un jour trois vers qui me semblent s'adapter parfaitement à Paul et à ses compagnons de route :

> *Les hommes au travail sont grands des pas qu'ils font.*
> *Leur destination c'est d'aller, portant l'Arche.*
> *Ce n'est pas de toucher au but, c'est d'être en marche.*

Qui, plus que Paul, est perpétuellement « en marche » ?

Cinquième partie

SUR DES RIVAGES GRECS

En route par le « haut pays »

Voilà donc Paul de retour à sa « base ».
« Il descendit à Antioche, où il resta quelque temps », nous dit Luc (Ac 18, 23). Une fois de plus, son récit ne s'embarrasse pas de chronologie. En réalité, ce « quelque temps » va presque durer une année entière. Revenu sur les bords de l'Oronte fin 53, Paul y reste, vraisemblablement, jusqu'au printemps ou à l'été 54.

Quand il repart, il ne se doute pas qu'il quitte Antioche pour la dernière fois. Cette fois, sa destination est Éphèse. La promesse de revenir qu'il a faite aux Juifs de cette ville n'était pas une parole en l'air. Luc expédie le compte rendu de ce voyage en une demi-phrase : « Il arriva (…) en passant par le haut pays » (Ac 19, 1). C'est glisser un peu vite sur une marche de plus de onze cents kilomètres, à travers toute l'Asie Mineure.

Au début de ce « troisième voyage missionnaire », Paul suit un itinéraire qui lui est familier : Tarse, les Portes de Cilicie, Derbé, Lystres, Iconium. C'est la quatrième fois qu'il passe par là depuis sa première tournée il y a huit ans. Naturellement, il s'arrête dans chaque ville. Il y visite les Églises qu'il a fondées. Il y retrouve les responsables qu'il a mis en place ou leurs successeurs. Il y rompt le pain avec les communautés, qui ont grandi. Il les renforce dans leur foi.

Au-delà d'Iconium, il « parcourt successivement la région galate et la Phrygie » (Ac 18, 23). Luc n'en dit pas plus. Qui accompagne l'Apôtre ? Sans doute Tite et Timothée. Quel itinéraire empruntent-ils cette fois-ci ? Nous l'ignorons. Il est logique de penser qu'ils remontent assez haut vers le nord, jusque dans la région d'Ancyre, l'actuelle Ankara.

Comment Paul n'aurait-il pas le désir, lui l'homme au cœur fidèle, de revoir les descendants des tribus gauloises, qui l'ont si bien reçu lorsqu'il est arrivé chez eux, sérieusement malade, dans le courant de l'année 49 ?

De là, il repart vers l'ouest, en traversant une nouvelle fois les cités de l'ancien royaume phrygien : Gordion, Pessinonte et Midas Sehri. Il passe, très vraisemblablement, par Acroênus, la vieille place forte des Hittites, devenue aujourd'hui Afyon. Plus au sud, il emprunte la vallée du Cestrus, rebaptisé aujourd'hui Aksu. C'est un gros affluent du Méandre, l'actuel Mendérès, dont Paul n'a plus qu'à suivre le cours sinueux et marécageux.

Car il est fort peu probable que l'Apôtre fasse un détour pour aller visiter Aphrodisias, une des plus belles villes de la région pourtant, celle qui possède les temples les plus élégants. Cette cité lui fait horreur en raison de tout ce qu'elle est et, plus encore, de tout ce qu'elle symbolise : le haut lieu du sexe triomphant, le rendez-vous de l'érotisme divinisé.

En revanche, il visite au passage trois cités prospères : Colosses, Laodicée et Hiérapolis.

... Si cette dernière — la seule des trois — n'est pas totalement oubliée de nos jours, c'est parce qu'elle jouxte l'un des sites touristiques les plus célèbres de la Turquie moderne : les cascades de Pamukalé et leurs vasques de calcaire blanc, qu'on a pu comparer aux « grandes corolles de quelque étrange fleur tropicale d'une blancheur liliale ».

Entourée d'hôtels modernes, Hiérapolis, sur sa colline, n'est plus que ruines. En marge de tous les circuits, Colosses détruite ne subsiste dans les mémoires qu'à cause d'une Épître. Quant à Laodicée, réduite à un champ de pierres dispersées sur un plateau éventé, elle n'a plus d'existence que dans l'Apocalypse de saint Jean, où elle prend rang parmi « les sept Églises qui sont en Asie » (Ap I, 4), celles qu'on appelle aussi « les sept Églises de l'Apocalypse » : Laodicée, Éphèse, Smyrne, devenue l'énorme Izmir, Sardes à une soixantaine de kilomètres au nord, Pergame, à une centaine, Thyatire, rebaptisée Akhisar et Philadelphie, qui s'appelle maintenant Alasehir.

On trouve ainsi aujourd'hui à travers l'Anatolie toute une collection de cités totalement détruites par les guerres ou les tremblements de terre. On a peine à imaginer qu'il y eut là, où n'émergent plus que des ruines, parmi les herbes folles et les fleurs sauvages, des villes prospères, qui abritaient d'importantes communautés chrétiennes. Elles furent parmi les premières de l'histoire ; elles possédèrent chacune un évêque, dont on foule parfois du pied les ruines du palais ; elles bâtirent des basiliques ; elles furent le Printemps de l'Église...

Au Vatican, on a pieusement conservé les noms de ces évêchés. Et ceux de bien d'autres en Orient et en Afrique du Nord : plus de six cents dans cette seule région ; et parmi eux, Hippone, la ville de saint Augustin, sur le site actuel d'Annaba, anciennement Bône, en Algérie.

Depuis le IVe siècle, et surtout depuis les conquêtes arabes des VIIe et VIIIe siècles, les papes ont pris l'habitude d'attribuer ces sièges disparus à des archevêques et des évêques qu'on baptisa longtemps *in partibus*, sous-entendu *infidelium*, c'est-à-dire « dans les pays occupés par les infidèles ». On les appelle tout simplement aujourd'hui archevêques et évêques titulaires, pour les distinguer de ceux qui occupent un siège résidentiel.

Les hommes perdent la mémoire. L'Église n'oublie pas...

Éphèse, une des capitales du monde

Rien n'a changé : ni la foule qui se presse, sur l'avenue dallée de marbre blanc, ni la crécelle des cigales ivres de soleil, ni le bombillement des abeilles débordées de travail, ni la ritournelle nasillarde des petites filles qui jouent à la marelle à l'ombre d'un buisson de lauriers-roses, ni le brouhaha des conversations dans toutes les langues de la terre.

Les pèlerins du dieu Tourisme, descendus des blancs paquebots au môle presque voisin de Kusadasi, ont remplacé les pèlerins de la déesse Artémis, débarquant aux quais de Coressos, aujourd'hui enfouis sous les alluvions au bas de l'avenue du port.

Ravagée par les tremblements de terre, après avoir été décimée par la malaria, Éphèse, de nos jours, n'est plus que ruines. Mais ce sont les plus belles du bassin méditerranéen : celles d'une métropole qui, lorsque Paul y arrive au printemps de l'année 54, est l'une des capitales du monde.

Lui qu'Athènes n'a pas impressionné, il a le souffle coupé en découvrant la via Arcadiané, longue de près d'un kilomètre et demi, large comme une place publique et bordée de portiques à chapiteaux corinthiens, sous lesquels s'ouvrent des boutiques débordant de tous les produits du bassin méditerranéen : amphores de vin d'Italie et de Grèce, billes de bois de la Gaule « chevelue », safran de Cilicie, tapis de Syrie, bijoux de Lydie et l'irremplaçable pourpre de Phénicie. Cette avenue triomphale aboutit à la place du théâtre. Commencé sous le règne de Claude, il ne sera achevé que sous celui de Trajan, au début du second siècle. On veut en faire le plus grand et le plus beau théâtre de l'empire : il pourra contenir vingt-cinq mille spectateurs.

Empruntant, sur sa droite, la « rue de marbre », où les chars ont creusé dans le pavement de profondes rainures, il atteint l'agora, que domine une belle porte à triple arcade. L'admirable bibliothèque de Celsius n'est pas encore construite, ni, bien sûr, le temple d'Hadrien.

Il remonte la rue des Courètes, qu'il prendra vite en horreur : elle tire son nom d'une confrérie religieuse attachée au temple d'Artémis, cette déesse qui va devenir, à Éphèse, son principal adversaire ; elle abrite le lupanar, appelé le *Paidiskeïon*, la maison des toutes jeunes filles, installé dans une vaste et belle demeure.

En suivant cette élégante artère, il atteint l'Agora supérieure, la plus importante de la ville. C'est en ce lieu qu'on comprend le mieux le choix que firent de ce site les fondateurs d'Éphèse, à une époque qui se perd dans la nuit des temps, plus de deux millénaires av. J.-C. L'emplacement leur parut idéal, au fond d'un golfe profond, au pied de deux éminences abruptes : le mont Pion et le mont Coressos. Tous deux constituaient une excellente défense naturelle, avant même que Lysimaque, lieutenant d'Alexandre, ne reliât leurs crêtes par une muraille longue de huit kilomètres, enfermant dans une même enceinte la ville haute, les bas quartiers et le port de commerce.

C'est tout près de la colonnade de cette Agora supérieure que Luc sera un jour inhumé après avoir été martyrisé en un lieu qu'on ignore. Au-delà, Paul atteint la porte de Magnésie qui date, comme les remparts eux-mêmes, du IIIe siècle av. J.-C. Elle marque le point de départ d'une des deux « voies sacrées », qui aboutissent, à quelque distance au nord de la cité, à côté de l'actuelle ville turque de Selçuk, au très célèbre Artémision, le temple d'Artémis.

C'est un magnifique édifice. Il est classé parmi les Sept merveilles du monde. Les six autres sont les jardins suspendus de Sémiramis à Babylone, la pyramide de Khéops, le colosse de Rhodes, la statue de Zeus à Olympie, le phare d'Alexandrie et le mausolée d'Halicarnasse, aujourd'hui Bodrum, sur la côte d'Anatolie.

Les dimensions de ce temple d'Éphèse sont impressionnantes : il est long de cent quatre-vingt-dix mètres, large de cinquante-cinq et ne comprend pas moins de cent vingt-sept colonnes ioniques. Le puissant roi de Lydie, le fastueux Crésus, riche des filons de ses mines d'or et des pépites du fleuve Pactole, a contribué à son achèvement, au VIe siècle av. J.-C. Le célèbre sculpteur Praxitèle a prêté son concours à la décoration de l'autel. On vient de très loin pour implorer la protection de la déesse, fille de Zeus, sœur d'Apollon, à qui l'on prête les plus grands pouvoirs. En Grèce, Artémis est la déesse de la chasse, qu'on représente toujours avec un arc et des flèches. A Éphèse, elle est la déesse de la fécondité. C'est pourquoi elle prend les traits d'une femme aux seins multiples : d'où son nom d'Artémis *Polymastos*, c'est-à-dire qui a de nombreuses mamelles. Étrange et fascinante statue de marbre couleur de crème fraîche : tout à la fois imposante matrone, et difforme truie humaine ; élégante représentation de la femme et mystérieuse incarnation de la mère. Le peuple la croit tombée du ciel. C'est à ses pieds qu'arrivent par milliers, quotidiennement, les orants de toute condition. Car son sanctuaire est le plus célèbre lieu de pèlerinage d'Asie Mineure : une sorte de Lourdes païen.

Des splendeurs de ce sanctuaire il ne subsiste aujourd'hui, au milieu d'une prairie hirsute, parmi des fûts brisés et des chapeaux renversés, qu'une seule et unique colonne de marbre blanc.

Ainsi meurent les déesses...

Dans l'école de Tyrannos

A Éphèse, Paul ne débarque pas en terre chrétiennement vierge.

D'autres, avant lui, ont déjà annoncé ici l'Évangile. Le tout premier messager semble avoir été un juif originaire d'Alexandrie nommé Apollos. C'est « un homme savant, versé dans les Écritures » et qui a « été informé de la Voie du Seigneur » (Ac 18, 24-25). Mais il l'a été de façon partielle, avant la Pentecôte. Son christianisme est, pourrait-on dire, de type archaïque.

Les hôtes de Paul à Corinthe, Aquilas et Priscille, sont eux-mêmes venus à Éphèse. Entendant Apollos parler avec assurance dans la synagogue, ils « le prennent avec eux et lui présentent, avec plus d'exactitude, la Voie de Dieu ». Lorsqu'il a reçu ce complément d'instruction, l'Alexandrin manifeste le désir de se rendre en Grèce. Les frères l'approuvent et lui remettent une lettre demandant aux communautés de lui faire bon accueil.

Quand Paul débarque à Éphèse, il trouve donc déjà quelques disciples.

« Avez-vous reçu l'Esprit saint quand vous êtes devenus croyants ? leur demande-t-il.

— Mais nous n'avons même pas entendu parler d'Esprit saint, répondent-ils. »

Comme Apollos, qui les a enseignés, ils sont des chrétiens d'avant la Pentecôte.

« Quel baptême avez-vous donc reçu ? insiste Paul.

— Le baptême de Jean. »

Il s'agit de Jean-Baptiste, qui baptisa le Seigneur dans le Jourdain.

« Jean donnait le baptême de conversion, précise opportunément Paul. Il demandait au peuple de croire en Celui qui viendrait après lui, c'est-à-dire en Jésus » (Ac 19, 2-4).

Ils « l'écoutent et reçoivent le baptême au nom de Seigneur Jésus. Paul leur impose les mains et l'esprit saint vient sur eux ». Même rite que lors de l'institution des diacres. Même conséquence que le jour de la Pentecôte : ces nouveaux baptisés, qui sont une douzaine, se mettent à « parler en langues et à prophétiser » (Ac 19, 6).

Récit important que celui-ci, car il montre la différence fondamentale entre le baptême dans l'eau qui, sous l'apparence matérielle, possède un aspect symbolique, et le baptême dans l'Esprit, qui est la seule véritable réalité spirituelle.

Dès qu'il est arrivé à Éphèse, Paul, à son habitude, s'est rendu à la synagogue. Durant trois mois, il y prend la parole, « en toute assurance, à propos du Règne de Dieu, s'efforçant de convaincre ses auditeurs ». Certains le suivent. Mais d'autres se durcissent et, loin de se laisser embraser par la foi, dénigrent la Voie de Jésus en pleine assemblée. A leurs yeux, ce prophète est tout simplement schismatique. Paul rompt avec eux, comme il a fait avec ceux de Corinthe.

Comme il lui faut trouver une salle de réunion, il s'installe alors dans l'école de Tyrannos (Ac 19, 9). Il s'agit, pense-t-on, non point d'un instituteur primaire, mais d'un maître de rhétorique, dont il existe plusieurs à Éphèse. C'est dans cette ville que la philosophie a, en quelque sorte, pris naissance, avec ceux qu'on a appelés des « présocratiques » : Thalès de Milet a enseigné ici ; Héraclite était prêtre du temple d'Artémis. Eux et leurs amis ont longuement médité sur le principe de toutes choses. Ils ont ouvert la voie à Socrate, d'où leur nom, et à Platon lui-même.

Tyrannos loue ou prête son local à Paul. « De la cinquième à la dixième heure », précise la variante occidentale d'un manuscrit des Actes : c'est-à-dire de onze heures à seize heures, pendant les moments chauds du repas et de la sieste.

On peut, avec une certaine vraisemblance, reconstituer une journée de Paul à Éphèse. Levé de bonne heure, il consacre la matinée à tisser ces tentes qui lui font les mains caleuses (Ac 20, 34). Lorsqu'il a terminé, il se rend à l'école où « il s'adresse, chaque jour, aux disciples ». Durant la seconde partie de l'après-midi, il va voir ceux qui n'ont pas pu venir, retenus par leurs activités professionnelles. Peut-être aussi va-t-il visiter les malades et les vieillards. Le soir venu, il dîne avec les membres de la communauté. Le plus souvent au domicile d'Aquilas et de Priscille, qu'on appelle aussi Prisca (I Co 16, 19).

On imagine aisément cette réunion quotidienne, à l'heure où l'air commence à fraîchir. On s'assied en tailleur, dans la pièce principale. On se recueille un instant. On dit une prière. Puis, Paul parle. Que dit-il ? Que Jésus est venu pour sauver tous les hommes ; qu'il a vaincu la mort ; qu'il est toujours vivant ; qu'il est présent en nous par le baptême ; que la seule chose qui nous soit demandée par Dieu, c'est de laisser cette foi grandir en notre cœur ; qu'elle ne peut s'épanouir que dans l'amour des hommes, qui sont tous nos frères, tous quels qu'ils soient.

Quand Paul a fini de parler, on apporte la nourriture. Elle est frugale : un grand plat de légumes, un peu de viande ou de poisson, un pichet de vin, une corbeille remplie de pains. Paul prend l'un de ces pains, le rompt et le distribue...

Aux portes de la mort

Si nous ne possédions pas d'autre source que les Actes des Apôtres, nous ne saurions presque rien sur le long séjour qui commence pour Paul à Éphèse.

Curieusement, le récit se réduit à deux incidents, dont le second mettra soudain un terme à sa mission dans la province romaine d'Asie ; deux péripéties dont il sera question plus loin et qu'on pourrait classer dans la rubrique des faits divers. En revanche, bien peu nous est dit sur l'essentiel : la prédication de l'Évangile, la croissance des Églises locales, l'organisation des diverses communautés. Tout cela tient en quelques phrases, au début d'un chapitre (Ac 19, 1-10). Sur l'école de Tyrannos, qui joua un rôle si important dans la diffusion du Message, nous ne savons que ce qui vient d'être dit.

Sans les Épîtres, nous ignorerions tout sur quatre événements importants : la crise traversée par l'Église de Corinthe ; l'aller et retour rapide de Paul en Grèce ; sa possible — mais peu certaine — incarcération à Éphèse ; la grave maladie qui le conduisit aux portes de la mort.

Commençons par les soucis de santé. Paul a beau être bâti à chaux et à sable, il n'est pas à l'abri des microbes et des virus. Au début de la deuxième Épître aux Corinthiens, cet infatigable lutteur qui n'a pas pour habitude de s'écouter leur dit qu'il ne veut pas leur laisser ignorer « le péril qu'il a couru en Asie » (II Co 1, 8). Ce péril fut si grave qu'il l'a « accablé à l'extrême, au-delà de ses forces, au point qu'il désespérait même de la vie ».

Pour la première fois, le danger ne provient ni des embûches de la route, ni des bêtes sauvages, ni des brigands, ni de ses adversaires acharnés à sa perte. Il a pour cause la maladie. Comment comprendre autrement cette phrase où Paul avoue :

« Oui, nous avions reçu *en nous-mêmes* notre arrêt de mort. Ainsi notre confiance ne pouvait plus se fonder sur nous-même, mais sur Dieu qui ressuscite les morts » (II Co 1, 9).

Paul a-t-il fait une rechute de la grave affection qui l'a frappé en 49, lors de son arrivée chez les Galates ? A-t-il eu une nouvelle crise de paludisme, plus grave que les précédentes, dans cette ville d'Éphèse que la malaria afflige de façon endémique ? A-t-il été atteint par une autre maladie pernicieuse, qui a mis ses jours en danger ? Il ne nous donne aucune précision. Luc, qui est médecin pourtant, reste muet. Paul n'en dit guère plus : « un grand nombre de personnes » s'est mis en prière. c'est « par leur intercession », il en est sûr, que Dieu l'a arraché à la mort. Le péril écarté, l'heure est à « l'action de grâces » (II Co 1, 11).

Pour la première fois, cet homme de fer vient de découvrir ses limites.

Sérieux soucis à Corinthe

Les mois passent...
A Rome, à la fin de l'année 54, l'empereur Claude meurt empoisonné par sa seconde femme Agrippine. Le 10 octobre, Néron lui succède. Il n'a encore que dix-sept ans. Ses précepteurs, l'honnête Sénèque et le courageux Burrus, ont tout fait pour tenter d'endiguer la nature violente, le caractère cruel et la totale absence de scrupules du jeune souverain. Peine perdue ! Dès 55, il fait assassiner le fils du premier mariage de Claude, l'infortuné Britannicus : c'est un adolescent d'à peine quatorze ans. En 59, il fera périr sa propre mère, Agrippine. Après quoi, il se débarrassera de ses deux anciens maîtres, qui n'ont d'autre tort que de le connaître trop bien : Burrus est empoisonné ; Sénèque, devançant l'exécuteur des basses œuvres, s'ouvre les veines.

A Éphèse, la prédication de Paul commence à porter ses fruits. Parmi les nouveaux convertis, on compte des membres de « la maison de César » (Ph 4, 22). Sont-ils des collaborateurs directs, envoyés de Rome pour quelque mission occasionnelle, ou bien appartiennent-ils au personnel titulaire, qui est au service permanent de l'empereur dans la ville, sous l'autorité du gouverneur ? Dans l'une et l'autre hypothèse, il s'agit évidemment de fonctionnaires civils et de militaires.

Au début de 56, deux années s'étant presque écoulées, Paul commence à songer au départ. Jamais il n'est resté aussi longtemps dans une ville qu'il évangélise. Il prolonge pourtant son séjour à Éphèse, car les résultats sont plus que satisfaisants. « Une porte, note-t-il, s'y est ouverte toute grande à mon activité » (I Co 16, 8). Tout n'est pas facile cependant. Rien n'est jamais gagné. Il lui arrive, avoue-t-il, de travailler « dans les larmes et au milieu des épreuves ». De quelles épreuves s'agit-il ? Des complots que les juifs, ses frères, continuent à ourdir contre lui (Ac 20, 19). C'est à ce moment que surgissent d'autres soucis, là où il ne les attend certes pas : à Corinthe.

La « crise de Corinthe », comme on l'appelle souvent, est née de la désunion des chrétiens de la ville. Une coterie ne jure plus que par Apollos, orateur brillant, qui subjugue littéralement ses auditeurs. Ce n'est pas le cas de Paul, dont les allocutions sont parfois pesantes. Il l'avoue lui-même, avec une lucidité qui va de pair avec l'humilité. Néanmoins, parmi les Corinthiens il a conservé de nombreux partisans, qui constituent un véritable clan. Deux autres, pour tout compliquer, sont venus s'y ajouter : le clan de Céphas ou, si l'on préfère, de Pierre, et le clan du Christ, sur lequel nous n'avons pas d'autres détails que cette simple mention. Bref, entre les partisans de ces quatre tendances c'est une vraie cacophonie. Avec, à l'horizon, la menace d'un schisme. D'autant que des déviations ont déjà fait leur apparition dans trois domaines au moins : les règles de morale, les principes doctrinaux et la pratique du culte.

Au printemps de cette année 56, Paul est parfaitement informé de la situation par Apollos, qui est revenu à Éphèse et qui refuse obstinément, malgré les incitations de l'Apôtre, de retourner à Corinthe : il ne veut pas donner l'impression d'approuver ceux qui se réclament si bruyamment de lui. Pour aider ses amis corinthiens à surmonter leurs divisions, Paul leur envoie Timothée, son « enfant chéri », comme il l'appelle avec affection (I Co 4, 17).

Paul est un chef. C'est là qu'on le voit. Il décide de prendre le taureau par les cornes. Ayant, comme toujours, longuement prié et mûrement réfléchi, il appelle un secrétaire et il lui dicte une très longue lettre. C'est celle que nous connaissons sous le nom de *Première Épître aux Corinthiens*.

Il a vite fait de rappeler qu'il n'y a pas une Église d'Apollos, une Église de Paul, une Église de Céphas et une Église du Christ. Il n'y a qu'une seule Église, dont l'enseignement peut se résumer en une phrase, pour les Corinthiens comme pour tous les chrétiens : « Vous êtes à Christ et Christ est à Dieu (I Co 3, 23).

Dans une seconde partie de l'Épître, Paul dit, nettement et fermement, ce qu'il pense sur les points de morale sexuelle soulevés par les Corinthiens à propos du mariage, de la virginité, de la fornication, de l'inceste ; il expédie, comme secondaire, la question de la consommation des viandes réservées aux idoles ; il donne son avis sur l'appel aux tribunaux païens ; il règle la question de la bonne tenue des réunions religieuses.

Mais les deux points importants, qui suffiraient à faire de cette Épître un texte inoubliable, même si tout le reste disparaissait, sont, d'une part, l'admirable chapitre 13 sur l'amour fraternel, la perle parmi toutes les perles que renferment les Épîtres ; d'autre part, le chapitre 15 sur la Résurrection. C'est là qu'on trouve la phrase célèbre sur la mort, trop souvent citée hors de son contexte, et qui n'a pas fini, deux mille ans après, de nourrir la méditation des hommes :

« Quand donc cet être corruptible aura revêtu l'incorruptibilité, et que cet être mortel aura revêtu l'immortalité, alors se réalisera la parole de l'Écriture : " La mort a été engloutie dans la victoire. Mort, où est ta victoire ? Mort, où est ton aiguillon ? " » (I Co 15, 54-55).

Graves problèmes chez les Galates

Paul n'en a pas encore fini avec les Corinthiens qu'il lui faut s'occuper des Galates : eux aussi, ils sont en train de s'égarer sur de fausses routes.

Certains d'entre eux prêtent l'oreille à de tenaces judaïsants, qui ne cessent de leur répéter : « On ne peut pas être chrétien sans observer la loi de Moïse et, en particulier, sans se soumettre à la règle de la circoncision. » Pourtant, la question a été réglée, une fois pour toutes, il y a sept ans par le concile de Jérusalem. Tout le monde ne le sait-il pas ? Ou bien quelques-uns, plus probablement, font-ils semblant de ne pas avoir entendu ?

D'autres Galates se laissent manipuler par d'aventureux prédicateurs, qui leur serinent à chaque occasion : « A partir du moment où vous observez la loi à la lettre, vous pouvez faire tout ce que vous voulez. » Dangereuse attitude : elle ouvre la porte au plus total laxisme.

Paul est furieux. Cela se sent, en deux endroits, dans la lettre qu'il leur écrit durant l'hiver 56-57. « Ô Galates stupides (*sic*), qui vous a envoûtés ? » (Ga 3, 1). Et, plus loin : « Êtes-vous stupides à ce point ? » (Ga 3, 3). L'Apôtre rachète cette violence de ton, tout à fait inhabituelle, en les appelant à cinq reprises, au cours de sa lettre, « frères » — un mot qu'il n'a encore jamais employé dans sa correspondance —, et même « mes petits enfants », une expression qu'on croyait réservée à Timothée.

Puisqu'on a jeté la confusion dans l'esprit des Galates, il faut que Paul y projette de la clarté. Il le fait avec son étonnant sens de la synthèse. Qui veut être chrétien doit faire un triple choix : la Foi ou la Loi, l'Esprit ou la Chair, la Liberté ou l'Asservissement. Tout est dit en quelques mots brefs. Les six chapitres de la lettre ne font que reprendre et développer cette triologie. A commencer par le célèbre passage où il oppose les « fruits de l'Esprit » aux « œuvres de chair » (Ga, 5, 19-25).

Pour convaincre ses amis, Paul trouve des formules inoubliables :

- « Je vis, mais ce n'est plus moi, c'est Christ qui vit en moi » (Ga 2, 20) ;
- « C'est à la liberté que je vous ai appelés » (Ga 5, 13) ;
- « La loi tout entière trouve son accomplissement en cette unique parole : tu aimeras ton prochain comme toi-même » (Ga 5, 14). Une phrase qui ne fait que reprendre un précepte du Lévitique (Lv 19, 18).

Cette Épître aux Galates annonce déjà les grands développements de l'Épître aux Romains. Dans sa relative brièveté, elle est un des textes les plus lumineux de toute l'œuvre paulinienne. Elle est une lampe pour l'Église universelle, pour chaque chrétien et, à vrai dire, pour tout homme qui chemine péniblement dans l'obscurité...

En prison pour la seconde fois

Un matin à Éphèse, un plan de la ville à la main, je parcourais les ruines de l'Agora hellénistique. Voyant mes hésitations, un vieux Turc m'aborde :
« Puis-je vous aider à trouver ce que vous cherchez ? me dit-il dans un anglais approximatif.
— La prison de saint Paul.
— Venez avec moi. »
Sans hésiter, il m'entraîne sur un sentier mal tracé, qui serpente entre les armoises et les bourdaines. Nous arrivons ainsi au pied d'une grosse tour.
« C'est là, monsieur. »
A l'endroit où le rempart s'infléchit pour atteindre l'ancien port, cette puissante bâtisse carrée est visiblement une des charnières de l'antique système de défense de la ville. Datant du IIIe siècle avant notre ère, sa maçonnerie est très malade. Mais l'édifice tient toujours debout, bravant les ans et les intempéries.
« Est-ce donc là, vraiment ?
— Je le crois, monsieur. En tout cas, on l'appelle la tour de Saint-Paul... »
Le vieux Turc n'en dit pas plus, car il n'en sait pas plus. Qui d'ailleurs en sait plus, de nos jours ? Il ne me reste plus qu'à relire le premier chapitre de l'Épître aux Philippiens...
... « Je suis en captivité pour le Christ » (Ph 1, 12).

Pour la seconde fois de sa vie, Paul est en prison. La première, c'était à Philippes. Aujourd'hui, ce serait donc à Éphèse. A quelle date a-t-il été arrêté ? Nous l'ignorons. De quoi l'accuse-t-on ? Il ne nous le dit pas. Est-ce encore un mauvais coup des juifs observants, comme cela est arrivé si souvent ? Pas évident, car Luc n'en parle pas, lui qui ne manque jamais de signaler ce genre d'incident. Combien de temps va durer son incarcération ? Nous ne le savons pas non plus. A cette nouvelle péripétie, les Actes ne font pas la moindre allusion. Si Paul lui-même n'en parlait pas dans l'Épître aux Philippiens, nous n'en saurions rien.

Selon une tradition locale, Paul aurait donc été incarcéré dans cette tour de l'enceinte fortifiée d'Éphèse. Avec deux autres chrétiens, croit-on. Mais tout ce qui concerne cet emprisonnement reste si mal connu que beaucoup de commentateurs doutent de l'existence même de cette nouvelle péripétie.

Admettons cependant cette hypothèse de l'incarcération. Voici alors un scénario possible : privés de leur guide, les membres de la communauté éphésienne n'ont pas baissé les bras. Tout au contraire, ils « redoublent d'audace pour annoncer sans peur la parole ». Certains, il est vrai, le font « par envie et par rivalité » (Ph 1, 14-15). En l'absence de l'Apôtre, ils cherchent à saper son autorité et à se donner de l'importance. Mais lui ne s'en inquiète pas, même si leurs mobiles ne sont pas absolument purs. « Ils pensent, note Paul avec lucidité, rendre ma captivité encore plus pénible. » Qu'importe ! L'essentiel, c'est que le Christ continue à être annoncé à Éphèse. Et il continue à l'être.

Emprisonné, semble-t-il, depuis assez longtemps, sans avoir été traduit devant un tribunal et sans même qu'une inculpation lui ait été signifiée, Paul ignore quel sera son sort. Sera-t-il relâché ? Sera-t-il condamné ? Il ne se fait aucun souci. « Mon assurance est totale », affirme-t-il. « Maintenant comme toujours, précise-t-il, Christ sera exalté dans mon corps, soit par ma vie, soit par ma mort. » Et il trouve cette formule superbe : « Pour moi, vivre c'est Christ, et mourir m'est un gain » (Ph 1, 20-21). Au fond de lui-même, il est convaincu qu'il n'encourra qu'une condamnation légère. S'il est condamné, ce dont il n'est pas certain. Il espère retrouver sans tarder ses amis de Philippes. Il le leur écrit : « J'ai la conviction que je viendrai bientôt » (Ph 2, 24).

Certains commentateurs ont été jusqu'à se demander si Paul n'a pas été, tout simplement, poursuivi pour dettes ! A trois reprises, dans cette lettre, il avoue ne pas ignorer ce que c'est que de vivre dans la gêne, de se trouver dans le besoin et même d'avoir faim (Ph 4, 11-12). Ce n'est qu'une hypothèse. Elle a toutefois un intérêt : celui d'expliquer la mission d'Épaphrodite, à laquelle, autrement, on ne comprend goutte. Il a été envoyé par la communauté de Philippes afin d'aider Paul à sortir d'une passe difficile. La situation est-elle vraiment très critique ? Probablement pas. Mais Paul, à n'en pas douter, a des problèmes. Financiers ? Ne rejetons pas cette explication. Alors s'éclaire soudain une phrase de l'Épître aux Philippiens : « J'ai en mains tout ce qu'il me faut et même au-delà. Je suis comblé, maintenant que j'ai reçu ce qu'Épaphrodite m'a remis de votre part, parfum de bonne odeur » (Ph 4, 18). Le messager macédonien aurait-il tout simplement apporté à Paul le montant d'une caution exigée par le tribunal ? Ainsi Paul, qui était à cours d'argent pour avoir engagé des dépenses importantes en faveur de la communauté d'Éphèse, s'est trouvé soudain renfloué. Si cette explication n'est pas la seule qu'on puisse formuler, elle présente l'intérêt d'être assez logique. Elle est en conformité avec les textes...

Un jour enfin, la porte de la prison s'ouvre. Le gardien entre. « Tu es libre », dit-il au prisonnier.

Ainsi s'achève cette seconde captivité qui, je le répète, est mise en doute par beaucoup d'auteurs.

Paul s'éloigne, le cœur léger.

Au moment où je quitte ces lieux, l'esprit plein de questions sans réponses, un adolescent s'approche de moi, en jouant du flûtiau. Fouillant dans la besace de toile qu'il porte à l'épaule, il me tend une de ses légères petites flûtes de roseau.

« Tu m'en achètes une ? me demande-t-il avec un grand sourire.
— Mais je ne sais pas en jouer.
— Tu feras comme moi : tu apprendras. C'est facile, tu verras.
— Non, merci. »

Ce refus attriste le garçon. Sans doute n'a-t-il pas d'autre gagne-pain.
« Garde ta flûte, que tu vendras à quelqu'un d'autre, lui dis-je. Mais prends cet argent. »

Son visage soudain s'éclaire.
« Comment t'appelles-tu ? me demande-t-il.
— Paul.
— Comme lui, autrefois dans la tour ?
— Oui, comme lui... »

Peut-être, quand il sortit de prison, l'Apôtre trouva-t-il, comme moi ce matin, un jouvenceau qui jouait du flûtiau et à qui il donna une piécette...

L'hymne à la joie

Selon certains commentateurs, Paul aurait écrit l'Épître aux Philippiens durant cette incarcération à Éphèse. Mais d'autres sont convaincus qu'elle a été rédigée plus tard, durant la captivité à Rome. Dans les deux cas, il est resté assez longtemps en détention ; et dans les deux cas, il a pu conserver des contacts avec le monde extérieur.

Le sachant en prison et dénué de ressources, ses amis de Philippes ont aussitôt organisé une collecte. Comme on vient de le voir, ils ont chargé l'un des leurs, Épaphrodite, de la porter de toute urgence à Paul et de se mettre à sa disposition pour toute mission qu'il pourrait être amené à lui confier. Mais Épaphrodite est tombé malade. Si gravement qu'il a failli mourir. Quand il est rétabli, Paul le renvoie à Philippes, avec cette Épître, qui n'est qu'un cri d'action de grâces : grâces rendues à ses amis de Macédoine, qui lui ont manifesté tant d'attachement et d'une façon si efficace ; grâces rendues au Seigneur, « qui transfigurera notre corps humilié, pour le rendre semblable à son corps de gloire » (Ph 3, 21).

D'où le ton particulièrement allègre de cette lettre, en dépit des circonstances carcérales où elle est écrite. Paul pourrait avoir quelques sujets d'amertume. Autour de lui, à Éphèse, « tous ont en vue leurs intérêts personnels, non ceux de Jésus-Christ » (Ph 2, 21). Ce « tous » est assurément excessif. Il est d'ailleurs en contradiction avec ce que

Paul a noté au chapitre précédent sur le zèle de la communauté de la ville (Ph 1, 14). Mais il est vrai que, si Paul a conservé, quoi qu'il en dise, beaucoup d'amis, il n'a qu'un seul confident : son très cher Timothée, dont il dit : « Il n'y a personne d'autre qui partage mes pensées » (Ph 2, 20). Il projette de l'envoyer bientôt à Philippes.

Là n'est pas, toutefois, le thème essentiel de cette Épître : elle est une invitation à la paix, à la concorde, à l'humilité et, par-dessus tout, à la joie. Écoutez ce retour incessant au thème central de la symphonie :

« Soyez joyeux et réjouissez-vous avec moi » (Ph 2, 18) ;

« Réjouissez-vous dans le Seigneur ; je le répète, réjouissez-vous » (Ph 4, 14) ;

« Je me suis beaucoup réjoui dans le Seigneur » (Ph 4, 10).

Cette Épître aux Philippiens, c'est, dans l'œuvre de ce Beethoven du Christ, le final de la Neuvième : l'Hymne à la joie.

La maison de la Vierge

Au sortir de Selçuk où l'on étouffe, il fait ici une fraîcheur délicieuse. De ce balcon au flanc de la montagne, à quatre cent cinquante mètres d'altitude, on découvre en contrebas le golfe d'Éphèse et, au loin, le contour imprécis de la côte égéenne. Des roses embaument dans le jardin qu'ombragent de hauts encalyptus et de noueux platanes. Au bout de l'allée s'élève une petite chapelle. C'est le site qu'indiquaient les plaques, depuis un moment, à chaque carrefour de la plaine : *Meryem Ana Eni*, la maison de Marie mère.

La Vierge a-t-elle vraiment vécu ici, au-dessus d'Éphèse, sur cette montagnette ? Y a-t-elle passé la fin de son existence terrestre ? Y est-elle morte ? Ceux qui soutiennent cette thèse ne manquent pas d'arguments valables. Ils affirment que Jean n'a pas pu ne pas prendre au pied de la lettre la phrase de Jésus en croix, disant à sa mère en le désignant : « Femme, voici ton fils », puis lui disant à lui-même, le disciple bien-aimé : « Voici ta mère » (Jn 19, 26-27). S'appuyant sur ce texte johannique, ces historiens ne croient pas du tout que la Vierge soit restée à Jérusalem et qu'elle y soit morte.

Tout à côté du Jardin des oliviers, il existe pourtant une Église de l'Assomption : étonnant sanctuaire souterrain, bâti par Justinien en 328, enrichi d'une façade romane au xiie siècle et desservi, de nos jours, par un clergé grec orthodoxe.

Ce clergé, qui voue à Marie un culte particulièrement émouvant, se fait ici l'écho d'une tradition très ancienne, datant du ive, voire du iiie siècle. Pour ces religieux barbus, coiffés du noir *kalimafion*, il ne fait aucun doute que la Vierge a été ensevelie ici, avant d'être « enlevée au ciel » le troisième jour. Avec une foi sans faille ni hésitation, ni discussion, ni tergiversation, ils assurent une fidèle garde de prière auprès du tombeau vide, surchargé de dorures et tout brasillant de cierges. Dans deux chapelles latérales, plus obscures et attirant moins de visiteurs, se trouvent des tombeaux qui seraient, selon le clergé du lieu, ceux d'Anne et de Joachim, mère et père de la Vierge, ainsi que celui de Joseph, son époux. C'est donc toute la famille de la Vierge qui serait ici réunie. Et c'est tout le cycle marial qui trouverait ici son achèvement terrestre.

Les partisans de la thèse éphésienne invoquent, de leur côté, des arguments qu'on ne peut pas rejeter sans examen. Ils sont convaincus que Marie accompagna Jean, comme celui-ci le précise lui-même dans son Évangile : ... « Et, depuis cette heure-là, le disciple la prit chez lui » (Jn 19, 27). Or, où Jean s'en va-t-il, quelque temps après la Pentecôte ? Loin de Jérusalem, où il ne semble pas qu'il ait reparu, après le concile de 49. Où passe-t-il sa très longue vie ? Dans cette province d'Asie, dont Éphèse est la capitale. Où revient-il, après son exil à Patmos auquel met fin la mort de l'empereur Domitien, assassiné en 96 ? A Éphèse. Où meurt-il ? Dans cette ville ou aux environs, dans les toutes dernières années du Ier siècle ou au début du IIe. Où est-il enterré ? Sur la colline dite de la Citadelle, qui domine les ruines du Temple d'Artémis. C'est là qu'on édifie, en l'honneur de l'auteur de l'Apocalypse qui s'éteint presque centenaire, une magnifique basilique, la plus belle sans doute de toute l'Asie Mineure. Et c'est là que le professeur autrichien Miltner va retrouver son tombeau, sous l'autel majeur, lors de fouilles exécutées en 1931, dans le grand monument mort et pourtant toujours vivant.

Quand Marie arriva à Éphèse, elle avait largement dépassé cinquante ans, estiment ceux qui veillent aujourd'hui sur « sa maison ». Selon sainte Brigitte, cette mystique suédoise qui écrivit au XIVe siècle un livre surprenant intitulé *Révélations*, elle serait morte en 45, à l'âge de 63 ans. Un évangile apocryphe, le *Livre arabe du passage de la Bienheureuse Vierge Marie*, parle de 59 ans. Rien de tout cela n'a valeur historique.

De la Vierge, on ne parle plus dans la région jusqu'au concile œcuménique qui se tient à Éphèse en 421, dans l'église Sainte-Marie, celle qu'on appelle toujours sur place l'*Haghia Maria*.

Construit au IVe siècle, cet édifice, dont il subsiste de nos jours des restes particulièrement intéressants, fut le premier sanctuaire du monde consacré à la Vierge. C'est là que les « Pères », réunis à l'initiative de l'empereur d'Orient Théodose, condamnèrent solennellement le patriarche de Constantinople Nestorius, qui affirmait que Marie n'était pas Mère de Dieu.

En 449, un synode se tient dans cette même église. Puis, c'est le silence...

Mais les paysans orthodoxes du village de Kirkingje continuaient à respecter une tradition, qui s'était transmise oralement. Chaque année, ils gravissaient la montagne pour célébrer la fête de la Dormition près des ruines d'une maison qu'ils appelaient *Panaya üç kapulu monastiri* — le monastère à trois portes de la Toute Sainte.

Au début du XIXe siècle, une religieuse de Westphalie, Catherine Emmerich, célèbre stigmatisée, décrit ses visions à Clemens Brentano, qui les relate en détail dans un ouvrage intitulé *La vie de la Vierge Marie*. Le livre fait sensation. Sans être jamais allée à Éphèse, Catherine dépeint, avec une extrême précision, une petite maison dans la montagne. En juillet 1891, deux lazaristes français, professeurs au collège du Sacré-Cœur d'Izmir, poussés par la curiosité décident de se rendre sur place. Ils trouvent les lieux tels que les a dépeints la mystique allemande. On dégage les ruines et, en 1898, on construit au-dessus, pour les protéger, une toiture supportée par une simple charpente de bois. Elle devient un lieu de pèlerinage très fréquenté tant par les voyageurs européens que par les visiteurs turcs.

C'est seulement en 1951 qu'on décide de relever l'édifice, toujours en ruine. Et c'est plus récemment encore, en 1965-1966, qu'on entreprend enfin des fouilles systématiques. L'homme qui les dirige, le professeur Prandi, constate que, si les restes de la pauvre chapelle datent du XIIIe siècle, ses fondations « reposent sur les ruines d'un petit édifice beaucoup plus ancien ». Prudemment, il n'affirme rien de plus. Les capucins, qui desservent aujourd'hui ce sanctuaire, proposent une formule qui va au-delà des considérations archéologiques : « Ce lieu, disent-ils, est le lieu de la Présence. »

Il reste à se poser une question : durant son séjour à Éphèse, Paul est-il monté jusqu'à la maison de la Vierge ? Ce n'est pas impossible. Pour un bon marcheur comme lui il s'agit d'une courte balade. Les Actes n'en soufflent pas mot. Quant aux Épîtres, elles sont plus que discrètes : Paul ne parle de la Vierge qu'une seule fois. Encore ne cite-t-il même pas son nom. Il se borne à noter, dans l'Épître aux Galates : « Quand est venu l'accomplissement du temps, Dieu a envoyé son fils, né d'une femme » (Ga 4, 4). C'est tout !

Lorsque Paul arrive à Éphèse en 54, la Vierge est morte. Mais Jean est toujours vaillant : il est le seul des Douze, on l'a vu, qui va vivre très longtemps et mourir de mort naturelle. Où réside-t-il ? Sans doute pas à Éphèse même. Sinon, Luc y ferait allusion dans ses Actes, ou Paul lui-même dans sa correspondance. Or, pas un mot, pas un seul. Il faut donc admettre que Jean habite dans une autre ville de la province romaine d'Asie. On a le choix entre toutes celles où il a fondé des Églises, personnellement ou par l'intermédiaire de ses collaborateurs : le long de la côte de la mer Égée, depuis Phocée jusqu'à Halicarnasse en passant par Smyrne, ou bien à l'intérieur, dans le « haut pays ».

Paul a un principe et il l'affiche avec netteté : il ne veut, en aucun cas, piétiner les plates-bandes du voisin : « Je me suis fait un honneur d'annoncer l'Évangile là où le nom du Christ n'avait pas encore été prononcé, ne voulant point bâtir sur les fondations posées par autrui » (Rm 15, 20). Bref, les deux hommes ne se rencontrent pas. Peut-être n'ont-ils rien fait pour se retrouver. Il se peut qu'ils s'entendent mal. Ils ont des caractères tellement différents : Jean contemplatif, mystique, regardant l'Invisible et ne s'intéressant guère aux réalités d'ici-bas ; Paul vivant, tout comme lui, dans le Christ, mais habitué à se colleter avec les difficultés quotidiennes et, dès lors, prévoyant, préparant, organisant ses missions avec un soin méticuleux. Deux méthodes d'action antithétiques. Deux spiritualités aux antipodes l'une de l'autre. Deux êtres habités par l'Esprit : mais l'un planant comme l'Aigle, l'autre progressant comme un capitaine de légion ; l'un imprévisible comme une flamme, l'autre, par certains côtés, cartésien avec seize siècles d'avance. Et cependant, tous deux enracinés dans la foi, comme de vieux oliviers dans une terre pierreuse.

La déroute des exorcistes juifs

Durant le long séjour de Paul à Éphèse, Dieu accomplit par ses mains « des miracles peu banals » (Ac 19, 11). Luc ne nous dit pas lesquels. Mais il nous donne ce détail pittoresque : des témoins prennent des mouchoirs ou des linges qui ont touché la peau de l'Apôtre. Ils courent ensuite les appliquer aux malades. Et certains d'entre eux se trouvent aussitôt débarrassés de leur mal ou libérés des esprits mauvais qui les habitent...

Cela ne fait pas l'affaire d'un groupe d'exorcistes juifs itinérants qui viennent d'arriver à Éphèse. Ces curieux personnages, qui prétendent tout guérir, y compris les cas de possession démoniaque, par des passes soi-disant magiques, sont légion en Asie Mineure. Et, en Israël même, selon le témoignage de l'historien Flavius Josèphe, « ils foisonnent ».

Le groupe qui est venu exercer ses talents à Éphèse se compose d'un certain Scéva, qui se dit prêtre — et même Grand Prêtre —, et de ses sept fils. A leur tour, ils entreprennent de chasser les esprits mauvais au nom du Christ, en prononçant la formule : « Je vous conjure par ce Jésus que Paul proclame. »

Un jour que Scéva prononce ces neuf mots, en imposant les mains à un possédé, quelle n'est pas la surprise de l'exorciste d'entendre cet homme lui répondre : « Jésus, je le connais, et je sais qui est Paul. Mais vous, qui êtes-vous donc ? »

Tout aussitôt, le possédé saute sur les exorcistes juifs et commence à les tabasser. Il prend l'avantage sur eux tous, les frappant « avec une telle violence qu'ils s'échappent de la maison, à moitié nus et couverts de plaies » (Ac 19, 16).

Bientôt, tout Éphèse est au courant de la déroute des huit charlatans. Juifs et Grecs, envahis de crainte, se mettent à célébrer la grandeur du nom du Seigneur Jésus. Ces hommes-là, comme beaucoup, ont besoin de signes. Ils viennent d'en voir un. Cela leur a suffi. Ils se présentent devant Paul et son équipe. Bon nombre d'entre eux avouent publiquement qu'ils s'adonnaient à la magie. Ils possèdent même des ouvrages ésotériques. Ils les apportent, en font un tas dans la rue et y mettent le feu. Certains de ces vieux parchemins sont sans doute fort rares, car Luc, esprit pratique, note : « Quand on calcula leur valeur, on constata qu'il y en avait pour cinquante mille pièces d'argent. » Somme considérable : une pièce d'argent constitue le salaire d'une journée de travail.

Péripéties sans grande importance, est-on tenté de dire. Sans doute pas, puisque ce petit récit se conclut par ces mots : « Ainsi la parole du Seigneur se répand et s'affermit puissamment » (Ac 19, 20).

L'émeute des boutiquiers d'Artémis

Paul réside à Éphèse depuis bientôt trois ans (Ac 20, 31).

Au printemps de l'année 57, il a l'intention de se rendre à Jérusalem pour y apporter les fruits d'une collecte : car, de nouveau, l'Église y traverse une passe difficile. Mais, auparavant, il retournera en Macédoine et en Grèce. Et aussitôt après son bref séjour en Judée, il satisfera enfin son grand désir : aller à Rome.

Les hommes proposent et Dieu dispose...

A Éphèse, un orfèvre, du nom de Démétrius, fabrique des petits temples d'Artémis en argent. Il vend ces charmants bibelots à des commerçants installés autour du sanctuaire de la déesse. Eux-mêmes les revendent aux pèlerins, non sans avoir bien arrondi leur prix.

Un jour de mai, mois de l'Artémis d'Éphèse, Démétrius réunit le petit monde des bazars à souvenirs et lui tient ce discours :

« Vous le savez, mes amis, notre aisance vient de cette activité. Or, vous le constatez ou vous l'entendez dire : non seulement à Éphèse, mais dans presque toute l'Asie, ce Paul remue une foule considérable, en la persuadant, comme il dit, que les dieux qui sortent de nos mains ne sont pas des dieux. Ce n'est pas seulement notre profession qui risque d'être dénigrée, mais c'est aussi le temple de la grande déesse Artémis qui pourrait être laissé pour compte et se trouver bientôt dépouillé de la grandeur de celle qu'adorent l'Asie et le monde entier » (Ac 19, 25-27).

A ces mots, les auditeurs laissent éclater leur colère. Ils se mettent à scander en chœur : « Grande est l'Artémis d'Éphèse. »

L'agitation gagne peu à peu toute la ville. Artisans et commerçants furieux décident de tenir une assemblée générale au théâtre, vers lequel ils se dirigent suivis d'un cortège qui ne cesse de grossir. Au passage, ils s'emparent des Macédoniens Gaïus et Aristarque, compagnons de voyage de Paul.

Courageusement, celui-ci veut faire front : « Il faut que j'aille au théâtre et que je leur parle... »

Mais ses amis le lui déconseillent. Ils ont raison : il risque de se faire lyncher, tant l'assistance est échauffée. Un Juif du nom d'Alexandre essaie de la calmer. Paul, affirme-t-il, n'a rien contre les artisans et les commerçants d'Éphèse. La foule ne laisse pas aller plus loin cet Israélite qui, visiblement, intervient en faveur de l'Apôtre, avec le désir de dédouaner ses coreligionnaires. Il ne faudrait pas que ce prédicateur juif porte préjudice, par ses propos inconsidérés, aux honnêtes commerçants juifs de la ville, qui, eux aussi, ont intérêt à voir prospérer le culte de la déesse-mère ! Sur ce, tout le monde se remet à scander : « Grande est l'Artémis d'Éphèse. »

Ponctuée par cette phrase sans cesse répétée, la manifestation dure près de deux heures... Le chancelier, un magistrat important, qui fait fonction de modérateur dans les assemblées populaires, parvient enfin à calmer un peu ces excités.

« Éphésiens, leur dit-il, existerait-il quelqu'un qui ne sache pas que la cité d'Éphèse est la ville sainte de la Grande Artémis et de sa statue tombée du ciel ? Puisque la réponse ne fait pas de doute, il vous faut donc retrouver le calme et éviter les fausses manœuvres. Vous avez amené ici des hommes qui n'ont commis ni sacrilège ni blasphème contre notre déesse. Si Démétrius et les artisans qui le suivent sont en litige avec quelqu'un, nous avons des tribunaux, il existe des proconsuls : que les parties aillent donc en justice ! Et, si vous avez encore d'autres requêtes, l'affaire sera réglée par l'assemblée légale. Nous risquons en fait d'être accusés de sédition pour notre réunion d'aujourd'hui, car il n'y a aucun motif que nous puissions invoquer pour justifier cet attroupement » (Ac 19, 35-40).

Ayant dit, ce sage renvoie l'assemblée.

Dans la ville, le trouble s'est apaisé. Mais Paul comprend qu'il ne peut pas demeurer plus longtemps à Éphèse : il est devenu une cause de discorde. Il convoque donc ses disciples. Il les encourage. Puis il leur dit adieu et prend la route de la Macédoine.

Vous revoilà, chers Macédoniens !

Ici, de nouveau, il y a un blanc dans le récit de Luc.

Le retour en Macédoine est expédié en une demi-phrase : « Après avoir traversé ces régions et y avoir encouragé longuement les frères... » (Ac 20, 2). Essayons de reconstituer cet itinéraire qui n'apparaît qu'en filigrane.

L'émeute des boutiquiers a éclaté pendant le mois d'Artémis. C'est donc en mai 57 que Paul a quitté Éphèse. Pour gagner la Macédoine, il a le choix entre deux possibilités. Il pourrait sans doute trouver un bateau à quai, non loin de la tour qui un jour portera son nom, et embarquer pour une assez longue navigation en mer Égée : d'abord cap à l'ouest, vers l'île de Samos, puis au nord-nord-ouest, en faisant escale dans celles de Chio, Lesbos, Lemnos et Thasos. Mais il choisit très vraisemblablement d'aller chercher un navire à Troas, comme lors de son précédent voyage. Dans ce cas, il lui faut emprunter la route côtière qui passe par Smyrne, évite Pergame et contourne le golfe d'Assos. C'est l'hypothèse que semble confirmer une brève notation dans la *Deuxième Épître aux Corinthiens* : « Quand je suis arrivé à Troas » (II Co 2, 12)... De toute façon, quel que soit l'itinéraire choisi par Paul, il débarque à Néapolis, comme à l'automne de l'année 50.

De là, il se rend directement à Philippes, où il veut remercier les chrétiens qui, « à plus d'une reprise, lui ont envoyé ce dont il avait besoin » (Ph 4, 16). Aucune Église n'a été aussi généreuse avec lui. Elle est la seule, dit-il, en employant intentionnellement le vocabulaire des transactions commerciales, à lui avoir « fait une part dans un compte doit et avoir » (Ph 4, 15).

Depuis son premier séjour à Philippes, sept années se sont écoulées. Les autorités ont oublié l'incident qui avait entraîné l'arrestation de ce voyageur juif. Il lui est donc loisible de demeurer « longuement » — c'est le mot qu'il emploie — parmi ses frères qui ont pris part avec lui à l'Évangile « depuis le premier jour » et qui poursuivent « une œuvre excellente » (Ph 1, 5-6).

Il fait ensuite un long séjour à Thessalonique, où il a grand plaisir à revenir : il a gardé bon souvenir de son premier passage et il n'a pas manqué de l'écrire aux membres de cette communauté. Elle n'a cessé de se développer, manifestant une « foi active », un « amour qui se met en peine » et une « persévérante espérance ». Elle est devenue « un modèle pour tous les croyants de Macédoine et d'Achaïe » (I Th 1, 3 et 7).

Sans doute retourne-t-il aussi à Bérée, pour voir ce qu'est devenue l'Église qu'il a fondée. Et c'est de là, probablement, qu'il pousse jusqu'aux rivages proches de l'Adriatique, comme il le mentionne dans une de ses lettres (Rm 15, 19).

Ainsi s'écoulent l'été et une partie de l'automne 57.

La discorde apaisée

C'est au début de ce nouveau séjour en Macédoine que Paul écrit sa *Deuxième Épître aux Corinthiens*:

Plus encore que la première, elle soulève des questions fort complexes. Même si l'on sait que deux autres lettres ont été perdues. Même si l'on admet que celle-ci est peut-être constituée de plusieurs éléments différents, ce qui explique les soudains détours du raisonnement, les longues incises, les brusques ruptures de rythme et quelques soudures particulièrement visibles... Mais l'étude de ces problèmes, pour certains insolubles, est la tâche des exégètes.

Revenons à l'essentiel. Il y a eu, à Corinthe, menace de schisme. Menace si grave qu'après avoir admonesté, par écrit, les chrétiens de cette ville et après leur avoir dépêché Timothée, Paul a fait lui-même depuis Éphèse un voyage éclair jusqu'à la cité de l'isthme. Mais les choses ont mal tourné. Malgré toute sa force de conviction, l'Apôtre n'a pas réussi à ramener la paix dans les esprits ni la concorde dans les cœurs. C'est un échec personnel, en même temps qu'une menace pour l'Église. Il en éprouve de l'amertume et, plus encore, de l'inquiétude. On ne peut pas en rester là. La communauté corinthienne risque de voler en éclats. Il faut à tout prix empêcher cette explosion.

Si Paul a échoué, c'est peut-être qu'il est trop catégorique, voire trop cassant. Il a la sagesse de se l'avouer à lui-même. Modestement, il décide d'envoyer sur place quelqu'un d'autre, qui fera, il l'espère, mieux que lui. Pour cette tâche délicate il choisit Tite, son plus habile diplomate. En peu de temps celui-ci parvient à redresser la situation. Mission accomplie, il vient tout juste de rejoindre Paul. On imagine leur dialogue.

« Alors, où en est-on? demande l'Apôtre.

— Les choses s'arrangent. A mon avis, la crise est terminée. »

Paul s'est fait beaucoup de souci. Il n'avait pas, avoue-t-il, « l'esprit en repos ». C'est la formule qu'il emploie (II Co, 2, 12). Il a craint de voir les chrétiens de Corinthe se diviser définitivement en quatre clans hostiles. Quelle catastrophe si la plus nombreuse et la plus prospère des Églises qu'il a fondées avait volé en éclats !

En outre, Paul a souffert dans son cœur des critiques acerbes qu'on a formulées contre lui. On l'a accusé d'être « hardi de loin et humble de près » ; on lui a reproché de se montrer « un peu trop fier ». On est allé répétant que, si « ses Lettres ont du poids et de la force », une fois présent « il est faible et sa parole est nulle » (II Co 10, 1-10). Passe encore qu'on ait dit de lui : « il est fou », car il reconnaît bien volontiers qu'il l'est — mais c'est de Dieu. Mais il y a deux calomnies qu'il ne digère pas : qu'on le suspecte d'exploiter les communautés où il passe (II Co 12, 13-14) et qu'on lui reproche de se prendre pour un « super-Apôtre » (II Co 12, 11). Non seulement il ne se considère pas comme un « superman », mais il sait qu'il n'est qu'un « avorton ». Et il l'écrit.

Maintenant, tout cela est du passé. La paix est faite entre les chrétiens de Corinthe. Ils ont manifesté du repentir. Paul exulte :

« Grande est ma confiance en vous, grande est la fierté que j'ai de vous. Je suis tout rempli de consolation ; je déborde de joie »... (II Co 7, 4).

Cette joie transparaît d'un bout à l'autre de cette lettre, qui est l'Épître de la réconciliation. Réconciliation entre les hommes, réconciliation des hommes avec Dieu. Cette fois encore, Paul résume tout en deux phrases frappées comme des médailles :

> *Si quelqu'un est en Christ, il est une nouvelle créature.*
> *Le monde ancien est passé ; voici qu'une réalité nouvelle est là*
> (II Co 5, 17).

Trois mois à Corinthe

« Il parvint en Grèce, où il resta trois mois... » (Ac 20, 2).

Une fois de plus, le récit est lacunaire. Rien ne nous est dit sur l'itinéraire. Paul voyage-t-il par mer, comme la première fois ? Emprunte-t-il, au contraire, la voie de terre ? C'est fort possible. Dans ce cas, il traverse la Thessalie du nord au sud en passant par sa capitale, Larissa, torride l'été, glaciale l'hiver, dont le nom signifie « citadelle ». Puis, il longe la côte de l'Attique en traversant, inévitablement, le célèbre défilé des Thermopyles. Là, entre mer et montagne, le roi de Sparte Léonidas périt à la tête de ses troupes, l'an 480 av. J.-C., en tentant d'arrêter l'armée des Perses commandée par Xerxès. De nos jours, un grand monument évoque cette page héroïque de l'histoire grecque. Mais Paul ne traverse pas — car il lui faudrait faire un détour — la petite plaine de Marathon qui en 490 av. J.-C. avait été le théâtre d'une éclatante victoire, qui mit fin à la première guerre médique : victoire du stratège athénien Miltiade sur la grouillante soldatesque conduite par l'empereur Darius. Poursuivant droit au sud, Paul évite Athènes, qui lui laisse un arrière-goût d'amertume. Il n'écrira jamais d'Épître aux Athéniens...

Où va-t-il donc ? Mais à Corinthe bien sûr, en coupant par Thèbes, la ville d'Œdipe, de Créon et du Sphinx. Plus loin, la puissante forteresse d'Éleuthères garde le défilé de Kaza. La route descend ensuite, tout doucement, vers Éleusis. Elle longe enfin la mer jusqu'à l'isthme que Paul connaît bien.

Car c'est la troisième fois qu'il vient à Corinthe (II Co 13, 1). Après son long séjour de 50-52, il y a fait un saut depuis Éphèse pour tenter d'apaiser la discorde au sein de la communauté chrétienne. Ce voyage éclair a été décidé brusquement, on l'a vu, en raison de l'aggravation soudaine de la situation. Les disputes, les jalousies, le relâchement de mœurs, tout cela n'était que l'aspect extérieur de la crise de Corinthe. Il y avait beaucoup plus grave : la menace d'un schisme et le danger d'une apostasie.

La dernière fois que Paul est venu ici, il a trouvé, en face de lui, deux sortes d'adversaires. Revenons un peu en arrière pour parler d'eux : c'est important pour la connaissance des difficultés que Paul doit affronter ; important aussi pour comprendre les embûches dont fut parsemé le chemin de la Primitive Église.

Les premiers de ces adversaires sont des gnostiques. Nourris de philosophie grecque, comme leur nom l'indique, ils considèrent que la seule chose importante est la connaissance rationnelle. L'Apôtre leur rappelle une fois de plus que l'essentiel ne réside pas dans les froides constructions de la raison, mais dans la chaleureuse adhésion du cœur ; et qu'elle exige l'engagement total de l'homme sur la voie tracée par Jésus.

Les autres adversaires de Paul sont ceux qu'il n'a pas cessé de rencontrer depuis le premier jour : ces judéo-chrétiens qui lui disent : « Ton enseignement pousse tous les juifs qui vivent parmi les païens à abandonner Moïse. Tu leur dis de ne plus circoncire leurs enfants et de ne plus suivre les règles » (Ac 21, 21).

Encore et toujours le même refrain !

Paul a eu avec ces deux sortes d'adversaires des discussions très vives. L'un d'entre eux lui a même fait « une grave offense » (II Co 2, 2-7). Il n'en est pas dit plus. Peut-être cet opposant a-t-il contesté à Paul son titre d'Apôtre et son droit de parler au nom de Jésus. Pour le Tarsiote c'est l'injure suprême. Toutes les autres critiques, il veut bien les entendre ; mais pas celle-là. L'affaire est allée si loin que la communauté a « infligé un blâme » à cet homme, dont le nom n'est pas mentionné. Et Paul est reparti pour Éphèse, moins furieux que meurtri.

C'est alors qu'il a envoyé Tite, un incirconcis justement ! Cet excellent diplomate a réussi à faire cesser à la fois les querelles d'hommes et les querelles de doctrine.

Quand Paul arrive à Corinthe, à l'automne de l'année 57, le calme est revenu dans les esprits. Il avait prévenu ses amis corinthiens, dans la lettre qu'il leur écrivait de Macédoine : « Je ne retournerai pas chez vous dans la tristesse » (II Co 2, 1). Aujourd'hui, il n'a plus de raison d'être triste et les chrétiens de Corinthe non plus : les fautifs se sont repentis ; l'ensemble de la communauté « tient bon pour la foi ». Paul se réjouit de pouvoir leur témoigner « l'amour débordant » qu'il leur porte.

Il va passer chez eux tout l'hiver.

« Le cœur et la moelle »

Au début de l'année 58, peu de temps avant l'éclosion du printemps, Paul achève son séjour à Corinthe.

Il loge chez Gaïus, le seul Corinthien — à part Crispus — qu'il ait baptisé de ses mains lors d'un précédent passage. Ce chrétien possède une maison assez vaste, puisque c'est chez lui que se réunit la communauté chrétienne. Nous en connaissons plusieurs membres : Éraste, le trésorier de la ville ; Quartus, Lucius, Jason, Sosipatros. Des noms latins, des noms grecs. Et Timothée, l'irremplaçable fils spirituel est là, lui aussi.

Au cours des treize années qui viennent de s'écouler, Paul estime avoir accompli sa mission « de ministre de Jésus-Christ auprès des païens » (Rm 15, 16). Voyageant de la Palestine jusqu'à l'Illyrie — la côte adriatique dont il est ici question pour la première fois — il est convaincu qu'il n'a plus « maintenant, de champ d'action dans ces contrées ». Délaissant l'Asie Mineure, la Macédoine et la Grèce, il a décidé d'aller en Espagne (Rm 15, 24 et 28). Auparavant, il retournera à Jérusalem, où l'Église connaît, une fois de plus, de sérieuses difficultés financières. Il y apportera le fruit d'une collecte effectuée dans les villes qu'il a revisitées depuis son départ d'Éphèse. Cependant, il n'a pas l'intention de s'attarder en Judée. Il repartira rapidement vers la péninsule ibérique. Au passage, il fera escale à Rome, qu'il a un vif désir de connaître. Son projet est si bien arrêté, et son voyage quasiment programmé, qu'il décide d'en prévenir, par avance, les chrétiens de la Ville. Ainsi naît l'*Épître aux Romains*.

Comme chaque fois, il s'assure la collaboration d'un secrétaire. Celui-ci s'appelle Tertius, littéralement « le troisième ». Après avoir longuement mûri ses réflexions, jeté sans doute quelques notes et préparé son plan, Paul commence à lui dicter un très long texte : le plus long des quatorze qui nous ont été conservés : ses feuilles de papyrus, collées bout à bout selon l'habitude de l'époque, forment un rouleau de trois à quatre mètres.

Cette œuvre de la maturité — Paul a cinquante-deux ans — est, sans aucun doute, son chef-d'œuvre. Il en émane une puissance doctrinale, une force de conviction, une sérénité d'esprit qui frappent tout lecteur attentif. Jamais l'auteur n'a mieux été en possession de ses moyens. Jamais il ne s'est montré aussi totalement lui-même.

A vrai dire, cette Épître est moins une lettre, au sens où nous l'entendons dans la vie quotidienne, qu'une sorte de traité de théologie et, en quelque manière, une encyclique.

Ce texte, plein d'affection pour des frères que Paul ne connaît pas encore, n'est pas un texte facile. La densité même de la pensée, les sinuosités du raisonnement, la disparition de tel ou tel passage — une phrase au moins est inachevée (Rm 15, 24) —, l'adjonction probable au texte initial de plusieurs morceaux — peut-être le dernier chapitre et très probablement la doxologie finale —, tout cela ne cesse, depuis deux mille ans, d'exciter l'appétit des commentateurs.

L'Épître aux Romains n'a pas été seulement la plus étudiée; elle a été la plus discutée. Notamment à partir de la Réforme, qui en a fait jaillir la source vive de ses thèses. Il n'est pas exagéré de dire que ce grand texte a été le grand inspirateur des grands Réformateurs. Calvin n'allait-il pas jusqu'à affirmer que « quiconque est parvenu à sa vraie intelligence a comme la porte ouverte pour entrer jusqu'au plus secret trésor de l'Écriture »? Et Luther trouva, pour en parler, une formule admirable : « Elle est en vérité le cœur et la moelle de tous les livres. »

Mélanchton, fort célèbre penseur du luthérianisme, va plus loin : il estime que cette Épître « donne le sommaire de la doctrine chrétienne ». Il n'a pas tort : tout l'essentiel est dit en ces seize chapitres. Néanmoins, il serait inexact d'affirmer qu'ils contiennent, à eux seuls, toute la théologie chrétienne ou simplement toute la théologie paulinienne. Ils n'en sont qu'un condensé, un abrégé.

Mais tous les grands thèmes de l'enseignement de Paul y sont exposés : la Loi et la Foi; les rites et l'amour; Adam et le péché; Moïse et l'Alliance; le Christ et l'accomplissement du plan divin. Chacun de ces points est développé, selon une méthode désormais classique, par un subtil enchaînement de réflexions personnelles, de citations de textes de l'Ancien Testament et d'images saisissantes. Quelques formules sont devenues à jamais célèbres :

Devant Dieu, personne ne jouit d'une préférence (Rm 2, 11);
Je ne fais pas le bien que je souhaite et j'accomplis le mal que je ne voudrais pas (Rm 7, 19);
Nous sommes enfants de Dieu. Enfants, et donc héritiers : héritiers de Dieu, cohéritiers du Christ (Rm 8, 17);

> *Nous ne formons qu'un seul corps dans le Christ et nous sommes tous membres les uns des autres (Rm 12, 5) ;*
> *Celui qui aime son prochain a pleinement accompli toute la loi* (Rm 13, 8).

C'est la première fois que Paul écrit à une communauté chrétienne que non seulement il n'a pas fondée, mais qu'il ne connaît même pas. Jusqu'ici, précise-t-il, il s'est « fait un point d'honneur de n'annoncer l'Évangile que là où le nom du Christ n'avait pas encore été prononcé ». Pourquoi ? Tout simplement « pour ne pas bâtir sur des fondations qu'un autre avait posées » (Rm 15, 20).

Alors pourquoi, dérogeant à ses habitudes, éprouve-t-il soudain le besoin d'écrire cette longue lettre à des inconnus ? Tous les commentateurs se sont posé la question. Ils ont formulé diverses hypothèses, certaines fort subtiles. La plus plausible est que Paul, préoccupé par la crise qui vient de secouer l'Église de Corinthe après celle qui a ébranlé l'Église de Galatie, voudrait éviter qu'il ne s'en produise une troisième dans l'Église de Rome. Il faut absolument que cessent ces dissensions entre chrétiens issus du judaïsme et chrétiens venus du paganisme. Elles sont ridicules, périmées et néfastes. Si l'on admet que tel est le but de Paul quand il compose son Épître aux Romains, on s'explique l'insistance avec laquelle il revient tout au long de quatre chapitres — les chapitres 12, 13, 14 et 15 — sur le thème de l'accueil fraternel. Ainsi le message essentiel tient en une seule phrase, vers la fin de la lettre : « Accueillez-vous donc les uns les autres, comme le Christ vous a accueillis » (Rm 15, 7).

Quand il a fini de dicter ce long texte et qu'il l'a soigneusement relu, Paul le confie à un messager qui va le porter à Rome. Il s'agit très probablement de Phoebé, diaconesse de l'Église de Cenchrées, le port oriental de Corinthe. Cela explique qu'il demande aux destinataires de bien l'accueillir et de l'aider, si besoin est (Rm 16, 1-2). Elle a été la protectrice de nombreux Corinthiens et de Paul lui-même. Il lui en conserve une vive gratitude. Ce n'est pas seulement une femme de qualité ; c'est une chrétienne ardente ; une « sainte », comme on dit alors de quelqu'un qui s'est consacré à Dieu.

Phoebé part avec l'Épître aux Romains au moment où les amandiers commencent à fleurir dans les vergers du Péloponnèse...

Le miracle de Troas

Pour regagner la Palestine, Paul a résolu de prendre le bateau. Mais, au moment d'embarquer, il apprend que les juifs complotent contre lui

(Ac 20, 3). A bord d'un navire, un accident est vite arrivé... Un homme qui tombe par-dessus bord... Quelqu'un l'a poussé ? Mais non, il a glissé sur le pont... Et hop ! ni vu ni connu. Voilà le gêneur au fond de l'eau.

A la dernière minute, Paul change ses batteries. Il décide de partir par la route. Comme il emporte avec lui le montant de la collecte destinée à l'Église de Jérusalem, ce qui représente pas mal d'argent, il a jugé prudent de se faire escorter. Ainsi s'explique le nombre relativement important de ses compagnons de voyage dont les Actes nous donnent la liste : « Sopatros, fils de Pyrrhus de Bérée ; Aristarque et Secundus de Thessalonique ; Gaïus de Derbé et Timothée, ainsi que Tychique et Trophime, de la province d'Asie » (Ac 20, 4).

En ce printemps 58, Paul retrouve son itinéraire de l'automne précédent, par l'Attique et la Thessalie jusqu'en Macédoine. Là, le groupe prend les devants. Il a mission d'attendre à Troas. Paul s'attarde quelque peu parmi ses fidèles amis de Philippes. Il reste avec eux durant « les jours des pains sans levain » (Ac 20, 6). Tout chrétien qu'il est, il demeure fidèle à la grande fête de *Pésah*, un mot que les Grecs ont transcrit en *Paskha*, d'où nous avons tiré Pâques. En commémorant le souvenir de la délivrance des Hébreux d'Égypte, Paul célèbre aussi le passage de la servitude à la liberté. Il est donc dans le droit fil de ce qu'il vient d'écrire dans son Épître aux Romains. Par toutes ses fibres il reste attaché au peuple juif, « à qui appartiennent l'adoption, la gloire, les alliances, la loi, le culte, les promesses et les pères » (Rm 9, 4-5). Belle formule, digne d'un des grands écrivains d'Israël.

Aussitôt après Pâques, il gagne Néapolis, où il s'embarque pour l'Asie Mineure. Cinq jours plus tard, il arrive à Troas, où il fait halte durant une semaine.

La veille du départ, tout le groupe se réunit avec les chrétiens de la ville « pour rompre le pain » (Ac 20, 7). C'est la seconde fois que les Actes font allusion à ce repas qui va devenir la messe (Ac 2, 42 et 46). Une messe célébrée, en la circonstance, « le premier jour de la semaine », celui de la résurrection de Jésus.

La nuit est venue. Mais les lampes ne manquent pas dans la chambre du troisième étage où la communauté est réunie. Paul s'entretient avec les frères. Comme il a beaucoup de choses à leur raconter, ne les ayant pas vus depuis longtemps, la conversation se prolonge. « Il n'en finissait plus de parler », note Luc. Voilà minuit.

Un jeune homme nommé Eutyque s'est assis sur le rebord de la fenêtre. Il s'endort profondément. Soudain, il bascule et tombe à l'extérieur. On se précipite dans l'escalier. On arrive. On se penche sur lui : il ne bouge plus. On le croit mort. Paul s'approche, le prend dans ses bras et affirme, d'une jolie formule : « Ne vous agitez pas : son âme est en lui » (Ac 20, 10).

On emmène le garçon vivant.

Éprouvant un « immense réconfort », tous les assistants regagnent la chambre haute. Paul rompt le pain et mange avec ses amis, comme fit Jésus le jeudi soir. Il prolonge la conversation durant toute la nuit. Quand l'aube se lève sur Troas et la plaine aux souvenirs homériques, pour longtemps encore enfouis, l'Apôtre s'en va dans l'air frais du petit matin.

Les adieux de Milet

A nouveau, Luc et les délégués des jeunes Églises de Grèce et de Macédoine poursuivent leur voyage par mer : de Troas ils gagnent Assos, à une journée de navigation. Paul continue par voie de terre, depuis cette petite ville de Mysie, aujourd'hui oubliée sur son promontoire.

... Assos somnole, face à la mer, à l'intérieur de puissantes fortifications d'époque byzantine. De son port, en eau profonde, au pied de la falaise abrupte que les vagues peu à peu grignotent, il ne reste plus, après deux millénaires, que quelques morceaux de quai, difficilement identifiables parmi les rochers bruns. Au loin se profilent les montagnes qui couronnent la grande île de Lesbos, « mère des jeux latins et des voluptés grecques », dont Baudelaire chantera « la mâle Sapho », amante et poète aux baisers « frais comme des pastèques »...

Paul retrouve ses compagnons qui l'attendent à l'embarcadère d'Assos. Le lendemain, le bateau traverse le golfe d'Edremit en direction de Mytilène, le port de Lesbos où il fait escale. Le surlendemain, il fait voile sud-sud-ouest jusqu'à l'île de Chio, qui passe pour être la patrie d'Homère. Mais Smyrne revendiqua aussi cet honneur. Et n'allez pas dire aujourd'hui le contraire aux habitants de l'actuelle Izmir !

Le troisième jour, le navire cingle vers Samos, qui produit le meilleur vin muscat de la Grèce. C'est ici qu'est né, au VIe siècle av. J.-C., le célèbre Pythagore, père d'une école philosophique qui allait porter son nom et inventeur de la table de multiplication.

Le quatrième jour, ayant levé l'ancre de très bonne heure, le capitaine met le cap sur la côte d'Asie Mineure, distante d'un kilomètre à peine. Comme tous les marins de l'époque, les membres de l'équipage ne veulent pas manquer d'aller, au passage, faire leurs dévotions à Poséidon, le puissant dieu de la mer dont le temple, célèbre dans toute la Méditerranée orientale, se dresse à flanc de montagne sur le promontoire de Trogyllium. Le soir le bâtiment jette l'ancre à Milet.

... Nulle embarcation ne peut plus le faire aujourd'hui : cette cité, voisine de la bourgade turque de Balat, se trouve loin à l'intérieur des terres. Le Mendérès a continué inexorablement de faire ce qu'il faisait déjà quand il s'appelait le Méandre : entraîner de plus en plus loin, vers la mer Égée, des masses énormes d'alluvions arrachées au sol de l'Anatolie.

De la grande ville de Milet, qui fut le siège d'un des premiers évêchés de l'histoire, il ne subsiste que des ruines mélancoliques dans un maigre pâturage saupoudré d'innombrables crottes de biques. Les seuls habitants sont de gros lézards au ventre jaune qui se chauffent sur les pierres entre les tamaris échevelés. De l'aube au crépuscule, des touristes, venus par cars entiers, escaladent bruyamment les gradins du sublime théâtre édifié aux IIe et IIIe siècles. Ah ! comme elle dut être belle et prospère, cette ville dont les origines se perdent dans les lointains de l'histoire, au milieu d'un fatras de légendes. C'est ici que naquit, au VIIe siècle av. J.-C., le grand Thalès, fondateur de la géométrie, lumière de l'astronomie et l'un des pères de la philosophie grecque...

Paul débarque à l'embouchure du Méandre, au port des Lions, l'un des quatre de la ville. On l'appelle ainsi parce que deux de ces félins, statufiés, veillent à l'entrée de la darse aux larges quais dallés de marbre. Il ne veut pas s'attarder. Il n'a « qu'une hâte : être à Jérusalem, si possible pour le jour de la Pentecôte » (Ac 20, 16). Afin de ne pas perdre de temps, il fait convoquer les Anciens de l'Église d'Éphèse. Sait-il que, depuis son dernier voyage, le port de la grande ville est obstrué par les alluvions ? C'est probable. Cela pourrait expliquer son insolite décision.

Que fait-il en attendant ses amis, qui ont près de quatre-vingts kilomètres à parcourir ? Il s'entretient avec les chrétiens de Milet. Peut-être pousse-t-il jusqu'à Didymes, toute proche, où la semence chrétienne germe, comme dans toutes les cités d'Asie Mineure. Ici s'élève une des merveilles de l'architecture grecque : le temple d'Apollon. C'est un des trois plus grands monuments du monde hellénistique après le sanctuaire d'Artémis à Éphèse et celui d'Héra à Samos. Assis sur un trépied, au-dessus d'une fissure du dallage par où s'exhalent les vapeurs sulfureuses d'une brûlante source thermale, un prêtre, émoustillé par les émanations qui se répandent dans la chapelle où il officie, entre en extase. Il prononce alors des paroles incompréhensibles pour le vulgaire, et sans doute tout à fait incohérentes, qu'interprètent aussitôt les cupides exégètes attachés à ce sanctuaire ... qui est en même temps une très prospère entreprise. Cet oracle de Didymes rivalise d'importance avec celui de Delphes. Au cœur même du petit village turc de Yenihisar, dans les ruines du temple d'Apollon on montre encore de nos jours l'endroit où se déroulaient ces cérémonies pluriquotidiennes.

Quand les Éphésiens arrivent enfin, Paul les réunit pour leur parler. Qu'a-t-il donc de si important à leur dire qu'il leur ait fait faire cette longue route ? Trois choses seulement, mais toutes trois essentielles.

Il désire leur rappeler tout ce qu'il a fait pour servir le Seigneur, « en toute humilité, dans les larmes et au milieu des épreuves », que lui ont valu « les complots des juifs ». Il a prêché. Il a porté témoignage « en privé et en public ». Partout et toujours, il a appelé tous les hommes, sans exclusive aucune, « à se convertir et à croire en Jésus », seul fédérateur de l'humanité.

Il veut les exhorter à prendre soin d'eux-mêmes et du « troupeau dont l'Esprit saint les a établis les gardiens ». Qu'ils se méfient des « loups féroces » qui tenteront d'attaquer la bergerie de l'extérieur, mais aussi des « hommes aux paroles perverses », qui tenteront de la miner de l'intérieur.

Enfin, il souhaite leur dire adieu, car c'est leur dernière rencontre. Il en est certain. « Désormais, je le sais bien, voici que vous ne reverrez plus mon visage » (Ac 20, 25). Tout est clair pour lui qui semble, en cet instant, lire dans l'avenir comme dans un livre ouvert.

« Maintenant, prisonnier de l'Esprit, me voici en route pour Jérusalem. Je ne sais pas quel sera mon sort, mais, en tout cas, l'Esprit saint me l'atteste de ville en ville, chaînes et détresses m'attendent. Je n'attache d'ailleurs vraiment aucun prix à ma propre vie » (Ac 20, 22).

C'est un testament.

Quand il a terminé, il s'agenouille. Ses auditeurs font de même. Tous ensemble, ils prient. Lorsqu'ils se relèvent, ils éclatent en sanglots et se jettent au cou de Paul pour l'embrasser. Puis ils l'accompagnent jusqu'au bateau.

C'en est fini. Le vent leur arrache cet homme qu'ils aiment comme un père. Sur la mer de cobalt, la barque, bientôt, n'est plus qu'un point noir...

Destination Jérusalem

Cap au sud, droit sur l'île de Cos.

... C'est l'une des plus belles perles dans le merveilleux collier du Dodécanèse. Et quelle grande histoire ! Homère, aveugle, s'y installa après une longue, une très longue navigation autour du bassin méditerranéen. Il y créa une école de rhapsodie, qui allait porter son nom : les Homérides. Hippocrate est né dans cette île, en 460 av. J.-C., et il y a fondé la médecine moderne. En total désaccord avec les prêtres de l'Asklêpieion, cet ensemble d'hôpitaux dont on voit encore les ruines, à peu de distance du port, il débarrassa la médecine, qu'il appelait « l'art sacré », des superstitions populaires et des pratiques magiques qui l'encombraient encore. Il basa tout sur l'observation et sur l'expérimentation. Quelle révolution, à cette époque lointaine ! Et quelle géniale intuition ! Elle a éclairé, depuis lors, la route de tous ses confrères...

Arrivé le soir, Paul n'a évidemment pas le temps d'aller faire un pèlerinage à Hippocrate. Ni même Luc, le médecin. A l'aube, à l'heure où les pêcheurs sortent du joli bassin, où ils mouillent l'ancre, pour aller capturer le sar et le pageau, le bateau repart pour Rhodes. Une journée de navigation les porte jusqu'au pied du célèbre colosse sculpté par Charès, qui enjambe l'entrée du port. Passer entre ses pieds, c'est contempler d'en bas l'une des sept merveilles du monde, avant de venir s'embosser dans un des ports les plus prospères de la Méditerranée orientale. Il se trouve au carrefour des échanges entre l'Asie Mineure, l'Afrique, la Grèce, la Macédoine et l'Italie. Rhodes, la grande île, est à cette époque à l'apogée de sa splendeur. Elle ne va pas tarder à devenir le siège d'un évêché.

Déjà la communauté chrétienne est solidement implantée. Mais Paul n'a pas le temps de la rencontrer. Il va vers son destin. Une étrange hâte soudain le pousse. Dès le lendemain matin, le bateau largue les amarres. Destination : Patara — aujourd'hui Gelemis — sur la côte anatolienne.

C'est, à l'époque, le port de la ville de Xanthos, que les Turcs rebaptiseront Kinik et qui est la populeuse capitale de la Lycie. Il n'en reste que des ruines, tout comme de la zone portuaire, envahie par les sables. Touristes qui passez et vous étonnez de rencontrer partout tant de cités mortes dans cette Anatolie aujourd'hui si jeune, si vivante et si vigoureuse, songez aux alluvions, aux moustiques, aux tremblements de terre. A eux trois, ils ont plus détruit que les guerres et les invasions...

A Patara, les voyageurs laissent leur petit caboteur pour embarquer sur un navire de plus gros tonnage, en partance pour la Phénicie.

Ils voguent cap au sud-est, arrivent en vue de Chypre et, laissant l'île à bâbord, continuent jusqu'à Tyr. C'est là que le navire doit décharger sa cargaison. Bien que concurrencé par Césarée, le port reste très actif. En ville existe une petite communauté chrétienne, l'une des toutes premières de l'histoire : elle a été fondée par des réfugiés venus de Jérusalem lors de la tourmente qui suivit la lapidation d'Étienne (Ac 11, 19).

Paul reste là sept jours parmi les « disciples », pour la plupart des chrétiens d'origine juive. Plusieurs d'entre eux ne cessent de lui répéter :

« Ne monte pas à Jérusalem.

— Pourquoi ?

— C'est l'Esprit qui nous pousse à te le dire. Ne monte pas à Jérusalem. Il y a danger pour toi. »

C'est mal connaître Paul que de croire qu'on peut l'influencer. La semaine terminée, il décide de poursuivre son voyage. Les chrétiens de Tyr, femmes et enfants compris, l'accompagnent « jusqu'à l'extérieur de la ville ». Là, à genoux sur la plage, ils prient (Ac 21, 5).

Paul et ses compagnons reprennent leur navire, dont on a fini de vider les cales avant d'y arrimer une nouvelle cargaison. Son escale suivante est Ptolémaïs, à peu de distance au sud de Tyr, sur cette même côte phénicienne. C'est là que toute l'équipe débarque.

Ils vont saluer les frères et passent une journée avec eux. Le lendemain ils repartent, à pied cette fois, pour Césarée. Ils vont frapper à la porte de Philippe, qu'on a surnommé « l'Évangéliste » — c'est-à-dire l'évangélisateur. Il est l'un des sept diacres institués après la Pentecôte. Marié, il a quatre filles qui ont le don de prophétie.

Durant les quelques jours que Paul et ses amis passent en ces lieux arrive, venant de Judée, un certain Agabus. Lui aussi, il a le don de prophétie. A peine entré dans la maison, il prend la ceinture de Paul, l'utilise pour se lier les pieds et les mains et déclare, à l'étonnement général : « Voici ce que dit l'Esprit saint : l'homme à qui appartient cette ceinture, les juifs le lieront de cette façon, à Jérusalem, et le livreront aux païens. »

Émotion des chrétiens présents, qui supplient Paul de ne pas poursuivre sa route jusqu'à Jérusalem. Mais il leur répond : « Pourquoi pleurer ainsi et m'amollir le cœur ? Je suis prêt, vous le savez, non seulement à être enchaîné, mais encore à mourir, à Jérusalem, pour le nom du Seigneur Jésus. »

Voyant qu'il ne se laisse pas convaincre, les assistants n'insistent pas. « Que la volonté du Seigneur s'accomplisse », finissent-ils par dire (Ac 21, 10-14).

A l'issue de cette étape chez Philippe, le groupe monte vers Jérusalem. Des disciples venus de Césarée et qui s'y rendent eux aussi accompagnent Paul, Luc et les autres. Arrivés dans la ville sainte, ils les emmènent chez Mnason de Chypre, un chrétien de la première heure, qui leur ouvre sa maison.

Là s'achève, peu avant la Pentecôte, le troisième grand voyage de Paul. Depuis son départ d'Éphèse, il y a près de cinq ans, il a parcouru plus de cinq mille kilomètres, dont une moitié environ au long des routes et des chemins.

Au rapport !

« Qu'il se présente, sans tarder, devant nous. »

Il n'y a pas eu de sonnerie « au rapport ». Mais c'est tout comme. Peu après son retour à Jérusalem, Paul est appelé à comparaître devant les responsables de l'Église.

Certes, dès son arrivée, ils l'ont accueilli « avec plaisir » (Ac 21, 17). Sans doute aussi lui ont-ils dit leur gratitude pour la collecte qu'il a organisée. Une de plus ! Luc n'en souffle mot. Mais on peut imaginer la scène : Paul présentant les délégués des différentes Églises de Macédoine et de Grèce qui l'ont accompagné; ceux-ci déballant les cadeaux et comptant les deniers devant les hiérarques spécialement réunis pour l'entendre. Le lieu choisi pour cette audition est la maison de Jacques. Il est l'évêque de Jérusalem. Autour de lui, pour écouter le voyageur, tous les Anciens sont assemblés. Ce n'est pas une réunion de conseil d'administration : la toute jeune Église n'est ni une société anonyme, ni une société à responsabilité limitée, ni une société à directoire ! Ce n'est pas non plus un consistoire : il n'existe encore ni pape ni cardinaux. Chacune des Églises locales est autocéphale, sous l'autorité de son évêque et des Anciens. C'est plutôt une sorte de conseil des sages.

D'entrée de jeu, après les avoir salués, Paul « leur raconte en détail tout ce que Dieu a fait, par son entremise, chez les païens » (Ac 21, 19). Ses auditeurs rendent gloire à Dieu. Mais, curieusement, au lieu de féliciter Paul, qui pourtant le mérite bien, ils attirent son attention sur les bruits qui courent à son sujet : il pousse les juifs qui deviennent chrétiens à abandonner Moïse; il ne leur demande plus de circoncire leurs enfants et d'observer la Loi; à l'inverse, il n'ordonne pas aux païens qui se font baptiser de « se garder de la viande des sacrifices païens, du sang, de la viande étouffée et de l'immoralité ».

Ainsi, ils en sont là, les Anciens de Jérusalem ! Ils n'ont donc rien compris ? Venus du judaïsme, comme Paul lui-même, ils ont été incapables, sinon de s'en détacher, ce qu'on ne leur demandait pas, du moins de faire une distinction entre l'essentiel et l'accessoire. La justification par la foi est une notion qui ne les effleure pas. Paul va-t-il faire un esclandre en leur rappelant les décisions prises il y a dix ans, lors du concile de Jérusalem auquel participait Jacques ? Non. Il a la sagesse de ne pas contredire brutalement ces vieilles gens, dont la sincérité ne fait aucun doute. Bien mieux, il accepte une proposition qu'ils lui font, pour calmer les esprits en sauvegardant les apparences. Ces apparences qui dans cette ville ont toujours tant d'importance.

Quatre hommes qui ont fait un vœu s'apprêtent à entrer en retraite pour une semaine. Que Paul se joigne donc à eux et même qu'il prenne en charge leurs dépenses. Quand on le verra accomplir les rites de purification, « tout le monde comprendra que les bruits qui courent à son sujet ne signifient rien, mais qu'il se conforme, lui aussi, à l'observance de la Loi » (Ac 21, 23-24).

Paul accepte de se mêler à ce vœu, dit de *naziréat*. Lui-même n'a pas abandonné toutes les coutumes du judaïsme. A Cenchrées, le port de Corinthe, à la fin de l'été 52, ne s'est-il pas fait tondre la tête à la suite d'un vœu ? Il se rend donc au Temple avec les quatre pénitents...

Drôle d'accueil que celui que ses frères viennent de lui faire à Jérusalem! Il ne s'attendait certes pas à ce qu'ils le portent en triomphe. Mais, tout de même, ils auraient pu lui témoigner plus de reconnaissance pour la collecte qu'il a organisée et plus de considération pour tout ce qu'il a fait. Paul a cinquante-deux ans. Voilà treize ans qu'il arpente le monde pour y annoncer la Bonne Nouvelle. Il a fondé de nombreuses Églises. Il a parcouru, en trois grands voyages, plus de douze mille kilomètres. Il a, sans doute, moins navigué que ce négociant de Hiérapolis qui a doublé soixante-douze fois le cap Malée, à l'extrémité méridionale de la Grèce, et qui, au moment de mourir, a demandé qu'on gravât ce record sur sa stèle! Mais, comme cet homme et plus que cet homme, il a affronté tous les dangers, enduré toutes les fatigues.

Ce jour-là, Paul se remémore ce qu'il a écrit, il n'y a pas si longtemps, en réponse à des personnages qui se vantaient un peu trop bruyamment d'être les serviteurs du Christ :

> *Serviteurs du Christ ?*
> *Je vais dire une folie :*
> *Je le suis bien plus qu'eux*
> *Par les travaux, les plaies, les prisons ;*
> *Par la mort, que j'ai vue si souvent.*
> *Des juifs, à cinq reprises,*
> *j'ai reçu les trente-neuf coups.*
> *A trois reprises, j'ai été flagellé.*
> *Une fois, j'ai été lapidé.*
> *Trois fois, j'ai fait naufrage.*
> *J'ai passé un jour et une nuit sur l'abîme.*
> *Infatigable voyageur, j'ai affronté tant de dangers :*
> *Dangers des fleuves,*
> *Dangers des brigands,*
> *Dangers des païens,*
> *Dangers de mes frères de race,*
> *Dangers dans les villes,*
> *Dangers dans les déserts,*
> *Dangers de la mer,*
> *Dangers des faux frères.*

Dures épreuves, travaux pénibles et longues veilles
La faim, la soif, le froid, le dénuement, les jeûnes,
Sans oublier le principal, ma préoccupation quotidienne :

> *Le souci de toutes les Églises.*
> *Qui est faible que je ne sois faible ?*
> *Qui tombe qu'un feu ne me brûle ?*

*S'il faut s'enorgueillir,
C'est dans ma faiblesse que je mets mon orgueil.
(II Co 11, 23-30)*

Tout est dit en ces quelques phrases sur un géant de la foi, qui est aussi... un géant de la route.

Sixième partie

VERS ROME

L'arrestation au Temple

Au Temple, on a repéré Paul.

Qui donc a pu le reconnaître dans cette ville de Jérusalem où il n'a pas reparu depuis dix ans ? Peut-être des informateurs de la police : la police juive bien sûr, celle qui relève du commandant du Temple, l'un des collaborateurs directs du Grand Prêtre et, de tradition, l'un de ses parents. Il y a dans ses rangs des physionomistes, qui possèdent le don de n'oublier jamais un visage entrevu. Plus probablement, Paul a été identifié par des juifs d'Asie, avec qui il a eu maille à partir au cours de son dernier voyage et qui séjournent, comme lui, dans la capitale. Ils l'aperçoivent, flanqué de ses quatre compagnons, au septième et dernier jour de la purification rituelle. Comme il s'y était engagé, il est venu apporter l'offrande promise par les quatre hommes. Il est en train de prier dans l'une des petites cours d'angle du parvis des femmes, qui sont réservées aux *nazirs*, ces juifs qui se sont consacrés à Dieu par un vœu de pureté.

« Le voilà ! Le voilà ! », crient quelques excités.

Aussitôt, ils l'entourent et commencent à échauffer la foule des fidèles en hurlant : « Israélites, au secours ! Voici l'individu qui, par son enseignement, partout et pour tous, combat notre peuple, la Loi et le Temple. Il a même fait entrer ici des Grecs, profanant ainsi le lieu saint » (Ac 21, 28).

Quelques jours auparavant, en effet, on a vu Paul dans la ville avec Trophime d'Éphèse, ce Grec qui a été l'un de ses huit compagnons de voyage. On en conclut aussitôt qu'il a conduit au Temple ce *goï* — cet étranger — et qu'il a eu l'audace de lui faire franchir le *soreg*, la clôture, pour l'introduire, ô scandale ! dans la cour réservée aux seuls Israélites. L'inscription en grec et en latin est pourtant assez explicite : « Défense à tout étranger de franchir la clôture et de pénétrer dans l'enceinte du sanctuaire. Quiconque sera pris, sera lui-même responsable de la mort qui s'ensuivra. »

La foule accourt de toutes parts. « Toute la ville s'ameute », dit le texte des Actes. Ce qui semble pour le moins excessif, puisque cette scène s'est déroulée à l'intérieur de l'enceinte du Temple et n'a duré que quelques minutes. Tout aussitôt, ces fanatiques traînent Paul hors du Temple, dont les lévites de service cette semaine-là se hâtent de fermer les lourdes portes.

Dehors, la foule grossit rapidement. Les meneurs cherchent à tuer Paul. Auraient-ils un glaive, ils le trucideraient ; des pierres, ils le lapideraient... Mais, aux abords du Temple, où il redoute toujours des incidents, l'occupant romain est particulièrement vigilant. Un soldat court jusqu'à la forteresse Antonia toute proche pour avertir le tribun Claudius Lysias. Cet officier supérieur — ce colonel, pourrions-nous dire — commande la cohorte. Cette dizième partie d'une légion, soit environ six cents hommes, est spécialement chargée, dans l'effervescente capitale des Juifs, de maintenir l'ordre, avec ses six centuries. Le militaire arrive hors d'haleine.

« Tout Jérusalem est sens dessus dessous ! », s'écrie-t-il (Ac 21, 31).

Une fois de plus, c'est très exagéré ! Mais le tribun connaît « sa » ville. Il sait qu'il est prudent d'y étouffer dans l'œuf la moindre manifestation. Sinon, elle a vite fait de dégénérer. Il alerte donc aussitôt un de ses centurions, qui rassemble ses hommes : l'équivalent d'une compagnie. La troupe se rue hors de la caserne et, sans hésiter, charge les manifestants. Ils cessent aussitôt de frapper Paul et commencent à reculer. Le tribun s'approche alors, le fait appréhender, ordonne qu'on entrave avec deux chaînes ses chevilles et ses poignets. Quand c'est fait, il lui demande : « Qui es-tu ? Qu'as-tu donc fait ? »

Mais il n'entend pas la réponse, tant la foule pousse de cris. Alors, ce tribun a la réaction habituelle chez tout officier responsable d'un service d'ordre : « Allez, ouste ! Emmenez-moi cet individu au poste ! »

Les soldats escortent le prisonnier, solidement enchaîné, jusqu'à la forteresse Antonia, qui, au-delà de la porte des Bergers, domine de sa masse puissante la partie nord du parvis des Païens. La foule suit, toujours aussi houleuse. Maintenant, elle scande : « A mort ! A mort ! »

Face au peuple de Jérusalem

Au moment où les légionnaires vont le faire entrer dans la forteresse Antonia, Paul s'adresse en grec au tribun · « Pourrai-je te dire un mot ? »

Le tribun est tout étonné.

« Tu parles grec ?

— Bien sûr.

— Tu n'es donc pas l'Égyptien qui s'est révolté ces derniers temps et qui a entraîné au désert quatre mille extrémistes ? »

Ce dangereux agitateur préoccupe plus, on s'en doute, le responsable du maintien de l'ordre à Jérusalem qu'un petit bonhomme chauve et qui a l'air fort pacifique.

« Moi ? répond Paul, en se redressant, je suis Juif, citoyen de Tarse, une ville de Cilicie qui n'est pas sans renom. »

Le tribun semble rasséréné. Ouf ! L'affaire est moins grave qu'il ne l'avait redouté sur le moment. Paul en profite pour lui demander :

« Veux-tu, je t'en prie, m'autoriser à parler au peuple ?

— Autorisation accordée. »

Debout sur les marches à l'entrée de la forteresse, Paul fait un signe de la main à la foule qui se presse en contrebas, maintenue par un cordon de légionnaires romains. Les manifestants s'apaisent. D'une voix forte, il lance en araméen :

« Frères et pères, écoutez maintenant ce que j'ai à dire pour ma défense. »

L'entendant s'adresser à elle dans la langue hébraïque du peuple, la foule fait silence. Alors, il commence par ces mots, dont il sait qu'ils peuvent toucher ses compatriotes à l'intérieur de leur tête dure :

« Je suis Juif, né à Tarse, en Cilicie, mais c'est ici, dans cette ville, que j'ai été élevé et que j'ai reçu, aux pieds de Gamaliel, une formation stricte à la loi de nos pères. J'étais un partisan farouche de Dieu, comme vous l'êtes tous aujourd'hui... »

Ces mots ne sont que l'exorde d'une longue allocution. Car Paul veut profiter des circonstances, qui pourtant ne s'y prêtent guère, pour leur détailler son itinéraire spirituel : son rôle pendant la persécution des premiers chrétiens, sa présence lors de la lapidation d'Étienne, sa mission à Damas qu'il devait effectuer muni de lettres confiées par le Grand Prêtre, sa rencontre avec le Seigneur, sa cécité soudaine sur la route, sa guérison grâce à l'intervention d'Ananias, son extase lors du retour à Jérusalem, plusieurs années après...

Il faut bien que Paul soit un bon orateur, puisque la foule prête une oreille attentive à ce long témoignage. Du moins le fait-elle jusqu'au moment où ce prisonnier si différent des autres a l'idée de citer les paroles que le Christ lui a dites, en l'an 39, non loin de l'endroit où ils se trouvent tous rassemblés en ce moment : « Vite, quitte Jérusalem sans tarder, car ils n'accueilleront pas le témoignage que tu me rendras. »

Paul sait ce que cette phrase peut avoir de blessant pour les Hiérosolymitains qui l'écoutent. C'est même de la provocation. Il n'en poursuit pas moins son plaidoyer. Et il en vient à l'ordre que le Seigneur lui donna ce jour-là : « Va, c'est au loin, vers les nations païennes que je vais, Moi, t'envoyer » (Ac 22, 21).

C'en est trop. Quoi ? Voilà un juif qui, non content d'avoir trahi la religion d'Israël, propage maintenant ses théories déviationnistes parmi les païens. A ces mots, la foule se met à pousser des cris : « Qu'on débarrasse la terre d'un tel individu. Il ne doit pas rester vivant ! »

Ils vocifèrent, jettent leurs manteaux, ramassent des poignées de poussière et les lancent en l'air. Ce que voyant, le tribun donne l'ordre de faire entrer Paul dans la forteresse Antonia.

Dans la forteresse Antonia

... Cet important édifice, qui s'élevait à la corne nord-ouest de l'esplanade du Temple, a de nos jours presque complètement disparu.

Cependant, il en reste des substructions, parfaitement mises en valeur, sous l'église et le couvent des religieuses de Notre-Dame-de-Sion. En cet endroit, tout à fait passionnant à visiter, il n'y avait plus qu'un champ de ruines lorsque, en 1868, un prêtre d'origine israélite, le R.P. Alphonse-Marie Ratisbonne, frère du fondateur, Théodore-Marie, devenu vicaire de la cathédrale de Strasbourg, acheta le terrain et y établit la congrégation.

Cette forteresse, Paul la connaît bien, comme tout homme familier de Jérusalem ; mais il y pénètre aujourd'hui pour la première fois. Construite par le Grand Prêtre Simon Macchabée au IIe siècle av. J.-C., elle a été considérablement agrandie et embellie un siècle plus tard par le roi Hérode Ier, dit le Grand. Il lui a donné le nom de son protecteur, Marc Antoine, qu'il désirait flatter. L'Antonia, comme on l'appelle depuis, est un ensemble de fortifications particulièrement puissantes : les murs atteignent dix-huit à dix-neuf mètres de hauteur ; ils ont plusieurs mètres d'épaisseur à la base. Ce n'est donc rien de plus qu'une formidable caserne, avec quelques pièces aménagées pour les bureaux et le logement du tribun. Les architectes l'ont véritablement conçue sur le plan des camps prétoriens romains : les casernes entourent une vaste cour intérieure où chaque matin a lieu le rassemblement de la garnison et où tout le jour les soldats font l'exercice. L'ensemble des bâtiments est dominé par une tour carrée, haute de trente-sept mètres.

On a longtemps cru que c'était dans l'une des cours de cette forteresse Antonia — l'Atrium du prétoire — que Ponce Pilate avait interrogé Jésus. C'est en cet endroit qu'une très vieille tradition fait débuter le chemin de Croix, pour suivre, à travers les venelles de la vieille ville, ce qu'on a appelé la *Via dolorosa*. Cette certitude d'hier est complètement remise en question aujourd'hui par les archéologues, qui situent le point de départ de la montée vers le Golgotha dans le palais d'Hérode, c'est-à-dire au pied de la Tour de David, à côté de l'actuelle Porte de Jaffa.

Dans ce palais, dont les représentants de l'empereur romain font désormais leur résidence quand ils séjournent à Jérusalem, le roi avait déployé, selon l'expression de Flavius Josèphe, « toutes les ressources de son génie ». Il avait créé un splendide ensemble de péristyles et de salles de réception, sans parler des luxueux appartements privés...

Peu familier des querelles qui opposent les Juifs, le tribun ne comprend rien aux raisons pour lesquelles la foule réclame la mort de cet homme qui répond au nom de Paul et qu'il vient de soustraire à sa fureur. Voulant découvrir la vérité, il ordonne qu'on lui donne le fouet, avant de le conduire à l'interrogatoire. C'est la méthode d'enquête ordinaire de la police romaine ! On déshabille le perturbateur. On l'attache solidement avec des courroies, comme on a fait pour son Maître. On s'apprête à le flageller. Mais lui, soudain, demande calmement au centurion de service : « Avez-vous le droit de fouetter un citoyen romain, qui n'a même pas été inculpé ? »

A ces mots, le centurion court jusqu'au bureau du tribun.

« Claudius, qu'allais-tu faire ? Cet homme que nous venons d'arrêter est citoyen romain. »

Le tribun se précipite jusqu'à la salle de torture et demande à Paul :
« Dis-moi, tu es vraiment citoyen romain ?
— Oui, je le suis. »

L'officier supérieur se contente-t-il de cette affirmation ? Il semble, à lire le récit. Nul ne possède, à l'époque romaine, de carte d'identité, et encore moins de passeport. D'ailleurs, l'état civil n'a pas encore la rigueur et la précision qu'il connaît de nos jours. Seuls les militaires, qui ont obtenu la citoyenneté romaine au terme de leur service dans les rangs des auxiliaires — car les légionnaires sont tous citoyens —, reçoivent un document gravé sur bronze : c'est le *diploma*, le diplôme militaire, ampliation de la décision impériale qui fait d'eux des citoyens.

Entendant l'affirmation de son prisonnier, le tribun s'exclame, avec une pointe de jalousie : « Moi, j'ai dû payer la forte somme pour acquérir ce droit ! »

Il est même certain qu'il ne le possède pas depuis très longtemps. Son nom, Claudius Lysias, donne à penser qu'il l'a obtenu sous le règne de l'empereur Claude. Il est d'usage en effet que les nouveaux citoyens prennent le nom du souverain régnant. Or, Claude, qui est monté sur le trône en 41, est mort il y a moins de quatre ans.

« Et moi, répond Paul, ce titre, je le tiens de naissance » (Ac 22, 25-28).

Aussitôt, ceux qui allaient soumettre Paul à la question se hâtent de le détacher. Quant au tribun, il frémit encore à la pensée de la bourde qu'il a failli commettre. Flageller un citoyen romain... Voilà une faute qui aurait pu lui coûter sa carrière d'officier.

Devant le Sanhédrin

La nuit porte conseil...

Le lendemain matin, le tribun se demande toujours de quoi le peuple de Jérusalem peut bien accuser Paul. Sans doute s'agit-il d'une de ces querelles judéo-juives, dont les subtilités lui échappent. Il décide de renvoyer cet embarrassant prisonnier devant la seule autorité qui lui paraisse compétente : le Grand Sanhédrin. Le *Bet din hagadol*, pour lui donner son nom hébreu, n'est-il pas la chambre suprême de la Loi, le sénat d'Israël et la plus haute instance judiciaire du pays — tout à la fois cour d'appel et cour de cassation ? Le tribun demande donc une réunion plénière de cette assemblée. Au moment où elle va siéger, il fait détacher les chaînes de Paul. Sur ce, on l'escorte jusqu'au prétoire.

Depuis l'année 30, les Romains ont retiré au Sanhédrin le droit de prononcer des condamnations à la peine de mort, en même temps qu'ils l'ont cantonné hors de l'enceinte du Temple. Il est maintenant installé aux confins de la ville haute et de ses demeures aristocratiques, non loin de la haute tour de l'ancien palais d'Hérode. La troupe peut donc y entrer sans se heurter à l'infranchissable clôture du *soreg*.

Après Jésus et après Pierre, voilà donc que Paul comparaît à son tour devant la Haute cour d'Israël. Il est là, debout devant les soixante et onze hommes auxquels échoit la redoutable responsabilité de proclamer la Tora, de la faire appliquer et de veiller à ce qu'on n'y change rien.

« Qu'as-tu à déclarer ? », demande l'*Abet Bet Din*, le vice-président qui dirige les débats de l'assemblée lorsque le Sanhédrin siège, comme aujourd'hui, en tant que tribunal.

La tradition veut que l'accusé présente lui-même sa défense. Paul se redresse et, fixant l'un après l'autre ces hommes, dont le nombre évoque les soixante-dix Anciens réunis autour de Moïse, il leur dit :

« Frères, c'est avec une conscience sans aucun reproche que je me suis conduit envers Dieu, jusqu'à ce jour. »

Le Grand Prêtre Ananias ordonne à ses assistants de frapper Paul sur la bouche. Pourquoi la bouche ? Parce que l'accusé vient, selon lui, de proférer un mensonge...

Aussitôt, Paul arrête les collaborateurs du Grand Prêtre et, s'adressant à lui :

« C'est toi, dit-il, muraille blanchie, que Dieu va frapper. Tu sièges pour me juger selon la Loi, et voilà qu'au mépris de la Loi tu ordonnes qu'on me frappe » (Ac 23, 3).

« Muraille blanchie »... Tout le monde a aussitôt compris, dans cette assistance qui connaît par cœur les textes sacrés, l'allusion à un passage d'Ézéchiel disant : « J'abattrai le mur que vous avez enduit de crépi » (Ez 13, 14). Cette prophétie de Paul va se réaliser dès l'année suivante. Ananias, ou plutôt Hananya ben Nabay, c'est-à-dire fils de Nébédée, Grand Prêtre depuis l'année 47, un homme de qualité, sera déposé en 59. Ce personnage populaire, connu, malgré l'incident d'aujourd'hui, pour son libéralisme et tout proche des pharisiens, sera assassiné dans un égout par ses coreligionnaires, en 66, au début de la révolte contre l'occupant romain.

Les assistants protestent bruyamment :

« Tu insultes le Grand Prêtre de Dieu !

— Je ne savais pas, rétorque Paul, aussi madré qu'eux, que c'était le Grand Prêtre... »

Et, pour bien montrer qu'il connaît la Loi aussi parfaitement que tout un chacun dans cette assemblée, il ajoute : « ... Il est écrit en effet : tu n'insulteras pas le chef de ton peuple. »

Paul sait que le Sanhédrin est divisé en deux tendances violemment hostiles : les sadducéens, qui « soutiennent qu'il n'y a ni résurrection, ni anges, ni Esprit », et les pharisiens qui, au contraire, « en professent la réalité » (Ac 23, 8). Avec grande habileté, il s'écrie : « Frère, je suis pharisien, fils de pharisiens. C'est pour notre espérance, la résurrection des morts, que je suis mis en jugement » (Ac 23, 6).

Aussitôt, c'est un beau tapage. Plusieurs membres du groupe des pharisiens interviennent pour protester énergiquement : « Nous ne trouvons rien à reprocher à cet homme. »

Ils vont jusqu'à poser cette question : « Et si un Esprit lui avait parlé ? Ou un Ange ? »

Le conflit s'aggrave. Le hourvari augmente. Comme on peut s'en douter, le tribun romain a un observateur dans la salle. Cet homme le fait prévenir que l'affaire tourne mal. Claudius Lysias, craignant que ces Israélites frénétiques ne mettent en pièces un citoyen romain, donne l'ordre à la troupe de descendre dare-dare jusqu'au Sanhédrin, d'arracher le prisonnier à ce vociférant tribunal et de le ramener à la forteresse Antonia.

La nuit suivante, le Seigneur apparaît à Paul. Depuis la Rencontre, c'est la quatrième fois, après Jérusalem, Troas et Corinthe, que Jésus lui parle.

« Courage ! lui dit-il. Tu viens de rendre témoignage à Ma cause à Jérusalem. Il faut qu'à Rome aussi tu témoignes de même. »

Le complot déjoué

Mais le fanatisme n'a pas désarmé.

Dès le lendemain, un groupe de Juifs, au comble de l'exacerbation, fait serment de ne rien manger et de ne rien boire avant d'avoir tué Paul. Ils sont plus de quarante à prendre cet engagement. Pour lui donner un caractère solennel, ils vont en informer le Grand Prêtre et les Anciens. Les scribes sont absents qui, pour la plupart, appartiennent au clan des pharisiens.

« Avec l'accord du Sanhédrin, proposent ces conjurés, demandez donc au tribun de vous amener Paul. Vous n'avez qu'à prétexter que vous voulez examiner son cas de plus près. Nous prendrons des dispositions pour le supprimer avant son arrivée dans le prétoire. »

Un neveu de Paul, fils de cette sœur chez laquelle il a logé lorsqu'il est venu pour la première fois à Jérusalem, a vent de ce projet de guet-apens. Il court à la forteresse Antonia. Il demande à voir son oncle qui, bien que détenu, n'a évidemment pas été mis au secret. Il l'informe de ce qui se trame contre lui. Aussitôt, Paul fait appeler un officier : « Conduis ce jeune homme au tribun : il a quelque chose d'important à lui communiquer. »

L'officier fait ce qu'on lui demande.

« Le prisonnier Paul m'a appelé, dit-il au tribun. Il m'a demandé de t'amener ce jeune homme qui a quelque chose à te dire. »

Le tribun prend le jeune homme par la main, l'emmène à l'écart et lui demande : « Qu'as-tu donc à me communiquer ?

— Des Juifs ont décidé de te demander d'amener Paul une nouvelle fois devant le Sanhédrin, sous prétexte d'enquêter sur son cas de façon plus précise. Surtout ne te laisse pas prendre à leurs arguments : ils sont plus de quarante à vouloir lui tendre une embuscade. Ils se sont engagés par serment à ne rien manger ni boire avant de l'avoir supprimé. Leurs dispositions sont déjà prises. Ils n'attendent que ton accord pour le transfert... »

Le tribun congédie le neveu de Paul, non sans lui avoir fait cette recommandation : « Ne raconte à personne que tu m'as dévoilé ce complot » (Ac 23, 23-35).

Transféré sous puissante escorte

Le tribun prend la frousse...
A peine le jeune homme a-t-il quitté la pièce, il appelle deux de ses centurions.

« Dès neuf heures, ce soir, leur ordonne-t-il, tenez prêts à partir pour Césarée deux cents soldats, soixante-dix cavaliers et deux cents auxiliaires » (Ac 23, 23).

Quatre cent soixante-dix hommes pour transférer un unique prisonnier : cela fait une énorme escorte ! Même si ce prisonnier est menacé par quarante fanatiques qui ont juré d'avoir sa peau ! On ne voit que trois explications : ou bien le tribun profite d'une relève ; ou bien Luc grossit l'effectif réel pour souligner l'importance du captif ; ou bien le tribun a vraiment très peur que les comploteurs ne réussissent leur mauvais coup. C'est cette troisième raison qui paraît la plus probable.

Le tribun ajoute, à l'intention des deux centurions : « Qu'on prépare aussi des montures, pour conduire Paul sain et sauf au gouverneur Félix. »

Dès que les deux officiers ont tourné les talons, le tribun se fait apporter de quoi écrire. Il rédige avec soin une lettre à l'intention de son supérieur hiérarchique. Car celui-ci ne monte à Jérusalem que trois fois l'an, à l'occasion des trois grandes fêtes, celles que tout le monde appelle les *Shelosha Regalim*, les « Trois majeures », qui attirent dans la ville sainte des centaines de milliers de pèlerins : *Pesah*, la Pâque, littéralement le passage, au printemps ; *Shavu'ot*, les Semaines, pour les prémices de la moisson ; et *Shukot*, les Tabernacles, qu'on traduit aussi par les Tentes ou les Cabanes et qu'on célèbre à l'époque où commencent la récolte des olives et la cueillette du raisin.

Le tribun tourne cette habile missive :
« Claudius Lysias à Son Excellence le Gouverneur Félix, Salut.

Les Juifs s'étaient emparés de l'homme que je t'envoie et ils allaient le supprimer, quand je suis intervenu avec la troupe pour le leur soustraire, car je venais d'apprendre qu'il était citoyen romain. Comme j'étais décidé à savoir de quoi ils l'accusaient, je l'ai fait comparaître devant le Sanhédrin. J'ai constaté que l'accusation portait sur des discussions relatives à leur Loi, à Moïse et à un certain Jésus, mais sans aucune charge qui méritât la mort ou les chaînes. Informé qu'on préparait un attentat contre cet homme, je te l'envoie, tout en signifiant aux accusateurs d'avoir à porter plainte contre lui devant toi. Adieu » (Ac 23, 26-30).

Oui, c'est une missive fort habilement rédigée : elle met en évidence l'impartialité des autorités romaines, souligne l'absence totale de chef d'accusation, démontre l'incapacité de la plus haute juridiction d'Israël et rejette toute la responsabilité des incidents sur une poignée de Juifs fanatiques. Pour le gouverneur, qui va lire ce texte, il doit être évident d'emblée que Paul est préjugé innocent. C'est une petite camarilla juive qui lui cherche noise pour d'obscures raisons religieuses. Mais, à lui, citoyen romain, les représentants de l'empereur n'ont strictement rien à reprocher. Il est blanc comme la robe d'une vestale.

A la troisième heure de la nuit, la troupe se met en route. Plus de cent kilomètres séparent Jérusalem de Césarée. Il n'est pas question de les abattre en une seule étape. A l'aube, on s'arrête à Antipatris, fondée par Hérode, qui lui a donné le nom de son père : Antipater. La forteresse se dresse sur une petite colline, intelligemment choisie à mi-route entre la capitale religieuse et la capitale politique de la Palestine.

... Du puissant *castrum* romain il subsiste aujourd'hui une partie du mur d'enceinte, entourant une vaste cour carrée. Aux quatre angles se dressent de grosses tours, dont les énormes pierres de taille ont défié les siècles. Comme il y a deux millénaires, les eaux, en ces lieux, sont abondantes ; elles nourrissent d'opulentes prairies et des boqueteaux touffus.

La direction des Parcs nationaux a classé Antipatris parmi les trente-neuf « sites historiques protégés » sur le territoire de l'État d'Israël, de Jéricho au mont Carmel. Tout à côté a poussé l'un de ces classiques villages de la plaine côtière, Ros-Ha 'Ayin, avec ses maisons blanches surmontées de l'inévitable chauffe-eau solaire. Alentour s'étendent de riches terres brunes, « où coulent le lait et le miel » : superbes légumes de primeur, opulents vergers où les arbres ploient sous les oranges, les citrons, les pomélos, les avocats.

On est ici à côté de Petah Tiqwa, à quelques kilomètres au nord de Lod, où sifflent tout le jour les quadriréacteurs décollant ou atterrissant sur les longues pistes de l'aéroport international, qui porte le nom de David Ben Gourion, premier président de l'État d'Israël.

Curieusement, l'ancienne forteresse romaine d'Antipatris fut réutilisée par l'armée juive après l'indépendance du pays. Elle y installa à son tour une forte garnison et, dissimulées sur la colline boisée, des batteries d'artillerie. Cette éminence était en effet un excellent poste d'observation pour surveiller le saillant de Qalqilya, pointe extrême de l'avance jordanienne en direction de la mer. De cette position arabe, à vingt kilomètres de Tel Aviv, quelques canons lourds auraient pu, si le roi Hussein en avait donné l'ordre, écraser sous leurs obus la plus grande ville de l'Israël moderne. Cet ordre ne fut jamais donné. Peut-être parce que les artilleurs juifs auraient aussitôt déclenché un terrible contre-feu depuis Antipatris-la-Romaine...

Après avoir pris quelques heures de repos, les quatre cents fantassins de l'escorte repartent vers les monts de Judée. Les soixante-dix cavaliers, escortant Paul sur sa monture, poursuivent vers le nord. La route file, plate et rectiligne, entre les champs et les prés de cette riche plaine de Sharon, où fleurissaient déjà, quand elle fut partagée entre les tribus de Dan, d'Éphraïm et de Manassé, les plus belles roses de la création.

Mais qui songe cet après-midi à cueillir des fleurs ?

Césarée, qui fut une capitale

Au terme d'une longue chevauchée dans la plaine côtière, l'escadron arrive à Césarée...

... On croyait cette ville engloutie sous le sable blanc des dunes, à l'endroit où s'arrêtent les bananeraies aux régimes emmaillotés dans des sacs de plastique bleu. A peine apercevait-on quelques fûts de colonnes, émergeant ici ou là dans le tapis verdoyant des « doigts de sorcière » ou quelques morceaux de jetée, achevant de s'effriter sous les assauts tenaces d'une mer verte et violette.

Au début des années 1960, les Israéliens commencèrent une campagne de fouilles. A vrai dire, elles avaient débuté avant l'Indépendance, dès l'année 1946. Mais cette fois, ils dépensèrent non seulement beaucoup d'efforts et des sommes importantes, mais toutes les ressources de l'intelligence et du goût.

Le résultat est surprenant : Césarée revit aujourd'hui au cœur d'un site agréablement aménagé par la direction des Parcs nationaux. Les remparts de la ville des croisés ont été dégagés et l'une des portes monumentales entièrement reconstruite, avec la petite chapelle gothique qui la flanque. La ville byzantine a reparu sous celle que fortifia Saint Louis, roi de France. Et, bien plus ancienne encore, la ville d'Hérode le Grand n'en finit plus de livrer ses secrets.

Car c'est lui, le Roi bâtisseur, qui, en 25 av. J.-C., décida de faire une grande et belle cité du petit havre créé, au milieu du IIIe siècle avant notre ère, par des marins de la Phénicie toute proche. Ils avaient baptisé ce petit port la Tour de Straton. Le coup d'audace d'Hérode fut de construire, au prix d'énormes travaux, une puissante jetée, afin de servir de brise-lames. A l'abri de cet ouvrage cyclopéen, il put alors créer l'un des meilleurs ports de la région, où ils étaient fort rares. Il avait vingt brasses de profondeur — trente-trois mètres — et il était, dit-on, « plus spacieux que le Pirée ».

Le roi mit douze années à bâtir « sa » ville, dont il fit la capitale de

« son » royaume. Un royaume qu'il devait à la faveur de l'empereur romain. Aussi la baptisa-t-il Césarée, en l'honneur de son protecteur, César-Auguste. Elle n'était pas la seule à porter ce nom. On en comptait au moins sept à travers le vaste empire : Césarée de Cilicie, devenue aujourd'hui la turque Anazarba ; Césarée de Phrygie, plus connue sous son nom d'Antioche de Pisidie ; Césarée de Bithynie, près de la ville de Bursa, au pied du mont Ulu Dag ; Césarée de Mauritanie, devenue Tanger ; Césarée d'Algérie, qui sera Cherchell ; Césarée de Cappadoce, que les Turcs ont rebaptisée Kayseri ; Césarée de Philippe, qui est aujourd'hui Baniyas, en Syrie. Pour distinguer de toutes ces villes celle d'Hérode, on l'appela Césarée-de-Palestine ou encore Césarée-maritime.

Du somptueux palais que le roi s'y fit édifier il ne reste que des ruines éparpillées : colonnes, chapiteaux, frises, architraves, le tout en marbre blanc magnifique et superbement sculpté. La ville, elle aussi, a disparu, avec ses jolies maisons de pierre blanche, ses avenues tracées sur plan carré, ses vastes places publiques, son temple d'Auguste et son marché, qui avait la réputation d'être « le plus beau du monde ». Rien de moins !

De toutes ces splendeurs, il ne subsiste que le théâtre où l'on donne en été, face à la mer, des spectacles et des concerts sous les étoiles.

En parcourant aujourd'hui les rues mortes de Césarée on soulève, à chaque pas, des souvenirs. Ici vécurent les premiers de tous les chrétiens, après ceux de Jérusalem. Ici fut créé l'un des premiers évêchés. Ici se tint, en 195, l'un des premiers conciles, qui décréta que la fête de Pâques serait désormais un dimanche. Ici furent martyrisés Pamphyle et plusieurs de ses compagnons. Ici Origène fut ordonné prêtre, en 250. Ici vécut, au IVe siècle, Eusèbe, qui fut l'archevêque de la ville et le premier historien de l'Église. Ici vécut Procope, l'historiographe de l'empereur Justinien.

Plus près de nous, ici passa Baudouin, qui s'empara de la place en 1102. Ici s'arrêta Saint Louis, qui y résida en 1251-1252...

... Et c'est ici, au moment où Paul arrive protégé par son escorte de cavaliers, que réside, loin de l'effervescence chronique de Jérusalem, mais à proximité des casernements de la légion, toujours prête à intervenir, Antonius Felix, procurateur de Judée.

Deux ans de prévention

C'est à lui que, dès son arrivée, le chef de l'escorte s'empresse de remettre le message de son supérieur.

Antonius Felix connaît bien « sa » Judée : il en est le gouverneur depuis plus de six ans. C'est un ancien affranchi, fort apprécié à Rome où son frère Pallas est un des ministres de Néron. Il a la réputation d'être un homme violent et sans scrupules. Tacite le dépeindra comme un personnage « cruel et débauché, exerçant le pouvoir royal avec une âme d'esclave ».

Sa vie privée est cause de scandale : amoureux fou de Drusille, la fille cadette du roi Agrippa Ier, qui avait épousé le roi d'Émèse — aujourd'hui Homs, en Syrie —, il a décidé de tout faire pour la mettre dans son lit. Dans la petite cour, au bord de l'Oronte, Felix a introduit un Juif originaire de Chypre qui se nomme Simon. Cet individu, qui a gagné la confiance du roi en se faisant passer pour un magicien, n'est en réalité qu'un entremetteur. Il parvient à ramener à Césarée la belle Drusille, dont le procurateur s'empresse de faire sa femme sans plus se soucier du mari légitime.

Le chef d'escadron a fait entrer Paul dans le prétoire.

« De quelle province es-tu originaire ? demande Felix.
— De Cilicie. »

Ayant lu la lettre de son tribun, le gouverneur dit au prisonnier, avec une prudence qui se conçoit parfaitement : « Je t'entendrai quand tes accusateurs seront présents. »

Et, ce bref interrogatoire d'identité terminé, il donne l'ordre de garder Paul dans une pièce du palais. Après avoir été la demeure du roi Hérode, ce grandiose édifice est devenu la résidence officielle des procurateurs romains en Palestine.

Cinq jours plus tard, le Grand Prêtre Ananias arrive à Césarée. C'est un homme qui a la rancune tenace. Il ne pardonne pas à Paul de l'avoir traité publiquement de « muraille blanchie ». Il a donc décidé de porter plainte contre lui devant le gouverneur. A cet effet, il a demandé à son avocat, un certain Tertullus, de bien vouloir l'accompagner.

Le gouverneur les reçoit sans tarder, fait introduire le prisonnier et donne aussitôt la parole à l'avocat du Grand Prêtre. La règle du droit romain stipule en effet qu'il appartient au plaignant de prononcer le réquisitoire introductif.

Tertullus commence par faire l'éloge du gouverneur. Il s'agit de s'attirer sa bienveillance. Cette manière d'entamer un discours s'appelle la *captatio benevolentiae*. L'avocat, habile homme, ne ménage pas les superlatifs. « Qu'est-ce qu'il lui passe comme pommade ! », dirions-nous aujourd'hui en français. Ce long exorde terminé, le défenseur en vient à la cause elle-même. Il retient deux griefs contre Paul.

Premier grief : cet homme, qui appartient à la secte des Nazôréens — un nom parfois employé pour désigner les chrétiens — « provoque des émeutes parmi tous les juifs du monde ».

Deuxième grief : cet homme « a tenté de profaner le Temple » (Ac 24, 5-6).

L'avocat se rassied. Il a dit l'essentiel.

« Vénérable Grand Prêtre, as-tu quelque chose à ajouter ? demande le gouverneur.

— Absolument rien. Tertullus a parlé avec objectivité. Ce qu'il vient de dire est la vérité. »

Le gouverneur se tourne vers Paul : « Qu'as-tu à déclarer ? »

Paul se lève et prononce son plaidoyer :

« Voici de nombreuses années, je le sais, illustre Felix, que tu assures la justice dans ce pays. Aussi est-ce avec confiance que je plaiderai ma cause. Comme tu peux t'en assurer, il n'y a pas plus de douze jours que je suis monté à Jérusalem pour adorer Dieu. On ne m'a vu ni dans le Temple, ni dans une synagogue, ni dans la ville, débattre avec quelqu'un ou bien chercher à soulever le peuple. Ces gens sont incapables de prouver les accusations qu'ils portent actuellement contre moi.

Voilà ce que je reconnais : je sers le Dieu de mes pères, selon la Voie, qu'ils qualifient, eux, de secte. Mais je crois à tout ce qui est écrit dans la Loi et à tout ce qui a été dit par les Prophètes. J'ai en Dieu la même espérance qu'eux. »

De la main, il désigne ses accusateurs.

« J'ai la certitude que les justes et les pécheurs ressusciteront. C'est pourquoi je m'applique à conserver toujours, devant Dieu et devant les hommes, une conscience irréprochable.

Après bien des années, je suis revenu à Jérusalem pour apporter des aumônes à mon peuple et présenter des offrandes au Temple. C'est là que je me trouvais, au terme de ma purification. Je n'ai provoqué ni attroupement ni tumulte. Mais quelques Juifs d'Asie m'ont aperçu... Ce serait à eux de se présenter devant toi pour m'accuser, si toutefois ils avaient quelque chose à me reprocher.

A défaut, que ceux que voici disent de quel délit ils m'ont trouvé coupable, quand j'ai comparu devant le Sanhédrin. Serait-ce cette seule phrase que j'ai criée, debout au milieu d'eux ? " C'est à cause de la résurrection des morts que je passe aujourd'hui en jugement devant vous " » (Ac 24, 10-22).

Conclusion habile ! Elle réduit toute l'affaire à une querelle de doctrine au sein de la religion juive. La justice romaine n'a donc rien à y voir. Telle est la règle. Et les Romains sont légalistes. Antonius Felix est parfaitement au courant de l'existence de la Voie. C'est le rôle de sa police de le tenir informé de tout ce qui concerne cette secte que constituent les chrétiens et qui ne cesse de se développer ; comme c'est son rôle de lui adresser des rapports sur les courants qui divisent entre eux les Juifs. Après tout, s'il veut tenir en main ce pays occupé, il n'est pas inutile de jouer de ces divisions, chaque fois que l'occasion s'en présente !

Juridiquement, le gouverneur a toutes les raisons de prononcer un non-lieu. Mais il craint de faire renaître l'agitation à Jérusalem. En outre, il ne sait toujours pas ce qui s'est exactement passé. Ayant entendu le réquisitoire de Tertullus et la plaidoirie de Paul, il n'est pas loin de penser qu'il s'agit encore d'une de ces chicanes qui semblent faire les délices des individus les plus astucieux dans ce peuple si subtil... Il se dit que la meilleure solution est de demander un complément d'information. Il lui permettra, à tout le moins, de gagner du temps ; donc de ramener le calme. Aussi conclut-il l'audience par ces mots : « Je trancherai votre affaire quand le tribun Lysias sera descendu ici. »

A l'instar de son subordonné, le gouverneur considère que Paul est innocent. Mais il ne peut pas négliger les menaces dont ce prêcheur a été l'objet. Et surtout, il veut « être agréable aux Juifs » (Ac 25, 27). Il décide donc de le maintenir en détention. Toutefois, il donne l'ordre au centurion chargé de la protection du palais d'octroyer à ce prisonnier pas comme les autres un régime libéral. Il précise même : « Vous n'empêcherez aucun de ses amis de s'occuper de lui » (Ac 24, 23).

Voilà bien des égards! Mais quand on est citoyen romain...

A l'issue de cette audience, Felix parle à Drusille, son épouse, de ce Juif qui l'a fort impressionné. Israélite elle-même, elle souhaite l'entendre. On convoque donc Paul. On l'introduit devant le couple, cette fois dans les appartements privés. Il parle de la foi au Christ Jésus. Puis il aborde d'autres sujets, qui ont toujours constitué la matière de son enseignement : la justice, la maîtrise des instincts, le jugement dernier. Il sait très bien les circonstances dans lesquelles Felix a « conquis » sa compagne : c'est la fable de la Judée! En entendant cette leçon de morale, le gouverneur est « saisi de crainte », soit qu'il redoute vraiment le Jugement dernier, soit, plus probablement, qu'il n'ait pas envie de voir Paul aborder la question de sa vie conjugale. Il l'interrompt : « Pour le moment retire-toi. Je te rappellerai à la prochaine occasion... »

Effectivement, Felix va le convoquer plusieurs fois, et même assez fréquemment. Sans doute a-t-il plaisir à le rencontrer. Cupide comme il est, il espère toujours que Paul va « lui donner de l'argent » pour prix de sa liberté (Ac 24, 26). Ce prédicateur doit avoir de gros moyens, puisqu'il lui a dit qu'il avait apporté une somme importante à ses amis de Jérusalem. Il y a peut-être un marché à conclure avec ce prisonnier. Une libération sous caution et... une soulte dans la poche du gouverneur.

Cette étrange situation se prolonge durant deux longues années. Sur cette période, entre 58 et 60, les Actes des Apôtres sont muets. Luc, l'historiographe fidèle de la geste paulinienne, a d'autres occupations : il a commencé à rassembler des matériaux sur la vie et l'enseignement de Jésus. Il interroge tous les témoins qu'il peut retrouver. C'est ainsi qu'il rencontre Cléophas, un des deux disciples d'Emmaüs, qui lui raconte leur repas avec le Seigneur au lendemain de sa Résurrection. Lors de chaque entretien Luc prend des notes. Tous ces documents de première main vont lui servir à composer son Évangile, qu'il rédigera à Rome, en 63.

« J'en appelle à l'empereur »

En l'an 60, Felix est limogé.

Que s'est-il donc produit de si grave que Néron lui retire soudain sa protection ? Un événement banal. Une de ces bagarres comme il en éclate assez fréquemment en Palestine a opposé dans les rues des Grecs et des Juifs. Le procurateur a dû faire intervenir ses légionnaires. Il s'en est suivi « un véritable massacre », selon le témoignage de l'historien Flavius Josèphe, qui se trouvait à Césarée à ce moment-là. Les Juifs ont élevé une protestation indignée, qu'ils ont adressée à Rome où ils possèdent des appuis jusque dans les allées du pouvoir.

Pour succéder au lamentable Felix, l'empereur choisit Porcius Festus. Issu d'une illustre famille, il a la réputation d'être un magistrat intègre. Joli nom que le sien : Festus signifie « celui qui est en fête ». C'est donc l'homme gai, le personnage joyeux. Il est vrai que le nom de son prédécesseur, Felix, évoquait un individu heureux !

Festus est un homme expéditif. Trois jours après son arrivée à Césarée, il monte à Jérusalem. Il est à peine installé dans l'ancien palais du roi Hérode, près de la Tour de David, que les Grands Prêtres — celui qui est en exercice, mais aussi ceux qui remplissaient cette fonction avant lui —, accompagnés de notables juifs, lui demandent audience.

« Que désirez-vous de moi ? s'étonne-t-il, dès qu'on les a introduits en sa présence.

— Porter plainte, une fois de plus, contre ce prisonnier qui se nomme Paul et que ton prédécesseur a maintenu en détention durant deux ans et demi, sans le juger. Cet homme, tu le sais, est toujours incarcéré à Césarée.

— J'étudierai son cas.

— Ne voudrais-tu pas nous faire la faveur de le transférer à Jérusalem ? »

Bien que tout ce temps se soit écoulé, les ennemis de Paul n'ont donc pas perdu l'espoir de lui « tendre une embuscade pour le tuer en chemin » (Ac 25, 3).

Mais Festus ne s'en laisse pas conter.

« Non, leur répond-il. Le lieu de détention de Paul est Césarée. Je vais d'ailleurs y repartir moi-même incessamment. »

Et il leur fait cette proposition :

« Que ceux d'entre vous qui sont qualifiés se joignent à moi pour descendre à Césarée et, s'il y a quelque chose d'irrégulier dans le cas de cet homme, qu'ils portent plainte contre lui » (Ac 25, 4-5).

A vrai dire, il n'y a qu'une seule chose irrégulière : c'est que ce prisonnier soit toujours en détention préventive au bout de deux longues années, sans qu'aucune inculpation lui ait été signifiée. Telle est notre réaction d'hommes du xxe siècle.

Telle est aussi celle du nouveau procurateur de Judée. Revenu à Césarée, après un séjour d'une dizaine de jours seulement à Jérusalem, il se hâte de faire comparaître Paul.

Le clan de ses adversaires a sauté sur la proposition de Festus : ils sont descendus à Césarée. Dès que le prisonnier pénètre dans le prétoire, ils font cercle autour de lui et commencent à « l'accabler d'accusations nombreuses et graves ». Mais, tout comme ceux qui cherchaient des prétextes pour se débarrasser de Jésus, ils sont « incapables de les justifier » (Ac 25, 7).

Paul maintient son système de défense, qui est sans faille aucune : « Je n'ai commis aucun délit, ni contre la Loi des Juifs, ni contre le Temple, ni contre l'empereur. »

Festus, qui souhaite être agréable aux Israélites, ses nouveaux administrés, fait une proposition à ce prisonnier si différent de tous ceux qu'il a rencontrés au cours de sa carrière : « Acceptes-tu de monter à Jérusalem pour que ton affaire y soit jugée en ma présence ? »

Voilà bien des délicatesses de la part de ce procurateur. Il ne dispose pas : il propose. Et de quelle manière aimable !

Mais Paul aussitôt réplique, de façon catégorique :

« Je suis devant le tribunal de l'empereur : c'est donc là que je dois être jugé. Les Juifs, je ne leur ai fait aucun tort. Tu le sais très bien toi-même. Si vraiment je suis coupable, si j'ai commis quelque crime qui mérite la mort, je ne prétends pas me soustraire à la mort... »

C'est déjà ce que disait en substance Socrate : « Il n'est pas dans mon intention de discuter la loi. »

... « Mais, poursuit Paul, si les accusations dont ces gens me chargent se réduisent à rien, personne n'a le droit de me livrer à eux. J'en appelle à l'empereur. »

Voilà le grand mot lâché : « J'en appelle à l'empereur. »

Festus se tourne vers ses conseillers et confère avec eux, à voix basse, pendant un moment. Tout citoyen romain a le droit de faire appel à l'empereur. Mais peut-on engager une procédure en appel avant que ce citoyen ait été inculpé, jugé et condamné en première instance ? En langage populaire, va-t-on mettre la charrue avant les bœufs ? Ces arguments juridiques ont sans doute moins d'importance, aux yeux du gouverneur, que le droit imprescriptible que possède ce prisonnier, en vertu de sa citoyenneté, de recourir directement à l'instance suprême : César. C'est pourquoi, conseil pris auprès de ses assesseurs, il élève la voix et proclame : « Tu en appelles à l'empereur : tu iras devant l'empereur. »

Le sort de Paul vient d'être scellé.

Sa plus belle plaidoirie

Quelques jours s'écoulent...

Et c'est la fête à Césarée : le gouverneur Festus reçoit en son palais le roi Hérode Agrippa II et sa sœur Bérénice.

Ce souverain ne nous est pas inconnu. Il est le dernier rejeton de l'illustre famille des Hérode aux mains couvertes de sang. Son arrière-grand-père, Hérode Ier dit le Grand, qui a rebâti le Temple et construit Césarée, fut aussi le tyran sanguinaire qui n'hésita pas à massacrer sa femme et trois de ses fils. Son grand-oncle, Hérode Antipas, a fait décapiter Jean-Baptiste à la demande de Salomé. Son père, Hérode Agrippa Ier, a fait périr Jacques le Majeur, frère de Jean. Lui-même, dans moins de dix ans, va faire assassiner l'autre Jacques, dit Jacques le Mineur, l'évêque de Jérusalem. Et, quand la Judée se soulèvera, en 66, il prendra les armes contre son propre peuple, dans les rangs de l'armée romaine.

Mais à l'époque où Festus le reçoit il n'est encore qu'un jeune homme de vingt-cinq ans qui se prénomme Marcus-Julius et qui règne sur le minuscule royaume de Chalcis, au Liban. Sa sœur, Bérénice, nous est plus familière, grâce à l'inoubliable tragédie de Racine, tout entière construite sur une phrase de l'historien latin Suétone : « Titus, qui aimait passionnément Bérénice et qui même, disait-on, avait promis de l'épouser, la renvoya de Rome, malgré lui, malgré elle — *invitus, invita* —, dès les premiers jours de son règne. » Mais cela se passe en 71. Nous sommes en 52 et Bérénice, qui est veuve, vit à la cour de son frère. On murmure qu'ils ont des relations que la morale condamne...

Agrippa et Bérénice sont à Césarée pour un assez long séjour. Ils ont le temps. Aussi Festus leur parle-t-il de ce prisonnier qu'il détient dans une cellule du palais.

« Il y a ici un homme que mon prédécesseur Felix a laissé en prison » (Ac 25, 14).

Il explique à ses hôtes pourquoi cet homme a été incarcéré par l'ancien gouverneur et comment lui-même, respectueux de la loi romaine, l'a confronté à ses accusateurs, peu après sa prise de pouvoir en Palestine. « Mais ceux-ci, constate-t-il, n'ont avancé aucune des charges graves que j'aurais pu supposer. Ils avaient seulement avec lui je ne sais quelles querelles relatives à la religion qui leur est propre et, en particulier, à un certain Jésus, qui est mort, mais que Paul prétendait toujours en vie » (Ac 25, 19).

Bref, aux yeux du procurateur de Judée il est clair que ce prisonnier est innocent. Luc, dans ses Actes, ne manque pas d'y insister. C'est la cinquième fois que cette innocence éclate : devant le peuple de Jérusalem ; devant le Sanhédrin ; devant le tribun Lysias ; devant le gouverneur Felix ; devant l'avocat Tertullus. La répétition est un procédé souvent employé par les écrivains juifs lorsqu'ils veulent souligner l'importance d'un fait.

« Je voudrais bien entendre cet homme à mon tour, demande Agrippa.

— Dès demain, tu l'entendras », promet Festus.

Fidèle à sa parole, le gouverneur, dès le lendemain, fait préparer la salle d'audience. Le roi Agrippa et sa sœur y arrivent en grande pompe, accompagnés d'officiers supérieurs et de notables de la ville. Les gardes font entrer Paul, que des chaînes entravent, comme si l'on craignait qu'il ne s'évade. C'est la loi : tout prisonnier doit être enchaîné. Et ici plus qu'ailleurs on observe la loi.

Aussitôt, Festus prend la parole. Il affirme une fois de plus — c'est la sixième ! — sa conviction que ce prisonnier est innocent.

« Pour ma part, je n'ai rien relevé dans ses actes qui mérite la mort », note-t-il d'emblée.

Festus n'est pas mécontent que son hôte royal lui ait demandé d'entendre Paul. Ce que dira ce souverain après cette comparution lui permettra à lui, le procurateur, qui débarque dans la Judée compliquée, d'adresser à l'empereur, lorsqu'il lui enverra Paul, une lettre claire sur cette affaire qui ne l'est pas. Il le dit sans ambages.

« Comme je ne dispose d'aucune donnée sûre pour écrire à César sur son compte, je l'ai fait comparaître devant vous, devant toi surtout, roi Agrippa, afin d'être en mesure de lui écrire, à la suite de cette audience. Il serait absurde en effet d'envoyer un prisonnier sans même spécifier les charges qui pèsent sur lui » (Ac 25, 26-27).

Agrippa opine et dit à Paul : « Il t'est permis de plaider ta cause. »

Paul étend la main, comme il a l'habitude de le faire, chaque fois qu'il prend la parole. Il prononce alors le plus long et le plus complet de ses plaidoyers. Plus long que le premier, devant le peuple de Jérusalem, et que le second, devant le Sanhédrin. Plus complet que le troisième, devant Felix. S'adressant à un auditeur royal, cet orateur a soigné sa démonstration. Ce souverain étant juif de naissance, il peut aborder, avec quelque chance de se faire comprendre, le problème religieux qui est le nœud de toute l'affaire. Il le dit clairement, dès son exorde :

« Aujourd'hui, si je suis traduit en justice, c'est pour l'espérance de la promesse que Dieu a faite à nos pères et dont nos douze tribus, en assurant le culte divin nuit et jour, sans relâche, espèrent voir l'accomplissement. Oui, c'est pour cette espérance, ô Roi, que je suis mis en accusation par les Juifs. »

De quoi l'ont-ils donc accusé ? De croire en la Résurrection. Faisant du regard le tour de l'assemblée, il leur lance à tous :

« Quoi ? Vous semble-t-il incroyable, à vous, que Dieu ressuscite les morts ? » (Ac 26, 6-8).

Sur ce, il décrit longuement son itinéraire spirituel : son appartenance au groupe des pharisiens de stricte observance ; son éducation particulièrement rigoureuse ; sa haine personnelle des chrétiens ; sa participation active à leur persécution ; et enfin son illumination soudaine sur la route de Damas. Il fait de sa rencontre avec le Seigneur un récit particulièrement vivant. Jésus est là, dans le prétoire, tandis que Paul parle. Il poursuit en expliquant la mission qui lui a été confiée. Il insiste tout particulièrement sur l'idée que le Christ est venu accomplir ce qu'avaient prédit Moïse et les prophètes. Premier à ressusciter, Jésus est la Lumière. Et cette lumière, lui, Paul, il a été chargé de la porter au Peuple de l'alliance et aux nations païennes.

Ah, quelle magnifique plaidoirie ! Ah, quel grand moment ! Mais Festus, au fond, est un sceptique. Il interrompt le redoutable avocat : « Tu es fou, Paul. Malgré ton grand savoir, tu déraisonnes...

— Je ne suis pas fou, excellent Festus. Je fais entendre le langage de la vérité et du bon sens. Le roi connaît ces faits. C'est pourquoi je m'adresse à lui en toute confiance, sûr qu'il comprend tout ce que je dis. Ce n'est pas dans un coin perdu que ces événements se sont passés. »

S'adressant à Agrippa : « Crois-tu aux prophètes, roi Agrippa ? Je suis sûr que tu y crois. »

Agrippa, profondément ébranlé, lui répond : « Encore un peu et tu vas faire de moi un chrétien...

— Encore un peu ou encore beaucoup ? » lui demande Paul.

Et, prenant à témoin toute l'assemblée : « Plût à Dieu que non seulement toi, mais vous tous qui m'écoutez aujourd'hui, vous deveniez comme moi..., mais sans les chaînes que je porte » (Ac 26, 24-28).

Le roi Agrippa se lève, marquant ainsi que l'audience est terminée. Bérénice et le gouverneur en font autant. Les assistants se retirent en se disant les uns aux autres : « Cet homme n'a rien fait qui mérite la mort ou même des chaînes. »

Tel est bien l'avis du roi Agrippa, qui confie à Festus, à mi-voix et sans témoin : « Si cet homme n'en avait pas appelé à l'empereur, on aurait pu le mettre en liberté. »

Mais il est trop tard : le mécanisme est enclenché.

Une navigation en zigzags

A l'automne, au port de Césarée, Paul embarque.

Homme de qualité, il a le droit, tout prisonnier qu'il est, de se faire accompagner par deux serviteurs. Il choisit Aristarque, un Macédonien de Thessalonique, et Luc, qui attendait cette heure en poursuivant ses travaux historiques.

L'escorte, cette fois, est réduite : elle se compose d'une poignée de soldats appartenant à la cohorte Augusta, une unité plus spécialement affectée au service de l'empereur. Ils ont pour chef de détachement un centurion nommé Julius. C'est plus un accompagnateur qu'un gardien. C'est en outre un messager : le gouverneur Festus lui a confié les documents afférents au transfert de Paul : l'arrêt de renvoi devant le tribunal impérial et une lettre personnelle pour Néron. Le signataire y explique pourquoi il a été amené à lui déférer ce citoyen romain de religion juive.

Quelques autres prisonniers, dont nous ne connaissons ni l'identité ni les délits, figurent au nombre des passagers du bateau. Luc, qui, durant tout le voyage, va se révéler un journaliste au regard attentif, précise que ce navire est originaire d'Adramyttium. Ce port de la côte ouest d'Asie Mineure se nomme aujourd'hui Edremit. Il est situé tout au fond du golfe du même nom, que ferme, du côté du couchant, la grande île de Lesbos.

Le lendemain du départ on fait escale à Sidon, cette ville de Phénicie qui, sous son nom moderne de Saïda, la libanaise, n'en finit plus de livrer aux archéologues les trésors que contient son sous-sol.

Là, le centurion Julius se révèle un homme particulièrement compréhensif : il permet à Paul de débarquer pour « aller trouver ses amis et profiter de leur accueil » (Ac 26, 3). Il s'agit, à n'en pas douter, de chrétiens de la ville. Luc note que Julius traite Paul « avec humanité ». Ce n'est pas la première fois que l'auteur des Actes constate l'attitude compréhensive des centurions envers les chrétiens. Il souligne ce fait, comme il le fera, dans son Évangile, en une scène célèbre (Lc 7, 1-10) qui montre un de ces officiers accueillant Jésus dans sa maison, où un jeune serviteur est malade. Tout le monde se souvient de la réaction de ce capitaine au moment où le Christ va franchir le seuil de sa demeure : « Seigneur, je ne suis pas digne que tu entres sous mon toit... »

Quand le capitaine du navire en a terminé avec les manutentions au quai du vieux port phénicien de Sidon, il appareille, cap au nord-ouest, en direction de Chypre. Mais les vents sont contraires. Ils ne cessent de souffler de l'ouest. Malgré son expérience de la navigation dans cette partie de la Méditerranée, le capitaine ne parvient pas à suivre la route qu'il avait prévue et qui l'aurait fait passer au sud de la grande île. Il est obligé de remonter vers le nord, pour la contourner de loin avant de se rabattre vers l'ouest. A partir de ce moment, il se traîne en tirant des bordées, le long de la côte de Cilicie qui rappelle à Paul des souvenirs de jeunesse, et au large de la Pamphylie qu'il a parcourue lors de son premier grand voyage missionnaire.

Dans ces conditions, on ne met pas moins de quinze jours pour atteindre enfin le port de Myre, en Lycie. C'est aujourd'hui Demré, à cent quarante kilomètres d'Antalya, sur la côte sud de l'Anatolie, au pied des puissants contreforts du Taurus occidental qui, dans cette région, tombent presque directement dans la mer. En voyant ce petit port de pêche et en visitant les ruines de l'église Saint-Nicolas bâtie au IVe siècle, on a peine à imaginer que ce havre abrité fut une escale importante entre l'Égypte et la Grèce.

Le navire, qui a si péniblement transporté jusqu'ici Paul et ses compagnons, ne va pas plus loin. De geôlier le centurion Julius se transforme en agent de voyage. Il ne tarde pas à trouver un bateau d'Alexandrie en partance pour l'Italie. C'est un gros cargo, un *navis oneraria*, qui transporte du blé d'Égypte, grenier de la Méditerranée orientale. Ces grands céréaliers emportent des cargaisons importantes. L'un d'entre eux, « L'Isis », qui fait régulièrement la ligne Alexandrie-Rome, peut charger 1 146 tonnes de blé. Mais c'est une exception. La plupart jaugent moins de cinq cents tonneaux. Certains, comme celui-ci, sont de véritables cargos mixtes. Ils prennent des passagers, qui trouvent abri dans des cabines sur la poupe fortement relevée, mais aussi sous le pont central et au-dessus de la proue, dont l'étrave, de forme concave, se termine par une sorte d'éperon. Ce navire n'est pas un paquebot, comme celui où s'embarqua pour Rome l'historien Flavius Josèphe, qui nous dit avoir voyagé avec six cents personnes. Mais il emporte pourtant deux cent soixante-seize passagers. Oui, c'est un gros et solide bateau.

Alors commence une navigation dont Luc nous fait un compte rendu si minutieux et si précis que l'amiral Nelson dira un jour... qu'il y a appris son métier !

Le capitaine fait hisser la petite voile carrée du mât de proue, incliné vers l'avant à quarante-cinq degrés : c'est la civadière, une nouveauté dans la marine de l'époque et, en quelque sorte, l'ancêtre carré de nos focs triangulaires. Debout à l'arrière, sur la petite galerie qui domine la poupe, il surveille la manœuvre. Dès qu'on est sorti du port, il fait déployer la grande voile carrée et il met cap au sud, afin de déborder la petite île de Simena et le promontoire déchiqueté d'Aperlaï. Quand il atteint la mer libre, il abat vers le couchant, en direction de Rhodes. Mais, tout aussitôt, il doit affronter le vent d'ouest, qui a tant gêné le premier navire, pour venir jusqu'à Adramyttium. La navigation en est très ralentie. « C'est à grand-peine, note Luc, que nous sommes arrivés à la hauteur de Cnide » (Ac 27, 7).

A l'extrémité de la longue et étroite péninsule de Datcha, ce port, rebaptisé Knidas par les Turcs, occupe une position tout à fait exceptionnelle : *Land's end*, au bout du bout d'une vraie Cornouaille d'Orient ; porte ouverte sur l'Occident ; ultime escale anatolienne ; dernier au revoir à l'Asie Mineure. Les beaux vignobles qui entourent la petite ville, ses deux théâtres, son odéon, son école de médecine l'ont rendue célèbre. Une faune cosmopolite s'y presse, le temps d'une escale... et de quelques bordées. Mais le gros céréalier, c'est à peine s'il s'arrête, afin de compléter sa réserve d'eau potable. Et déjà, le voilà reparti pour l'Italie.

Comme le vent continue à souffler de l'ouest, il n'est pas question de traverser la mer Égée en se glissant entre les îles. Le capitaine n'a pas d'autre possibilité que de gouverner droit au sud en direction de la Crète. Il atteint la grande île et contourne son extrémité orientale à la hauteur du cap Salmonè, qu'il « double de justesse » (Ac 27, 8).

La haute mer a la couleur des turquoises, les unes d'un bleu très clair, les autres légèrement plus foncées. Transparente à proximité du rivage, l'eau évoque l'aigue-marine ou le saphir pâle. Laiteuse sur les fonds sableux, elle fait penser à l'opale.

Le navire longe la côte sud : massives montagnes émergeant de la mer, presque verticalement, ne laissant place qu'à de minuscules plaines côtières ; falaises roses à l'aurore, brunes à midi, violettes au crépuscule ; petits ports rares, mais bien abrités.

On passe au large de Lasaïa et on atteint l'anse de Kali Liménè, ce qui signifie « beaux ports ».

Déception pour le voyageur moderne, que ce nom peut faire rêver. Lorsqu'il arrive dans cette charmante crique, c'est pour découvrir un site défiguré par les cuves d'un dépôt de pétrole.

Depuis l'embarquement à Césarée, il s'est écoulé beaucoup plus de temps que prévu. Voilà qu'on a passé la fête des Expiations — le *Yom Kippour* — qui se célèbre en septembre. La mauvaise saison arrive. Il devient dangereux de naviguer. Si les caboteurs se traînent encore le long des côtes, prêts à gagner un abri au moindre coup de chien, les grands navires restent au port durant les six à sept mois où la mer est « fermée ». C'est l'expression qu'on emploie — *mare clausum* — pour désigner cette longue période qui s'étend d'octobre à avril.

Paul n'est pas marin. Mais il a fait de nombreux voyages par mer et il a même fait naufrage à trois reprises (II Co 11, 25), sans que nous sachions d'ailleurs dans quelles circonstances. C'est dire son peu d'intérêt pour ce qui n'est, à ses yeux, que péripéties ! Il estime donc qu'il a le droit de donner son avis.

« Mes amis, je vois que ce voyage n'ira pas sans péril, sans dommages, ni sans pertes sérieuses pour la cargaison et pour le navire, mais aussi pour nous-mêmes » (Ac 27, 10).

Le centurion Julius se fie plus à l'avis du capitaine et du représentant de l'armateur, le « subrécargue », qu'à l'avertissement de son prisonnier. En outre, la petite crique de Beaux Ports se prête mal à l'hivernage. Certes, il n'est pas question de tirer au sec ce gros bateau, comme on le fait, à l'aide de rouleaux, pour les navires de moindre tonnage. Mais il faudrait au moins s'amarrer dans un port bien abrité. Ainsi pourrait-on protéger la précieuse cargaison de blé qu'il n'est pas possible de décharger, faute de silo où l'entasser, et qu'on ne veut évidemment pas voir fermenter dans la cale, par excès d'humidité. Cela arriverait sûrement, si l'on continuait à naviguer par gros temps, car le navire embarque, par moments, des paquets de mer.

La majorité est d'avis de gagner Phénix, à l'extrémité occidentale de la Crète. C'est un des ports de la région de Kasteli : probablement Polyrrhenia, aujourd'hui en ruine, ou Platanos, désormais à l'intérieur des terres : la localisation n'est pas sûre. Mais le mouillage l'est, à l'époque. Le capitaine sait que son navire y sera à l'abri des grands vents accourant du septentrion. C'est là qu'il a décidé de passer la mauvaise saison.

En route donc pour Phénix !

La tempête

Une petite brise du sud s'est levée.

Il n'en faut pas plus pour que le capitaine imagine que son projet est réalisable. Il va tenter de border la côte méridionale de la Crète. Il lève donc l'ancre et hisse la voile. Au moment où il quitte le port, tout semble bien aller.

Mais à peine le navire a-t-il atteint le large que s'abat soudain sur lui, venant de l'île, un terrible ouragan. Tous les marins redoutent, dans cette partie de la Méditerranée, ce vent du nord qui, à certaines saisons, notamment à l'automne, peut souffler avec rage pendant des jours et des nuits. Les Romains le nomment l'Aquilon ; les Grecs, la Borée.

Aussitôt, le bateau est emporté vers le sud. Malgré tous ses efforts, le capitaine est incapable de remonter au vent. Un voilier ne ruse pas avec une monstrueuse soufflerie comme celle qui vient d'entrer en action. Il faut se résigner à carguer la voile et à se laisser porter.

Dérivant dans la tempête, le navire file sous le couvert d'une petite île appelée Cauda. C'est l'actuelle Gaudos, à une trentaine de milles au sud de la côte crétoise. Rencontrant ce « caillou » d'où émerge une montagne haute de trois cent soixante-huit mètres, le vent perd un peu de sa violence. Le capitaine en profite pour maîtriser le canot de sauvetage qui, depuis le départ, bondissait sur les vagues à l'arrière du navire, au risque de rompre son amarre. De justesse, l'équipage parvient à le hisser sur le pont. Il utilise ce répit pour ceinturer le bateau avec des cordages. Aisée quand on est au port, cette opération est délicate en pleine mer et devient quasiment impossible dans la tempête. Les matelots parviennent toutefois à passer quelques câbles autour de la coque et à les tendre suffisamment pour augmenter, un tant soit peu, sa rigidité. Ce ceinturage devrait permettre d'éviter que les membrures se disloquent.

A peine le navire a-t-il été poussé loin de cet abri tout relatif, le vent redouble de violence. Le capitaine redoute que la tempête ne l'entraîne jusqu'au golfe de Cyrénaïque, où il s'échouerait assurément sur quelque plage de sable. Il n'a pas d'autre ressource que de mouiller une ancre flottante. C'est une lourde pièce de bois qu'on attache à la poupe par un solide filin. Elle permet, en principe, de maintenir le bateau dans le lit du vent, mais elle ne l'empêche pas de continuer à dériver sur la mer en furie.

Toute la nuit s'écoule ainsi. A l'aube, la tempête n'a pas diminué. Pour alléger le navire, on se résout à jeter du fret. Décision grave. Elle est prise par le conseil de bord qui réunit, autour du capitaine, les officiers, le représentant de l'armateur et les négociants qui accompagnent « leur » cargaison. On commence par lancer par-dessus bord ce qu'il y a de plus lourd et qui encombre le pont : épars, agrès, treuils, câbles, caisses, malles, cageots...

Ce sacrifice ne sert pas à grand-chose. Aussi, le lendemain, les marins affalent-ils le gréement de leurs propres mains. Dès lors, le navire offre moins de prise au vent furieux ; mais il n'est plus qu'une épave assaillie par les vagues énormes qui, par instants, le submergent et menacent de l'engloutir.

Plusieurs jours se passent sans que la tempête diminue. A aucun moment le vent ne faiblit. Dans le ciel, chargé de lourds nuages, pas une seule éclaircie. La nuit, pas une étoile. Personne n'a rien mangé depuis longtemps. Il semble qu'il faille abandonner désormais tout espoir de salut...

C'est alors que Paul, debout au milieu de ces hommes trempés, transis et recrus de fatigue, leur dit :

« Vous voyez, les amis, il fallait m'écouter, quand je vous ai conseillé de ne pas quitter la Crète. Nous aurions évité ces dommages et ces pertes.

Mais, à présent, je vous invite à garder courage, car aucun d'entre vous ne mourra. Seul le navire sera perdu. Un messager du Dieu auquel j'appartiens et que je sers m'est apparu, cette nuit même. Il m'a dit : " N'aie pas peur, Paul. Il faut que tu comparaisses devant l'empereur et

Dieu t'accorde aussi la vie de tous tes compagnons de traversée. " Reprenez donc courage, les amis ! J'ai confiance en Dieu. Il en sera comme il me l'a dit : nous devons échouer sur une île » (Ac 27, 21-26).

Situation paradoxale ! C'est ce terrien qui, après avoir donné aux marins des conseils qu'ils n'ont pas eu la sagesse de suivre, leur apporte maintenant des raisons d'espérer. C'est ce prisonnier de César qui affirme à ces prisonniers de la mer qu'ils vont recouvrer leur liberté. A ces malheureux qui se croient perdus, qu'a-t-il l'audace d'affirmer ? Que le salut vient de Dieu, de Dieu seul et que ce Dieu — son Dieu — les sauvera tous.

Le naufrage

Durant deux longues semaines, ils dérivent entre Crète et Sicile.

Sans doute la tempête connaît-elle des moments d'accalmie. Mais le navire est désemparé. Privé de gréement et de voile, il n'est plus qu'une épave. Ballotté par les vagues, il erre au gré des vents et des courants. Sous le ciel éternellement bouché, le capitaine est incapable de faire le point. Quelle que soit son expérience, il ne sait plus du tout où il se trouve.

Soudain, au cours de la quatorzième nuit, les marins pressentent l'approche d'une terre. Ils déroulent la sonde et trouvent vingt brasses — trente-trois mètres. Quelques instants plus tard, ils la filent de nouveau et en trouvent quinze. Craignant d'être drossés sur les récifs, ils mouillent quatre ancres à l'arrière. Après quoi, ils gagnent l'avant, sous prétexte d'en mouiller d'autres à la proue. Mais ce n'est qu'un simulacre. En fait, ils veulent s'emparer du canot de sauvetage amarré sur le gaillard d'avant et abandonner le bateau. Ils ont déjà commencé à le mettre à la mer, quand Paul aperçoit leur manœuvre. Il dit au centurion et aux soldats : « Si ces hommes ne restent pas à bord, vous ne pourrez pas être sauvés. »

Aussitôt, les soldats coupent les amarres du canot, qu'ils laissent partir.

En attendant le jour, Paul engage tout le monde à prendre de la nourriture.

« C'est aujourd'hui, leur dit-il, le quatorzième jour que vous passez dans l'attente, sans avoir rien mangé. Il faut vous alimenter ; c'est votre salut qui est en jeu. Croyez-moi, nul d'entre vous ne perdra un cheveu de sa tête » (Ac 27, 34).

Paul fait allusion à une coutume romaine, que Pétrone évoque dans le *Satiricon* : aussi longtemps qu'il fait beau, le voyageur ne doit se couper ni les cheveux ni les ongles ; mais, quand vient la tempête, il convient d'offrir sa chevelure aux dieux pour les apaiser.

Cela dit, il prend le pain, rend grâces à Dieu, devant tous, le rompt, le leur distribue et se met lui-même à manger. Il ne s'agit certainement que d'un fort modeste casse-croûte, où l'on consomme le peu de provisions mouillées qu'il reste à bord après deux semaines de tempête. Il n'empêche que cet en-cas évoque discrètement un repas eucharistique. Avec la même discrétion, Luc note que tous reprennent courage.

Une fois rassasiés, ils s'emploient à alléger leur navire, qui n'est plus qu'un lourd sabot démâté. Et les voilà qui jettent à la mer le blé entassé dans la cale...

Lorsque le jour se lève, les marins aperçoivent enfin la terre. Mais aucun d'entre eux ne la reconnaît. Ils distinguent une baie, ourlée d'une petite plage. C'est là qu'ils vont tenter, s'ils le peuvent, d'échouer le navire. Ils détachent les ancres et les abandonnent à la mer. En même temps, ils larguent les longs avirons qui servent de gouvernail. Ils parviennent à hisser à la proue une petite voile carrée. Le vent la gonfle et les porte jusqu'à la plage. Soudain, la quille racle un banc de sable entre deux courants. Le navire s'échoue. Tandis que la proue s'immobilise, la poupe, assaillie par les vagues toujours violentes, commence à se disloquer.

Les soldats ont alors l'idée de tuer les prisonniers, de peur que quelques-uns d'entre eux ne s'enfuient à la nage. Mais le centurion, qui veut sauver Paul, les en empêche. Il donne l'ordre à ceux qui savent nager de se jeter à l'eau les premiers et de gagner la côte. Aux autres il conseille de s'accrocher à des planches ou à des espars.

Quelques minutes plus tard, les deux cent soixante-seize hommes — équipage, passagers, prisonniers et gardiens — prennent pied sur le sol de l'île de Malte. Pas un seul d'entre eux ne manque à l'appel.

La baie que ces naufragés viennent d'atteindre sains et saufs s'appelle aujourd'hui « Saint Paul's Bay ». Les autorités maltaises ont toujours refusé d'y élever une stèle pour commémorer cette scène. Certes, personne ne pense que le navire ait fait naufrage sur la côte sud de l'île : il se serait brisé sur ses hautes falaises blanches, que bat toute l'année la mer écumante. C'est évidemment sur la côte nord qu'il s'est échoué. Mais nul n'ose affirmer que ce n'est pas dans la baie de Mellieha, deux kilomètres plus à l'ouest, ou dans celle de Salina, à un kilomètre plus à l'est. Seule la tradition locale conduit à dire que c'est très probablement ici que l'infernale croisière s'est achevée, dans cette petite anse qui, depuis si longtemps, porte le nom de l'Apôtre.

La crique est à demi fermée par un court promontoire que prolongent deux îlots. Sur l'un des deux se dresse une grande statue moderne de saint Paul. Est-ce l'endroit précis où la quille du navire racla le sable maltais ? Certains le pensent. Parmi eux, un ancien ambassadeur de France qui, à une époque récente, s'y mit à l'eau, afin de démontrer qu'on pouvait sans peine gagner à la nage le fond de la baie.

Malte, quand la mer est fermée...

Les habitants du petit village de pêcheurs ont assisté de loin au naufrage. Ils accourent sur la plage, aident les rescapés à sortir de l'eau, les réconfortent et leur apprennent le nom de l'île où vient de s'achever leur voyage.

La pluie s'est mise à tomber. Il fait froid. Les naufragés grelottent dans leurs haillons trempés. Les villageois vont chercher du bois, allument un grand feu, invitent ces hommes ruisselants et épuisés à s'en approcher tous.

Paul ramasse une brassée de bois mort qu'il jette dans le feu. La chaleur en fait sortir une vipère, qui s'accroche à sa main. Ce que voyant, les Maltais se disent : « Cet homme est certainement un assassin. Il a réussi à échapper à la mer, mais la justice divine ne lui permettra pas de vivre » (Ac 28, 4).

Calmement, Paul secoue le serpent qui tombe dans le feu. Les témoins de cette scène s'attendent à voir cet homme chauve enfler ou tomber raide mort. Mais, après une assez longue attente, ils constatent qu'il ne lui arrive rien d'anormal. Avec cette versatilité que leurs descendants vont conserver au fil des siècles, tout comme leur grand sens de l'hospitalité, ils changent d'avis et s'empressent de répéter à tous les échos : « C'est un dieu. »

Dans la mentalité populaire maltaise, si quelqu'un résiste à la morsure d'un serpent, c'est qu'il est doté de pouvoirs surnaturels. L'anecdote, complaisamment rapportée par Luc, n'a d'autre valeur que symbolique. Peut-être, après tout, Paul n'a-t-il pas été mordu. Peut-être ce serpent qu'on a pris pour une vipère n'était-il pas venimeux. Depuis lors, en tout cas, il n'y en a plus un seul qui le soit dans toute l'île. C'est du moins ce qu'affirment aujourd'hui ses habitants.

Dans les environs du village s'étendent des terres qui appartiennent au premier magistrat de l'île, nommé Publius. Averti par les pêcheurs, cet homme accueille Paul et ses compagnons. Il les héberge généreusement pendant trois jours dans sa demeure.

Depuis lors, on en a longuement cherché les restes. Selon la tradition, cette résidence s'élevait à l'emplacement occupé aujourd'hui par la belle cathédrale baroque de Mdina, qui était à l'époque romaine la capitale de l'île. Mais en 1881, dans le quartier de Rabat, qui s'étend à l'extérieur des remparts, on a mis au jour une somptueuse villa romaine. En cet endroit on a, par la suite, édifié un musée archéologique. Ses salles d'exposition entourent un atrium dont le centre est orné d'une charmante mosaïque vermiculée représentant deux naïades frappant un satyre et un oiseau buvant dans une coupe. C'était sans doute ici que vivait le gouverneur romain de l'île.

Une île qui entra dans la littérature avec l'*Odyssée* et dans l'histoire avec les Phéniciens. Ils découvrirent l'exactitude des observations d'Homère qui connaissait son bassin méditerranéen :

« Cette île a, dans son port, des cales si commodes que, sans amarre à terre, on laisse les vaisseaux, une fois remisés, jusqu'au jour où le cœur à nouveau se décide ou que les vents se lèvent. »

Aux Phéniciens succédèrent les Grecs ; aux Grecs, les Romains, qui occupèrent l'île en 218 av. J.-C. Sur la colline où s'élevait La Melita, l'ancienne capitale hellénique, dont le nom signifiait « le miel », ils construisirent une cité nouvelle, Mdina : une vraie ville, avec ses temples et ses thermes, une *civitas*, une cité, qu'ils ceinturèrent de remparts.

De cette éminence que caresse le vent enfin calmé, Paul découvre la plus grande partie de l'île : en ce début d'hiver la terre a pris une couleur poil de chameau. Des figuiers de barbarie enclosent les petits champs pierreux, les vignes qui produisent un vin capiteux et les oliveraies aux arbres noueux. Partout prospèrent l'amandier, le palmier, le caroubier et le tamaris qui n'a jamais soif. Au loin, on aperçoit, découpée comme une pièce d'un insolite puzzle, le fjord ensoleillé qui s'appellera un jour La Valette. La mer, maintenant que la tempête est apaisée, a repris sa couleur maltaise, qui est l'indigo.

Le père de Publius est alité, « en proie aux fièvres et à la dysenterie » (Ac 28, 8). Son mal ressemble à cette fièvre ondulante accompagnée de manifestations viscérales, connue sous le nom de fièvre de Malte, qui prendra le nom de brucellose quand le médecin militaire anglais David Bruce découvrira, en 1888, son microcoque, transmis par les chèvres et les moutons... Paul se rend au chevet du malade, se met en prière, lui impose les mains. Il le guérit. Du coup, tous les autres malades de l'île viennent le trouver. Et il les guérit à leur tour.

Une tradition locale veut que le généreux Publius se soit converti. Il serait donc le premier gouverneur de tout l'empire romain à avoir rejoint les rangs du christianisme. Par la suite, il serait devenu le premier évêque de l'île. Il serait mort martyr et aurait été proclamé saint. Les Maltais, sûrs de leur fait (nous, beaucoup moins !), continuent à honorer la mémoire de saint Publius. Ils ont même donné son nom à l'un de leurs hôpitaux, où la fièvre de Malte n'est plus qu'un mauvais souvenir depuis que la pharmacopée s'est trouvée enrichie des antibiotiques.

Quant au nom de Paul, on le retrouve en plus d'un endroit dans l'île : outre la baie de Saint-Paul, il existe plusieurs églises Saint-Paul, des chapelles Saint-Paul, des statues de Saint-Paul, une source de Saint-Paul, un marchand de vins et spiritueux à l'enseigne de « Saint-Paul le naufragé », des catacombes de Saint-Paul et même une grotte de Saint-

Paul. C'est là, dit-on, que l'Apôtre aurait trouvé abri après trois jours passés dans la demeure du gouverneur. On a quelque peine à le croire. Mais peut-être le centurion Julius ne trouva-t-il pas d'autre abri assez vaste pour rassembler les prisonniers sous la garde de ses légionnaires. Il fallait bien un endroit clos où coucher provisoirement tous ces hommes. Un provisoire qui va durer trois mois. Heureusement, à Malte les hivers ne sont jamais rudes.

De nos jours, les pèlerins qui continuent à venir jusqu'à cette grotte ne doutent pas un seul instant qu'elle ait été la « résidence » de saint Paul. Après s'y être recueillis, ils grattent soigneusement la paroi de l'auvent dont ils emportent de minuscules fragments, car on dit que cette pierre possède des vertus curatives.

Tout ceci ne nous dit pas ce que fit Paul durant cet hiver 60-61 passé dans l'île de Malte. Eut-il des entretiens prolongés avec le gouverneur Publius ? C'est probable. Prêcha-t-il ? C'est l'évidence même. Fonda-t-il une Église ? C'est presque certain. Dans quels villages alla-t-il, lui qu'on voit mal rester longtemps sans se déplacer ? Nous l'ignorons. Dans quelles conditions vécut-il, lui qui était toujours, ne l'oublions pas, un prisonnier en cours de transfert ? On peut arpenter l'île aujourd'hui pendant des jours et des jours sans trouver de réponse satisfaisante à toutes ces questions...

Escale en Sicile

Au mois de février, l'hiver s'achevant, il est enfin possible de reprendre la navigation.

Le centurion Julius, véritable Maître Jacques de cet interminable voyage vers Rome, a repéré un navire. Il est mouillé au fond de l'une de ces criques profondes où naîtront, au XVIe siècle, autour de la presqu'île de Scebarras, les installations portuaires de La Valette. Venant d'Alexandrie, son port d'attache, ce bateau a hiverné à Malte. Il s'apprête à lever l'ancre, dès que la mer sera déclarée « ouverte ». Après discussion, le capitaine accepte d'embarquer les prisonniers et leur escorte.

Bientôt, on met la voile à destination de la Sicile, si proche que, du haut des collines, par temps clair on en distingue les côtes. L'homme de barre maintient en direction du nord-nord-est la proue du bateau qu'orne une grande sculpture sur bois représentant Castor et Pollux. Ces deux personnages légendaires, qu'on appelle les Dioscures et qu'on dit fils de Zeus — transformé en cygne pour séduire leur mère —, sont les protecteurs des marins. Leur culte est très répandu en Égypte.

On met moins de vingt-quatre heures pour couvrir les soixante milles nautiques — une centaine de kilomètres — qui séparent Malte de la pointe sud-est de la Sicile. On double le cap d'Akraï, vieille cité de la Grande Grèce, aujourd'hui Pachino, proche du cap Passero. On remonte le long de la côte orientale. On atteint Syracuse. On y jette l'ancre. On y fait une escale de trois jours (Ac 28, 12).

Il fait doux déjà. Les orangers sont couverts de fruits. Aux branches des amandiers, la neige abondante de leurs fleurs annonce le printemps proche.

Fondée par des marins grecs au VIIIe siècle av. J.-C., Syracuse, du nom du marais voisin, Syraka, est à l'époque de Paul la plus grande ville de la Sicile. Le site est admirable. Cicéron l'a décrit avec enthousiasme dans ses *Verrines* : « Syracuse est la plus importante des cités grecques et la plus belle de toutes. » Elle a pris naissance sur l'île d'Ortygie, à peine détachée du rivage, puisqu'un simple pont l'y relie en enjambant la Darsena, paradis des pêcheurs à la ligne.

Ortygie de nos jours regorge littéralement d'églises et de chapelles. Toutes ou presque ont été construites sur l'emplacement d'anciens temples. Quatorze au total ! Cet îlot était un sanctuaire. Dominant de sa masse tous les édifices, les surpassant par sa beauté, le plus grand était le temple d'Athéna, romanisée sous le nom de Minerve. Douze de ses puissantes colonnes doriques constituent toujours l'ossature du Duomo, construit au VIIe siècle de notre ère et doté au XVIIIe d'une élégante façade baroque.

Autour de ce lambeau de terre consacré aux dieux a poussé une vaste agglomération vouée aux marins et aux armateurs, aux négociants et aux voyageurs : petit port, presque rond et délicieusement calme ; grand port, dont on ne peut contempler la nappe claire sans évoquer la flotte athénienne qui y fut prise au piège en 415 av. J.-C. ; quartiers de Néapolis, de Tyché, d'Achadrine et d'Épipolis formant quatre villes différentes, qui pourtant n'en sont qu'une seule et même.

Dans la mesure où son indulgent geôlier le laisse aller et venir, on imagine bien que Paul ne consacre pas son temps à la visite des monuments helléniques. A la différence des touristes faisant de nos jours une croisière sur les côtes de Sicile, il ne manifeste d'intérêt ni pour la merveilleuse Agora dont il ne reste plus que trois colonnes de marbre rose, ni pour le grand théâtre adossé à une colline de roche ocre sombre où sont taillées les soixante-six rangées de ses gradins, ni pour le gigantesque autel d'Hiéron II long de cent quatre-vingt-dix-huit mètres, ni pour les remparts construits par Denys l'Ancien, ni pour le tombeau du génial Archimède, ni pour Pi = 3,1416...

Puisque la longue escale lui en donne le loisir, c'est encore et toujours à la prédication que Paul consacre cet entracte inattendu. Il existe déjà à Syracuse une communauté chrétienne. Selon la tradition, elle a été fondée par un certain Martien, envoyé par Pierre.

C'est à cette porte que Paul va frapper.

Débarquement à Pouzzoles

Sortant du port de Syracuse, le « Castor et Pollux » met cap au nord.
Le vent est favorable. Longeant la côte orientale de la Sicile, le navire atteint en une journée l'extrême pointe de la botte italienne. Il jette l'ancre à Regium, qui deviendra Reggio de Calabre. Au pied des murailles édifiées par les Grecs au ve siècle av. J.-C., sa darse est une escale obligée entre le bassin oriental et le bassin occidental de la Méditerranée. Depuis que l'homme en affronte les flots, les quais de ce port sont un relais commode entre la Grèce et Rome.

Le lendemain, le vent du sud s'étant levé, le « Castor et Pollux » s'engage dans le détroit de Messine. Le *stretto*, comme on l'appelle aujourd'hui, donne l'occasion à toutes les agences de tourisme de vanter « ses eaux changeantes et colorées », que ses riverains ont surnommées « l'arc en ciel de l'Italie ». Mais pour les navigateurs de l'Antiquité ce bras de mer, large de trois kilomètres, brassé par de puissants courants, balayé par des vents capricieux, est un passage redouté. Plus que tout, ils craignent le *calofaro*, ce tourbillon qui porte du nord-est au sud-ouest. A la moindre erreur de navigation, il risque, par gros temps, de précipiter leur navire du gouffre de Charybde sur le rocher de Scylla. Ainsi est née l'expression, pour signifier « tomber de mal en pis ».

Le détroit franchi, le capitaine laisse à bâbord les îles éoliennes, encore appelées les Lipari, au-dessus desquelles, à un millier de mètres d'altitude, le Stromboli solitaire fume en permanence sa grosse bouffarde.

Poussé par une bonne brise, le navire ne met que deux jours pour longer la côte sud de l'Italie : Calabre où s'ouvre le golfe de Sainte-Euphémie ; Sila infestée par les loups ; Basilicate avec son merveilleux golfe de Policastro ; Campanie où se dressent, splendides, les temples doriques de Paestum. Après avoir contourné la délicieuse presqu'île de Sorrente on entre dans le golfe de Naples, qui s'appelle alors Parthénopée. Sur ce rivage embaumé où Virgile a composé ses *Géorgiques*, les riches Romains possèdent une « résidence secondaire ». La ville elle-même, qui enchantera Stendhal, est vraiment à l'époque, selon son expression, « une maison de campagne placée au milieu d'un beau paysage ».

Au pied du Vésuve qui somnole, Herculanum et Pompéi rivalisent de luxe. Dans moins de vingt ans, le volcan va se réveiller brutalement, engloutissant en pleine nuit, sous la lave et la cendre, les deux villes, leurs habitants endormis et, parmi eux, le vieux Pline avec son écritoire et son calame...

Se glissant entre la sombre Ischia et Capri qui, de loin, ressemble à un crocodile au front bombé, le navire se rapproche de la côte. Voici qu'apparaissent le long du rivage et sur les premières collines des temples, des portiques, des palestres, des gymnases, des jardins fleuris : vrai décor de théâtre au bord de la mer bleu marine, sous un ciel de gaze bleu ciel.

Le capitaine n'a d'yeux que pour le port de Pouzzoles, au fond de son anse bien abritée par la presqu'île de Bagnoli et l'île de Nisida. Une partie de la population s'est rassemblée sur les quais. Lorsque le « Castor et Pollux » entre dans le bassin, elle lui fait une ovation. Paul sait bien qu'elle ne lui est pas destinée ! « Ce peuple, rapporte Sénèque, a l'habitude de saluer de ses acclamations le premier blé égyptien arrivant en Italie. »

En ce début du printemps 61, Pouzzoles possède déjà une communauté chrétienne. Luc le note dans ses Actes, sans nous dire ni quand ni comment elle est née.

« Nous avons trouvé là des frères qui nous ont invités à passer une semaine chez eux » (Ac 28, 14).

Décidément, le centurion Julius est un bien brave centurion ! A n'en pas douter, Paul l'impressionne. Bien plus, Paul le fascine. Sa lucidité au moment de quitter la Crète, son courage pendant la tempête, sa certitude du salut peu avant le naufrage, sa résistance physique, étonnante chez un homme de cinquante-cinq ans ont, depuis longtemps, convaincu l'officier qu'on lui a confié la garde d'un personnage exceptionnel. Bronzé par le soleil, brûlé par le sel, le visage buriné par le vent, les traits émaciés par les épreuves, les muscles durcis par l'effort, les yeux étincelants sous le grand front dégarni, ce prisonnier ne semble ni fatigué ni abattu ni, encore moins, démoralisé. Au terme d'un voyage où il a failli périr, au moment où il met le pied sur le sol de l'Italie, ignorant totalement le sort que lui réserve la justice impériale, Paul déborde d'entrain et regorge de projets. Confié à la garde d'un capitaine, c'est lui qui fait figure de chef. Captif, c'est lui qui est libre...

Pouzzoles, où ils viennent de débarquer, est à l'époque le port le plus important d'Italie. Il se targue de « donner abri au monde entier ». C'est une prétention qui paraît excessive, même lorsqu'on sait qu'il est la grande porte maritime de Rome, puisque Ostie n'existe pas encore.

Dans la darse pentagonale, où les pêcheurs ancrent aujourd'hui leurs barques bleues, on peut aisément évoquer le port du Ier siècle. Les assises du môle n'ont pas bougé, ni les quais eux-mêmes, éternels comme tout bon travail de maçons romains : cailloux et petites pierres grises liées par un inaltérable ciment, superposition de huit rangées de briques roses et, surmontant le tout, parapet composé de trois lits de pierres de taille soigneusement appareillées.

En revanche, dans la ville, fondée en 530 av. J.-C. par des réfugiés de Samos qui lui donnèrent le nom de Dicaearchia — « gouvernement juste » —, il est absolument impossible de retrouver la trace de Paul. Certes, il a vu, au-delà de la falaise côtière, les dizaines de petites collines, rondes et régulières, minuscules volcans éteints, frères du gros Vésuve qui là-bas, au loin, domine Parthénopée. De même, il a parcouru les célèbres Champs phlégéens, c'est-à-dire les « champs brûlants », ainsi appelés à cause de leurs sources thermales chaudes et de leurs soufrières qui crachent des fumeroles. Mais on doute que, durant son séjour d'une semaine, Paul soit allé jusqu'à Cumes pour visiter l'antre de la Sibylle. Elle est morte depuis longtemps, cette légendaire prêtresse d'Apollon que Virgile a immortalisée dans son *Enéide* et à qui Michel Ange fera une place dans ses fresques de la chapelle Sixtine.

Sept kilomètres seulement séparent Pouzzoles de l'impressionnant couloir souterrain, long de 131,50 mètres, au fond duquel la devineresse rendait ses oracles. Peut-être Paul, qui connaît ses auteurs, a-t-il lu le passage de la quatrième Églogue, où le poète évoque une des plus célèbres prophéties de la Sibylle de Cumes : elle y prédit la venue de « cet enfant dont la naissance doit bannir le siècle de fer » et inaugurer « un nouvel âge d'or ».

Voulait-elle, comme on l'a dit, annoncer Jésus dont elle aurait entrevu la naissance? Faribole aux yeux de Paul. Lui n'a pas « entrevu » le Christ. Il l'a vu. Et c'est pour le proclamer à Rome qu'il vient de débarquer à Pouzzoles.

Via Appia

Au bout d'une semaine, on prend la route.

De Pouzzoles à Rome il y a deux cent vingt-huit kilomètres par la « directissime », deux cent quarante-huit par Capoue. Si bon marcheur que soit Paul, il faut au moins six jours pour effectuer ces dernières étapes du voyage.

Sur la première partie de l'itinéraire italien, Luc est muet, malgré une première phrase qui semble vouloir annoncer des précisions : « Voilà comment nous sommes allés à Rome » (Ac 28, 14). Mais le « comment » n'est pas détaillé. Peut-être un passage manque-t-il, où Luc racontait la suite. A moins qu'il ne veuille simplement faire allusion à tout ce qui s'est passé depuis Césarée...

Libre à nous d'imaginer Paul et « son » centurion quittant Pouzzoles, un matin de bonne heure, avec leur léger bagage dans une besace et un pétase sur la tête pour se protéger du soleil. Laissant la route côtière, ils prennent la via Campana, en direction de Capoue.

De cette ville, dont on vantait les « délices », il ne reste plus pierre sur pierre : elle a été entièrement détruite en 841 par les Sarrazins. La Capoue moderne s'élève à cinq kilomètres de là, dans un coude du Volturno. C'est seulement dans son musée qu'on peut retrouver quelques souvenirs de la Capoue antique : des stèles, des inscriptions funéraires, des statues, des bustes, de grands vases à décor grec et une étonnante collection de statues de tuf représentant toutes des mères assises — les *madri* — portant chacune un ou plusieurs enfants emmaillotés.

Sortis de la ville, les voyageurs prennent la via Appia, qui vient de Brundisium, aujourd'hui Brindisi, et conduit à Rome en suivant un itinéraire plus direct que la Casilina, accrochée au relief. Cette voie romaine, l'une des plus importantes de la péninsule, doit son nom au censeur Appius Claudius, qui l'ouvrit en 312 av. J.-C. Elle file tout droit à travers la plaine verdoyante, où déjà fleurissent pommiers et cerisiers. Au loin, l'Apennin dessine sur le ciel pâle la croupe pelée de ses sommets, délicatement aquarellés dans toutes les teintes de l'ocre.

... Emprunter aujourd'hui cet itinéraire, à l'écart de l'autoroute Naples-Rome, c'est mettre ses pas dans ceux de Paul. C'est plonger dans l'Italie d'il y a près de deux mille ans. C'est la retrouver soudain bien présente, parfois même presque vivante, au détour d'un chemin, au coin d'un champ, à l'ombre d'un olivier.

La route traverse Sessa Aurunca, petite bourgade sur la défensive, au sommet de sa colline. Elle franchit le Garigliano, qu'on ne peut traverser sans évoquer la victoire, en janvier 1944, du corps expéditionnaire français, aux ordres du maréchal Alphonse Juin. Elle atteint Formies, où Cicéron fut assassiné et qui est devenue une importante station balnéaire. Puis, elle longe le golfe de Gaète, couvert de sang au soleil couchant. Elle traverse Minturno, où tout parle encore du passé : l'aqueduc, le forum, le théâtre, les thermes. Elle arrive à Fondi, cette ancienne colonie militaire bâtie sur plan carré à l'intérieur d'une enceinte fortifiée. Elle pénètre dans Terracina, gros marché agricole au pied des ruines de son temple de Jupiter. Là, elle laisse la côte tyrrhénienne pour entrer dans le Latium...

Ainsi on atteint les marais pontins. L'empereur Auguste y a fait creuser un canal, qui est rapidement devenu, dans ce dédale aquatique, la meilleure voie de communication. Paul embarque, comme tout le monde, sur un lourd chaland halé par des mulets. Le paysage a changé. Les fermes sont plus isolées. Les villages, plus rares. Sur les canaux rectilignes glissent lentement des canards entre les frêles roseaux que courbe la brise. De cette platitude palustre émergent, ici ou là, les hauts cierges noirs des cyprès et les grands parasols des pins maritimes. A main droite se succèdent les vertèbres de l'épine dorsale italienne : monts Lepini, monts Ausoni, monts Aurunci.

Peu avant Pontinia on parvient à un lieu-dit *Ad medias*. C'est, comme le nom l'indique, le milieu de la plaine pontine. Une colonne aujourd'hui encore s'élève à cet emplacement. Plus loin se trouvait le forum d'Appius, où l'on ne voit qu'une grosse maison, construite sur son emplacement au xixe siècle. Tout à côté, sur une énorme pierre dressée au coin d'un champ, on peut encore lire la première ligne d'une inscription : « Julius Caesar divin... » La suite est effacée. Mais pas tout à fait le souvenir du passé, pour la fermière que j'interroge.

« Oui, oui, me dit-elle. On affirme que Paul s'est arrêté ici même. »

Son mari est, comme elle, originaire de Venise. Ils sont arrivés sur ce lopin de terre en 1932, répondant à l'appel de Mussolini qui voulait des bras pour assécher, une fois pour toutes, les insalubres marais pontins. Le paysan a pris la malaria. Et puis, il est allé faire sept ans de guerre, la commençant par l'Érythrée, pour la terminer en Russie... Revenu à sa ferme, tout étonné d'être encore vivant, il vit avec le passé.

« Venez donc voir, me dit-il, ce que j'ai trouvé. »

Dans un coin de la cour, il me montre une grosse pierre ronde, comportant en son centre un noyau de plomb percé d'un trou.

« C'est la meule d'un moulin à huile, commente-t-il. Je l'ai découverte en labourant mon champ. Elle ne doit pas être jeune...

— Qui sait ? Peut-être date-t-elle du temps de Paul ! »

Vraisemblablement prévenus de l'arrivée de l'Apôtre par un émissaire parti de Pouzzoles peu de temps avant lui, des membres de l'Église de Rome sont venus à la rencontre du convoi de prisonniers. Ils se rencontrent ici, au forum d'Appius, à soixante-cinq kilomètres de la ville.

« Quand il les vit, nous dit Luc, il rendit grâces à Dieu : il avait repris confiance » (Ac 28, 15).

Doutait-il donc tellement de l'accueil qu'on lui ferait ? Entouré de ce petit groupe d'hommes, Paul poursuit sa longue route vers Rome. Ils franchissent l'étroite Ninfa qu'enjambe un beau pont de pierre, atteignent Latina et font étape aux Trois Tavernes, un endroit fort connu — et pour cause ! — à quarante-neuf kilomètres de Rome.

La dernière étape n'est pas la plus courte. Mais Paul l'accomplit dans l'allégresse. Il touche au but qu'il s'est fixé depuis si longtemps : aller jusqu'au cœur de l'empire.

Cependant, il ne voit toujours pas la capitale que lui cachent, plantés d'arbres, les riants *colli romani*...

Enfin, après avoir passé Albano, en descendant une dernière côte, là-bas, au-delà des vastes champs où s'allongent aujourd'hui les pistes de l'aérodrome de Ciampino, il aperçoit la Ville.

A son approche, la Via Appia devient une voie triomphale : quatre mètres de large, un pavement fait de grosses dalles, dont certaines atteignent un mètre carré, des trottoirs et des caniveaux de chaque côté, des fontaines de place en place pour que les voyageurs puissent se rafraîchir, de nombreuses statues de marbre, de magnifiques tombeaux, dont le plus émouvant est celui de la jeune Caecilia Metella.

L'après-midi s'achève. Soudain, au loin, auréolées d'une lumière dorée apparaissent, roses entre les noirs cyprés, les murailles de la Ville éternelle...

Septième partie

JUSQU'AUX EXTRÉMITÉS

En prison... à domicile

Le long transfert s'achève.

Car, ne l'oublions pas, Paul est toujours un prisonnier au moment où il pénètre dans Rome, au printemps de l'année 61. Lorsqu'il a franchi la porte fortifiée, devenue de nos jours celle de Saint-Sébastien, ce n'est pas lui qui décide de la destination finale. Ce n'est pas non plus le petit groupe de chrétiens qui l'accompagnent. C'est le centurion Julius.

Cet officier, qui a joué durant tout le voyage un rôle si effacé, reprend soudain la direction des opérations. Rassemblant les prisonniers et la chiourme, il commence par longer le parc des Scipions, puis traverse les jardins qui entourent la Porte Capène, où seront construits, au temps de Dioclétien, les Thermes de Caracalla. Il atteint ainsi l'immense Circo massimo, contourne le Palatin, parvient enfin sur le Forum impérial et pénètre dans le quartier général de la garde prétorienne. Là, il remet à l'officier de service le mandat de transfert, lui explique brièvement le cas de Paul et lui fait un rapide compte rendu du voyage. Il rédigera plus tard, comme c'est la règle, un rapport écrit. Il ajoute qu'il apporte aussi une lettre du procurateur de Judée, personnellement destinée à l'empereur. Cette précision ne manque pas de faire impression.

« Nous la transmettrons à Burrus, qui la lui remettra en mains propres », opine l'officier de garde.

Burrus est le préfet de police. C'est le deuxième personnage de l'État. Connu pour son équité, il jouit de l'estime du peuple.

Respectueux, comme tout bon Romain, des règles juridiques, le prétorien vérifie l'identité de Paul et s'assure de sa qualité de citoyen romain. Comme le cas est compliqué, il le transmet sans retard au commandant de la caserne — le stratopédarque —, qui avertit le préfet du prétoire, responsable des étrangers. Ce magistrat constate aussitôt que ce prisonnier, bien qu'il soit d'origine juive, a droit à des égards tout particuliers, puisqu'il a fait appel directement à l'empereur. Il décide donc de lui octroyer un régime de faveur : on ne l'incarcérera pas avec les malfaiteurs, dans une cellule de la caserne prétorienne sur la via Nomentana ; on va lui accorder ce qu'on appelle l'emprisonnement libre, la *custodia libera*, encore appelé l'emprisonnement sous contrôle militaire, la *custodia militaris*. Cette précision nous est fournie par Luc, sans aucun commentaire : « Paul avait obtenu l'autorisation d'avoir un domicile personnel, avec un soldat pour le garder » (Ac 28, 15).

On lui affecte l'un de ces mercenaires qui sont au service de l'empereur pour les humbles tâches matérielles : les *frumentarii*. A l'origine, ils furent des auxiliaires qui accompagnaient les légions pour leur apporter les vivres, notamment le froment, d'où leur nom, et les munitions. Ils ne sont pas spécialement réputés pour leur savoir-vivre. Un texte apocryphe, les Actes de Verceil, nous apprend que cet homme s'appelait Quartus et sa femme Candide. Il a pour mission de surveiller le prisonnier, de jour comme de nuit. Pour éviter qu'il s'échappe, la règle veut qu'une chaîne relie en permanence le poignet droit du détenu au poignet gauche du geôlier. C'est ce que nous apprend Sénèque dans une de ses *Lettres*.

Paul est donc, en quelque sorte, tenu en laisse, au moins pendant les premiers temps. Par la suite, cette chaîne est peut-être simplement fixée à un anneau scellé dans le mur. Mais elle ne sera jamais supprimée durant cette détention, puisque l'Apôtre dit de lui, à la fin de l'Épître aux Éphésiens écrite à ce moment-là, qu'il est « l'ambassadeur enchaîné » de l'Évangile (Ép 6, 20). Cette chaîne le gêne pour écrire, comme le révèle le dernier paragraphe de l'Épître aux Colossiens, qui date de la même époque. Il prend soin de préciser que la salutation finale est bien de sa main. La chaîne l'empêche sans doute de tracer aisément les caractères, qui sont tout déformés, puisqu'il estime nécessaire de préciser : « Souvenez-vous de mes chaînes » (Col 4, 18).

Où est-il, ce « domicile personnel » où Paul est gardé à vue ? Une très vieille tradition affirme que la maison s'élevait à l'emplacement actuel de l'église San Paolino alla Regola — un nom que nous pourrions traduire par « Saint Paul sous le coup de la loi ». Ce petit sanctuaire s'élève non loin du quai de la rive gauche du Tibre, tout près du mont-de-piété, dans l'ancien quartier des pèlerins. Mais on ne trouve pas l'ombre d'une preuve archéologique du séjour de Paul dans cet édifice du XIIe siècle, entièrement reconstruit au XVIIe. Rome gardera sans doute toujours ce secret, comme beaucoup d'autres secrets des premiers temps de l'Église. Le sous-sol de cette ville est un mille-feuilles et nul ne peut se vanter de les connaître toutes...

Le séjour de Paul dans la capitale va durer « deux années entières » (Ac 28, 30).

Grandeur et misères de l'Urbs

Assigné à résidence, Paul n'a pas la possibilité de visiter Rome. Mais il entend son vacarme, il sent son remugle et, de sa fenêtre, il découvre l'animation de ses rues.

A cette époque, Rome n'est pas seulement la capitale d'un immense empire. C'est la plus grande cité de l'univers : sa population avoisine le million d'habitants. On l'appelle l'Urbs, la Ville, avec une majuscule, comme si toutes les autres, à côté d'elle, n'étaient que des cités secondaires, voire des lieux de vie sans importance. En vérité, Rome est un monde à elle seule.

On y trouve un Panthéon et une pyramide ; deux amphithéâtres et deux cirques ; trois forums, trois théâtres et trois égouts majeurs ; quatre grands palais impériaux ; cinq marchés principaux ; six vastes parcs ; sept collines à l'intérieur de l'enceinte et, sur le Tibre, sept ponts. Huit voies romaines principales en partent ; neuf aqueducs y apportent l'eau potable. Elle est divisée en quatorze arrondissements. Plus de quinze temples importants y ont été édifiés au fil des siècles, sans compter des dizaines de sanctuaires plus petits. On dénombre cent soixante-dix établissements thermaux, alimentés par deux cent quarante-sept châteaux d'eau. Sur les places et dans les rues coulent six cent quarante fontaines. Elles desservent quarante-six mille six cent deux pâtés de maisons, les *insulae*, dont aucun ne possède l'eau courante et où s'entasse le peuple.

Peuple dont une petite partie seulement est originaire de Rome et même du Latium. Tout le bassin méditerranéen s'est ici donné rendez-vous : Ibères et Gaulois, Dalmates et Germains, Numides et Berbères, Grecs et Juifs, Égyptiens, Nubiens et Libyens, et ceux qui arrivent du fond de la Cappadoce, et ceux qui débarquent de la lointaine Éthiopie...

Héritière de la Rome républicaine, qui naquit sur le Capitole, édifia au pied de cette modeste colline le premier Forum et escalada le Palatin, la Rome impériale a, depuis longtemps, étendu son emprise au-delà des cinq autres collines célèbres : le Quirinal, le Viminal, l'Esquilin, le Caelius et l'Aventin. Elle s'est développée vers le nord, jusqu'au Pincius et, vers l'ouest, au-delà du Tibre, sur les pentes du Janicule.

Si le centre de la cité, peuplé de grands édifices publics, d'arcs de triomphe, de temples aux colonnes de marbre, a de l'élégance, et même de la grandeur, si les palais officiels ont « le front audacieux », si les riches habitent de somptueuses villas, enfouies dans de délicieux jardins, bref si la Rome de l'élite est belle, on ne peut pas en dire autant du reste de la capitale. Construite sans plan, elle s'est développée à la va-comme-je-te-pousse, sous les impulsions successives des maîtres du moment. Elle offre peu de grandes perspectives. La plupart des quartiers ne sont qu'un lacis de venelles torves et ombreuses, entre des immeubles trop élevés, divisés en d'étroits logements sans confort aucun : l'été, on y étouffe, l'hiver, on y gèle ; en toutes saisons, on y vit les uns sur les autres.

Ces petites rues du centre sont négligées et, souvent, même sales. Toutes sont odoriférantes ; quelques-unes puent. Dans les plus commerçantes on se presse tout le jour. Pour avancer, il faut jouer des coudes entre les chalands qui musardent devant les étals, les portefaix qui trottinent sous les charges, les chariots de livraison arrêtés au beau milieu du chemin, les échelles et les tas de ciment des ouvriers du bâtiment, le crottin des ânes et des mulets, les immondices à l'angle des immeubles et les flaques d'urine dans les renfoncements...

Dans les rues plus tranquilles, les enfants jouent à la marelle et aux osselets. A même le pavement dorment les clochards, des sans-abri, des malades, des estropiés. Des mendiants tendent leur sébile. Des vieilles femmes se hâtent, un bol à la main, vers la soupe populaire. Nombreux sont dans cette grande ville les pauvres, qui vivent d'expédients : campagnards attirés par le mirage de la capitale, immigrés déracinés et totalement paumés, hommes en quête de travail, familles sans ressources, adolescents en loques, marmaille crasseuse et la roupie au nez...

Cette vie quotidienne à Rome a été décrite avec un grand luxe de détails par Horace dans ses *Épîtres*, par Sénèque dans ses *Lettres*, par Tacite dans ses *Annales*, par Juvénal dans ses *Satires*, par Martial dans ses *Épigrammes*. Nul n'a laissé plus croustillantes notations que ce dernier, qui est un observateur sans complaisance.

« A Rome, l'homme pauvre ne peut ni méditer, ni se reposer. Comment vivre avec les maîtres d'école le matin, les boulangers la nuit et le marteau des chaudronniers durant tout le jour ? Ici, c'est un changeur qui s'amuse à faire sonner sur son comptoir malpropre des pièces marquées à l'effigie de Néron ; là, un batteur de chanvre dont le fléau luisant écrase sur la pierre, à coups redoublés, le lin que nous fournit l'Espagne. A chaque instant du jour, vous entendez crier ou les prêtres fanatiques de Bellone, ou le naufragé babillard au torse emmailloté de bandages, ou le Juif auquel sa mère a appris à mendier, ou le chassieux colporteur d'allumettes soufrées. Qui peut compter les heures perdues, à Rome, pour le sommeil ? (...) Les éclats de rire des passants me réveillent ; Rome entière est à mon chevet. Accablé de dégoût, chaque fois que j'ai envie de dormir, je vais à la campagne » (XII, 57).

Mais seuls les riches peuvent aller dormir au calme, loin du remue-ménage et de la touffeur de l'immense métropole.

La communauté juive de Rome...

Paul ne perd pas de temps.

Trois jours après l'installation dans son... appartement, « il invite les notables juifs à s'y retrouver » (Ac 28, 16).

La communauté israélite de Rome est fort ancienne. Certaines familles sont venues s'y établir il y a plus de deux siècles. D'autres sont composées de descendants des prisonniers de guerre, que Pompée a ramenés après sa campagne de Palestine, en 61 av. J.-C., et qu'il a vendus comme esclaves.

Cette communauté est nombreuse : quarante à cinquante mille âmes. Ce qui fait d'elle l'une des plus importantes du bassin méditerranéen après Alexandrie, mais avant Carthage, Athènes, Éphèse ou Antioche.

Enfin, cette communauté est bien intégrée, depuis que César a déclaré le judaïsme religion licite — *religio licita*. C'est lui qui a officiellement autorisé ses adeptes à célébrer leur culte en toute liberté. A sa mort, ils ont pleuré cet empereur dont ils se déclaraient « les amis ». Dans la foulée, ils ont noué des relations de confiance avec Auguste. En l'an 4, huit mille d'entre eux sont allés le trouver en délégation. Sous le règne de Tibère, quatre mille Israélites ont participé à son expédition en Sardaigne. Les seules difficultés sont celles qui ont surgi sous le règne de Claude qui, brusquement, en 49, a décidé de bannir les juifs. Ceci parce qu'un rapport de police a fait état, comme on l'explique au chapitre suivant, d'une prétendue atteinte à l'ordre public. Mais cet édit est devenu caduc à la mort de l'empereur, en 54. Ceux des juifs qui étaient partis — car tous n'avaient pas exécuté cet ordre insane — se sont hâtés de regagner la capitale.

Au moment où Paul arrive, la communauté, un moment ébranlée, a retrouvé sa stabilité. Elle est, dans l'ensemble, prospère : la majorité de ses membres est composée de commerçants et d'artisans. Ils ne possèdent pas moins de onze synagogues, comme le révèlent les inscriptions gravées sur des pierres funéraires du Ier siècle qu'on a retrouvées dans plusieurs cimetières de la ville. Dans ces synagogues, il n'est évidemment pas question de rendre un culte à l'empereur-dieu, comme le font les Romains dans leurs temples depuis qu'Auguste s'est lui-même proclamé « divin ». Mais, afin d'entretenir avec les autorités des relations courtoises, les rabbins ont trouvé une formule astucieuse : ils font dire, le jour du sabbat, une prière à Yahvé, « en faveur » de l'empereur...

Il n'existe à l'époque dans la capitale aucun quartier réservé aux juifs. Le mot même de ghetto, d'origine vénitienne, n'existe pas encore. Quant à cette humiliante forme de ségrégation, elle n'apparaîtra qu'en

1516, à Venise précisément — l'île de la Guidecca continue à nous le rappeler par son nom même — et à Rome, en 1555, au début du règne de Paul IV.

Les juifs qui sont venus aujourd'hui pour s'entretenir avec Paul à son « domicile personnel » habitent dans différents quartiers de Rome : la porte Capène, le Champ de Mars, Suburre, le Transtévère. Quand ils sont réunis autour de ce prisonnier enchaîné, il leur dit :

« Frères, sans avoir rien fait contre notre peuple ni contre les coutumes de nos ancêtres, j'ai été emprisonné à Jérusalem et livré aux Romains. Au terme de leur enquête, ceux-ci voulaient me rendre la liberté, car je n'avais commis aucun crime qui mérite la mort. Mais les juifs s'y sont opposés et j'ai dû en appeler à César, sans vouloir pour autant accuser en rien ma nation. Voilà pourquoi j'ai souhaité vous rencontrer et m'entretenir avec vous. En vérité, c'est à cause de l'espérance d'Israël que je porte ces chaînes » (Ac 28, 17-20).

Ses visiteurs lui répondent :

« Nous n'avons reçu, à ton sujet, aucune lettre de Judée. Et aucun des frères qui en sont venus ne nous a fait part d'un rapport ou d'un bruit fâcheux sur ton compte. Mais nous voudrions t'entendre exposer toi-même ce que tu penses. Car, pour ta secte, nous savons qu'elle rencontre partout l'opposition. »

On prend donc date pour une deuxième rencontre.

Au jour dit, les juifs se retrouvent, plus nombreux encore, au logis de Paul. Il leur fait un très long exposé. Luc précise qu'il dure « du matin jusqu'au soir » (Ac 2, 23). Après avoir rendu témoignage du royaume de Dieu, il cherche à les convaincre en ce qui concerne Jésus. Comme il aime le faire en souvenir de sa formation rabbinique, il part de la loi de Moïse et des prophètes. Quelques-uns de ses auditeurs sont convaincus. D'autres restent incrédules. Au moment de s'en aller, ils ne sont toujours pas d'accord entre eux. Paul, attristé, se borne à faire ce commentaire : « Comme elle est juste, cette parole de l'Esprit saint, qui déclarait à vos pères par la voix du prophète Isaïe :

Va trouver ce peuple et dis-lui :
Vous aurez beau entendre, vous ne comprendrez pas,
Vous aurez beau regarder, vous ne verrez pas,
Car le cœur de ce peuple s'est épaissi :
Ils sont devenus durs d'oreille,
Ils se sont bouché les yeux,
Pour ne pas voir de leurs yeux,
Ne pas entendre de leurs oreilles,
Ne pas comprendre avec leur cœur
Et ne pas se tourner vers Dieu.
Mais je les guérirai...

Selon son habitude, Paul a cité librement ce passage d'Isaïe (Is 6, 9-10). Modifiant la dernière phrase, il y a introduit une note d'espérance. Extrêmement fugace, il est vrai, dans les paroles du prophète, elle est fortement soulignée dans le texte grec des Actes.

Actes auxquels cet entretien avec les représentants de la communauté juive de Rome sert, en quelque sorte, de conclusion. Ici s'achève en effet le récit de Luc. Cette scène finale n'est-elle pas à la fois très symbolique et très émouvante ? Malgré tout ce qui s'est passé — incompréhension, critiques, protestations, menaces, délations, brutalités, poursuites, arrestations, incarcérations, complots, tentatives de meurtre —, Paul n'a jamais rompu avec son peuple. C'est le peuple « à la nuque raide ». Mais c'est le Peuple de l'alliance. Et Paul est fils de ce peuple. Homme à jamais marqué du sceau de Yahvé. Avant d'être chrétien, il est juif. Il ne renie pas ses origines.

Au moment où ils quittent son logis, il leur dit avec une pointe d'amertume : « Sachez-le : c'est aux païens qu'a été envoyé ce salut de Dieu. Eux, ils écouteront. »

C'est fini. « Tout est consommé », a-t-on envie de dire, en reprenant la phrase que Jean met sur les lèvres de Jésus expirant (Jn 18, 30).

... et la communauté chrétienne

Pourtant, avant de mettre le point final à son récit, Luc ajoute ce dernier paragraphe :

« Paul demeure deux années entières dans le logis qu'il a loué. Il reçoit tous ceux qui viennent le voir, proclame le royaume de Dieu et enseigne, en toute assurance et en toute liberté, ce qui concerne le Seigneur Jésus Christ » (Ac 28, 30-31).

On aimerait en savoir plus sur ces visiteurs qui se succèdent chez « l'ambassadeur enchaîné », sur son emploi du temps durant ces deux années de prison à domicile, sur la suite des événements au terme de cette longue épreuve...

Mais Luc, quand il a commencé la rédaction de ses Actes, n'avait pas l'intention d'écrire une vie de Paul. Il voulait raconter la façon dont la Bonne Nouvelle a été transmise jusqu'à Rome. Il l'a fait. Et maintenant, il a commencé à rédiger son récit des faits et gestes de Jésus. Ce texte, qui deviendra l'un des quatre Évangiles, est en réalité la première partie d'un ouvrage unique, dont les Actes doivent, dans son esprit, constituer le second tome. Cette seconde partie, il la referme donc, nous privant du même coup d'un irremplaçable témoignage de première main. Dommage ! Si nous voulons continuer à suivre Paul pas à pas il nous faut chercher ailleurs des sources d'information, qui deviennent soudain rarissimes et, pour certaines, tout à fait conjecturales.

Nous possédons heureusement quelques clartés sur les visiteurs que Paul reçoit dans son logis durant sa longue détention à Rome. Écrivant de Corinthe, il y a tout juste trois ans, à la communauté chrétienne de Rome, Paul a consacré la fin de son Épître (Rm 16) à citer une longue liste de noms. Il s'agit assurément de personnes qu'il a rencontrées au cours de ses voyages avant qu'elles ne gagnent la capitale. Sinon, comment les connaîtrait-il ?

Il énumère ainsi vingt-cinq « frères » et « sœurs ». Cinq d'entre eux sont visiblement d'origine grecque : Apelles, Épénète, Tryphène et Tryphose, « qui se sont donné de la peine dans le Seigneur », Narcisse et « ceux de sa maison, qui sont dans le Seigneur ». Trois portent des noms latins : Julie, Urbain, « notre collaborateur en Christ », Rufus, « l'élu dans le Seigneur », et sa mère qui, précise-t-il, « est aussi la mienne ». Il en est six autres dont les patronymes révèlent l'origine juive : Aristobule, Aquilas et Prisca, Andronicus et Junias, Marie, « qui s'est donné beaucoup de peine » pour la communauté romaine.

La condition sociale de ces chrétiens de Rome est des plus variées. Quelle image extraordinaire de la diversité de l'Église naissante ! On y trouve de hauts personnages comme Aristobule, qui est probablement un membre de la famille d'Hérode. On y rencontre des artisans aisés, comme Aquilas et Prisca. Mais on y voit figurer, en plus grand nombre, des affranchis et des esclaves, tels, semble-t-il, Asyncrite, Phlégon, Hermès, Patrobas, Hermas « et les frères qui sont avec eux » ; Philologue, Nérée « et sa sœur » ; Olympas « et tous les saints qui sont avec eux » ; Ampliatus qui, dit-il, « m'est cher dans le Seigneur » ; Persis, « ma chère Persis », insiste-t-il, « qui s'est donné beaucoup de peine dans le Seigneur » ; Stachys, appelé « mon cher Stachys ». A tous, il demande que sa messagère donne « le baiser de paix ».

Certains de ces hommes et de ces femmes ont joué un rôle dès le début de l'expansion chrétienne. Épénète, que Paul appelle « mon cher Épénète », est qualifié de « prémices de l'Asie pour le Christ ». Il est donc, très probablement, un des premiers convertis d'Asie Mineure. Il sera canonisé. Sa fête est le 15 juillet. Apelles « a fait ses preuves en Christ ». Rufus pourrait bien être le fils de Simon de Cyrène, qui aida Jésus à porter sa croix jusqu'au Golgotha.

Quelques-uns sont « apparentés » à Paul. Ce mot ne signifie pas nécessairement qu'ils sont membres de sa famille. Ils sont peut-être tout simplement, comme lui, des juifs originaires de Cilicie ou appartenant à la tribu de Benjamin. C'est le cas d'Andronicus et de Junias, « mes parents et mes compagnons de captivité », précise-t-il.

Et il ajoute : « Ce sont des apôtres éminents et ils ont même appartenu au Christ avant moi. » Au nombre de ses « parents », nommément désignés comme tels, figurent également Herodion, Jason et Sosipatros.

Cette communauté chrétienne se réunit, au moins pour partie, dans la maison d'Aquilas et de Prisca (Rm 16, 21), que Paul appelle « mes collaborateurs en Jésus Christ ». Il les connaît bien tous deux. Il les a rencontrés à Corinthe, à la fin de l'année 50, alors qu'ils venaient de quitter Rome à la suite de l'édit d'exclusion des juifs. Il a logé chez eux. Ils ont « risqué leur tête », dans des circonstances que nous ignorons, « pour lui sauver la vie » (Rm 16, 4). Le domicile romain de ce ménage se trouvait très vraisemblablement sur l'Aventin, à l'emplacement où l'on a construit depuis l'église Sainte-Priscille. On n'en détient pas la preuve archéologique, mais les fouilles ont montré que ce site a été occupé très tôt. Comme à Saint-Clément, près du Colisée, on a découvert, sous l'édifice actuel, un très ancien temple de Mythra.

La demeure d'Aristobule et celle de Narcisse servent peut-être aussi de lieu de réunion. Le texte des Actes parle de « maisons ». Ils habitent donc non point dans un appartement, mais dans une résidence particulière, une *domus*. Dans toute la ville, il n'en existe que mille sept cent quatre-vingt-dix-sept. Ils sont donc gens aisés, puisque grandement logés.

L'Apôtre Pierre, pour sa part — ce Pierre dont les textes saints ne nous parlent jamais plus, dès lors qu'il a quitté la Palestine —, pourrait bien avoir utilisé comme lieu de réunion la maison de Pudens. On en a retrouvé les fondations sous l'église Sainte-Pudentienne, bâtie sur les flancs du Viminal, non loin de Sainte-Marie-Majeure. Des fouilles, effectuées à la fin du xixe siècle, ont permis de mettre au jour des briques à l'estampille de Q. Servius Pudens. De là à conclure qu'il s'agit du propriétaire qui vivait en ces lieux au Ier siècle de notre ère...

Cette première communauté chrétienne de Rome, comment est-elle née ? Aucun texte ne nous apporte la réponse. Mais en possédons-nous sur la naissance des communautés chrétiennes de Damas, de Joppé, de Galilée, de Cilicie, d'Alexandrie, d'Éphèse, de Ptolémaïs, toutes mentionnées dans les Actes, sans le moindre mot d'explication sur leur origine ? Ici, à Rome, plusieurs hypothèses sont plausibles. La première est que la Bonne Nouvelle a été apportée dans la capitale par des pèlerins juifs revenant de Jérusalem, où ils étaient allés pour la Pâque. Évangélisés, ils sont devenus évangélisateurs. Une autre supposition : des « missionnaires » sont partis d'Antioche au moment où Paul et Barnabé se trouvaient encore sur les bords de l'Oronte.

Ce bourgeonnement initial de l'Église dans la ville de Rome n'alla pas sans causer bien des problèmes. Suétone, qui allait être l'archiviste de l'empereur Hadrien, fait allusion dans son œuvre historique à « des tumultes dans la communauté juive, sous l'influence d'un certain

Chrestos ». Ces incidents, qui se sont produits sous le règne de Claude, probablement vers l'année 49, ont opposé, comme partout, « les juifs du Temple et les juifs de la Croix ». Sans doute sont-ce ces querelles judéo-juives, trop vite qualifiées de troubles menaçant l'ordre public, qui ont conduit l'empereur à promulguer son édit d'expulsion des juifs romains. Il pensait ainsi se débarrasser définitivement d'individus qu'il considérait comme des trublions, qu'on ne parvenait ni à calmer ni à assimiler.

Sur le rôle de Pierre à Rome, on possède une douzaine de témoignages, mais aucun ne nous dit explicitement que Pierre a fondé l'Église de Rome, de même que nous ignorons à quelle date il y est venu pour la première fois. Si, à la différence des Actes, en ce qui concerne Paul aucun de ces documents n'est contemporain, ils sont tous fort anciens et émanent de personnages crédibles. Citons le commentaire de Papias, le vieil évêque de Hiérapolis, qui a connu personnellement les premiers successeurs des Apôtres ; une lettre de saint Clément, le quatrième pape, adressée en 95 aux Corinthiens ; un texte du clerc Gaïus, datant des environs de l'an 200 et cité par Eusèbe ; du célèbre « catalogue libérien » qui donne, vers 235, la liste des premiers évêques de Rome ; les lettres de saint Irénée, évêque de Lyon, qui datent de 180 ; les missives de l'évêque Denys de Corinthe datant de la même époque...

Curieusement, aucun texte ne nous parle des relations entre Pierre et Paul. Le pêcheur de Tibériade a certainement appris, dès le soir même ou le lendemain, s'il y était présent, l'arrivée à Rome de l'Apôtre des Gentils. Il paraît impensable qu'il ne soit pas allé le voir sans tarder dans son appartement et qu'il n'ait pas eu ensuite des entretiens avec lui durant ses deux années de prison à domicile.

Sur ces rencontres, pas un mot dans les textes. Pas un seul... Pourtant, il ne fait aucun doute qu'elles eurent lieu et qu'elles furent cordiales, contrairement à ce qu'ont pu affirmer certains commentateurs, prompts à opposer Paul à Pierre et... le christianisme à ce qu'ils appellent le « paulisme ». Si l'on en doutait, il suffirait de relire la fin de la Seconde Épître de saint Pierre, où il parle, avec une particulière chaleur, de « Paul, notre frère et notre ami », cet homme plein de « sagesse », dont il apprécie les lettres, bien qu'il s'y trouve « des passages difficiles » (2 P 3, 15-16).

Ora et labora

Ora et labora, prie et travaille.

Cette devise, qui sera celle des bénédictins, résume en deux mots la vie de Paul à Rome durant ses deux années de « prison libre ». Pour l'éternel nomade qu'il a été, cette sédentarité forcée est une pénible épreuve. Grand reporter privé de déplacements, il fait l'apprentissage du voyage autour de sa chambre. Homme d'action qui, malgré ses cinquante-sept ans, n'a perdu ni ses muscles ni ses nerfs, le seul exercice auquel il puisse s'adonner est désormais spirituel. Lui qui a toujours vécu au vent du large, et qui l'a tant aimé, il lui faut se contenter de l'air confiné d'un petit appartement, dans le centre d'une ville surpeuplée et bruyante.

Mais sa force morale n'est pas entamée. Cet homme est un roc. Il fait contre mauvaise fortune bon cœur. A peine installé, ou plutôt à peine campé dans un logis certainement sans grand confort, il a organisé son temps : il le partage entre la prière, la méditation, la lecture, l'écriture et de longs entretiens avec ses visiteurs.

On peut évoquer avec beaucoup de vraisemblance le déroulement d'une de ses journées.

Paul se lève tôt, comme Rome elle-même. La capitale de l'empire vit, à l'instar du plus petit village, au rythme du soleil. A cette heure, le geôlier dort encore à l'autre bout de la chaîne qui les tient attachés l'un à l'autre ou, en tout cas, à l'autre bout de la pièce. Une pièce qui sert à la fois de chambre à coucher, de salle à manger, de bureau et de salon de réception. Paul met à profit ces instants de solitude pour prier longuement, en silence. Il n'a pas fait de signe de croix. Ce geste symbolique ne sera proposé qu'à la fin du IIe siècle par Tertullien. Mais sans doute s'agenouille-t-il, tourné vers Jérusalem où est apparue la Lumière.

A l'époque, les chrétiens ont l'habitude de prier debout, mains levées, paumes ouvertes. C'est une attitude qu'ils ont empruntée au judaïsme. Mais il ne veut pas risquer de réveiller son gardien. Prier à genoux, c'est adopter la posture de l'humilité. C'est manifester corporellement l'intensité de la supplication. Au-delà commencent les prostrations, qui ont été introduites en Palestine depuis la Chaldée, par la Mésopotamie et le désert de Syrie. Il est rare qu'on prie les mains jointes : ce geste va apparaître beaucoup plus tard, dans la Germanie féodale. Il est fréquent, en revanche, qu'on prie les bras croisés : c'est ainsi que sont représentés par les sculpteurs les rois de Sumer.

Paul a, très probablement, gardé la tradition juive, qui veut qu'on prie trois fois par jour : le matin, à midi et le soir. Depuis sa rencontre avec le Christ a-t-il cessé de réciter le *Shéma Israël* ? Ce n'est pas sûr. Tout homme, quelles que soient sa religion, sa nation ou sa race, peut faire sien cet émouvant cri du cœur. *A fortiori* un juif qui, comme lui, est nourri des traditions religieuses de son peuple. Mais il est sans doute une prière qu'il ne manque jamais de réciter : c'est celle que Jésus lui-même a apprise aux Douze : le *Notre Père*.

Quand le gardien s'éveille, ils prennent tous deux un frugal petit déjeuner : un peu d'eau ou de lait, un croûton de pain. Le repas de midi est plus consistant. Il se compose le plus souvent du plat national romain : une bouillie épaisse, préparée avec du froment ou de l'épeautre — une variété de blé dur — rôti et concassé dans un mortier. Le principal repas a lieu le soir : au menu il y a des œufs et du poisson ou de la viande, des légumes — haricots ou pois —, du fromage parfois, des fruits qui varient selon la saison et, pour arroser le tout, un peu de vin des collines du Latium.

Ce dîner, que les Romains appellent la *cena*, mot dont nous avons tiré la Cène, permet à Paul de réunir des frères et de répéter les phrases et les gestes du dernier repas de Jésus avec les Douze. Cette sorte de mémorial, gravé non point dans la pierre, mais dans le souvenir, est la toute première forme de la messe. La réunion prend un caractère plus solennel le samedi soir : l'assistance est plus nombreuse ; on allume une lampe — un lucernaire — dont la petite flamme évoque la résurrection.

Le lendemain, c'est dimanche — *dies dominica*, comme on dit au Ier siècle : le jour du Seigneur. Ce sont les peuples du nord qui vont l'appeler le jour du soleil : *sunday* en anglais, *Sonntag* en allemand. Comme tous les autres jours, le dimanche commence à minuit. Ainsi en ont décidé les pontifes romains, note Pline l'Ancien, dans son *Histoire naturelle*. Le lundi est donc le deuxième jour de la semaine. Les Portugais sont fidèles à une très ancienne tradition, quand ils l'appellent, aujourd'hui encore, *secunda feira*.

Si Paul est le seul, dans l'appartement, à être enchaîné, il n'est pas le seul à y vivre. Il y a là, au moins au début, le fidèle Luc, qui accompagne Paul depuis son embarquement à Césarée ; Aristarque, ce Macédonien de Thessalonique, qui a été, lui aussi, du voyage ; Démas, qui est brièvement cité (Col 4, 14) ; Marc enfin, le cousin de Barnabé, qui fut de la première mission, en 45, mais qui, après le séjour à Chypre, renonça en débarquant à Attalia à s'engager sur les routes d'Asie Mineure. Paul lui a pardonné sa défection. Ce Marc est, très probablement, l'évangéliste.

Mais, en plus de ces quatre colocataires, on voit se succéder dans l'appartement de nombreux membres de la communauté chrétienne de Rome. Ils viennent parler avec Paul, lui confier leurs soucis, lui demander son avis, solliciter ses encouragements. Lorsqu'ils en ont le temps, ils restent là le soir. Paul leur parle longuement. Ce n'est pas tout à fait un entretien familier. Ce n'est pas vraiment une homélie. C'est le témoignage d'un homme qui ne vit que pour le Christ. « Par lui, avec Lui et en Lui... »

Quand Paul a fini de parler, il prend le pain, le bénit, le rompt et le distribue à ses amis.

Un visiteur venu de Colosses

Un jour se présente un visiteur qui arrive d'Asie Mineure : il se nomme Épaphras et vient de Colosses.

Paul connaît bien Épaphras, qu'il a rencontré à Éphèse, il y a sept ou huit ans, et qu'il a accompagné jusqu'au baptême. Homme d'action, ce nouveau chrétien est allé annoncer l'Évangile à Hiérapolis, à Laodicée et à Colosses, sa ville natale.

Ces trois villes, situées à quelque deux cents kilomètres d'Éphèse, sont à l'époque des cités prospères. Alentour, on cultive des céréales, on élève des moutons noirs, célèbres pour leur épaisse laine lustrée ; les commerçants juifs y sont nombreux.

Au moment où Épaphras débarque à Rome, toute sa région d'origine vient d'être ravagée par un tremblement de terre. Les habitants des trois villes s'emploient à relever les ruines, avec cette patience empreinte de fatalisme qu'on retrouve à travers le monde entier, dans tous les territoires exposés aux séismes. Ici même, toutefois, leur répétition finira par avoir raison du courage des hommes.

... Hiérapolis, Laodicée et Colosses ne sont plus, aujourd'hui, que ruines : les premières, somptueuses et assaillies par les touristes ; les secondes, dispersées et souvent difficiles à déchiffrer ; les troisièmes, insignifiantes et sans véritable intérêt. L'automobiliste pressé raterait ce site si l'administration turque des Ponts et Chaussées, qui a partout si parfaitement balisé les lieux historiques du pays, n'avait planté un écriteau *Kolosaï*, à côté de la petite bourgade moderne de Honaz, à neuf kilomètres de la grande ville de Denizli. De Colosses, cette belle cité que Xénophon décrivait avec complaisance et qui allait devenir un siège épiscopal prospère en Phrygie, il ne reste qu'un vide effrayant. Comme l'empreinte en creux...

C'est d'un tout autre ébranlement qu'Épaphras vient parler à Paul : celui qui secoue, dans les profondeurs, la communauté qu'il a fondée. Cette partie de la vallée du Lycus — aujourd'hui l'Aksu — est une des grandes voies de passage en Asie Mineure. Avec les caravaniers, les soldats et les fonctionnaires circulent, de caravansérail en caravansérail, les nouvelles, les légendes et les croyances. Chacun fait sa religion à sa façon, en mélangeant parfois les ingrédients les plus divers et les plus inattendus ; ainsi naît, avant que le mot n'existe, une sorte de syncrétisme, qui satisfait assez le petit peuple, crédule, prompt à l'émerveillement et fort friand de mélanges et d'assaisonnements...

L'excellent Épaphras est débordé. Dans l'Église qu'il a tenté d'organiser au mieux, conformément à ce qu'il a appris de Paul lui-même, des prédicateurs judaïsants imposent — encore et toujours — la circoncision, préconisent des observances alimentaires renouvelées des rites kasher, proposent un calendrier lunaire, instaurent un culte des anges, attachent la plus grande importance à une pseudo-hiérarchie céleste, font grand bruit autour de prétendues visions...

Après avoir longuement parlé avec son visiteur, Paul fait ce qu'il a fait, dans des circonstances analogues, au moment de la crise galate : il dicte une lettre, qui nous est parvenue sous le nom d'*Épître aux Colossiens*.

Fruit de la méditation et de la prière d'un homme qui n'est pas libre de ses mouvements, ce texte, plus court que les précédents, sauf la seconde Épître aux Thessaloniciens, est aussi l'un des plus intéressants du point de vue théologique. Ses quatre chapitres développent une idée unique : le Christ est le centre de tout et lui seul est essentiel. Dès lors, rien d'autre, ici bas, n'a d'importance. Mort avec le Christ, le chrétien est ressuscité avec Lui : il a dépouillé le vieil homme et ses pratiques ; il a « revêtu l'homme nouveau » (Col 3, 9-10).

Cet admirable hymne au Christ ressuscité est confié à deux messagers : Tychique et Onésime. Le premier, qui est originaire de la province romaine d'Asie, a fait partie du groupe d'hommes qui ont accompagné Paul à Jérusalem il y a trois ans pour y apporter le fruit des collectes effectuées dans les différentes Églises. Paul parle de lui avec chaleur : « le frère que j'aime, le fidèle assistant, mon compagnon de service dans le Seigneur » (Col 4, 7). Le second messager, Onésime, « frère fidèle et très cher » (Col 4, 8), est originaire de Colosses.

Ils quittent Rome à destination de la ville doublement ébranlée.

L'énigme de l'Épître aux Éphésiens

Parmi les « lettres de la captivité » on a l'habitude de classer un texte appelé l'*Épître aux Éphésiens*.

En réalité, il n'y a pas d'Épître aux Éphésiens. On veut dire qu'il n'y a pas de lettre dont les destinataires soient explicitement mentionnés, comme étant les habitants d'Éphèse. A la différence de toutes les autres lettres, la salutation initiale s'adresse ici, sans autre précision, « aux saints et fidèles en Jésus Christ » (Ép 1, 1).

La plupart des commentateurs considèrent que cette Épître est une lettre circulaire, destinée non pas à une, mais à plusieurs communautés chrétiennes. Ses six chapitres ont eu pour moule les quatre parties de l'Épître aux Colossiens, avec laquelle ce texte présente de nombreuses similitudes de thème et de style. En d'autres termes, l'Épître aux

Colossiens a été le canevas sur lequel on a effectué la broderie de l'Épître dite aux Éphésiens.

Cette certitude acquise, on demeure cependant incapable de répondre à deux questions : qui a brodé le canevas ? Paul lui-même ou l'un de ses collaborateurs ? De quelle époque date cette nouvelle rédaction ? Des deux années de détention à Rome ou d'une époque postérieure ?

Sur le plan historique, cette Épître n'apporte pas la moindre information nouvelle sur la captivité de Paul, qui est toutefois explicitement mentionnée : « Moi, Paul, le prisonnier de Jésus Christ, pour vous, les païens » (Ép 3, 1)... La phrase est inachevée. Mais, plus loin, ce prisonnier parle des « détresses qu'il endure » (Ép 1, 13). D'autre part, on ne trouve pas dans ce texte la moindre allusion à Éphèse, où Paul a passé trois années. On ne peut donc pas dire qu'il s'agisse d'une œuvre de circonstance, inspirée par une raison précise : nécessité de résoudre une crise, annonce d'un voyage, remerciement au terme d'un séjour.

Sur le plan littéraire, on a relevé dans cette lettre aux Éphésiens pas moins de quatorze passages qui présentent des développements parallèles à ceux de la lettre aux Colossiens. Les parentés de syntaxe et de vocabulaire sont tout aussi frappantes.

Sur le plan théologique enfin, cette lettre n'est pas seulement, comme on l'a écrit, « un exposé lyrique et didactique de la foi chrétienne ». C'est un des plus beaux textes de l'œuvre paulinienne ; un des plus riches par le contenu spirituel ; un de ceux qu'on ne se lasse pas de relire et de méditer. A commencer par ces quatre phrases, où tout est dit :

> *Autrefois, vous étiez ténèbres ; maintenant, vous êtes lumière dans le Seigneur. Vivez en enfants de lumière. Et le fruit de la lumière s'appelle : bonté, justice, vérité (Ép 5, 8-9).*

Il ne manque pas de savants pour affirmer que cette Épître a été écrite après la mort de Paul, par d'anciens membres de son entourage, profondément marqués par son enseignement. Mais l'opinion la plus courante est que ce texte est l'œuvre de l'Apôtre lui-même, qui s'est inspiré de sa lettre aux Colossiens pour dicter une seconde lettre, destinée aux Églises voisines, réparties dans la vaste province romaine d'Asie.

Cette explication semble corroborée par le fait que le messager chargé de porter la lettre est le même dans les deux cas. Il s'agit de Tychique, dont Paul précise qu'il est « le frère que j'aime, ministre fidèle dans le Seigneur », qui « vous donnera toutes les nouvelles ». Et il ajoute : « Je vous l'envoie tout exprès pour vous dire où nous en sommes et vous réconforter » (Ép 6, 21-22). Si les deux lettres n'avaient pas été expédiées simultanément, on voit mal le pauvre Tychique, après avoir porté la première, revenir à Rome ventre à terre pour chercher la seconde et repartir aussitôt en direction de l'Asie Mineure. A l'époque, ce n'était tout de même pas la porte à côté !

La fuite de l'esclave Onésime

Onésime est un jeune esclave grec, comme il en existe des dizaines de milliers à Rome.

Mais c'est un esclave différent des autres. Il s'est enfui de chez son maître Philémon, un riche citoyen de Colosses. Celui-ci possède une demeure assez vaste pour y accueillir, avec sa femme Apphia et Archippe qui est peut-être leur fils, toute la communauté chrétienne de la ville. A coup sûr, Onésime a commis une faute grave. Elle explique son évasion. Peut-être n'a-t-il pas restitué une somme qu'on lui a prêtée ; plus probablement, il a commis un vol. Le voilà les poches pleines... Il a bien fallu qu'il ait de l'argent pour entreprendre le long voyage qui l'a mené jusqu'en Italie...

Onésime a rencontré Paul dans des circonstances que nous ne connaissons pas. Ce jeune esclave s'est attaché à lui. Il s'est converti. Paul, de son côté, s'est pris d'affection pour ce garçon, dont il aime dire qu'il est « son enfant, engendré en prison ». Il l'a gardé près de lui. Il en a fait un des membres de l'équipe dont il a toujours aimé s'entourer. Il lui a confié quelques responsabilités. Pourquoi pas, puisqu'il est libre de ses mouvements, les relations avec le monde extérieur, les contacts avec les chrétiens dispersés aux quatre coins de la grande ville ? Onésime n'a pas tardé à devenir un collaborateur, certes modeste, mais utile et efficace.

Cependant, cette situation est tout à fait anormale. En gardant à son service un esclave fugitif, Paul se fait, au terme de la loi, le complice d'une infraction. En employant un membre de la maison de Philémon sans lui avoir demandé son consentement et sans même l'avoir averti, il commet une indélicatesse. Que les autorités romaines, qui ne badinent pas avec le statut des esclaves, viennent à savoir que celui-ci se trouve en situation irrégulière, et elles le feront ramener *manu militari* au domicile de son maître, qui aura le droit de lui infliger un châtiment sévère.

Paul aimerait bien garder auprès de lui ce jeune Grec. Dans la langue d'Homère, son nom, Onésimos, signifie « utile ». Son nouveau « patron » en profite pour faire un jeu de mots : il considère qu'il lui est utile à lui alors qu'il était inutile à l'ancien ! Dans cette curieuse « prison ouverte », Onésime rend de grands services à Paul, qui déclare — c'est nouveau — qu'il est « un vieillard ». Pourtant, il n'a pas encore soixante ans ! Et puis, Paul aime ce garçon. A deux reprises, il l'avoue en termes délicats : « Il est comme mon propre cœur » (Phm 12) ; il est

« bien mieux qu'un esclave : un frère bien aimé ». Et, comme si cette précision n'était pas suffisante, Paul insiste : « il l'est tellement pour moi » (Phm 16).

Faisant taire ses sentiments, Paul estime qu'il doit restituer Onésime à son maître. Il écrit donc à Philémon une courte lettre, la plus courte de toutes les Épîtres : un seul chapitre, trois cent trente-six mots. C'est à Onésime lui-même qu'il va demander de porter ce message à Philémon, comme il portera aussi, avec Tychique, l'Épître aux Colossiens et l'Épître aux Éphésiens.

Ce bref billet tient une place à part dans la correspondance de Paul. On ne peut le lire sans penser qu'il a dû en écrire beaucoup d'autres comme celui-ci, qui sont à jamais perdus. Dommage ! Car la fraîcheur et la spontanéité de ce qu'on appelle trop pompeusement *l'Épître à Philémon* en font un texte délicieux.

Paul n'y remet pas en cause le système de l'esclavage dans l'empire romain. Comme Jésus, il rend à César ce qui appartient à César. Ce n'est pas ces structures-là qu'il veut modifier. S'il écrit à Philémon, c'est pour lui demander de bien accueillir l'esclave fugitif, qui est quasiment présenté comme l'enfant prodigue de la parabole évangélique. Il invite son ami à le recevoir, comme il le recevrait lui-même. D'ailleurs c'est lui-même qui paiera, si l'esclave a causé quelque tort à son maître ou s'il a quelque dette envers lui. Tu n'as qu'à « porter cela à mon compte », dit-il à son correspondant, utilisant une fois encore une formule qui montre sa familiarité avec le système bancaire de son temps, qui était loin d'être insignifiant. Il ne lui demande pas expressément d'affranchir son jeune esclave, mais il le lui suggère. Il va même beaucoup plus loin : il le prie de l'accueillir « comme un frère bien aimé ». Quelle audace il faut pour écrire ces mots à cette époque !

Paul conclut en demandant à Philémon de lui préparer un logement à Colosses. Car, dit-il, « j'espère, grâce à vos prières, vous être rendu » (Phm 22).

Ce n'est pas une formule écrite pour faire plaisir à un correspondant lointain. Dans la machine judiciaire romaine, quelque chose est en cours et Paul en a eu l'écho...

Quant à Onésime, il va devenir évêque d'Éphèse et mériter pleinement son nom d'utile : c'est lui en effet qui va collationner toutes les Épîtres de Paul. C'est donc grâce à lui, un voleur repenti, que nous les connaissons toutes... sauf celles qui ont été « égarées », peut-être volontairement, par leurs destinataires, comme deux des lettres aux Corinthiens.

Le non-lieu

Au début de l'année 63, Paul recouvre enfin sa liberté.

Cette date est un des rares éléments sûrs, dans une chronologie désormais tout à fait conjecturale. Elle découle des dernières lignes des Actes, où Luc précise : « Paul vécut ainsi deux années entières » (Ac 29, 30).

A la fin de ces deux années, il a eu la joie de voir arriver Timothée, son disciple préféré, qui a vécu auprès de lui durant les derniers mois de prison à domicile. Cette présence trouve sa confirmation dans le fait que deux des écrits de la captivité sont cosignés par lui : l'Épître aux Colossiens, qui commence par la formule « Paul, apôtre de Jésus Christ, par la volonté de Dieu, et Timothée, le frère » (Col 1, 1) ; et l'Épître à Philémon, qui débute par ces mots : « Paul, prisonnier de Jésus Christ, et Timothée, le frère » (Phm 1, 1).

Au terme de ces deux années, Paul « enseigne [...] avec une entière assurance et sans entraves » (Ac 28, 31). C'est à dessein qu'on cite de nouveau cette phrase de Luc. Elle dit bien ce qu'elle veut dire : ce n'est pas le régime auquel on soumet un condamné à mort destiné à être bientôt exécuté, comme le croient certains historiens, qui font mourir Paul au terme de cette captivité en l'année 63. Bien au contraire, quand on relit maintenant cette petite phrase, il vient à l'esprit qu'on a apporté des adoucissements à ses conditions de détention. Peut-être lui a-t-on retiré ses chaînes. Peut-être l'a-t-on autorisé à sortir, escorté de son gardien. Ces améliorations sont suggérées par un texte apocryphe, les Actes de Verceil, qui précise que Quartus, le geôlier, et Candide, son épouse, touchés par l'enseignement de Paul, se seraient convertis. Quartus aurait même « cherché à persuader Paul de quitter la ville et d'aller où il voudrait ». Celui-ci lui aurait répondu : « Si c'est la volonté de Dieu, il me la révélera lui-même. »

Elle va se révéler par une décision de justice.

Déjà, à Césarée, le roi Agrippa avait affirmé après avoir entendu Paul : « Si cet homme n'avait pas fait appel à César, il pourrait être remis en liberté. »

Que lui reproche-t-on ? A vrai dire, rien ; sinon d'avoir occasionné, involontairement, une manifestation sur la voie publique. Mais de cette agitation, vite retombée, qui était responsable ? Lui ? Certainement pas. Un petit groupe de juifs excités. Quels griefs avaient-ils donc contre lui ? Rien d'autre qu'un dissentiment sur des questions religieuses, qui ne concernaient, ni de près ni de loin, l'occupant romain.

Or, voici que deux années ont passé et personne ne s'est présenté devant le tribunal de l'empereur pour porter plainte contre Paul.

Comment la justice romaine, si respectueuse des formes, si attachée aux textes, si attentive à la jurisprudence, pourrait-elle maintenir une accusation alors qu'il n'y a pas de plaignant ?

Faut-il en déduire que Paul, comme l'affirment quelques historiens, bénéficie d'une mesure de grâce de l'empereur Néron ? C'est peu vraisemblable. On gracie un condamné ; pas un prévenu. Surtout si l'on n'a rien à lui reprocher ! Celui-ci n'a pas cessé de répéter qu'il était innocent. Car il n'est pas demeuré inactif dans sa résidence forcée. Ce n'est pas son tempérament que d'accepter, sans mot dire, d'être la victime d'une erreur judiciaire. Il a protesté. Il a écrit des lettres. Il a peut-être pris un avocat. Bref, il a utilisé tous les moyens légaux pour se faire innocenter.

Mais plus il se démenait, plus la justice semblait dormir...

Au terme de quatre années de détention préventive — deux à Césarée et deux à Rome —, il se trouve enfin dans la capitale de l'empire un magistrat pour exhumer le dossier de ce citoyen romain, constater qu'il est absolument vide et rendre une ordonnance de non-lieu.

Joie de Paul quand ce juge prononce les quatre mots tant attendus : « Citoyen, tu es libre. »

Dehors, sur le trottoir, des enfants criards jouent à la balle, aux osselets, aux noix qui préfigurent nos billes. Des vieillards font claquer les dés sur des damiers. Dans les tavernes ombreuses, on boit le riant vin rouge de Toscane, le blanc parfumé des collines romaines, le sirupeux muscat importé de Grèce ou d'Espagne.

Le Tibre passe, étroit et lent et vert. Petit fleuve tranquille, dont les eaux bouillonnent soudain lorsqu'elles enserrent, au cœur de la cité, la petite île, encore verdoyante. Vrai fleuve, malgré les apparences, puisqu'il sinue doucement jusqu'à la mer où glissent les bateaux et les rêves...

Enfin l'Espagne

Libre, Paul s'interroge : où aller et par où commencer ?

Selon son habitude, il jeûne pendant quelques jours, prie et réfléchit. Le quatrième jour, si l'on en croit les Actes apocryphes, le Seigneur lui apparaît : « Paul, lève-toi et sois, par ta présence corporelle, le médecin de ceux d'Espagne. »

A-t-on besoin de ce texte pour savoir que c'est vers l'Espagne que Paul tourne son regard ? Et lui, a-t-il besoin d'une vision — une de plus — pour prendre sa décision ? Nous savons qu'il a, depuis plusieurs années, le vif désir d'aller en Espagne. Il l'a manifesté à deux reprises, de la façon la plus nette, dans son Épître aux Romains (Rm 15, 24 et 28). Il semble donc logique qu'il retarde le voyage en Asie, dont il a parlé à Philémon (Phm 22), pour gagner d'abord la péninsule ibérique.

Il s'apprête donc à prendre la route d'Ostie, qui n'est encore qu'un petit port, la plus grande partie des cargaisons destinées à Rome étant déchargée directement aux quais de la Ville.

Sur son embarquement, les Actes de Verceil nous donnent des détails si précis et si pittoresques qu'ils ont un accent de vérité, même si l'on ne peut pas leur accorder une valeur historique indiscutable. Toute la communauté gémit à la pensée que Paul va quitter Rome. Certains, persuadés qu'ils ne le verront plus, vont jusqu'à « déchirer leurs vêtements » ! Il les console, leur parle longuement, prie avec eux, rompt le pain et le leur distribue. L'heure étant venue, ils descendent tous jusqu'au port. Mais la tempête menace. Le départ est différé. Quand le temps se calme enfin, on prépare l'appareillage. Les frères qui, dans l'intervalle, ont regagné Rome, sont alertés par la communauté d'Ostie. Ils reviennent en hâte pour écouter Paul, les uns à pied, d'autres sur des bêtes de somme, d'autres encore en descendant le Tibre.

Rassemblés sur le port, nous dit le narrateur, « ils s'affermissent dans la foi pendant trois jours et jusqu'à la cinquième heure du quatrième, priant les uns et les autres avec Paul, offrant l'oblation. Puis, ils mettent sur le vaisseau tout ce qui est nécessaire, lui donnent deux jeunes fidèles pour l'accompagner sur mer et lui disent adieu dans le Seigneur... ».

Enfin, le bateau lève l'ancre.

Ce voyage de Paul en Espagne, dont nous ne savons rien, est attesté par une très ancienne et fort sérieuse tradition. Le premier écrivain qui y fasse allusion est Clément de Rome, dans un texte datant de 96, soit trente-trois ans seulement après l'embarquement à Ostie.

« Après avoir enseigné la justice au monde entier, Paul rendit témoignage jusqu'aux bornes de l'Occident » (1re Épître aux Corinthiens, V, 4-7).

Pour tout lecteur, au Ier siècle, ces « bornes » ne sont autres que le détroit de Gibraltar, que tout le monde appelle alors les Colonnes d'Hercule.

Le père de l'histoire de l'Église, Eusèbe de Césarée, né vers 265, mort en 340, fait, lui aussi, allusion à ce voyage dans sa *Chronique* : « Ayant plaidé sa cause, l'Apôtre repartit de nouveau, dit-on, pour le ministère de la prédication » (Livre II, Olympiade 211).

Où va-t-il, ce bateau qui vient de quitter Ostie ? Suit-il les côtes, faisant escale à Genua, qui deviendra Gênes, à Narbo — Narbonne —, à Massilia — Marseille —, comme l'affirment quelques historiens modernes, convaincus que Paul, si brièvement qu'il se soit arrêté dans ces villes, y a semé la toute première graine du christianisme ? Pique-t-il, au contraire, vers le large, pour passer entre la Corse et la Sicile et se diriger vers l'importante cité de Julia Augusta Gaditana, déjà célèbre à cette époque sous le nom de Gadès — aujourd'hui Cadix — au bord mystérieux du grand océan. A moins que la destination finale ne soit tout simplement Tarragona — Tarragone —, ce que le plus grand nombre de commentateurs pauliniens tient pour très plausible.

Tarragone, que les Romains ont occupée en 218 av. J.-C., est le pivot de leur puissance en Espagne. C'est là que réside le proconsul ; là que les juges ont leurs tribunaux ; les légionnaires, leur garnison ; les armateurs, leurs entrepôts ; les changeurs, leurs coffres. Les Scipions y ont résidé. Octave y a vécu avant de devenir l'empereur Auguste. C'est une grande et belle cité que Rome a comblée de ses faveurs. On y trouve un forum, un théâtre, un cirque, des temples, des palais, des fontaines monumentales, des statues de marbre. De puissants remparts, longs de quatre mille mètres, la protègent du côté de la terre ; une abrupte falaise, le long de la mer. A l'abri de ce promontoire un port est né, qui commerce avec tout le bassin méditerranéen.

C'est là, croit-on, que Paul débarque au début de l'année 63 et qu'il plante la croix du Christ.

L'incendie de Rome

... Soudain, en 64, Rome brûle.

« Le feu prend dans la partie du Cirque contiguë aux monts Palatin et Caelius », raconte Tacite dans ses *Annales*. « Il y a là de nombreuses boutiques remplies de marchandises, où s'alimente la flamme. L'incendie, activé par le vent, se propage dans toute la longueur du Cirque. Il se répand impétueusement, d'abord sur les parties plates, puis s'élance vers les hauteurs et redescend pour ravager les quartiers bas. La ville lui offre une proie facile, avec ses ruelles étroites et tortueuses, ses rues tracées sans règle » (An. 15).

Néron n'est pas à Rome. Il se repose dans sa somptueuse villa d'Antium, aujourd'hui Anzio, à cinquante-sept kilomètres au sud de la capitale. Est-ce lui qui a donné l'ordre de mettre le feu aux quartiers insalubres, dont il voulait débarrasser la ville ? Cette terrible accusation ne va pas tarder à se répandre de bouche à oreille. Plusieurs historiens — Suétone, Dion Cassius —, reprenant à leur compte cette rumeur, la transforment, sans preuve aucune, en une certitude. Tacite est plus prudent, qui se borne à écrire : « Ce désastre fut-il dû au hasard ou à la malignité du Prince ? On ne sait. »

L'empereur ne rentre à Rome qu'au moment où le feu approche de la Maison dorée, la splendide demeure qu'il s'est fait construire sur l'Esquilin, au milieu d'un grand parc planté d'arbres et débordant de fleurs. On dit qu'à peine revenu dans sa capitale, il monte au sommet de son théâtre privé et qu'il y récite les vers de Virgile qui dépeignent, dans l'*Énéide,* la destruction de Troie...

Durant cinq jours et cinq nuits, l'incendie fait rage. C'est seulement le sixième jour qu'on parvient à l'arrêter. Précisément au pied de l'Esquilin ! Sur les quatorze quartiers que compte Rome, trois sont détruits jusqu'au niveau du sol. Dans sept autres, tous les édifices sont en ruine ou à demi brûlés. Quatre seulement sont indemnes.

Aussitôt que le feu est éteint, Néron accuse les chrétiens de l'avoir allumé. S'il a été lui-même l'incendiaire, il a trouvé un moyen habile de détourner la fureur des Romains. Si l'origine du sinistre a été accidentelle, il faut tenter tout de même de fournir au peuple une explication. Dans les deux cas, voilà un bon prétexte pour se débarrasser d'une communauté que Néron n'aime pas et qui ne jouit pas que de sympathie dans la population.

Cet homme de trente-sept ans, dont le début du règne a été paisible et bienfaisant, sombre peu à peu dans la folie. Des idées bizarres l'habitent. Il aime de plus en plus les déguisements : un jour, il joue les histrions ; un autre, il s'habille en voiturier. Une véritable frénésie des sens le taraude en permanence : il s'empiffre, il s'enivre ; chaque nuit, il lui faut de nouvelles filles, dont aucune n'apaise sa permanente fringale sexuelle. Sa vanité n'a plus de bornes. Sa mégalomanie atteint des paroxysmes. Sa cruauté devient monstrueuse. Voilà deux ans qu'il a éliminé ses bons conseillers, Burrus et Sénèque. Il leur a donné pour successeur Tigellin, qui fut l'amant de sa mère Agrippine. A ce compagnon de débauche qui est devenu son âme damnée, il a confié l'une des plus hautes charges de l'État : il l'a nommé préfet du prétoire, c'est-à-dire ministre de l'Intérieur.

Dans les jours qui suivent l'incendie de Rome, Néron, secondé par l'abominable Tigellin, déclenche contre les chrétiens une brutale persécution. Il fait arrêter tous ceux qu'ont pu identifier les services de police, sans parler de ceux que dénoncent des voisins. Il les fait périr, en leur infligeant ce que Tacite appelle pudiquement « des châtiments exceptionnels » (An XV, 44).

Certains, donnés en pâture à des fauves affamés, périssent déchiquetés. D'autres, enduits de poix et de naphte, sont liés au sommet de hampes plantées dans les jardins de la demeure impériale. La nuit venue, on allume ces atroces luminaires humains. Néron a invité la population à des jeux du cirque organisés à cette occasion. Il y apparaît en habit de cocher, tenant les rênes d'un char qui roule lentement entre ces torches agonisantes...

Des centaines d'innocents périssent pendant les quelques jours que dure cette effroyable répression. Parmi eux, on dénombre beaucoup d'amis de Paul : ceux qui étaient venus l'accueillir au Forum d'Appius, ceux qui ont fréquenté assidûment son modeste logement, ceux qu'il a instruits et baptisés.

Pierre lui-même est-il parmi les victimes de cette sanglante tornade ? C'est ce que la tradition nous pousse à croire. Et seulement la tradition, puisque nous ne possédons pas l'ombre d'une preuve. Les *Actes de Pierre*, texte apocryphe rédigé en grec, qui constitue la seule source écrite sur les circonstances de son martyre, ne font pas la moindre allusion à l'incendie de Rome. Certes, il s'agit là d'un texte populaire, édifiant, émaillé de détails naïfs et d'événements merveilleux. Ce n'est, certes, pas un document historique sérieux. C'est pourquoi il n'a pas été inclus parmi les textes canoniques. Mais, faute d'autre récit, il faut bien tenir compte de celui-là, qui a d'ailleurs inspiré toute l'hagiographie, en particulier la célèbre scène (chap. XXXVIII-XL) de la crucifixion de Pierre, la tête en bas...

On tient pour plausible l'hypothèse selon laquelle le chef de l'Église, au moment où Rome brûle, réussit, dans un premier temps, à se cacher chez des amis sûrs, puis, peu après, à quitter la ville. Dans ces conditions, son martyre serait donc quelque peu postérieur à l'incendie lui-même. Mais il aurait eu lieu, néanmoins, sous la persécution de Néron. C'est ce que ne cesseront de répéter durant les premiers temps du christianisme les voix unanimes des premiers historiographes... Mais est-ce au début de cette persécution ou à la fin du règne de Néron, comme le déclare saint Jérôme ?

Les derniers voyages

Paul a quitté Rome au bon moment. Et Pierre aussi. Tous deux auraient pu, comme tant d'autres chrétiens, servir de torches pour illuminer, à la nuit close, les allées de la *Domus aurea*...

L'un comme l'autre, ils savent parfaitement que leurs jours sont désormais comptés. Autour d'eux, les rangs des pionniers vont s'éclaircissant. Il y a moins de deux ans, Jacques, l'évêque de Jérusalem, a été arrêté dans la ville sainte par les argousins du Grand Prêtre. Il l'a accusé d'avoir « transgressé la Loi ». Toujours la même querelle ! Il a profité de la vacance du pouvoir du côté de l'occupant romain, le procurateur Festus ayant quitté la Palestine et son successeur Albinus n'ayant pas encore pris ses fonctions, pour faire condamner le dernier compagnon de Jésus qui vive encore en Judée. Il a été précipité du haut des murailles du Temple et achevé d'un coup de masse par un foulon. Ce meurtre prétendûment « légal » a suscité l'indignation des pharisiens, qui ont demandé au nouveau procurateur, dès son arrivée, de révoquer le Grand Prêtre.

En cette fin de l'année 64, tandis que Rome commence à renaître de ses cendres, Pierre, s'il avait survécu, aurait eu beaucoup à faire encore pour affermir, en son centre, l'autorité de l'Église. Quant à Paul, il veut rester fidèle à sa mission de fonder des Églises au milieu des païens. C'est avec cette volonté bien arrêtée de poursuivre l'œuvre entreprise qu'il quitte l'Espagne pour la Crète.

Les habitants de l'île ont à cette époque fort mauvaise réputation. Un de leurs compatriotes, Épimède de Cnossos, qui vivait au VIe siècle, les a traités de « perpétuels menteurs, bêtes méchantes, panses fainéantes ». Citant ce texte dans une de ses Épîtres pastorales, Paul affirme : « Ce témoignage est vrai » (Tt 1, 12-13).

Ces constatations quelque peu désabusées d'un homme qui est entré dans sa cinquante-huitième année ne l'empêchent pas de se mettre à la tâche avec ardeur. Il prêche, donne naissance à des communautés, les aide à faire leurs premiers pas, puis, selon son habitude, passe la main à un autre. Il a choisi l'un de ses amis les plus chers et les plus dévoués, Tite, qui sera le premier évêque de la grande île. Il lui laisse le soin « d'achever l'organisation », et notamment « d'établir, dans chaque ville, des Anciens » (Tt 1, 5). Soucieux de le voir agir comme il l'entend, il n'hésite pas, peu de temps après avoir quitté la Crète, à donner à ce fidéicommis des instructions détaillées. Elles forment l'essentiel de l'*Épître à Tite*, dont il semble évident qu'elle est destinée aussi à d'autres communautés, qui y trouveront une méthode d'action. Ce texte leur explique à la fois comment se débarrasser des faux docteurs ; de quelle façon agir avec les différentes catégories de fidèles : vieillards, femmes âgées, jeunes gens, esclaves ; quelle attitude observer vis-à-vis des autorités, et en particulier des magistrats.

Paul promet à son ami Tite de lui envoyer du renfort : soit Artémas, qui nous est inconnu, soit Tychique, qui fut son compagnon de voyage vers Jérusalem au printemps 58. Il lui confie le soin de « veiller avec zèle » au voyage d'un juriste, nouveau venu dans l'équipe, et d'un prédicateur fort estimé, Apollos, « afin qu'ils ne manquent de rien » (Tt 3, 12-13).

Le bâtisseur d'Église qu'est Paul ne possède pas seulement un sens remarquable des grandes constructions et un goût inné pour les nobles perspectives ; il a aussi le souci du détail.

De Crète, Paul retourne par mer à Éphèse, où il n'a pas reparu depuis près de six ans. Il intervient énergiquement pour mettre le holà à quelques déviations doctrinales. Une fois de plus, un certain nombre de chrétiens judaïsants continuent à assaisonner à leur façon l'enseignement évangélique. Ils se disent les vrais docteurs de la loi de Moïse, alors qu'ils ne sont que les faux docteurs de la loi de Jésus. Ils se nomment Hyménée, Philétos, Alexandre, un fondeur qui « fait preuve de beaucoup de méchanceté » envers Paul (II Tm 4, 14). Leur parole, écrit brutalement Paul, est « comme une gangrène qui s'étend » (II Tm 2, 17). Aussi n'hésite-t-il pas. Il « les livre à Satan, afin qu'ils apprennent à ne plus blasphémer » (I Tm 1, 20). En d'autres termes, il les excommunie. Rarement Paul aura réagi avec une telle violence. Ils sont si furieux qu'ils rêvent de se venger.

D'Éphèse Paul fait, très probablement, un saut à Colosses, comme il l'avait promis à Philémon. A l'aller ou au retour, il fait étape à Laodicée et à Hiérapolis, qui sont sur sa route.

Revenu à Éphèse, il confie l'Église à Timothée, avec une mission bien précise : « enjoindre à certains de ne pas enseigner une autre doctrine et de ne pas s'attacher à des légendes et des généalogies sans fin » (I Tm 1, 3-4). Il s'agit sans doute de ces spéculations relatives aux patriarches et aux héros de l'Ancien Testament, auxquelles se complaisent certains juifs. Timothée est tout spécialement chargé de rappeler que l'essentiel du message de Jésus est « l'amour, qui vient d'un cœur pur, d'une bonne conscience et d'une foi sincère ». Il sera aidé dans sa tâche par Tychique (II Tm 4, 12), déchargé de sa mission en Crète.

Ces dispositions prises, Paul fait un crochet par Milet, où il laisse Trophime qui est malade (II Tm 4, 20). Il remonte le long de la côte d'Asie Mineure jusqu'à Troas. Il s'arrête chez Carpos (II Tm 4, 13). Il franchit le détroit et retrouve avec joie ses fidèles amis de Philippes et de Thessalonique. Il est probable qu'il s'arrête chez eux pour souffler un peu. C'est là, très probablement, dans le courant de l'année 65, qu'il écrit l'Épître à Tite. C'est là qu'il compose aussi, selon toute vraisemblance, la *Première Épître à Timothée* dont l'inspiration, le plan, le contenu et la langue sont très proches. Texte court — six chapitres seulement —, mais irremplaçable document pour connaître l'Église dans la seconde moitié du Ier siècle ; testament spirituel à l'adresse de celui qu'il considère comme son fils adoptif ; bouleversant cri d'amour pour Jésus...

Un hiver à Nicopolis

« Efforce-toi de venir me rejoindre à Nicopolis. C'est là, en effet, que j'ai décidé de passer l'hiver » (Tt 3, 12).

Ces deux petites phrases de l'Épître à Tite donnent à penser que Paul a pu séjourner plusieurs mois dans cette ville grecque. Pas plus que pour les voyages en Espagne, en Crète, dans la province romaine d'Asie et en Macédoine, nous n'avons de certitude. Cependant, si l'on admet que ces pérégrinations, commencées en 63, ont dû prendre plus d'une année, il est logique de croire que c'est l'hiver 65-66 que Paul a passé à Nicopolis.

Presque sexagénaire maintenant, Paul a besoin de quelque repos. A la fatigue des voyages, continuels depuis près de vingt ans, incessants depuis dix, s'ajoute peut-être la réapparition de la maladie récidivante, qui, à plusieurs reprises, l'a mis sur le flanc. Nicopolis, sur la côte d'Épire, au nord du golfe de Patras, offre deux avantages : un climat particulièrement doux et une position privilégiée au carrefour des voies maritimes de la Méditerranée centrale et, à travers l'isthme de Corinthe, du bassin oriental. Par son port transitent les voyageurs allant de Grèce en Italie. La situation même de la ville l'incite à ces échanges ; elle est bâtie sur un isthme étroit, ouvert à l'est sur le golfe d'Atra et à l'ouest sur la mer ionienne. Ithaque, l'île d'Ulysse, n'est pas loin. Quel symbole pour l'Apôtre vieillissant, dont s'achève l'extraordinaire Odyssée !

Nicopolis signifie « la ville de la victoire ». Ce nom lui a été donné en souvenir de la bataille d'Actium, qui se déroula à ses portes, en 31 av. J.-C. et qui fut l'épilogue de la guerre civile opposant Antoine et Octave pour la conquête du pouvoir à Rome. Octave l'emporta au terme d'une bataille navale qui se déroula à l'entrée même du golfe d'Arta. Il écrasa son adversaire grâce à son habileté tactique, mais aussi en raison de sa supériorité en vaisseaux légers et rapides. Antoine parvint à s'échapper au dernier moment, avant que sa flotte ne soit totalement anéantie. Cléopâtre l'avait précédé de peu sur le chemin de l'Égypte où, assiégé l'année suivante dans Alexandrie, le général vaincu allait se donner la mort.

Qui se souvient encore de la bataille d'Actium, parmi les passagers du ferry-boat, qui traverse le golfe plusieurs fois par jour ? Comme l'eau est peu profonde, les archéologues ont décidé de renflouer les navires d'Antoine, dont certains, semble-t-il, sont presque intacts.

De la grande ville que fut Nicopolis il ne reste aujourd'hui que des ruines éparses, à peu de distance du port de Preveza. Les remparts, par endroits assez bien conservés, enserrent encore, par-delà la mort de la cité antique, les vestiges nostalgiques d'un théâtre, d'un odéon et de plusieurs basiliques byzantines, que dominent au sommet d'une colline proche les colonnes brisées d'un temple d'Apollon.

Dans l'arène du stade, dont on devine encore, sous le chiendent, les gradins écroulés, Dimitri ramasse des asperges sauvages dont il me propose gentiment une petite botte verte et violacée. Près de la porte monumentale, qui fut l'entrée principale de Nicopolis, deux fillettes cueillent les premiers narcisses, qu'elles vendent aux automobilistes, contraints de ralentir fortement dans le coude de la route qui vient de Larissa. A l'abri de la muraille couleur terre de Sienne brûlée, un vieux berger, qui se prénomme Aristide, déjeune d'un gros morceau de pain, d'un bout de fromage de chèvre et d'une goulée de résiné. Sans façon, il m'invite à partager son repas, tandis que son chien roux hirsute surveille le petit troupeau de moutons.

Dans le minuscule musée tout proche rêve, les yeux vides, une statue d'Athéna. Non loin d'elle, un grand lion de marbre est assis. Le gardien, qui, en cette saison, ne voit pas quatre visiteurs par jour, me parle de Paul comme s'il l'avait croisé hier dans les rues mortes de la ville au nom de victoire...

Rome, l'unique objet de ses... pressentiments

Au début du printemps 66, dès que la mer est « ouverte », Paul trouve aux quais de Nicopolis un navire pour Rome.

Regagner la capitale deux ans après le gigantesque incendie et ses conséquences sanglantes pour la communauté chrétienne, quelle imprudence ! C'est aller se fourrer dans la gueule du loup. Mais tel est Paul. Combien de fois n'est-il pas revenu, sans l'ombre d'une hésitation, dans les villes où il avait été combattu, lapidé ou emprisonné ? Est-ce de l'inconscience pure et simple ? Certes non. C'est la réaction d'un homme dont c'est peu de dire qu'il est courageux. Il est d'un sang-froid exceptionnel. Ses adversaires, durant toute sa vie il leur a fait face, en demeurant impavide et en les regardant droit dans les yeux. Il ne va pas changer aujourd'hui, sous prétexte qu'il a pris de l'âge ou que le péril est plus grand.

Dès son arrivée à Rome, il retrouve un certain nombre de chrétiens qu'il a connus lors de son premier séjour. Ils sont les survivants des massacres ordonnés par Néron. Leurs rangs se sont singulièrement éclaircis. A la longue liste des suppliciés il faut ajouter les noms de ceux qui ont, prudemment, pris le large. Bien que la tempête se soit apaisée, ces frères n'ont pas la naïveté de se croire à l'abri de nouveaux coups de chien. Ils se font petits. Ils se réunissent aussi discrètement que possible. Ils évitent tout rassemblement public. Certains se cachent même...

En dépit de ces circonstances plus que défavorables, la jeune Église n'en continue pas moins à faire des adeptes : parmi les esclaves et les affranchis, parmi les résidents étrangers, au sein même de la communauté juive, mais aussi dans bien d'autres milieux, y compris, ô surprise ! chez « des gens de la maison de César ». Quelques membres de la haute société figurent également au nombre de ces nouveaux convertis. Ils sont venus s'agréger à ceux qui sont issus, semble-t-il, de la classe aisée et que Paul a connus entre 61 et 63 : Eubule, Claudia, Pudens, Lin (II Tm 4, 21). Ce dernier, originaire d'Étrurie, sera le premier successeur de Pierre. Il aura la responsabilité de l'Église jusqu'en 76, année où il sera, croit-on, lui aussi martyrisé.

Dans quel quartier de Rome Paul s'est-il, cette fois, installé ? Il est fort difficile de le dire avec certitude. Cependant trois localisations sont proposées.

La première apparaît dans un texte de saint Lin, précisément, qui s'intitule *La passion de Pierre et de Paul*. Cet apocryphe est conservé à Paris, à la Bibliothèque nationale. Selon son auteur, Paul se serait établi à proximité de l'île du Tibre, sur la rive gauche du fleuve, entre le théâtre de Pompée et le théâtre de Marcellus, dans ce quartier populaire proche d'un des lieux de résidence de la communauté juive.

La seconde localisation est fournie par l'archéologie. Dans les catacombes de Saint-Sébastien, qui se trouvent près de la basilique du même nom, non loin de la via Appia, on a retrouvé une inscription du pape Damase datant de la fin du IVe siècle, où il est dit : « Saint Pierre et Saint Paul ont habité ici. » Ce *hic habitasse* a fait trotter bien des imaginations. Pourtant, l'indication paraît peu plausible.

Une troisième localisation ressort du manuscrit de Hambourg. Ce texte grec apocryphe datant du IVe siècle, retrouvé dans la région du Fayoum, en Haute-Égypte, est ainsi appelé parce qu'il est conservé dans la bibliothèque de l'université de Hambourg. Le récit, aussi long que riche en détails, raconte que « Paul, revenu à Rome, loue une grange en dehors de la ville ». Un autre apocryphe, un manuscrit grec du tout début du IIIe siècle, attribué à saint Lin et appelé, pour cette raison, le *Pseudo Linus*, parle d'un « entrepôt désaffecté ». Ces deux textes ne sont pas contradictoires : ils donnent à penser que, par prudence, les réunions ont lieu hors des remparts. C'est là, à l'écart de l'agitation de la cité et des regards de la police, que Paul annonce l'Évangile avec ses amis Luc et Tite, qui l'ont rejoint.

« Il devint célèbre, dit ce manuscrit, et beaucoup d'âmes s'attachèrent au Seigneur. Et même le bruit s'en répandit dans Rome. »

Curieux texte, plutôt malhabile, qu'il n'est évidemment pas question de considérer comme document indiscutable...

L'arrestation

Un jour, ce qui devait arriver advient : Paul est arrêté.

Ici encore, que de questions sans réponse ! A commencer par la date de cette arrestation. Fin du printemps ou début de l'été 66 ? C'est une hypothèse assez plausible. En tout cas, peu de mois après son retour à Rome.

Pourquoi l'arrête-t-on ? Deuxième interrogation à laquelle il est difficile de répondre en fournissant un mobile tout à fait clair. Est-ce toujours cette plainte émise il y a huit ans par la plus haute autorité religieuse juive à Jérusalem, qui continue à motiver ces poursuites ? Cela paraît totalement invraisemblable : cette affaire-là est classée.

Paul est-il victime d'une trahison ? Quelqu'un l'aurait-il dénoncé aux autorités comme étant le chef de la secte des chrétiens ? Alexandre le fondeur, par exemple, cet Éphésien qui « a fait preuve de beaucoup de méchanceté à son égard » (II Tm 4, 14) et qui, furieux d'avoir été rejeté de la communauté, aurait décidé de se venger. Hypothèse fort peu vraisemblable : la province d'Asie est loin, et surtout l'incident avec cet artisan semble avoir été de peu d'importance.

Enfin, il y a une troisième explication, la plus simple et donc la plus plausible : dans tout Rome la persécution continue. Commencée en 64, au lendemain de l'incendie, elle ne s'arrêtera qu'en 68, avec la mort de Néron. La police n'a sans doute aucun mal à localiser Paul, même si les réunions sont discrètes et se tiennent à l'extérieur des remparts de la ville. Elle ne manque pas d'informateurs, stipendiés ou bénévoles. Et même, peut-être, dans l'entourage de la communauté chrétienne. Il y a là des « chiens »... Paul l'a dit, de cette façon brutale (Ph 3, 2). L'Église n'est pas à l'abri « des faussaires camouflés en apôtres du Christ ». Rien d'étonnant à cela : Satan lui-même se camoufle en ange de lumière « (II Co 11, 13-14). C'est l'explication de saint Clément, le quatrième pape, après Lin et Clet, ordonné par Pierre et mort en 97, qui affirmera : « Paul a été victime de la jalousie et du désir de nuire. » Il est évident que l'Apôtre n'a pas que des amis. Et, même parmi les fidèles, il est des chrétiens frileux qui n'aiment guère le vent du grand large ; des esprits timorés qui craignent que l'intrépidité de leur guide ne contribue à durcir encore la persécution.

Sur les circonstances de l'arrestation de Paul, le manuscrit de Hambourg apporte des détails qui ne sont peut-être pas tous inexacts. Parmi ses auditeurs se trouvent, on l'a dit, « des gens de la maison de Néron » : Festus, le Galate, Urion, le Cappadocien, Barsabas Justus « aux larges pieds ». Il y a aussi un tout jeune échanson qui se nomme Patrocle. Arrivé en retard, l'adolescent, qui ne trouve pas de place, s'installe sur le rebord d'une haute fenêtre. Soudain, il perd l'équilibre, tombe et reste sans connaissance. Alors se reproduit très exactement la scène de Troas, relatée dans les Actes (Ac 20, 9-12). Paul ranime Patrocle, comme il a ranimé Eutyque. Tout le monde, naturellement, crie au miracle. Mais un autre serviteur de Néron a quitté les lieux en hâte, dès qu'il a vu le garçon inanimé. Il a couru jusqu'au palais et, tout essoufflé encore, a annoncé à l'empereur, qui sortait du bain, la mort du jouvenceau « qu'il aimait à l'excès », comme dit joliment le texte pour désigner ce petit Corydon. Stupéfaction du maître de Rome quand, le lendemain, il voit son favori debout, comme à l'accoutumée, près de la table du déjeuner et tenant une amphore de vin. Stupéfaction plus grande encore quand, lui ayant demandé qui lui a rendu la vie, il entend Patrocle lui répondre :

« Le Christ Jésus, roi de l'éternité.

— Ce Jésus doit donc régner pour l'éternité et renverser toutes les royautés ? demande Néron, fort troublé.

— Oui, César. Il renverse toutes les royautés et il sera le seul pour l'éternité, et il n'y aura pas de royauté qui lui échappera.

Furieux, Néron gifle le pauvre Patrocle, le fait enchaîner et lui inflige d'épouvantables tortures, dont il finit par mourir.

Qu'on admette ou non l'ensemble de ce récit, un élément paraît vrai : la fureur de ce souverain auquel un de ses mignons a l'audace d'affirmer qu'il n'y a qu'un seul roi : le Christ, et, qui plus est, un roi qui renversera toutes les royautés. Voilà maintenant que ce Roi a des serviteurs fanatiques qui se proclament « soldats du Christ ». C'est intolérable... Quel scandale ! Et, surtout, quelle menace pour le trône ! Qu'on arrête sans tarder tous les membres de cette dangereuse milice privée !

L'emprisonnement

Quand la police a investi le bâtiment où Paul parlait, elle n'a pas fait le détail. On connaît les formules d'aujourd'hui. Elles étaient les mêmes, il y a deux mille ans : « Que personne ne sorte... Tout le monde face aux murs, les bras en l'air... Et que nul ne bouge plus... »

En revanche, cette scène que raconte le manuscrit de Hambourg paraît invraisemblable : Paul amené, enchaîné, « au milieu de beaucoup d'autres », devant Néron ; celui-ci le repérant aussitôt, en raison de l'attention que lui portent tous ses compagnons de chaîne ; l'empereur lui demandant pourquoi il a « enrôlé des soldats enlevés à son commandement » ; Paul lui répondant qu'il enrôle des soldats dans « toute la terre habitée » et invitant le souverain à se convertir...

Une tradition toujours vivace vingt siècles après veut que Paul ait été incarcéré, tout comme Pierre dans la prison Mamertime. C'est ce que disent tous les guides lorsqu'ils font visiter aux touristes, à proximité du Capitole, sous l'église Saint-Joseph-des-Charpentiers, la salle des gardes, de forme trapézoïdale ; puis, à l'étage inférieur, le sinistre cachot, presque circulaire, qu'on appelait à l'époque le *Tullianum*. On ne pouvait y pénétrer que par une étroite ouverture ménagée dans la voûte. Si l'on est sûr que Jugurtha le Numide et Vercingétorix le Gaulois ont attendu la mort dans l'obscurité humide de ce cachot souterrain, si l'on sait que beaucoup de martyrs y ont été détenus jusqu'à l'heure du supplice, on n'a aucune certitude en ce qui concerne les deux Apôtres. Même si l'on montre encore aujourd'hui aux visiteurs le trou qu'aurait laissé dans la maçonnerie la tête de Pierre : comme les soldats le bousculaient, son front serait venu frapper l'un des murs ! Quant à la fontaine souterraine, il l'aurait fait jaillir... pour baptiser ses deux geôliers, Processe et Martinien.

Lorsque Paul écrit qu'il a été « délivré de la gueule du lion » (II Tm 4, 17), cela ne voudrait-il pas dire, justement, qu'il a échappé à l'inhumaine Mamertime ? Car Paul écrit dans sa prison, ou plutôt il dicte. Ces textes sont parvenus jusqu'à nous. Ils suscitent une série de réflexions.

Certes, Paul est « enchaîné comme un malfaiteur » et « il souffre » (II Tm 2, 9). Ses conditions de détention sont donc beaucoup plus sévères que la première fois, il y a trois ans. Cependant, il n'est pas au secret : il peut toujours recevoir des visites. Non seulement celles d'un secrétaire, qui prend des notes, mais également celles de quelques rares amis fidèles, qui bravent tous les dangers pour venir le voir : Onésiphore par exemple, qui l'a « cherché avec zèle et l'a trouvé » et qui « n'a pas honte de ses chaînes » (II Tm 1, 16-17).

Paul est donc incarcéré dans des conditions régulières, on allait dire « correctes ». De là à penser que le lieu de détention n'est autre qu'une des cellules aménagées dans les locaux mêmes du prétoire ou dans les dépendances il n'y a qu'un pas. Une fois de plus, sa qualité de citoyen romain le protège de l'arbitraire.

Aussitôt après son arrestation, Paul a comparu devant un juge. A Rome on respecte les formes avec les citoyens romains... Ce prisonnier n'est pas un inculpé. C'est un suspect. Suspect de quoi ? De constitution d'une association de malfaiteurs ? De création d'une milice privée ? D'atteinte à la sécurité de l'État ? D'injure envers l'empereur ? De trouble à l'ordre public ? De propagation de doctrines subversives ? De création et de propagation d'une religion interdite ? Autant de chefs d'accusation possibles. Lequel va choisir le magistrat instructeur ? Il hésite. Cette affaire n'est pas claire.

« Qu'avez-vous à dire pour votre défense ? »

Paul répond calmement, rejetant, une à une, toutes les accusations. Plus tard, il notera avec tristesse et désillusion : « La première fois que j'ai présenté ma défense, personne ne m'a assisté ; tous m'ont abandonné » (II Tm 4, 16).

On le reconduit dans sa cellule.

Alors commence l'instruction. Elle sera longue. L'affaire est compliquée...

Les derniers écrits

Les jours passent.

Paul écrit à celui de ses disciples qu'il affectionne le plus, celui qu'il a connu adolescent à Lystres, celui qui l'a accompagné au long des routes, celui qu'il appelle son « enfant bien-aimé » : Timothée.

« Efforce-toi de venir me rejoindre » (II Tm 4, 9).

Appel déchirant, sous la réserve et la pudeur habituelles, d'un homme qui se sent affreusement seul. Tout le monde ou presque l'a quitté. Démas a filé à Thessalonique, le laissant tomber « par amour pour le monde présent » (II Tm 4, 10) ; Crescens est parti pour la Galatie — certains disent pour la Gaule ; Tite a gagné la Dalmatie. Tychique est toujours à Éphèse. « Tous ceux d'Asie « l'ont » abandonné, entre autres Phygèle et Hermogène » (II Tm 1, 15). Seul Luc est toujours là. « Avec moi », précise-t-il. A Rome, par conséquent. En prison, lui aussi ? C'est possible. Dans la même cellule ? C'est beaucoup moins sûr.

... L'année s'avance.

Paul insiste : « Efforce-toi de venir avant l'hiver », dit-il à son fidèle ami (II Tm 4, 21).

Décidément, cette *Deuxième Épître à Timothée*, si personnelle dans le ton, ne ressemble à aucune autre, même parmi les Épîtres dites pastorales. A la différence de la Première Épître à Timothée et de l'Épître à Tite, celle-ci est le message d'un homme qui sait que ses jours, désormais, sont comptés. Il évoque sa vie passée. Il revoit une scène qui l'a touché au cœur : les larmes de Timothée quand, lors de leur première rencontre à Lystre, il a refusé de l'emmener avec lui.

« Tu es trop jeune encore. Mais je reviendrai. Je te le promets. »

Il fait à son ami cet aveu bouleversant : « Sans cesse, nuit et jour, je fais mention de toi dans mes prières [...]. J'ai un très vif désir de te revoir, afin d'être rempli de joie » (II Tm 1, 3-4).

C'est le cri d'un homme séparé de celui que, plus que tout autre, il a aimé. Et vingt années n'ont pas affadi cet amour. C'est Montaigne pleurant La Boétie, et avouant d'une petite phrase inoubliable la douleur que lui cause la disparition de son ami très cher : « Si l'on me presse de dire pourquoi je l'aimais, je sens que cela ne se peut exprimer qu'en répondant : parce que c'était lui ; parce que c'était moi » (*Les Essais*, livre I, chap. 28).

... Et il s'est trouvé des commentateurs pour prétendre que cette Épître ne serait peut-être pas de Paul. Elle me paraît plus de Paul qu'aucune autre.

La nuit, dans la prison, il commence à faire frais.

Paul demande à Timothée : « Ce manteau que j'ai laissé à Troas, chez

Carpos, apporte-le en venant, ainsi que les livres, surtout les parchemins » (II Tm 4, 13).

Quels sont donc ces livres dont Paul a si grand besoin qu'il prie son ami de les lui apporter à Rome ? Et surtout, que sont ces parchemins ? Une hypothèse ingénieuse a été émise : ne s'agirait-il pas des matériaux nécessaires à la préparation d'un grand texte auquel il songe depuis longtemps ? Pas vraiment une lettre ; mais plutôt une sorte de sermon, destiné à être lu dans les communautés chrétiennes. Une encyclique avant l'heure — puisque le mot ne sera employé pour la première fois dans ce sens-là qu'en 1740, par le pape Benoît XIV. Oui, un important écrit doctrinal, destiné à présenter, de façon complète et précise, le plan de salut en Jésus-Christ de l'humanité entière. Préparant cette ambitieuse synthèse, Paul avait peut-être commencé à rassembler des matériaux et à jeter des notes. Ce sont ces documents qu'il aurait laissés à Troas, où il pensait donc revenir. Et maintenant, convaincu qu'il dispose encore d'une assez longue période de temps pendant qu'on instruit son procès, ce sont ces brouillons qu'il souhaite récupérer. Détestant l'inaction, il veut poursuivre son travail et, si faire se peut, l'achever. Ce texte, auquel un autre ou d'autres vont mettre la main après lui, serait devenu ultérieurement celui que nous connaissons sous le nom d'*Épître aux Hébreux*.

Timothée a-t-il reçu la lettre à temps ? A-t-il pu récupérer les livres, les parchemins et le manteau au domicile de Carpos ? Est-il revenu assez vite à Rome pour retrouver Paul ? Trois questions sans réponse. Une petite phrase, à la fin de cette Épître aux Hébreux, soulève plus de problèmes qu'elle n'en résout :

« Apprenez que notre frère Timothée a été libéré » (He 13, 23). S'il a été libéré, c'est donc qu'il avait été incarcéré, dirait monsieur de La Palisse. S'il a été incarcéré, c'est donc qu'il avait eu le temps de regagner Rome. S'est-il alors présenté à la porte de la prison pour demander l'autorisation de rendre visite à Paul, en se livrant ainsi lui-même aux mains des persécuteurs ? A-t-il été enfermé dans la même cellule que Paul ? N'a-t-il fait que l'entrevoir ? Lui a-t-il été impossible de communiquer avec lui ? Mystère total. Certains pensent que c'est à Éphèse que Timothée a été emprisonné et pour une captivité de courte durée.

A supposer que les documents attendus soient parvenus à leur destinataire, celui-ci a-t-il eu le temps d'achever son travail de rédaction ? C'est fort peu probable. Aucun exégète ne croit aujourd'hui que l'Épître aux Hébreux soit de la main de Paul. Les idées sont, très certainement, de lui, mais la composition est l'œuvre d'un autre : soit, peut-être, de Jude ou de Silas, soit, plus probablement de Barnabé ou d'Apollos. C'est ce dernier nom qui est le plus souvent retenu.

Que le rédacteur soit l'un ou l'autre de ces deux hommes, il a écrit son texte très peu de temps après la mort de Paul. Il y est fait allusion aux sacrifices accomplis à Jérusalem, « par le Grand Prêtre, qui entre, chaque année, dans le sanctuaire » (Hé 9, 25). Des sacrifices qui « sont offerts chaque année, indéfiniment » (Hé 10, 11). Ces deux passages ont donc été rédigés avant 70, qui est l'année noire où le Temple fut entièrement détruit par les Romains.

De toute évidence, le scripteur de l'Épître aux Hébreux était un intime de Paul, un homme nourri de sa pensée et familier de son enseignement. Il a fort bien pu disposer des notes que l'Apôtre avait prises, du plan qu'il avait élaboré, voire même de paragraphes entiers qu'il avait déjà rédigés.

Voilà plus de dix-neuf siècles que les spécialistes discutent des problèmes, apparemment insolubles, que soulève cette Épître pas vraiment paulinienne, mais pas non plus apocryphe, puisqu'elle a finalement été retenue comme texte canonique. Car, quel que soit son rédacteur, la personnalité de Paul, son inspirateur, y transparaît à toutes les phrases. Et, pour reprendre le mot d'un de ses commentateurs, c'est un « écrit fascinant », dont on ne se lasse pas d'admirer les richesses.

La condamnation

Maintenant, Paul n'a plus aucune illusion.

Il sait que, cette fois-ci, il ne lui reste aucune chance de recouvrer la liberté. Il l'écrit en trois courtes phrases qui ont la tristesse et la sérénité d'un adieu : « Le moment de mon départ est arrivé. J'ai combattu le beau combat. J'ai achevé ma course » (II Tm 4, 6-7).

Cet homme qui va jusqu'à affirmer qu'il est « déjà offert en sacrifice », est-il à ce moment, comme certains l'ont prétendu, un vieillard voûté, haillonneux, traqué et épuisé ? Quelle erreur de se le représenter ainsi ! Le centurion du Christ n'a pas faibli. Marqué par l'âge, éprouvé par la captivité, amolli par la sédentarité, ce petit homme n'a pas changé. Sa calvitie a sans doute augmenté. Sur les tempes et l'occiput, les cheveux qui restent ont blanchi. Des rides sillonnent le visage amaigri. Mais la nuque est restée droite... et raide, comme celle des vrais fils d'Israël. L'œil sombre est demeuré vif, comme celui de l'étudiant qui s'asseyait aux pieds de Gamaliel. Et, sur les lèvres desséchées, transparaît toujours le doux sourire de ceux qui ont vu l'Invisible. Quelle jeunesse chez ce sexagénaire plus juvénile que beaucoup de jeunes hommes ! Quelle lumière dans le regard de ce reclus, assis dans la pénombre ! Quelle liberté d'allure dans le comportement de ce prisonnier enchaîné ! Quelle paix intérieure chez ce détenu qui est déjà ailleurs, au-delà de tous les barreaux et loin de tous les geôliers !

Un jour enfin, un des gardes ouvre la porte de la cellule.

« Accusé, suis-moi. »

Il conduit Paul jusqu'au tribunal, où s'ouvre son procès.

Une tradition très ancienne, puisqu'elle remonte à saint Lin, premier successeur de Pierre, veut que Paul ait comparu devant Néron lui-même. Irrité par l'attitude de l'accusé, l'empereur lui aurait lancé : « Dis donc, toi, le sujet de je ne sais quel Roi, n'oublie pas que tu n'en es pas moins mon prisonnier. Qu'est-ce qui t'a pris de pénétrer clandestinement sur le territoire de l'empire romain ? »

Cette dernière phrase paraît totalement invraisemblable. Citoyen romain de naissance, Paul a passé toute sa vie dans l'empire romain. Il n'avait donc pas à y « pénétrer », et surtout pas « clandestinement ».

Paul aurait répondu à Néron : « Oui, tu es un maître puissant... Mais si tu en venais à décider de croire en Lui, tu n'aurais pas à le regretter... Lorsqu'il viendra juger les vivants et les morts, Il consumera par le feu tout ce qui a quelque apparence dans ce monde. »

On peut se demander si cette scène n'a pas été inventée de A à Z, par désir de mettre symboliquement face à face celui qui est le maître de l'empire et le représentant de Celui qui est le maître du ciel et de la terre. Néron à cette époque, selon le témoignage de Suétone, est parti pour la Grèce. De ce voyage, le seul déplacement important durant tout son règne, il ne rentrera qu'au début de l'année 68.

Le souverain est devenu un monstre assoiffé de crimes et dégoulinant de sang. Il a écarté de sa route tous ceux qui ont tenté de le raisonner, à commencer par ses deux sages conseillers : Sénèque et Burrus. Il a éliminé, avec la même insensibilité, tous les membres de sa famille qui le gênaient : Britannicus, son demi-frère, empoisonné ; Agrippine, sa mère, assassinée ; Octavie, sa première femme, contrainte à s'ouvrir les veines ; Poppée, sa seconde épouse, qu'il a tuée d'un coup de pied dans le ventre, alors qu'elle était enceinte... Il n'a plus confiance qu'en l'abominable Tigellin, son âme damnée, dont il a fait à la fois le maître de sa police et l'organisateur de ses plaisirs.

Cet empereur, dont la raison vacille, déteste les juifs. Il vient d'envoyer en Palestine l'un de ses meilleurs généraux, Vespasien, avec mission de les mater.

Si Paul est jugé par l'empereur lui-même, comme il l'a réclamé à Césarée en sa qualité de citoyen romain, il n'a pu comparaître devant Néron qu'au début 68. Sinon, il faut admettre qu'il a été jugé en son absence par Aelius, qui assurait alors à Rome l'intérim du gouvernement.

Quel qu'il soit, le juge n'a aucune hésitation : cet accusé a osé affirmer qu'il entendait « recruter des soldats » *(sic)* pour les mettre au service du Christ et de lui seul. C'est ce qui ressort des témoignages recueillis au cours de l'enquête. Voilà donc un homme qui veut constituer une armée privée, bafouant du même coup, d'impudente façon, l'autorité de César. Comment le magistrat hésiterait-il sur le choix du chef d'accusation ? Il y a crime contre la sûreté de l'État ; ce crime qui est prévu par la loi impériale sur la *majestas*. Elle a été rétablie après le départ de Burrus, en 62, par un sénatus-consulte. Le récit du procès, attribué à saint Lin, fait allusion à cette loi d'exception. Elle stipule que le coupable doit être exécuté immédiatement.

L'exécution

A l'aube, la porte de la cellule s'est ouverte. Paul ne dormait plus. Il priait...

Des soldats l'entourent. On part sans tarder, car la route est longue. On franchit la partie sud des remparts à la porte Trigemina, à côté de la pyramide de Celsius. Pendant près d'une heure on suit la route d'Ostie. Là où elle amorce un coude vers le sud-ouest, on bifurque à gauche sur la via Laurentina. A la troisième borne milliaire — donc à quatre kilomètres huit cents de l'enceinte — on quitte la chaussée pavée pour s'engager, toujours à gauche, dans un petit vallon humide, connu sous le nom de marais salvien. L'endroit, tout à fait isolé, est parfaitement discret. On fait encore deux ou trois centaines de mètres, au pied d'une collinette, derrière laquelle disparaissent au loin les murailles roses de la capitale. On atteint enfin, à l'ombre de grands arbres, au milieu d'un enchevêtrement de taillis, une sorte de petite clairière remplie de chants d'oiseaux.

L'escorte s'arrête à l'ombre d'un cèdre. L'officier qui la commande accorde quelques instants au condamné. Celui-ci se tourne vers l'orient et prie à mi-voix. S'entretient-il « en hébreu avec ses pères », comme le dit un vieux texte ? Lorsqu'il a fini, on le fait s'approcher d'une grosse pierre qui servira de billot. Il « tend le cou sans rien dire ». Un soldat s'avance avec une lourde épée à deux mains ou une hache de licteur. D'un seul coup, il décapite Paul. Sa tête, dit-on, rebondit trois fois. A chacun des trois endroits où elle touche le sol, jaillit une source. Voilà pourquoi le lieu s'appelle depuis lors les Trois fontaines.

Tels sont les faits qui se déroulèrent en ces lieux « pendant la quatorzième année du règne de Néron » : c'est-à-dire entre le mois de juillet 67 et le 9 juin 68, date où, voyant ses légions se révolter les unes après les autres, l'empereur se donna la mort en s'ouvrant, avec un poignard, les vaisseaux du cou.

Sur les circonstances du martyre de Paul nous ne possédons pas d'autres documents que des apocryphes, rédigés en grec et datant de la fin du IIe siècle ou des premières années du IIIe. On y trouve d'autres détails qu'on peut difficilement admettre comme authentiques : le long dialogue, juste avant la décollation, de Paul avec le préfet Longus et le centurion Celsius, qui se mettent à prier pour leur salut ; l'arrivée *in extremis* de deux émissaires de Néron, Parthenius et Phérètas, qui viennent voir si l'exécution a eu lieu ; Paul leur disant : « Croyez au Dieu vivant qui me ressuscitera » et les deux hommes répondant : « Quand tu seras mort, puis ressuscité, alors nous croirons en Dieu » ; du lait jaillissant du cou du supplicié et éclaboussant l'uniforme du bourreau... Tout cela appartient à la *Légende dorée*.

A l'emplacement où eut lieu l'exécution de Paul s'élève aujourd'hui la Trappe des Trois fontaines. Alentour, les immeubles de la banlieue sud ont poussé. Mais le vallon lui-même est resté une oasis de verdure et de silence. Pins, palmiers, tilleuls, oliviers, magnolias et eucalyptus ombragent le terrain où l'été ramène les criquets à l'incessante crécelle. Le jardin n'est qu'un fouillis d'armoise, de bardane, de ciguë et de rhubarbe sauvage. De cette verdure ébouriffée jaillissent les petites têtes jaunes des épervières, les lamiers pourprés, les acanthes aux clochettes blanches émergeant de pétioles violacées, alternées sur de hautes tiges aux larges feuilles découpées. Çà et là, de fragiles coquelicots posent des taches de sang.

Trois églises ont poussé, dont une sur le lieu même de l'exécution. On y conserve une vieille borne milliaire, qui serait la pierre où Paul posa son cou. Elle mesure un mètre vingt de hauteur : il aurait donc attendu la mort debout... On y montre les trois sources qui auraient jailli aux trois endroits où ricocha, sur le sol déclive, le chef du supplicié, à trois mètres, onze mètres et dix-neuf mètres du billot improvisé. Dans ce sanctuaire, bâti de guingois afin d'épouser la pente du terrain, deux autels se font face : celui de droite est dédié à Paul ; celui de gauche, à Pierre.

Pierre, qui a été martyrisé peu de temps avant Paul, dans le courant de l'année 64, croit-on. Les plus vieux Actes apocryphes situent la scène de sa crucifixion « à côté de l'obélisque de Néron ». Il s'élevait dans le cirque fondé par Caligula, au cœur du parc de la villa impériale qui s'étendait à l'emplacement actuel du Vatican. On enterra Pierre tout à côté, sous un térébinthe...

La sépulture

Les exécuteurs s'en sont allés...

Sans doute ont-ils laissé une sentinelle à l'entrée du vallon, en attendant qu'arrive le fossoyeur. Les autorités ont l'habitude de faire enterrer le corps d'un supplicié sans tarder, sur place ou à proximité immédiate. Mais elles ne refusent pas de le rendre à qui vient le réclamer. Or, voici que se présentent justement des gens qui souhaitent se charger de cette sépulture. Ils se disent les amis de l'homme qu'on vient de décapiter. Qu'ils emportent donc et son corps, et sa tête !

Bravant le risque d'être, à leur tour, arrêtés, ces disciples fidèles transportent les restes de leur maître jusqu'à la propriété agricole d'une matrone romaine nommée Lucine — le *praedium Lucinae* —, qui se trouve à trois kilomètres du lieu de l'exécution, en revenant vers Rome. Il y a là un cimetière, le long de la route d'Ostie, à un endroit où, pour respecter la ligne droite, les ingénieurs des Ponts et Chaussées ont dû entailler une petite colline de tuf. Dans la paroi ocre-jaune, on a creusé des *loculi*, les autres tombes étant alignées en contrebas, de l'autre côté de la route.

Les *loculi* sont encore visibles de nos jours le long de la via Ostiense, des deux côtés d'un garage, lui-même en partie creusé dans la roche. Juste en face, entre les deux chaussées de la route d'Ostie, un certain nombre de tombes païennes et chrétiennes ont été mises au jour lors de fouilles effectuées au XIXe siècle. Les unes sont couvertes par une simple dalle, avec une inscription gravée dans la pierre ; d'autres sont enfermées dans de vraies maisons de poupée aux murs de brique, en petit appareil réticulé. A l'intérieur on a retrouvé des jarres, où l'on mettait de l'huile, du vin, du blé pour que le défunt puisse se sustenter durant son dernier voyage. On a également dégagé un colombarium et plusieurs mausolées. On a surtout retrouvé, sur des sarcophages, des inscriptions qui ont permis de dater certains d'entre eux de l'époque de la République romaine. Voilà donc la preuve que ce cimetière existait longtemps avant l'ère chrétienne. Ce très modeste champ de fouilles est aujourd'hui entouré d'une solide grille et surmonté d'un toit de tuiles. Les automobilistes qui, le dimanche, fuient la touffeur romaine pour gagner les plages en empruntant cette « route de la mer » ne prêtent même pas attention à cette petite construction basse...

C'est donc en ces lieux que, quelques heures après son exécution, Paul est inhumé par les soins de ses amis.

Cette sépulture est celle dont parle le prêtre romain Gaïus quand il écrit, vers 200, à Proctus une lettre citée par Eusèbe dans son *Histoire ecclésiastique,* où l'on trouve cette phrase : « Je peux te montrer les trophées des Apôtres. Si tu viens au Vatican ou sur la route d'Ostie, tu trouveras les trophées des fondateurs de cette Église » (II, 25, 6). Ce mot, deux fois répété, ne doit pas évoquer le monumental Trophée des Alpes, à La Turbie. Il s'agit, en l'occurrence, d'un sarcophage de pierre, au-dessus duquel on a édifié une petite chapelle : ni plus ni moins qu'une sorte de colombier !

Au début du IVe siècle, l'empereur Constantin, converti au christianisme, décide de donner à l'Apôtre Paul une sépulture plus digne de lui que cet humble pigeonnier. Il fait construire, au-dessus de sa tombe, une basilique dont nous savons, par des fouilles archéologiques exécutées en 1838, qu'elle n'était pas très grande et que le porche d'entrée donnait sur la via Ostiense.

Sans doute ses successeurs trouvent-ils l'œuvre insuffisante, puisque trois d'entre eux s'attachent, avec une belle continuité, à la réalisation d'un édifice beaucoup plus vaste : Valentinien II, qui monte sur le trône en 375 avant d'aller mourir à Vienne en 392 ; Théodose dit le Grand, qui règne entre 379 et 395 ; Honorius enfin, entre 395 et 423. Ainsi naît la « basilique des trois empereurs », premier nom de la basilique Saint-Paul-hors-les-Murs. La construction de ce sanctuaire grandiose pose aux bâtisseurs des problèmes délicats, car on se trouve là à proximité d'un coude du Tibre, sur un terrain alluvial, peu propice aux fondations d'un important édifice. Il est pourtant achevé selon le plan ambitieux de son architecte : cent vingt mètres de longueur, soixante mètres de largeur.

Cette splendide basilique ne va cesser de s'enrichir. Durant quatorze siècles elle résiste aux invasions barbares, aux tremblements de terre, aux crues dévastatrices du Tibre et même... aux restaurateurs de la Renaissance. Ces derniers la négligent sans doute parce qu'elle est trop éloignée du centre de Rome.

Soudain, le 16 juillet 1823, l'imprudence de deux ouvriers met le feu à la charpente. Et toute la basilique brûle.

On la reconstruit à grands frais, avec ses quatre-vingts colonnes de granit et d'albâtre que nous connaissons aujourd'hui, ses autels recouverts de lapis-lazuli, ses vitraux d'onyx tamisant une lumière dorée qui caresse l'intérieur du sanctuaire, où l'on n'a pas utilisé moins de trois cents variétés de marbre. Ces grands travaux sont enfin achevés en 1854 et inaugurés par le pape lui-même.

Mais quatre ans auparavant, pour mettre en place l'autel majeur dit « l'autel de la confession », on a été amené à effectuer d'importants travaux de fondation. On a donc fait des fouilles sous le chœur qui ont permis de trouver, à 1,37 mètre de profondeur, une plaque de marbre longue de 2,12 mètres, large de 1,27 et épaisse de 75 centimètres, constituée de quatre fragments inégaux. Elle porte ces trois mots : PAULO APOSTOLO MART. Cette inscription, gravée de façon peu profonde et en caractères irréguliers, a été étudiée par des spécialistes de paléographie, qui l'ont datée du IVe siècle. C'est l'époque de Constantin.

Dans cette plaque de marbre sont percées trois ouvertures asymétriques : l'une, circulaire, a été murée à une profondeur de 1,60 mètre ; les deux autres, rectangulaires, datent d'une époque postérieure. Elles permettaient, toutes trois, de faire pénétrer à l'intérieur un encensoir et d'introduire des linges qu'on souhaitait mettre en contact direct avec le sarcophage de l'Apôtre. C'était pratique courante au Moyen Age.

Là s'achèvent les fouilles du XIXe siècle. Parvenus jusqu'au tombeau de l'Apôtre, les architectes s'arrêtent. Ils ne l'ouvrent pas...

Juste au-dessus, ils édifient le somptueux autel papal surmonté d'un monumental baldaquin de marbre. Sur cet autel ils inscrivent une phrase latine, empruntée à l'Épître aux Philippiens (Ph 1, 21) :

MIHI VIVERE CHRISTUS ET MORI LUCRUM

Pour moi, la vie c'est le Christ
et la mort m'est un gain.

Dans l'admirable concision de cette formule, tu es là tout entier, Paul, notre frère...

Grenoble, Noël 1989

CARTES DES VOYAGES DE PAUL

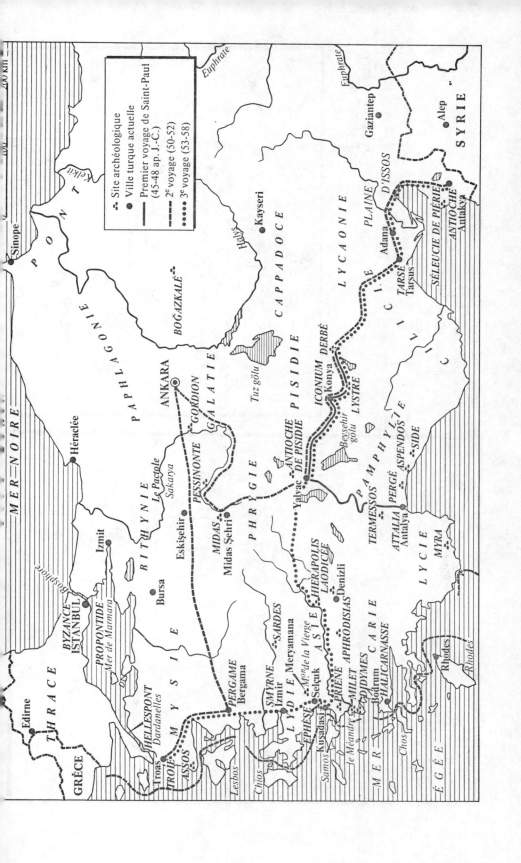

Conversion de saint Paul en 36
Son séjour à Tarse en 39-43
Son ministère à Antioche en 43

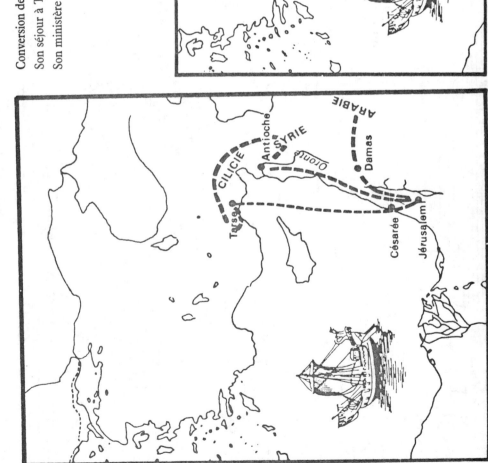

Premier voyage missionnaire de Paul en 45-48

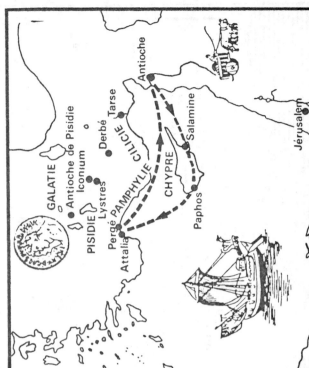

Second voyage missionnaire de Paul en 50-53

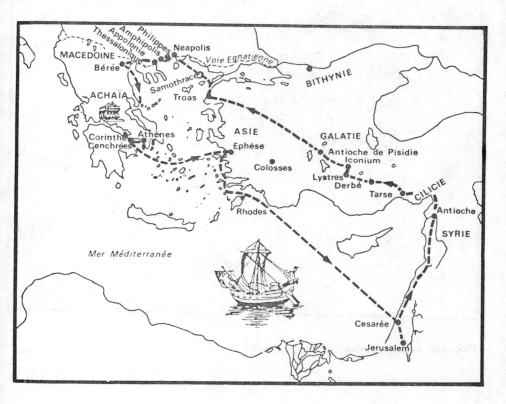

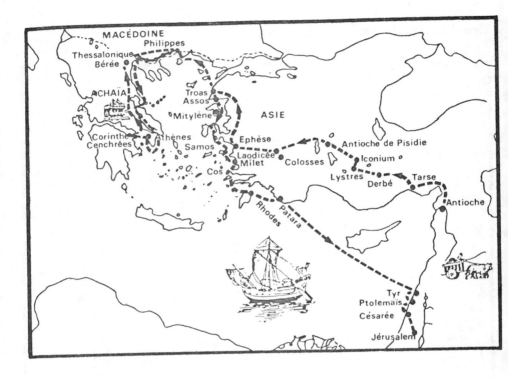

Troisième voyage missionnaire de Paul en 53-57.

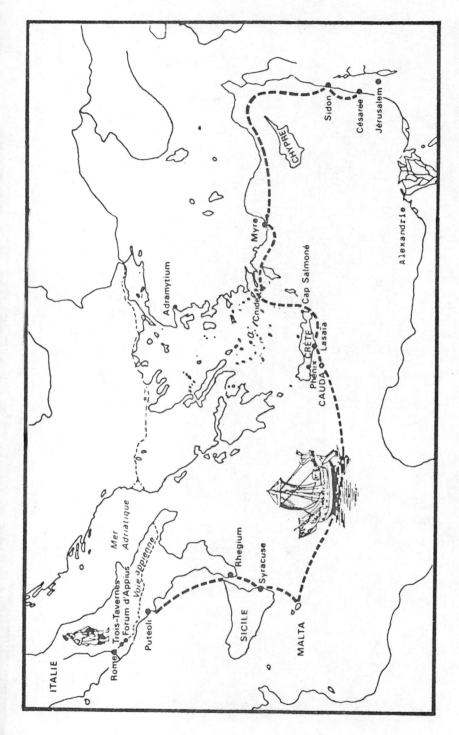

TABLEAU CHRONOLOGIQUE

Année	Paul	Palestine	Empire romain
av. J.-C.			
41			Venant d'Égypte, Cléopâtre débarque à Tarse, où elle rencontre Antoine.
40		Hérode le Grand (né en 73) devient roi des Juifs.	
37		Prise de Jérusalem par Hérode.	
31			Bataille d'Actium, en Grèce : Octave remporte la victoire sur Antoine qui s'enfuit en Égypte.
29			Octave devient empereur des Romains. Le temple de Janus est fermé. C'est le symbole de la paix universelle.
27			Le Sénat accorde au nouvel empereur le nom d'Auguste, jusque-là réservé aux dieux.
entre 8 et 4		*Naissance de Jésus* (L'année 6 est retenue par beaucoup d'historiens comme étant la date la plus probable.)	En 8, mort de Mécène et d'Horace.
4		Mort d'Hérode le Grand. Hérode Antipas (né v. 20), tétrarque de Galilée. Archélaos, ethnarque de Judée et de Samarie.	Troubles en Galilée. Varus rétablit l'ordre brutalement. Rome ne restaure pas le royaume de Judée. La Palestine est partagée.
ap. J.-C.			
5 6 7	*Naissance de Saul* à Tarse, en Cilicie (l'année 6 a été retenue dans ce livre).	Archélaos, destitué pour cruauté, est exilé en Gaule. Anne, Grand Prêtre (6-15). Jésus a 11 ans (si l'on retient pour sa naissance l'année 6).	

Année	Paul	Palestine	Empire romain
8			Exil d'Ovide.
9			Varus battu par les Germains. Trois légions romaines massacrées entre la Weser et l'Ems. Auguste ramène la frontière sur le Rhin.
14	Saul écolier à Tarse.		19 août : mort d'Auguste à Rome, à près de 77 ans. Son gendre Tibère lui succède.
15	Saul écolier à Tarse.	Rome fait de la Judée une province, gouvernée par un procurateur. Valerius Gratius, premier des procurateurs.	Campagne de Germanicus en Germanie.
16	Saul écolier à Tarse.	Ismaël, Éléazar, fils d'Anne, Simon, Grands Prêtres nommés par le procurateur, se succèdent à un an d'intervalle environ.	Fin de la campagne de Germanie.
17	Saul écolier à Tarse.		Mort de Tite Live (né en 59 av. J.-C.).
18	Saul écolier à Tarse.	Caïphe, gendre d'Anne, Grand Prêtre (18-36).	Mort d'Ovide (né en 43 av. J.-C.).
19	Majorité religieuse de Saul (13 ans selon la Loi).	Jésus a 24 ans.	
21	Saul termine ses études à Tarse.	Jésus a 27 ans	Mort de Strabon.
22	Saul à Jérusalem (1er séjour). Début de ses études auprès de Gamaliel.		
23	Saul à Jérusalem.		Naissance de Pline l'Ancien, à Côme.
25	Fin des études à Jérusalem. Retour à Tarse.		
26	Saul à Tarse.	Ponce Pilate 2e procurateur de Judée.	Tibère s'installe définitivement à Capri.
27	Saul à Tarse.	Début de la prédication de Jésus.	
30	Saul à Tarse.	Vendredi 8 avril : mort de Jésus.	

Année	Paul	Palestine	Empire romain
		Dimanche 10 avril : Résurrection de Jésus. 28 mai : Pentecôte.	
34	Retour de Saul à Jérusalem (2ᵉ séjour).		Naissance de l'historien juif Flavius Josèphe.
36	La Rencontre sur la route de Damas (juillet ?). Baptême de Saul à Damas. Départ pour le désert d'Arabie.	Lapidation d'Étienne. Première persécution des chrétiens à Jérusalem. Disgrâce et renvoi de Ponce Pilate. Marcellus, 3ᵉ procurateur de Judée. Jonathan, fils d'Anne, Grand Prêtre. Premières ébauches d'Évangiles rédigées en hébreu.	
37	Séjour en Arabie.	Hérode Agrippa Iᵉʳ roi de Judée. Théophile, fils d'Anne, Grand Prêtre.	Mort de Tibère, étouffé. 16 mars : Caligula lui succède.
38		Nouvelle persécution des chrétiens à Jérusalem.	Pogrom d'Alexandrie.
39	Retour à Jérusalem (3ᵉ séjour de Saul). Départ rapide pour Tarse (2ᵉ retour).	Peu à peu, commencent à se répandre des « ébauches d'Évangiles », composées en hébreu. Notamment des recueils de discours du Christ ou de miracles.	
40	La « vie cachée » à Tarse.		Annexion de la Mauritanie.
41	La « vie cachée » à Tarse.	Trois Grands Prêtres nommés successivement (41-44) par Hérode-Agrippa Iᵉʳ.	Mort de Caligula, assassiné. Claude lui succède.
42	La « vie cachée » à Tarse.	Simon Canthéras. Évasion de Pierre.	Premier séjour de Pierre à Rome (42-48 ?).
43	Barnabé vient chercher Saul à Tarse. Il le ramène avec lui à Antioche.	Matthias, fils d'Anne. Elionaous, fils de Simon Cantéras.	Début de la conquête de la Bretagne.
44	Collecte à Antioche pour les chrétiens de Jérusalem. Voyage de Saul à Jérusalem (4ᵉ séjour).	Mort de Jacques le Majeur, décapité. Famine à Jérusalem. Mort d'Hérode Agrippa Iᵉʳ.	

Année	Paul	Palestine	Empire romain
		Cuspius Fadus, 4ᵉ procurateur de Judée. Série de Grands Prêtres nommés (à partir de 44) par les rois de Chalcis, dont Joseph, fils de Camydous, Ananias, qui reste jusqu'en 57.	
45	Au printemps, départ pour le premier voyage missionnaire. Chypre. Saul décide de changer son nom contre celui de Paul. Attalia. Antioche de Pisidie.		
46	Iconium, Lystre, Derbé.	Tibère Alexandre, 5ᵉ procurateur de Judée.	
47	Suite du voyage.		
48	Retour par la route de l'aller, jusqu'à Attalia. Pergé. Retour par mer à Antioche. Concile de Jérusalem (fin 48 ou début 49 – 5ᵉ séjour).	Venditus Cumanus 6ᵉ procurateur de Judée.	
49	Pierre à Antioche. 2ᵉ voyage missionnaire (départ au printemps 49). Tarse (3ᵉ retour), Derbé, Lystre, Iconium, La Galatie, Troie.		Édit de Claude, expulsant les juifs de Rome. L'empereur épouse sa nièce Agrippine.
50	Philippes en Macédoine (première captivité), Thessalonique, Bérée, Athènes, Corinthe.		
51	Séjour à Corinthe. Première Épître aux Thessaloniciens. Deuxième Épître aux Thessaloniciens.		Début de la guerre contre les Parthes, à cause de leurs interventions en Arménie. Campagnes de Corbulon.

TABLEAU CHRONOLOGIQUE

ANNÉE	PAUL	PALESTINE	EMPIRE ROMAIN
52	Fin du séjour à Corinthe (été 52). Retour par mer à Antioche.	Antonius Felix 7e procurateur de Judée (52-60). Le roi Agrippa et sa sœur Bérénice à Césarée.	Gallion proconsul d'Achaïe, nouveau nom donné à la Grèce par le conquérant romain. Il réside à Corinthe durant deux années.
53	3e voyage missionnaire (départ au printemps ou à l'été 53). Longues étapes en Asie Mineure (4e retour à Tarse).		
54	*Éphèse* Arrivée au début 54. Séjour de trois ans, coupé par un aller et retour à Corinthe.		Mort de Claude, empoisonné. 13 octobre : Néron lui succède à l'âge de 17 ans.
55	*Éphèse* Incarcération pour une raison et une durée inconnues (deuxième captivité ?).		Néron fait empoisonner Britannicus.
56	*Éphèse* Première Épître aux Corinthiens. Épître aux Galates ? Épître aux Philippiens ?		
57	Émeute des boutiquiers à Éphèse. Départ d'Éphèse (mai). Retour en Macédoine. Philippes, Thessalonique, Bérée. Deuxième Épître aux Corinthiens. *Corinthe* (l'automne).	Ismaël, Grand Prêtre, exilé à Rome.	
58	Épître aux Romains. Fin du séjour à Corinthe (printemps). Retour par voie de terre à travers la Grèce. Assos, Milet, Cos, Rhodes, Patara, Tyr, Ptolemaïs, Césarée.	Joseph, petit-fils de Boéthous, Grand Prêtre.	

Année	Paul	Palestine	Empire romain
	Arrivée à Jérusalem peu avant la Pentecôte. Arrestation au Temple. Incarcération à Césarée (troisième captivité).		
59	Captivité à Césarée.		Néron fait assassiner sa mère Agrippine.
60	Captivité à Césarée. Entretien avec le roi Agrippa et avec Bérénice. Embarquement pour Rome. Escale en Crète. La tempête, naufrage à Malte.	Porcius Festus. 8e procurateur de Judée (60-62).	
61	Escale en Sicile et à Reggio de Calabre. Débarquement à Pouzzoles, remontée de la via Appia. Rome Prison « libre » (quatrième captivité).		
62	Rome Prison « libre ». Épître aux Colossiens, Épître aux Éphésiens, Épître à Philémon.	Mort de Jacques, évêque de Jérusalem, lapidé. Anne, fils d'Anne, Grand Prêtre. Lucius Albinus 9e procurateur de Judée (62-64).	Naissance de Pline le Jeune à Côme. Mort de Perse.
63	Non-lieu et remise en liberté. Voyage en Espagne.	Jésous, fils de Damnaeous, Grand Prêtre. Jésous, fils de Gamaliel, Grand Prêtre.	
64	Voyage en Crète. Retour à Éphèse et dans plusieurs villes d'Asie Mineure.	Gessius Florus 10e procurateur de Judée (64-66). Il fait crucifier des juifs. Matthias, fils de Théophile, Grand Prêtre. Émeutes à Jérusalem contre l'occupation romaine.	Incendie de Rome. Persécution des chrétiens ordonnée par Néron. Première Épître de Pierre ? Arrestation et martyre de Pierre (selon une tradition généralement admise).
65	Retour à Philippes et à Thessalonique.		Mort de Sénèque, de Burrus, de Lucain,

TABLEAU CHRONOLOGIQUE

Année	Paul	Palestine	Empire romain
	Épître à Tite, première Épître à Timothée. Hiver à Nicopolis.		de Pétrone.
66	Départ de Nicopolis (début du printemps). Retour à Rome, arrestation (fin du printemps ou début de l'été). En prison à Rome (cinquième captivité). Deuxième Épître à Timothée.	Début de l'insurrection, à Jérusalem. Insurrection de Jérusalem. Flavius Josèphe commandant de l'armée juive de Galilée.	Voyage de Néron en Grèce. Vespasien envoyé en Palestine pour mater les juifs.
67	Préparation de l'Épître aux Hébreux. Saint Lin 2ᵉ pape.	Vespasien reconquiert la Galilée. Flavius Josèphe échappe au massacre de son armée.	
68	Condamnation à mort et exécution de Paul « pendant la quatorzième année du règne de Néron » (i.e. entre juillet 67 et le 9 juin 68).	Destruction de Qumran.	Guerre civile : soulèvement de Vindex en Gaule. Galba est proclamé empereur par les armées de Gaule et d'Espagne. Néron se suicide à l'âge de 33 ans.
69	Évangile de Marc (vers 65-70).	Vespasien soumet la Judée.	Mort de Galba, massacré par les prétoriens de Rome. Othon, l'héritier adopté par Galba, est proclamé empereur par ces mêmes prétoriens. Vitellius est proclamé empereur par l'armée du Rhin. Il bat Othon en Italie. Vespasien est proclamé empereur par les armées d'Orient et du Danube. Vitellius est battu et tué en Italie. Vespasien est le premier empereur de la dynastie des Flaviens (69-96). Avec lui s'achève l'ère des pronunciamentos.

Année	Paul	Palestine	Empire romain
70	Évangile de Matthieu, Évangile de Luc, Actes des Apôtres.	Prise de Jérusalem par Titus. 29 août : destruction du Temple.	Répression de la révolte de Civilis en Gaule.
71			Titus renvoie Bérénice.
73		Pâques : prise de la citadelle de Massada.	
76	Mort de saint Lin. Saint Clet 3ᵉ pape (76-88).		
79		Flavius Josèphe écrit *La guerre juive*.	Éruption du Vésuve. Destruction de Pompéi et d'Herculanum : parmi les victimes, Pline l'Ancien. Mort de Vespasien. Titus lui succède (79-81).
81			Mort de Titus. Domitien lui succède (81-96).
82		Flavius Josèphe écrit *Les antiquités juives*.	Achèvement du Colisée, commencé sous Vespasien.
84			Domitien prend le titre de *Censor perpetuus*.
85			Premières difficultés avec les Daces sur le Danube.
86			Création des Jeux capitolins.
88	Mort de saint Clet. Saint Clément Iᵉʳ 4ᵉ pape (88-97).		Création des Jeux séculaires.
95	Apocalypse de Jean (date probable).		
96			Domitien meurt poignardé : il est le dernier des Flaviens. Le Sénat proclame empereur l'un de ses membres, Nerva. Premier des Antonins, il va régner de 96 à 98.
97	Mort de saint Clément Iᵉʳ. Saint Évariste 5ᵉ pape (97-105).		Nerva adopte Trajan. Consulat de Tacite.

Année	Paul	Palestine	Empire romain
98	Évangile de Jean (dans les toutes dernières années du Ier siècle ?).		Mort de Nerva. Trajan lui succède (98-117).

SOURCES

Sur l'Apôtre Paul, on a presque autant écrit, depuis près de deux mille ans, que sur le Christ lui-même. Et l'on continue...

Voilà qui rend délicate l'énumération des sources imprimées : elles emplissent des bibliothèques entières. Indiquer dans ce livre toutes les références en pied de page aurait alourdi ce texte qui n'est pas destiné aux savants, mais au grand public. Je n'ai donc pas voulu y introduire une seule note. Seuls sont signalés, entre parenthèses, les renvois à l'Ancien et au Nouveau Testament.

Citer la totalité de ces sources aurait un autre inconvénient : un épais volume n'y suffirait pas. Il faut donc se contenter de présenter l'essentiel. Ce qui n'est pas rien !

Au demeurant, ce n'est pas dans les livres que cette étude a commencé. Et ce n'est pas là qu'elle s'est poursuivie. C'est sur les routes. La première de mes sources a été une longue pérégrination.

I. L'enquête sur le terrain

Partout où Paul est passé, j'ai voulu aller.

Durant six années — entre 1984 et 1989 — j'ai donc parcouru des milliers de kilomètres autour du Bassin méditerranéen. Tous les itinéraires qu'il a suivis, je les ai, à mon tour, empruntés. Toutes les villes où il a fait étape, je m'y suis moi-même arrêté. Tous les lieux qu'il a vus, je les ai contemplés, persuadé que les paysages n'avaient pas changé et que les villes, fussent-elles en ruine, avaient des secrets à me confier. En conséquence, ce livre est d'abord une quête, menée par un grand reporter, selon les méthodes d'Albert Londres et de Joseph Kessel : observer, écouter, fouiner, afin de pouvoir, autant que possible, décrire avec exactitude et expliquer avec clarté.

Ainsi allait naître, au fil des chapitres, un contrepoint constant entre le passé et le présent.

L'observation du présent m'a été facilitée par les conservateurs de musées et leurs collaborateurs, par les gardiens de sites archéologiques, par les directeurs de fouilles, notamment en Grèce, en Turquie et en Israël. Ils sont si nombreux que je ne peux songer à les mentionner tous. Qu'ils soient collectivement et sincèrement remerciés.

S'agissant de la connaissance du passé des pays parcourus, je n'aurai pas l'outrecuidance de dresser la liste des guides que connaissent tous les voyageurs. Chacun sait que les notices historiques des « Guides bleus » sont irremplaçables. En Palestine j'ai eu la chance de pouvoir retrouver la vieille édition, dont les notices avaient été établies par l'un des meilleurs spécialistes, le père F.M. Abel, dominicain. Mais j'ai souvent utilisé aussi le *Guide de Terre Sainte* de Barnabé Meistermann, franciscain (Letouzé, Paris 1935). Cet ouvrage, déjà ancien, renferme une mine de renseignements. En Turquie vient de reparaître un précieux petit livre, *Sites bibliques en Turquie*, œuvre de Everett C. Blake et Anna G. Edmonds (Redhouse Press, Istanbul 1988).

II. Les textes de l'ancien et du nouveau testament

A. LES TEXTES CANONIQUES

Les textes de l'Ancien et du Nouveau Testament ont été ma deuxième source essentielle. Durant tous mes voyages, j'ai fait des Actes des Apôtres et des Épîtres de saint Paul ma lecture quotidienne.

L'ouvrage que j'ai le plus fréquemment utilisé a été la traduction œcuménique de la Bible, couramment appelé la TOB (Le Cerf, Paris 1981).

Mais j'ai eu souvent recours aussi à la Bible de mon ami Pierre de Beaumont (Fayard-Mame, Paris 1981). Elle a le grand mérite d'être écrite en français d'aujourd'hui, c'est-à-dire dans une langue « vivante, expressive, fidèle » et, à tout moment, limpide. Même remarque pour la Bible d'André Chouraqui.

J'ai beaucoup fréquenté aussi les écrits intertestamentaires (textes qoumraniens et pseudépigraphie de l'Ancien Testament), trop peu connus encore en France, malgré leur publication, en 1987, dans la Bibliothèque de la Pléiade, sous la direction d'André Dupont-Sommer et de son continuateur Marc Philonenko. Ce gros ouvrage éclaire d'une lumière vive la spiritualité de la secte essénienne, que Paul a certainement connue et sans doute approchée.

Enfin, puisque tous les textes de Paul ont été dictés en grec et les Actes des Apôtres eux-mêmes écrits dans cette langue, j'ai eu recours, constamment, à un outil de travail indispensable ; le *Novum Testamentum graece et latine*, de Nestle - Aland (Deutsche Bibelgesellschaft, Stuttgart 1984).

Dans quelques rares cas, aucun texte ne me donnant entière satisfaction, j'ai pris la liberté de faire ma propre traduction à partir du grec ancien.

Sur l'origine, la date, l'historicité des Évangiles, des Actes et des Épîtres, deux études sont importantes : la première est celle du théologien anglican Robinson, proposant une *Nouvelle datation du Nouveau Testament*, beaucoup plus proche des origines que la chronologie traditionnelle. Malheureusement, ce livre n'est pas traduit en français, mais une copieuse analyse en a été publiée sous le titre *Peut-on se fier au Nouveau Testament ?* (Lethielleux, Paris 1980). L'autre étude est celle de P. Grelot : *Les Évangiles : origine, date, historicité* (Cahiers Évangile, 45, Le Cerf, Paris 1983).

B. LES TEXTES APOCRYPHES

Il existe de nombreux textes apocryphes du Nouveau Testament, parmi lesquels :

Les Actes de Paul (Actes de Paul et Thècle, correspondance avec les Corinthiens, martyre de saint Paul) ;
Les Actes de Pierre ;
L'Apocalypse de saint Paul ;
L'Épître de saint Paul aux Laodicéens ;
La correspondance de Paul et de Sénèque.

Tous ces textes, et bien d'autres, ont été rejetés du Canon des Écritures par le concile de Carthage, en 397. Cette décision a été confirmée par le pape Gélase (491-496) et, à nouveau solennellement, par le concile de Trente, au XVIe siècle. Bien qu'on ne puisse, en aucun cas, leur faire confiance, ces apocryphes nous apportent un certain nombre de détails qui ne sont pas sans intérêt. C'est dans ces strictes limites que j'ai parfois eu recours à eux, en utilisant l'intelligent ouvrage de François Amiot : *Les Évangiles apocryphes*, paru dans la collection des textes pour l'histoire sacrée, choisis et présentés par Daniel-Rops (Fayard, Paris 1952).

C. LES COMMENTAIRES DE TEXTES

Pour les commentaires des textes de l'Ancien et du Nouveau Testament, on n'a que l'embarras du choix, surtout depuis la Réforme. Le renouveau des études bibliques au lendemain de la Seconde Guerre mondiale a peu à peu éclipsé les travaux remarquables du père Buzy (1937), du chanoine A. Crampon (1939) et surtout du chanoine E. Osty, ainsi que ceux de Segond, chez les protestants.

Un grand pas en avant fut franchi avec la Bible de Jérusalem (Le Cerf, Paris 1956), à laquelle collaborèrent les plus grands noms de la recherche dans l'Église catholique sous la direction du père Roland de Vaux, directeur de l'École biblique et archéologique de Jérusalem, entouré par un brillant comité de direction et par trente-trois collaborateurs principaux, tous éminents spécialistes en leur partie.

Mais à l'heure actuelle rien ne surpasse le travail effectué en commun pour la TOB, dans un esprit de compréhension mutuelle, par les meilleurs spécialistes catholiques, protestants et orthodoxes. Les introductions et les notes sont d'une remarquable précision, tout en demeurant très concises. On trouve là le dernier état d'une recherche jamais achevée.

Quant à la Bible de Pierre de Beaumont, elle comporte, en annexe, un véritable trésor : les quelque mille notices historiques, géographiques, théologiques, exégétiques et linguistiques rédigées par le père Stanislas Lyonnet, s.j., professeur à l'École pontificale biblique de Rome.

A signaler deux collections importantes :

« Études bibliques », sous la direction de E. B. Allo et Marie-Joseph Lagrange, o.p., et « Verbum salutis », animée jusqu'à sa mort par le père Joseph Huby, s.j.

D'autre part, les éditions du Cerf publient régulièrement des études dans trois collections importantes et universellement estimées : « Lectio divina », « Lire la Bible » et « Cahiers Évangile ».

Sur « La genèse du Nouveau Testament », un livre qui porte ce titre a paru, sous la signature de C. F. D. Moule (Delachaux et Niestlé, Neuchâtel 1971).

Pour leur part, les Actes des Apôtres, un des textes essentiels pour la connaissance de saint Paul, ont donné lieu à de très nombreux commentaires :

Le peuple de la Pentecôte : les Actes des Apôtres (Desclées de Brouwer, collection « Écouter la Bible », n° 19, Paris) ;

J. Cantinat : *L'Église de la Pentecôte* (Mame, Paris 1969) ;

J. Krémer : « *Les Actes des Apôtres* » : *traduction, rédaction, théologie* (Duculot, Paris 1979) ;

E. Trocme : « *Le livre des Actes et l'histoire* » (Presses Universitaires de France, Paris 1967) ;

J.-P. Charlier : « *L'Évangile de l'enfance de l'Église* », commentaire des Actes 1 et 2, (Bruxelles 1966) ;

E. Schmidt ; « *Entendons-nous le chant de cette joie ?* » Méditation sur Actes 1-15 (Le Cerf, Paris 1982).

III. Paul et son œuvre

Pour qui veut étudier la chronologie de la vie de Paul, il existe un livre essentiel de Robert Jewett : *Dating Paul's life* (SCM Press), réédité en 1979 aux États-Unis et au Canada par Fortress Press, sous le titre *Chronology of Paul's life*.

Ce travail n'est pas le premier puisque, dès 1903, Gustav Hoennicke avait publié, chez Veichert à Leipzig, *Die Chronologie des Lebens des Apostels Paulus*. En allemand encore a paru en 1986 une étude de Niels Hyidahl : *Die paulinische Chronologie* (E. J. Brill, Leiden 1986).

Sans entrer dans l'examen, fort complexe, de la chronologie paulinienne, disons qu'il n'existe que quelques points d'ancrage. A titre d'exemple on peut citer la date de son premier séjour à Corinthe. Elle est fixée avec exactitude depuis qu'on a retrouvé, à Delphes, une inscription évoquant le proconsulat de Gallion, en Achaïe — la province romaine de Grèce — au printemps 52. A ce moment, Paul est depuis dix-huit mois à Corinthe (Ac 18, 11). Il y est donc arrivé à la fin de l'automne 50.

La plupart des biographes de Paul ont proposé leur propre chronologie. J'ai tenté, à mon tour, d'en fixer une, bien que cette préoccupation soit restée, pour moi, très marginale. De toute façon, en l'état actuel des recherches, certaines dates demeurent conjecturales et de longues périodes, lacunaires.

A. LA VIE DE PAUL

Sur la vie de Paul, les livres abondent. Mais la plupart ne peuvent être consultés que dans des bibliothèques, la plupart d'entre eux étant épuisés, à l'exception des plus récents : parmi ces derniers il y a peu de biographies.

Ouvrages anciens

P. Rambaud, *Vie de saint Paul, Apôtre des nations*, L'œuvre de saint Paul, Paris-Bordeaux 1882.
P.-H. Clérissac, O. P., *De saint Paul à Jésus-Christ*, Plon, Paris 1899.

Entre les deux guerres

Pendant cette période ont paru quelques-uns des « grands classiques ».
Ferdinand Prat, *Saint Paul*, Beauchesne, Paris 1922.
Émile Baumann, *Saint Paul*, Grasset, Paris 1925.
A. Tricot, *Saint Paul, apôtre des Gentils*, Bloud et Gay, Paris 1927.
Auguste Hollard, *Saint Paul*, Jean Crès, Paris 1934.

La Seconde Guerre mondiale

Les années noires ont été marquées par un regain d'intérêt pour les études bibliques en général, et pour les études pauliniennes en particulier. De cette époque datent :
E.-B. Allo, *Paul, apôtre de Jésus-Christ*, Le Cerf, Paris 1942. Une œuvre qui n'a pas pris de rides et qui est toujours rééditée : Le Cerf, Livre de vie, 1965 ;
J. Huby, *Saint Paul, apôtre des nations*, en 1943 ;
Mgr. J. Holzner, *Paul de Tarse*, paru en Allemagne en 1937, sous le titre *Ein Heldenleben im Dienste Christi* (Une vie héroïque au service du Christ), traduit en français et édité par Alsatia à Paris en 1952. Une étude particulièrement vivante, remarquablement documentée ; un ouvrage exhaustif qui fait autorité, aujourd'hui encore.

Les dernières décennies

Depuis la fin de la guerre, l'intérêt pour Paul n'a pas cessé de demeurer très vif, comme le prouvent quelques études majeures. Notamment celles de :
Giuseppe Ricciotti, *Paolo Apostolo*, Tipografia poliglotta vaticana, Rome 1947, traduit en français sous le titre *Saint Paul Apôtre*, Robert Laffont, Paris 1947 ;
H. Metzger, *Les routes de saint Paul dans l'Orient grec*, Delachaux et Niestlé Neuchâtel 1954 ;
R. Le Capitaine, *Le chemin de saint Paul*, Fayard, Paris 1957 ;
Dom J. Perez De Urbel, *Saint Paul, sa vie, son temps*, Payot, Paris 1958 ;
Daniel-Rops, *Saint Paul, aventurier de Dieu*, Bibliothèque mondiale, Paris 1958 ; sans oublier le superbe chapitre II de son ouvrage *L'Église des Apôtres et des martyrs. Un héraut de l'esprit : Saint Paul* », Fayard, Paris 1948.

Ouvrages plus récents

Un petit livre, constamment réédité, a atteint le grand public : *Saint Paul et le mystère du Christ* de Claude Tresmontant, collection « Les maîtres spirituels », Le Seuil, Paris 1956. Une excellente introduction à la vie et à l'œuvre du « Treizième Apôtre ». Un ouvrage court (186 pages), clair, alerte et rigoureux.

Dans la liste des ouvrages récents, signalons :

Jean Steinmann, *Saint Paul*, Club des libraires de France, Paris 1960.

Mais, peut-être, l'essentiel est-il dit dans un texte concis de J. Cambier, à l'article « Saint Paul » du volumineux *Dictionnaire biographique des saints*, tome VII, col. 279-387, Paris 1962.

Cette excellente synthèse ne saurait toutefois remplacer une série de livres importants :

J. Cantinat, *Vie de saint Paul Apôtre*, Apostolat des Éditions, Paris 1964. Un des meilleurs livres, très complet, très vivant, très solide ;

C. H. Dodd, *Saint Paul aujourd'hui*, Paris 1964 ;

E. Dhorme : *Saint Paul*, collection Mémorial des siècles, Albin Michel, Paris 1965 ;

G. Lohfink, *La conversion de saint Paul*, collection Lire la Bible, Le Cerf, Paris 1967 ;

G. Bornkamm, *Paul, Apôtre de Jésus-Christ*. Première partie : la vie ; deuxième partie : la théologie ; publié en allemand à Stuttgart, en 1969, traduit en français et édité à Genève, par Labor et Fides, en 1971. Ouvrage important : le point de vue d'un théologien luthérien particulièrement estimé. Réédité en 1988 ;

Jean Colson, *Paul, Apôtre martyr*, Le Seuil, Paris 1971 ;

Émile Gillabert, « *Saint Paul ou le colosse aux pieds d'argile* », Metanoïa, Marsanne (Drôme) 1974 ;

Édouard Cothenet, *Paul en son temps*, Cahiers Évangile, n° 26, Le Cerf, Paris 1978. Une très remarquable étude, écrite en un style alerte, par un des bons spécialistes du moment, professeur à l'Institut catholique de Paris.

Xavier Léon-Dufour, *Face à la mort : Jésus et Paul*, Paris 1979.

Jean-Robert Armogathe, *Paul ou l'impossible unité*, Fayard-Mame, Paris 1980. Une étude intelligente. Des vues originales sur plusieurs points importants. Une bonne reconstitution du monde où Paul a prêché ;

John W. Drane, *Saint Paul, sa vie et son œuvre*, traduit de l'anglais, Dossier D.A.B., n° 3, Le Centurion, Paris 1981. Une excellente introduction à la connaissance de Paul ;

Norbert Hugedé, *Saint Paul et la Grèce*, les Belles Lettres, Paris 1982 ; *Saint Paul et Rome*, Desclées de Brouwer, Paris 1986. Deux œuvres passionnantes, très neuves et très originales, d'un des meilleurs connaisseurs de saint Paul aujourd'hui, auteur de plusieurs commentaires des Épîtres (Colossiens en 1968, Éphésiens en 1972), chargé de cours à la Sorbonne et organisateur de nombreux voyages culturels dans le Bassin méditerranéen ;

Pierre-Marie Beaude, *Saint Paul*, Les dossiers de la Bible, n° 24, Le Cerf, Paris 1988 ;

E. Paillard, *Règlement de comptes avec saint Paul*, collection Lire la Bible, n° 19, Le Cerf, Paris.

Michel A. Hubaut, *Paul de Tarse*, Desclées de Brouwer, Paris 1989 ;

Edgar Dassonville, lazariste, *Saint Paul*, ronéoté, 45 pages, 1988. Cette modeste plaquette, conçue à l'origine pour aider des pèlerins en Terre sainte à connaître l'essentiel de la vie de Paul, mériterait d'être éditée. Dans cette lumineuse petite étude tout est dit avec autant de précision que de concision.

En anglais

L'intérêt pour saint Paul est universel, comme le montrent les incursions faites, lors de la préparation de ce livre, dans les principales langues européennes. Voici d'abord, pour l'anglais, quelques titres importants :

George S. Duncan, *Saint Paul ephesian ministry*, Hodder and Houghton, Londres 1929 ;

F. A. Spencer, *Beyond Damascus. A biography of Paul of Tarse*, Frederick Muller, Londres 1935 ;

Arthur Darby Nock : *Saint Paul*, Thornton Butterworth, Londres 1938 ;

Donald Wayne Riddle, *Paul, man of conflict*, Cokesbury, Nashville, Tennessee, USA, 1940 ;

John Knox, *Chapter in a life of Paul. Explorations into Paul's career and his religious experience, as revealed in the personal passages of his letters*, Abington and Cokesbury, New York 1950 ;

Charles Buck and Gren Taylor, *Saint Paul, a study in the development of his thought*, Charles Scribner, New York 1969 ;

Ronald F. Hoch, *The social context of Saint Paul Ministry*, Fortress press, Philadelphie, 1950 ;

Joseph Grassi, *A world to win : The missionnary methods of Paul the Apostel*, Mary Knoll, New York 1965 ;

Richard N. Longenecker : *The ministry and the message of Paul*, Academic books, Zondervan, Grand Rapids, Michigan, USA, 1971 ;

Morton Scott Enslin, *Reapproaching Paul*, Westminster Press, Philadelphie 1972 ;

John J. Gunther, *Paul : messenger and exile. A study in the chronology of his life and letters*, Judson Press, Valley Forge, Pensylvania, USA, 1972 ;

Wayne A. Meeks, *The first urban christian. The social work of the Apostel Paul*, Yale University Press, Newhaven 1983 ;

F. F. Bruce, *Paul and his converts. How Paul nurtured the churches he planted*, Intervarsity Press, Dwiner Grove, Illinois, USA, 1985 ;

F. F. Bruce, *The pauline circle : Ananias, Barnabas, Silas, Timothy, Luke, Priscilla, Aquila, Titus, Onesimus, Mark*, Paternoster Press, Australia 1985 ;

F. Neyrinck, *Paul and the sayings of Jesus*, dans A. Vanhoye. *L'Apôtre Paul. Personnalités, style et conception du ministère*, University Press, Louvain 1986.

En allemand

Plus que d'autres, depuis la Réforme — et en partie à cause d'elle —, les Allemands ont consacré des études nombreuses à Paul et à son œuvre. Citons quelques ouvrages importants :

Valentin Weber, *Die Abfassung des Galatesbriefs vor dem Apostelkonzil*, Hermann Kitz, Ravensburg 1900. Sur la composition de l'Épître aux Galates ;

Valentin Weber, *Der heilige Paulus von Apostel überinkomme bis zum Apostelkonzil*, Herder, Fribourg 1901. Intéressante étude sur les rapports de Paul avec les Apôtres, depuis leur première rencontre jusqu'au concile de Jérusalem, que les auteurs allemands appellent avec juste raison « le concile des Apôtres » ;

Valentin Weber, *Die Antiochenische Kollekte*, Echter, Würtzbourg 1917. La collecte faite à Antioche pour l'Église de Jérusalem en difficulté ;

Karl Clemen, *Paulus, sein Leben und Wirken*, 2 vol., J. Ricker, Giessen 1904. La vie et l'action de Paul ;

William Wrede, *Paulus*, J. C. B. Mohr, Tübingen 1907 ;

Eberhard Vischer, *Der Apostel Paulus und sein Werk*, Teubner, Leipzig 1970. C'est surtout l'œuvre de Paul qui est étudiée dans ce livre important ;

Adolf Seeligmüller, *War Paulus epileptiker? Erwagungen eines Nervesartzes*, Hinrich, Leipzig 1910. A la question : « Saint Paul était-il épileptique » ? ce neurologue, au terme d'une intéressante étude médicale, répond catégoriquement « non » ;

Anton Fridrichen, *Die Apologie des Paulus, Gal. 1*, Alfred Töpelman, Giessel 1921. Apologie n'est sans doute pas le mot qui convient pour définir cette confession de Paul au début de l'Épître aux Galates ;

Lyder Brun, *Apostelkonzil und Apostedekret*, Alfred Töpelmann, Giessel 1921. Étude tout entière consacrée au concile de Jérusalem et au décret promulgué, en conclusion, par les Apôtres. Solide étude sur le grand tournant de la toute jeune Église ;

Ernest von Dobschütz : *Der Apostel Paulus. I. Seine Weltgeschichtliche Bedeutung*, Buchhandlung der Waisenhauses, Halle 1926 ; II. *Seine Stellung in der Kunst*, id., *ibid.*, 1928 (Paul dans l'histoire universelle ; Paul dans l'art).

Adolf Steinmann, *Zum Werdegang des Paulus. Die Jugendzeit in Tarsus*, Herder, Fribourg-en-Brisgau 1928. L'évolution de Paul à la lumière de ses années de jeunesse à Tarse ;

Ernest Barnikol, *Forschungen und Entstehung des Urchristentums des neuen Testaments und der Kirche. I. Die vorchristliche und frühchristliche Zeit der Paulus. II. Die drei Jerusalemreisen der Paulus*, Walter G. Mühlen, Kiel 1929. Solide étude sur la genèse du Christianisme ;

Martin Dibelius, *Paulus*, Walter de Gruyter, Berlin 1954. Un classique.

Friedrich Wilhelm Maier, *Paulus als Kirchengründer und kirchlicher* Organisator, Echter, Würtzbourg 1961. Un aspect intéressant : Paul fondateur et organisateur d'Églises ;

Roland Brettenbach, *In Sachen Gottes unterwegs. Erlebnisse auf den Spuren des Paulus*, Echter, Würtzbourg 1985. En route pour les affaires de Dieu. Expériences sur les traces de Paul ;

W. H. Ollrog, *Paulus und seine Mitarbeiter* (Paul et ses collaborateurs), Neukirchener Verlag, Neukirchen 1979.

En italien

Le livre de Ricciotti *Paolo Apostolo* a été superbement réédité, avec de nombreuses illustrations, par Mondadori à Milan en 1958. C'est un des plus beaux ouvrages sur saint Paul.

Georges Barbaglio, *Paolo di Tarso e le origini cristiani*, Cittadella, Assise 1985.

Pier Paolo Pasolini, *San Paolo*.

Sous ce titre, le célèbre cinéaste a publié un « projet pour un film sur saint Paul ». Il s'agit d'une ébauche de scénario, sous forme de notes destinées à un éventuel directeur de production. Suivent deux textes datant de 1968. Publié par Einaudi à Turin en 1977, ce texte a été traduit en français et édité à Paris sous le titre *Saint Paul*, par Flammarion en 1980.

Bonaventura Mariani, *San Paolo, da Cesarea a Roma*, Marietti, Turin 1963. Cette étude est l'œuvre collective de quatorze franciscains.

En espagnol

Santos Sabugal, *La conversión de San Pablo. Damascus, ciudad de Siria o región de Qumran*, Herder, Barcelone 1976. L'auteur présente une hypothèse sur le caractère essénien de la religion de saint Paul. La même théorie a été soutenue par d'autres auteurs en ce qui concerne le Christ lui-même.

José de Goitia, *La Iglesia de Roma*, Desclées de Brouwer, Paris 1988.

Rafaël Aguirre, *La Iglesia de Antioquia*, Desclées de Brouwer, Paris 1988.

J. O. Tuñi, *Las comunidades joanicas*, Desclées de Brouwer, Paris 1988.

José-Angel Ubieta, *La Iglesia de Tessalonica*, Desclées de Brouwer, Paris 1988.

En grec

Sabba Agouridè, *Paulos : sa vie, son œuvre, son enseignement*, Athènes 1986. Cet ouvrage contient une très intéressante iconographie paulinienne. Certaines des œuvres reproduites et commentées en grec sont fort peu connues.

En néerlandais

W. C. Van Unnik, *Tarsus, Jeruzalem : De Stadt van Paulus' Jeugd*, Noord-Hollandsche Uitgevers Maatschappij, Amsterdam 1952.

En flamand

Th. von Tichelen, *S. Paulus*, Geloofsverdediging, Anvers 1923.

B. LES VOYAGES DE PAUL

Les voyages de Paul ne peuvent absolument pas être isolés de sa biographie, puisqu'ils furent une partie constitutive de sa vie. Néanmoins, il faut classer à part un certain nombre d'ouvrages, qui traitent spécialement de cet aspect de son existence.

L'un des premiers écrivains à avoir eu l'idée de parcourir les itinéraires de

Paul, dans le cadre d'ailleurs d'un périple beaucoup plus vaste, fut Jules-Charles Teule. De ses longues tournées à cheval, effectuées au milieu du XIXᵉ siècle, il a laissé une relation pleine de saveur : « Pensées et notes critiques », extraites du *Journal de mes voyages dans l'empire du Sultan de Constantinople, dans les provinces russes géorgiennes et tartares du Caucase et dans le royaume de Perse*, 2 vol., Arthus Bertrand, libraire de la Société de Géographie, Paris 1842.

Le grand classique reste l'ouvrage de H. V. Morton, *In the steps of Saint Paul*, publié par Rich and Cowan à Londres en 1938 et traduit en français sous le titre *Sur les pas de saint Paul*, par Hachette à Paris en 1948. Fidèle à la méthode qui fit son succès pour d'autres ouvrages, l'auteur raconte, de façon souvent très pittoresque, sa minutieuse enquête sur le terrain. Ses aventures personnelles prennent souvent le pas sur celles de l'Apôtre...

Bien avant Morton, et d'une façon très différente, un autre Anglais, W. M. Ramsay, avait présenté cet aspect de la vie de Paul : le voyage. Ses deux livres, aujourd'hui introuvables, constituent une source intéressante :

Saint Paul : The traveller and the roman citizen, Hodder and Houghton, Londres 1885 ; *The cities of Saint Paul : their influence on his life and thought*, id., ibid., 1907. Nul ne contestera à Ramsay sa conviction que Paul a été profondément marqué par les deux villes où il a passé son enfance, son adolescence et le début de sa vie d'homme, Tarse et Jérusalem.

A une époque récente, on n'a pas fait mieux que les cahiers consacrés à ce sujet par « Le monde de la Bible », Bayard Presse, Paris. Signalons en particulier :

Paul, l'envoyé du Christ. Premier voyage, nº 5, juillet 1978 ;

Paul, fondateur d'Églises. Le deuxième et le troisième voyage, nº 6, octobre 1978 ;

Paul : le voyage de la captivité, de Césarée à Rome, nº 12, janvier 1980 ;

Paul à Rome : le mystère de ses dernières années, nº 18, mars 1981.

Une solide documentation et une remarquable illustration contribuent à l'intérêt de ces quatre études.

Aucun touriste ne devrait s'embarquer pour une croisière sur les côtes de Grèce, de Turquie et d'Israël sans le précieux petit livre du P. Jean-Luc Vesco, dominicain, *En Méditerranée avec l'apôtre Paul*, Le Cerf, Paris 1972.

En Israël a été publié en 1977 un beau livre intitulé *Dans les pas de saint Paul* (Nateev, Tel-Aviv), qu'Arthaud a édité en France la même année. Le texte est de Wolfgang E. Pax, o.F.m. Il est abondamment illustré, en particulier grâce à de très belles photos d'Eliot Faye. A lui seul, cet ouvrage constitue un voyage complet à travers les paysages et les villes de la geste paulinienne.

Au-delà de ces ouvrages généraux, un certain nombre de livres éclairent des étapes importantes des voyages de Paul.

Les séjours à Éphèse, chez les Galates et à Chypre

Otto F. A. Meinardus, *Saint Paul in Ephesus and the cities of Galatia and Cyprus*, Artémis, Lycabettus Press, Athènes 1973.

La maison de la Vierge près d'Éphèse

Une petite plaquette résume excellemment tout ce qu'on sait sur *Le mystère de la maison de la Vierge*. C'est son titre. Elle est due à la plume du père Élie-Rémy Thierry. Elle a été imprimée en français à Izmir, par Acargil, en 1984.

Les séjours en Grèce

Sur les différents voyages
Otto F. A. Meinardus, *Saint Paul in Greece*, Lycabettus Press, Athènes 1973.
Sur les séjours à Philippes
Mgr Jean Rodhain, in *Les Saints de tous les jours*, tome 6, Club du livre chrétien, 1958, pp. 270-275.
Sur le séjour à Athènes
A.-J. Festugière, *L'enfant d'Agrigente*, Plon, Paris 1950.
Sur les séjours à Corinthe
Lucien Cerfaux, *L'Église des Corinthiens*, Paris 1946.
J. Murphy O'Connor : *Corinthe au temps de saint Paul, d'après les textes et l'archéologie*, Le Cerf, Paris 1986.

L'hiver à Malte

Nicolas Monsarrat, *The kappillan of Malta*, Cassell and C°, Londres 1973 et Pen Book, Londres 1975. Le sermon du père Salvatore, surnommé le « chapelain de Malte », personnage principal de ce beau roman, est un vivant récit du naufrage de Paul sur la côte de Malte et de son séjour dans l'île : « Hexameron II, In the year of our Lord 60, an illustrious gift, from the sea » (pp. 189-200). Traduit en français sous le titre *Don Salvatore, chapelain de Malte* aux Presses de la Cité en 1973.

La captivité à Rome

Le voyage vers Rome a été raconté de façon particulièrement vivante par Bernard Frank, dans un livre intitulé : *Dans le sillage de saint Paul, de Césarée à César*, carnet de route du centurion Julius Curtius (60-61), éd. de Paris, 1961 ; on lira aussi K. Lietzmann, *Petrus und Paulus in Rom*, Berlin, 1927 ; Umberto M. Fasola, *Orme sulla roccia* (Empreintes sur la roche). *Pietro e Paolo a Roma*, Vision Éditrice, Rome 1980.

Absolument indispensable, pour qui veut chercher dans la ville les traces de Paul, est l'ouvrage de Noële Maurice-Denis et Robert Boulet, *Romée ou le pèlerin moderne à Rome*, Desclées de Brouwer, Paris 1948.

Le voyage en Espagne

Jean Rougé, *Le voyage de saint Paul en Occident*, Cahiers d'histoire, Lyon (12) 1967, pp. 237-247. L'auteur étudie très sérieusement l'hypothèse du séjour à Tarragone.

Le procès de Paul

J. Decroix, *Le procès de Paul à la lumière du Droit romain. Un aspect important et souvent négligé par les historiens.* Bible et Terre sainte, n° 109, pp. 5 et 6.

Jean Dauvillier, *Les temps apostoliques,* id., ibid., pp. 194-196.

Sur le tombeau de Paul

Le document de première main est celui de l'architecte Virgilio Vespignani, successeur de Poletti, qui raconte les fouilles exécutées au XIXe siècle, lors des travaux de reconstruction de la basilique détruite par un incendie. Ses notes figurent dans l'album de la collection R. Lanciani, conservé à la Bibliothèque du Palais de Venise, à Rome.

On consultera aussi :

Bruno-Maria Apollonj Ghetti : *Le basiliche cimiteriali degli Apostoli Pietro e Paulo a Roma,* Studi di antichita cristiana, vol. XXVIII, Città del Vaticano, 1969, pp. 9-34.

Engelbert Kirschbaum, Die Graeber der Apostelfuersten (Les tombes des Princes des Apôtres), *Das Grab des Völkersapostel* (la tombe de l'Apôtre des Nations), Heinrich Scheffer, Francfort-sur-le-Main 1957.

Richard Krautheimer, *Corpus basilicarum christianarum Romae. Le basiliche paleocristiane di Roma (IVe-IXe sec.)* vol. V, Città del Vaticano, 1980, pp. 97-169.

C. L'ŒUVRE DE PAUL

De très nombreuses études ont été consacrées à l'œuvre de Paul. Dans la remarquable bibliothèque de l'Institut biblique et archéologique à Jérusalem, j'ai recensé, pour cet unique domaine, plus de 2 000 titres !

La seule *Épître aux Romains* a inspiré au célèbre théologien allemand Karl Barth un volume de 528 pages (Labor et Fides, Genève 1922), réédité à plusieurs reprises.

Les premiers commentaires, ne l'oublions surtout pas, datent des débuts du christianisme. Il n'est pas un seul des premiers écrivains de l'Église qui n'ait apporté sa pierre à cet édifice monumental.

Les débuts de l'imprimerie et, bientôt, la Réforme donnèrent un nouvel essor à ces commentaires. Les premiers livres imprimés furent des bibles et des ouvrages religieux. Au cours de mes recherches, j'ai eu en main un *Commentaire de l'Épître à Tite,* imprimé à Paris en 1567, et un *Commentaire de l'Épître à Philémon,* également imprimé à Paris, en 1587.

Et tout le monde sait l'importance du *Commentaire de l'Épître aux Romains* que publia Martin Luther (Œuvres, tome XI, traduction R.-H. Esnault, Labor et Fides, Genève 1983). Dès 1522, dans sa traduction du Nouveau Testament, il présentait cette Épître comme la clé même de l'Écriture. Un an avant sa mort, en 1545, il révélait qu'elle lui avait fait comprendre l'importance de la foi pour la justification. Il faisait de cette découverte personnelle le point de départ de la Réforme, à partir de 1517 (thèse sur les indulgences).

Mais c'est vraiment à la fin du XIXe siècle et au XXe siècle qu'on assiste à la plus riche floraison de commentaires pauliniens. Cela va des deux énormes volumes d' A. F. Maunoury, parus chez Bloud et Gay en 1878-1880, et des superbes pages de Dom Paul Delatte, abbé de Solesmes, œuvre de l'entre-deux-guerres, au livre pénétrant de S. de Lestapis, s.j., sur « *L'énigme des Pastorales de saint Paul* », publié par Gabalda en 1975. Et ce ne sont là que trois exemples parmi beaucoup d'autres.

De la méthode

Pour s'y retrouver, il n'est pas inutile de prendre au préalable une petite leçon de méthodologie. Deux livres de Pierre Gibert, s.j., sont, de ce point de vue, particulièrement utiles :
« *Pour mieux comprendre saint Paul* », Desclées de Brouwer, Paris 1963, et
« *Apprendre à lire saint Paul* », Desclées de Brouwer, Paris 1981.

En guise d'introduction générale

Une bonne étude a été publiée en 1952 par Augustin George sous le titre *L'Évangile de Paul*. Ce guide de lecture des Épîtres était un supplément à « Équipes enseignantes ».

On lira avec profit l'ouvrage collectif de M. Carrez, P. Dornier, M. Dumais et M. Trimaille, *Lettres de Paul, de Jacques, de Pierre et de Jude*, Bibliothèque des sciences bibliques, Paris 1983.

Pour le commentaire des textes de Paul

On aura utilement recours aux excellents « Cahiers Évangile », publiés, chaque trimestre, par les éditions du Cerf à Paris. Chacun d'eux, rédigé par un ou plusieurs spécialistes, apporte, en moins de cent pages, une information claire et précise :
  A. Vanhoye, *Le message de l'Épître aux Hébreux*, cahier n° 19 ;
  M. Quesnel, *Les Épîtres aux Corinthiens*, n° 22 ;
  S. Legasse, *L'Épître aux Philippiens. L'Épître à Philémon*, n° 33 ;
  E. Cothenet, *L'Épître aux Galates*, n° 34 ;
  M. Trimaille, *La 1re Épître aux Thessaloniciens*, n° 39 ;
  A. Carrez, *La 2e Épître aux Corinthiens*, n° 51 ;
  C. Perro, *L'Épître aux Romains*, n° 65 ;
  M. Carrez, *Première aux Corinthiens*, n° 66 ;
  M. Gourgues, *L'Évangile aux païens (Ac 13-28)*, n° 67.
  A ces cahiers, il faut ajouter :
  Édouard Cothenet, *Notes pour une lecture des Épîtres aux Corinthiens* et *Notes de lecture sur les Épîtres pastorales*, cours donnés à l'Institut catholique de Paris, ronéoté, 86 p. et 20 p. ;
  Stanislas Lyonnet, s.j., *Le message de l'Épître aux Romains*, collection « Lire la Bible », Le Cerf, Paris 1969 ;
  F. Refoulé, o. p., *L'Épître aux Galates. Sa date d'envoi*, Revue biblique, août 1968.

Pour aller plus loin

Dans la grande série des *Études bibliques,* publiée d'abord par Lecoffre, puis par Gabalda, 80 gros volumes ont paru, entre 1903 et 1988. Les études sur l'œuvre de Paul y sont nombreuses et importantes. On citera :
Le père M.-J. Lagrange, ce magnifique pionnier du renouveau de la recherche, mort en 1938, pour ses deux ouvrages sur l'*Épître aux Romains* et sur l'*Épître aux Galates ;*
le père Allo, pour les *Première et Deuxième Épîtres aux Corinthiens ;*
le père Spicq, pour les *Épîtres pastorales* et l'*Épître aux Hébreux ;*
le père Rigaux, pour l'*Épître aux Thessaloniciens ;*
le père Jacquier, pour les *Actes des Apôtres.*
Gabalda a publié, en 1990, un ouvrage intitulé « *Les Actes des deux Apôtres* », dû à M. E. Boismard et A. Lamouille, énorme et remarquable travail, en trois volumes, après lequel il semble qu'il n'y ait plus rien à écrire...

Sur les écrits de Paul et sa pensée

A. de Boysson : *La Loi et la Foi ; Saint Paul et les judaïsants,* Bloud et Gay, Paris 1912. Un des débats essentiels auxquels Paul fut confronté sa vie durant, d'où tant d'épreuves cruelles, et les grandes pages sur « la justification » dans l'Épître aux Romains.
F. Prat, *La théologie de saint Paul,* 3 vol., Beauchesne, Paris 1920. Un ouvrage classique, plusieurs fois réédité.
Duperray, *Le Christ dans la vie chrétienne, d'après saint Paul,* 1928.
Mgr. L. Soubigou, *L'enseignement de saint Paul dans les Épîtres de l'année liturgique,* Lethielleux, Paris 1933.
— *Saint Paul, guide de pensée et de vie,* Lethielleux, Paris 1956.
J. Renie, *Manuel d'Écriture Sainte,* tome VI, 1935.
François Amiot, *L'enseignement de saint Paul,* 1938, réédité par Desclées de Brouwer, Paris 1967.
— *Les idées maîtresses de saint Paul,* Lectio divina, Le Cerf, Paris 1959.
— *La théologie de saint Paul,* Beauchesne, Paris.
Jacques Maritain, *La pensée de saint Paul,* Éditions de la Maison française, New York, 1941. Écrit en exil.
Louis Cerfaux, *La théologie de l'Église selon saint Paul,* Le Cerf, Paris 1942.
— *Le Christ dans la théologie de saint Paul,* Lectio divina, Le Cerf, Paris 1961.
— *Le chrétien dans la théologie paulinienne,* Lectio divina, Le Cerf, Paris 1962.
— *L'itinéraire spirituel de saint Paul,* Le Cerf, Paris 1965.
P. Huby, *Mystique johannique et mystique paulinienne,* Paris 1947.
Mgr Joseph Holzner, *Autour de saint Paul,* Alsatia, Colmar 1957.
Mgr Ronald Knox, *L'évangile de saint Paul,* Desclées de Brouwer, Paris 1956.
A. Brunot, *saint Paul et son message,* Paris 1958.
M. Bouthier, *Le génie littéraire de saint Paul,* Lectio divina, Le Cerf, Paris 1955.

— *La condition chrétienne selon saint Paul*, Labor et Fides, Genève 1964.
A. Schweitzer, *La mystique de l'apôtre Paul*, Albin Michel, Paris 1962.
Paul-Émile Langevin, *Jésus Seigneur et l'eschatologie*, Desclées de Brouwer, Paris 1962.
Beda Rigaux, *Saint Paul et ses lettres : état de la question*, Desclées de Brouwer, Paris 1963.
S. Dumais, *Le langage de l'évangélisation : l'annonce missionnaire en milieu juif (Ac 13, 16-41)*, Montréal, Tournai 1976.
A.-M. Dubarle, *La manifestation naturelle de Dieu d'après l'Écriture*, Lectio divina, Le Cerf, Paris 1976.
C. H. Dodd, *La prédication apostolique et ses développements*, Livre de vie, n° 26, Paris 1976.
U. Wilckens, *Die Missionrede des Apostelgeschichte*, La prédication missionnaire dans l'histoire apostolique.
Lorenzo de Lorenzi et la communauté monastique de Saint-Paul-hors-les-Murs : *San Paolo*, Rome 1979, à l'abbaye. Traduit en français sous le titre *Paul de Tarse, Apôtre de notre temps*. 34 contributions d'éminents spécialistes
D. Patte, *Paul, sa foi en la puissance de l'Évangile*, collection Initiations, Le Cerf, Paris 1985.
J. Murphy O'Connor, *L'existence chrétienne selon saint Paul*, Lectio divina, n° 80, Le Cerf, Paris ;
L. Monloubou, *Saint Paul et la prière. Prière et évangélisation*, id., *ibid.*, n° 110 ;
N. Beaupère, *Saint Paul et la joie*, Lire la Bible, n° 35, Le Cerf, Paris.
A ces livres il faut ajouter deux séries de conférences :
— celles du père Monnier, s.j., données à Notre-Dame-du-Laus, Hautes-Alpes, en août 1933, texte ronéoté, 101 pages. L'enseignement pénétrant et limpide d'un excellent connaisseur de saint Paul ;
— celles du cardinal Jean Daniélou, à l'Institut catholique de Paris, sur le judéo-christianisme. Un texte lumineux sur la première crise importante au sein de l'Église naissante.

Sur des points particuliers

a. Sur le rôle de Paul
C. Guignebert, *Le Christ*, Paris 1933. Dans ce livre, qui fit beaucoup de bruit à l'époque de sa parution, l'auteur soutient avec méthode que Jésus n'aurait jamais cru qu'il était Dieu ni enseigné autant de choses qu'on l'a dit. Le véritable « inventeur » du christianisme serait le juif helléniste de Tarse qui, s'emparant de Jésus, en aurait transformé l'image pour en faire le portrait spirituel que nous savons. « C'est, comme l'a écrit Daniel-Rops, une façon de nier le surnaturel du Christ, en attribuant aux hommes de la " première génération chrétienne " et à l'auteur des grandes Épîtres un processus de divinisation. »

b. Sur la naissance du christianisme
C. H. Dodd, *Le fondateur du christianisme*, Le Seuil, Paris 1972. L'auteur met parfaitement les choses au point : il montre le rôle essentiel de Paul dans l'organisation et le développement de l'Église ; mais il n'oppose pas, comme le

font certains protestants libéraux, le « christianisme de Jésus », purement moral, évangélique et émaillé de paraboles imagées, au « catholicisme de Paul », dogmatique, théologique et nourri de raisonnements abstraits. L'un ne va pas sans l'autre. Sans le premier, point de second !

   c. Sur le contexte culturel

A. Deismann, *Paulus : Eine Kultur und Religiongeschichtliche Skizze*, 1911, traduit en anglais (*Paul, a study in social and religious history*, Londres 1926).

   d. Sur la chronologie des Épîtres

L. Tellier et H. Holstein, s.j., *Les Actes des Apôtres et les Épîtres de saint Paul : chronologie-géographie*, Le trait d'union, Notre-Dame-de-Mongré, Villefranche, Rhône, 1935.

   e. Sur la place du Christ dans l'œuvre paulinienne

André Feuillet, *Christologie paulinienne et tradition biblique*, Desclées de Brouwer, Paris 1972.

— *Le Christ, sagesse de Dieu, d'après les Épîtres pauliniennes* », Collection Études bibliques, Gabalda, 1966.

F. Amiot, *Jésus et Paul*, Biblical theology bulletin 1, 1971, pp. 289-298.

   f. Sur le style des Épîtres

Le langage parabolique dans les Épîtres de saint Paul, Littérature et théologie paulinienne, Recherches bibliques, tome V, Desclées de Brouwer, Paris 1960.

Norbert Hugedé, *La métaphore du miroir dans les Épîtres de saint Paul aux Corinthiens*, Delachaux et Niestlé, Neuchâtel-Paris 1957.

   g. Sur le « testament » de Paul

J. Dupont, *Le discours de Milet, testament pastoral de Paul*, Lectio divina, n° 32, Le Cerf, Paris 1962.

   h. Sur la mort de Paul

Cardinal Carlo Martini, archevêque de Milan, *Saint Paul face à lui-même*, éd. Mediaspaul, 1988. Texte d'une retraite prêchée par un homme qui essaie de reconstituer l'itinéraire spirituel de Paul sur la fin de son existence. Cheminant avec l'Apôtre au long de la via Ostiense, il imagine, à la lumière de sa vie et de ses écrits, quelles peuvent être à ce moment ses pensées.

IV. Le contexte historique et culturel

A. LE JUDAÏSME

Il n'est évidemment pas question de mentionner ici, même brièvement, les principaux livres qui ont paru sur le judaïsme, fût-ce seulement au XXe siècle. Cette bibliographie en serait trop alourdie. L'ouvrage le plus récent est une vaste synthèse due à l'écrivain anglais Paul Johnson. Traduite en français par J.-P. Quijano, elle a été publiée par Lattès à Paris en 1989. Ce livre intitulé *Une histoire des Juifs* permet, en 682 pages, de parcourir la totalité du très long chemin qui va d'Abraham à nos jours. Plus limité dans le temps est le sujet choisi par C. Saulnier et C. Perrot, *Histoire d'Israël. De la conquête d'Alexandre à la destruction du Temple*, Le Cerf, Paris.

Sur le judaïsme à l'époque du Christ

L'ouvrage fondamental, bien qu'ancien, reste celui de E. Schürer, *Geschichte des Jüdischen Volkes in Zeitalter Jesu Christi* (Histoire du peuple juif à l'époque de J.-C.), 3 vol., Leipzig 1898.

Pour la connaissance du milieu juif, on lit toujours avec profit l'étude du père Marcel Jousse *Judâhen, Judéen, Judaïste, dans le milieu ethnique palestinien*, revue L'Ethnologie, n° 38, 1946. Selon lui, l'Épître aux Hébreux aurait été dictée en araméen.

Pour comprendre le formidable ébranlement que cause dans le judaïsme l'enseignement du Christ, et par conséquent celui de Paul, peu de temps après, aucune étude n'est plus intéressante et plus instructive que celle de Jacqueline Genot-Bismuth *Un homme nommé « Salut ». Genèse d'une hérésie à Jérusalem*, Œil, Paris, 12, rue du Dragon, 1986.

Le gros livre de Marcel Simon *Verus Israël* (E. de Boccard, Paris 1983) reste fondamental pour comprendre le problème des relations entre juifs et chrétiens dans l'empire romain. Certes, cet ouvrage embrasse une période postérieure : 135-425. Mais toute l'évolution des idées durant ces trois siècles est déjà en germe au temps de l'Apôtre. D'où l'importance de ce gros volume.

A ces livres il faut ajouter un certain nombre d'études remarquables, qui ont été publiées dans les *Cahiers sioniens*, notamment :

René Bloch : « Écriture et tradition dans le judaïsme », en 1954 ;

G. Vermes : « Notes sur la formation de la tradition juive », en 1953 ;

et surtout les travaux de mon ami le père Paul Demann, de la Congrégation de Notre-Dame-de-Sion.

« Fidélité et infidélité en Israël », en 1949 ;

« Israël et l'Église » en 1950 ;

« Quel est le mystère d'Israël ? » en 1952 ;

« Israël et l'unité de l'Église », en 1953 ;

« Le drame du peuple de Dieu, d'après l'Écriture » ;

et enfin

« Moïse et la loi, dans la pensée de saint Paul », dans *Moïse, l'homme de l'Alliance*, Paris 1955.

J. Neusner, *Le judaïsme à l'aube du christianisme*, Lire la Bible, n° 71, Le Cerf, Paris.

Paul, juif parmi les juifs

On ne peut rien comprendre à Paul si l'on sépare l'homme de son environnement spirituel et culturel juif. Il fut le sien, ne l'oublions pas, pendant les trente premières années de sa vie, soit près de la moitié de son existence. D'où l'importance de trois livres :

E. P. Sanders, *Paul and palestinian Judaïsm*, S.C.M., Londres 1947 ;

M. A. Davies, *Paul and rabbinic Judaïsm*, P.P.C.K., Londres 1948, réédité en 1981 à Philadelphie, comme le précédent ;

Towa Perlow, *L'éducation et l'enseignement chez les Juifs, à l'époque talmudi-*

que, Paris 1931. Cette époque s'étend, *grosso modo*, du IIIe siècle av. J.-C. au Ve siècle de notre ère.

Tout aussi essentiel est le livre de Jean Juster, *Les Juifs dans l'empire romain : leur condition juridique, économique et sociale*, Paris 1941.

Sur les relations entre le judaïsme et le christianisme naissant

Les études ne manquent pas, notamment celles de
Joseph-Paul Bonsirven, s.j. : *Juifs et chrétiens*, Beauchesne, Paris 1935 ;
— *Le judaïsme palestinien au temps de Jésus*, id., ibid., 1935 ;
— *Exégèse rabbinique et exégèse paulinienne*, id., ibid., 1938.

A ces trois livres essentiels il faut ajouter celui de H. J. Schoeps *Paulus : die Theologie des Apostels in Lichte des jüdischen Religionsgeschichte* (La théologie de l'Apôtre à la lumière de l'histoire religieuse du judaïsme), Tübingen 1959.

Qui veut mieux connaître ce tournant de l'histoire du monde doit lire le superbe ouvrage in 4°, illustré de nombreuses reproductions, qu'Arnold Toynbee a publié en collaboration avec le cardinal Jean Daniélou sous le titre *The crucible of christianity* (Le creuset de l'humanité), Thomas and Hudson, Londres 1969.

Pour connaître la Palestine au temps de Paul

Dans ce domaine, on n'a que l'embarras du choix.

Les livres de Melchior de Vogüe, pour anciens qu'ils soient, ont conservé toute leur fraîcheur : *Les églises de Terre Sainte* (1860), *Le Temple de Jérusalem* (1864) et surtout *Jérusalem, hier et aujourd'hui* (Plon, Paris, 1913).

L'œuvre fondamentale reste celle du père Abel *Histoire de la Terre Sainte* (2 vol.) et *Géographie de la Terre Sainte* (2 vol.). Ces deux ouvrages ont paru chez Gabalda, dans la célèbre collection des Études bibliques.

On lit et on relit avec un intérêt chaque fois renouvelé l'ouvrage de Daniel-Rops *La vie quotidienne en Palestine au temps de Jésus*, Hachette, Paris 1961, de même que l'étude de Joachim Jeremias *Jérusalem au temps de Jésus : recherche d'histoire économique et sociale pour la période néo-testamentaire*, traduit de l'allemand par Jean Lemoyne, Le Cerf, Paris 1967. Ce livre est aujourd'hui la clé de nos connaissances.

Il faut y ajouter un texte paru chez Desclées de Brouwer, à Paris, en 1976, dans *Introduction à la Bible*, vol. 1. *Nouveau Testament*, tome III, sous le titre « Au seuil de l'ère chrétienne ». Le contexte politique, économique, social, culturel et religieux, au Ier siècle, y est parfaitement décrit.

Pour se plonger totalement dans l'atmosphère de cette époque, rien de mieux que de lire le charmant ouvrage de Jacqueline Saveria Huré *Mémoires de Marie, fille d'Israël*, La Table ronde, Paris 1986.

B. LA GRÈCE ET LE MONDE HELLÉNISTIQUE

Il est exclu qu'on puisse recenser, dans cette bibliographie, les multiples études que les historiens ont consacrées à l'époque hellénistique, c'est-à-dire à cette période de l'histoire qui va de la conquête d'Alexandre à la conquête romaine. A cette époque, la Grèce, battue sur les champs de bataille, ruinée et occupée, n'a plus d'existence politique. Pourtant on ne peut comprendre le monde où vit Paul sans évoquer une civilisation qui a répandu partout sa langue et qui demeure très brillante sur le plan artistique dans tout le Bassin méditerranéen. Alors même que son berceau a perdu jusqu'à son nom pour devenir la Province romaine d'Achaïe, et bien qu'elle n'ait plus de grands écrivains, la Grèce survit.

Pour situer Paul dans ce cadre historique, il n'est sans doute pas de meilleure étude que celle de Norbert Hugedé *Saint Paul et la culture grecque*, Labor et Fides, Genève 1966.

Autres ouvrages, sur un rayon particulièrement riche :
Martin Hengels, *Judaismus und Hellenismus*, 1973 ;
William Scott Ferguson, *Hellenistic Athens*, 1911, réédité en 1974 par Ares, à Chicago.

Enfin, pour essayer de se baigner dans l'environnement culturel de Paul, helléniste par la langue et par la culture — une de ses deux cultures —, il faut relire les œuvres qu'il a étudiées à Tarse : *L'Iliade*, *L'Odyssée*, Platon, la dramaturgie grecque : Eschyle, Sophocle, Euripide ; les poètes : Pindare, Anacréon ; et surtout les historiens : Hérodote (v. 484-v. 420 av. J.-C.), Strabon (63 av.-19 ap. J.-C.) et Polybe (v. 201-120 av. J.-C.), pour son *Histoire générale* en 40 livres, véritable somme des connaissances de son temps.

C. ROME ET LA CIVILISATION ROMAINE

On pourrait se contenter d'un seul livre, qui est aussi célèbre qu'irremplaçable, celui de Jérôme Carcopino *La vie quotidienne à Rome, à l'apogée de l'empire*, Hachette, Paris 1939, sans cesse réédité depuis sa parution.

Fort utile, pour connaître mieux le monde où Paul circule durant toute sa vie missionnaire, est l'ouvrage récent de R. Chevallier *Voyages dans l'empire romain*, A Colin, Paris 1988.

Très précieux aussi est l'ouvrage de A. Festugière et Pierre Grimal *Le monde gréco-romain, au temps de Notre Seigneur Jésus-Christ*, Bloud et Gay, Paris 1935.

Il faut évidemment y ajouter :
Pierre Grimal, *La vie à Rome dans l'Antiquité*, 1963 ;
— *Le siècle d'Auguste*, 1968 ;
P. Petit, *La paix romaine*, 1967 ;
— *Le haut empire*, tome I, 1974 ;
H. Hacquart, J. Dantry, O. Maisanie, *Guide romain antique*, 1962.

Deux écrivains latins doivent être relus : Tacite, pour ses *Annales*, composées vers 115-117 de notre ère, où l'on trouve un récit de l'incendie de Rome en 64, et Suétone, pour sa *Vie des douze Cesars*, l'un des douze étant Néron qui fit périr Paul. Enfin, comment évoquer Rome à l'époque de l'Apôtre sans relire Sénèque (mort en 65), Pline l'Ancien (mort en 79), Pline le Jeune (mort en 112) et surtout les *Épîtres* d'Horace, les *Annales* et les *Satires* de Juvenal, ainsi que les *Épigrammes* de Martial. A signaler, sur le plan juridique, l'étude de A. N. Sherwin-White : *Roman society and roman law in the New Testament*, The Sharum lectures, 1960-1961, Oxford 1963.

V. Les débuts du christianisme

A. SUR LA NAISSANCE DU CHRISTIANISME

L'œuvre monumentale d'Ernest Renan *Histoire des origines du christianisme*, en 7 volumes, n'est plus beaucoup lue de nos jours, et c'est dommage. Je me suis longuement plongé dans le tome III, consacré à saint Paul (Calmann-Lévy, Paris 1888). Avec l'Apôtre, chez qui il ne trouve « rien de tendre ni d'aimable », l'auteur est parfois très sévère. L'opposant à Jésus, « le doux Maître galiléen », il lui tient presque rigueur de ne pas lui ressembler... Mais quelle immense culture ! Quelle exacte connaissance du terrain ! Il circule avec sa compagne, Cornélie Scheffer, et, pour décrire ses déplacements, moins faciles à l'époque que de nos jours, il a une phrase superbe : il parle des « longs voyages d'Asie Mineure, pleins de doux ennuis et de rêveuse mysticité ».

Alfred Loisy a eu le même sort que Renan. On ne lit plus aujourd'hui son ouvrage *La naissance du christianisme* (Nourry, Paris 1933).

La grande œuvre, et qui n'a pas de rides, demeure celle de Maurice Goguel, protestant d'esprit libéral, professeur à la Sorbonne, doyen de la Faculté libre de théologie protestante de Paris :

La naissance du christianisme, tome I, Payot, Paris 1946 ;
L'Église primitive, tome II, id., ibid. 1947 ;
Les premiers temps de l'Église, tome III, Delachaux et Niestlé, Neuchâtel, 1949.

Signalons enfin l'excellent texte de J. Lebreton et J. Zeiller consacré à l'Église primitive, dans la grande Histoire de l'Église de A. Fliche et V. Martin, ouvrage de référence s'il en est (Bloud et Gay, Paris 1934).

N'oublions surtout pas R. E. Brown, *L'Église héritée des Apôtres*, collection Lire la Bible, n° 76, Paris, Le Cerf 1787.

Je n'ai pas cru utile d'introduire dans ce récit des échos de l'interminable discussion, où certains opposent Jésus, qui serait « le fondateur du christianisme », à Paul, qui serait « le fondateur du catholicisme »...

B. SUR LES PREMIERS PAS DE L'ÉGLISE

C. H. Dodd, *La prédication apostolique et ses développements*, Livre de vie, n° 125.

E. Cazelles, *Naissance de l'Église : secte juive rejetée ?*, Lire la Bible, n° 16 bis, Le Cerf, Paris 1968.

J. Guillet, *Les premiers mots de la foi : de Jésus à l'Église*, Croire et comprendre, Le Centurion, Paris 1977.

L. Cerfaux, *La puissance de la foi : la communauté apostolique*, Foi vivante, Le Cerf, Paris.

Lietzmann, *Histoire de l'Église ancienne*, Payot, Paris.

P.-H. Menoud, *La vie de l'Église naissante*, Foi vivante, n° 114, Le Cerf, Paris 1969.

E. M. Meyers et J. P. Strange, *Les rabbins et les premiers chrétiens*, Le Cerf, Paris.

G. Theissen, *Vers une théorie de l'histoire sociale du christianisme primitif*, Études théologiques et religieuses, vol. 63, 1988. Les autres études de cet auteur ne sont pas toutes traduites. Notamment un texte important, *Psychologische Aspekte des Paulinischen Theologie*, Vandenhoeck und Ruprecht, Göttingen 1983.

C. LES PREMIERS CHRÉTIENS

M. Simon, *Les premiers chrétiens*, Presses Universitaires de France, Paris 1952.

A. Jaubert, *Les premiers chrétiens*, « Le temps qui court », Le Seuil, Paris 1967.

A. Hamman, *La vie quotidienne des premiers chrétiens (95-197)*, Hachette, Paris 1972.

W. A. Meeks, *The first urban Christians. The social world of the Apostel Paul*, Yale University Press, New Haven, Londres 1892.

Pierre Talec, *Les premiers chrétiens*, L'aventure biblique, Le Centurion, Paris 1984. Un très beau texte, superbement illustré par Sandro Corsi et Franco Vignazia.

F. Dumortier, *La patrie des premiers chrétiens*, Éd. Ouvrières, Paris 1988.

Sur la lapidation d'Étienne, premier martyr, en 34, le père Joseph-Marie Lagrange a écrit un chapitre intéressant dans son ouvrage *Saint Étienne et son sanctuaire à Jérusalem*, Alphonse Picard, Paris 1894.

Sur le concile de Jérusalem, en 48, Jean Guitton a des réflexions subtiles et pertinentes dans son beau livre *Le Christ écartelé : crises et conciles dans l'Église*, chapitre II : le Judaïsme, pp. 35-60, Perrin, Paris 1963. On lira aussi l'étude de R. Kieffer, *Foi et justification à Antioche. Interprétation d'un conflit*, Lectio divina, n° 111, Le Cerf, Paris.

C. LES PREMIERS ÉCRIVAINS CHRÉTIENS

On ne peut étudier Paul sans lire avec attention les écrits de ceux qu'on appelle les « Pères apostoliques », encore tout proches de l'Apôtre lui-même, puisqu'ils vécurent au Ier et au IIe siècle de notre ère.

Saint Barnabé, qui fut un compagnon de Paul et à qui on attribue un évangile et des Épîtres. « Rejetez les observances juives, suivez la voie de la lumière », écrit-il dans l'une d'elles ;

Saint Clément, pape, auteur d'une Épître aux Corinthiens, destinée à faire cesser un schisme dans la ville où Paul eut lui-même, quelques décennies plus tôt, tant de difficultés ;

Saint Ignace, évêque d'Antioche, auteur de sept Épîtres : aux Romains, aux Éphésiens et aux Magnésiens, jeté aux lions en l'an 107 ;

Saint Polycarpe, auteur d'une Épître aux Philippiens, martyrisé en 155 ;

« *Le Pasteur* » d'Hermas, qui n'est connu que par cette œuvre, précieux témoignage sur la vie de la communauté chrétienne à Rome au IIe siècle.

Comme beaucoup d'autres, ce texte n'est pas retenu parmi les écrits canoniques.

Viennent ensuite les quatre premiers écrivains du christianisme :

Tertullien (v. 155-v. 220), le premier des grands théologiens et des grands moralistes ;

Clément d'Alexandrie (140-v. 220), le premier philosophe religieux du christianisme ;

Saint Hippolyte (v. 170-235), dont l'œuvre principale, *La tradition apostolique,* est une mine pour les historiens ;

Eusèbe de Césarée (v. 265-340), véritable fondateur de l'historiographie chrétienne, avec ses *Chroniques* et son *Histoire ecclésiastique* qui couvre la période s'étendant de la mort du Christ à l'année 323.

Fort précieuses aussi, parce que très anciennes, sont la *Didakhè* destinée à l'enseignement des catéchumènes, un texte qui date, croit-on, du IIe siècle, et la *Didascalie des Apôtres,* composée, semble-t-il, en Syrie du nord, au début du IIIe siècle.

E. DEUX ÉCRIVAINS JUIFS

On ne peut oublier deux écrivains juifs :

Philon d'Alexandrie, juif hellénisant du début du Ier siècle ap. J.-C., néoplatonicien qui tente de concilier l'enseignement des philosophes de l'école socratique et la tradition des Pères nourris de la Tora,

et, surtout, Mathias Lévi, beaucoup plus connu sous son pseudonyme de Flavius Josèphe, qui naquit à Jérusalem quatre ans après la mort de Jésus et qui est l'auteur de deux ouvrages importants : *Les Antiquités judaïques* et *La guerre juive,* publiés l'un et l'autre par A. Pelletier aux éditions Guillaume Budé (3 vol.). Une biographie a été consacrée à Flavius Josèphe par Mireille Hadas Lebel (Fayard, Paris 1989).

Remerciements

Innombrables sont les personnes que j'ai consultées, verbalement ou par correspondance, au cours de la préparation de ce livre. Auprès de toutes, sans exception aucune, j'ai trouvé un accueil, une amabilité et une efficacité qui m'ont profondément touché. S'intéresser à Paul serait-ce un sésame auprès des hommes les plus divers ? Je suis tout près de le croire...

J'ai une dette de reconnaissance toute particulière envers l'École biblique et archéologique française de Jérusalem, où j'ai été reçu fraternellement. Les séjours que j'ai faits dans cette île française en Terre Sainte — soit dans la communauté, soit dans la vaste bibliothèque — n'ont pas seulement été très utiles. Ils restent parmi les meilleurs souvenirs de ma longue enquête. Grâces soient rendues au prieur, le père Jean-Luc Vesco, à mon homonyme et très cher ami, le père François Dreyfus, au père Étienne Nodet et à toute l'équipe dominicaine qui vit, prie et travaille en ce lieu de paix.

En Israël, mes rencontres ont été multiples. Je signalerai au tout premier rang le moment inoubliable passé au sommet du mont Thabor, avec frère Jean de la Vierge des Pauvres. J'ai reçu bon accueil à la tombe de la Vierge Marie, auprès des desservants de l'église grecque orthodoxe, toute proche du Jardin des Oliviers, et notamment du père Dimitrios. J'ai beaucoup de gratitude envers l'abbé du monastère de la Dormition, sur le mont Sion, le T.R.P. Nikolaus Egender et envers l'un de ses moines en particulier, le père Vincent Mora. Je conserve le souvenir de rencontres amicales et utiles avec le père Basile, en la cathédrale Saint-Jacques-des-Arméniens ; avec sœur Marthe, au couvent de Notre-Dame-de-Sion sur la Via Dolorosa, pour moi plein de souvenirs, y compris familiaux, particulièrement chers ; avec le père Bruno Hussar, dominicain, Anne Le Meignien, Ariéla Bairey, Ety Edlund et toute l'équipe enthousiaste de Névé Shalom, l'Oasis de la paix. Sur un point précis, j'ai trouvé une réponse circonstanciée à mes questions auprès du Patriarcat latin de Jérusalem et, tout particulièrement, auprès du chancelier, D. John Sansour.

Pour mettre à jour mes statistiques j'ai eu recours à l'ambassade d'Israël à Paris, qui m'a fait tenir les documents les plus précis qui puissent être, par le canal du Centre d'information et de documentation Israël Proche-Orient (CIDP).

A Damas, j'ai trouvé une aide efficace auprès de l'archevêque syrien catholique et, en particulier, auprès de son collaborateur, le père Joseph Mounayer qui a complété, par correspondance, ma documentation.

Près d'Éphèse, je n'oublierai jamais l'accueil délicieux qui me fut fait, deux jours de suite, à la Maison de la Vierge, par la sœur Marie-Hélène et par le frère Ignace. Ultérieurement, les précisions du frère Pierre Mazoué m'ont été fort utiles.

A Athènes, je dois tout à maître Dimitri Gofas, qui a guidé mes pas, avec une compétence exceptionnelle et une merveilleuse connaissance du français. Je ne peux pas taire non plus l'aide du père Nicéphore Vidalis, à la cathédrale Saint-Denys-l'Aéropagite.

A Malte, comment oublierais-je la gentillesse avec laquelle me reçut le père Marius J. Zerafa, dominicain, en son prieuré de La Valette ?

A Rome, mes recherches ont été grandement facilitées par le chef de la section des manuscrits à la Bibliothèque apostolique du Vatican, Paul Canart ; par le révérendissime père abbé de l'abbaye Saint-Paul-hors-les-Murs et par l'un de ses moines, dom Stefano Baiocchi ; par le recteur de l'Institut pontifical d'archéologie chrétienne, Mgr N. Saxer.

A Tarragone, l'archevêque Mgr Ramon Torella a bien voulu répondre aux questions, pratiquement insolubles, que je lui ai posées par lettre à propos du séjour probable de Paul en Espagne.

Je sais gré à mon ami André Laronde, professeur d'histoire à la Sorbonne (Paris-IV), de m'avoir aidé à résoudre une énigme que je pensais hermétique ; à Philippe Tarel, qui connaît si bien l'Antiquité grecque et romaine, de tout ce qu'il m'a appris sur la vie quotidienne, en ville et sur les routes, à l'époque de Paul.

Les premiers chapitres qui évoquent la vie d'une famille juive à Tarse au Ier siècle de notre ère et les études de Saul à Jérusalem ont été relus par Matty Cohen, professeur à l'Université Charles-de-Gaulle, Lille-III, dont l'érudition n'a d'égale que la serviabilité. Plus que tout autre, il m'a aidé à mieux connaître et à mieux comprendre, par conséquent à mieux aimer, le judaïsme, qui fut la religion de mes ancêtres.

Je n'oublie, dans mon souvenir reconnaissant, ni Maurice Durand-Dubief, à Paris ; ni mon cousin Pierre Faure, s.j., à La Baume-les-Aix ; ni Michel de Hédouville, curé-doyen de la cathédrale de Soissons ; ni l'abbé Pierre Deplus, à la bibliothèque diocésaine de cette ville ; ni l'abbé Henri Engelmann, à Grenoble, dont la culture n'est jamais en défaut ; ni Kfir Geva, qui, venu de Rehovot à Jérusalem, le jour de sa profession de foi, me permit de porter avec lui, au pied du « mur » du Temple, la précieuse Tora de sa famille. C'est une scène qui ne s'effacera pas de ma mémoire. Pas plus que ne s'effacera le souvenir de Taysser Saïd el-Ferrajen, mon petit berger de Bethléem...

Je pense à tous ceux, y compris les plus modestes, dont j'ai croisé la route au cours de la longue préparation de ce livre et qui, apprenant ce que je faisais, m'ont tendu une main amicale. Au seul nom de Paul, trouver tant de serviabilité auprès de tant de gens divers, dans tant de pays différents, quelle satisfaction pour moi, qui marchais avec une quotidienne passion de la découverte ! Le travail terminé, quelle joie dans mon cœur, lorsque je feuillette tous ces visages !

N'étant pas exégète, j'ai bénéficié des compétences, en ce domaine, de mon ami Jean Potin, assomptionniste, qui, après avoir été professeur, fut longtemps rédacteur en chef de *La Croix*. J'ignorais alors que cet excellent confrère allait devenir le directeur littéraire des éditions du Centurion.

Enfin, je veux dire un merci particulièrement chaleureux à trois personnes qui ont accepté de faire un travail de fourmi en relisant le manuscrit de ce livre : mon cher cousin Gaston Faure, mon beau-frère Jacques Oudin et le père Edgar Dassonville, lazariste, familier des chemins de Terre Sainte, où il ne cesse de guider des pèlerins. A ce praticien du terrain, qui est en même temps un homme de foi et un homme d'érudition, ces pages doivent beaucoup. Et moi plus encore...

INDEX

INDEX DES NOMS CITÉS

A

Aaron : 25, 55, 85.
Abélard : 148.
Abet Bet Din : 238.
Abraham : 20, 22, 30, 31, 32, 35, 52, 53, 77, 143.
Absalon (tombeau) : 52.
Achadrine : 263.
Achaïcus : 181.
Achaïe (Province romaine d') : 170, 182, 214.
Achille : 153, 154.
Acrocorinthe : 178, 179, 189.
Acroênus : 147, 196.
Acropole d'Athènes : 170, 173.
— de Pergé : 132.
— de Philippes : 158.
Actes des Apôtres : 10, 17, 23, 32, 33, 44, 52, 59, 60, 62, 63, 64, 65, 66, 67, 70, 74, 75, 79, 80, 81, 82, 83, 84, 85, 86, 87, 88, 90, 91, 95, 96, 97, 99, 100, 107, 108, 111, 113, 115, 117, 122, 123, 124, 126, 128, 131, 132, 133, 135, 136, 137, 141, 142, 143, 144, 147, 153, 155, 156, 158, 159, 162, 163, 164, 165, 166, 168, 170, 171, 172, 174, 175, 181, 183, 186, 190, 195, 199, 200, 201, 202, 205, 210, 211, 212, 213, 214, 216, 217, 221, 223, 224, 225, 226, 227, 233, 234, 236, 238, 239, 240, 241, 245, 246, 247, 248, 249, 250, 251, 252, 253, 255, 256, 257, 260, 261, 265, 266, 268, 274, 275, 277, 278, 279, 281, 282, 290, 301, 308.
Actes apocryphes : 291, 309.
— de Paul et de Thècle : 125, 126.
— de Pierre : 295.
— de Verceil : 274, 290, 292.
Actium (bataille d') : 18, 298.
Adam : 219.
Adana : 142.
Ad Atticum : 34.
Adiabène : 99.
Ad medias : 268.
Adonaï : 22.
Adonis : 23.
Adramyttium : 253, 254.
Adriatique (mer) : 215, 218.
Adriatique (côte) : 158.
Adunus : 142.
Aelius : 307.
Aetion : 156.
Afghanistan : 115.
Afrique : 95, 111, 225.
Afrique du Nord : 196.
Afyon : 147, 196.
Afyonkarahisar : 147.
Agabus : 99, 226.
Agamemnon : 154.
Agar : 52.
Agonie (l'A. du Christ) : 69.
Agora d'Antioche de Pisidie : 120.
— d'Athènes : 170, 171, 173.
— de Corinthe : 179, 182, 183.
— d'Éphèse : 197, 205.
— d'Éphèse (supérieure) : 198.
— de Pergé : 132.
— de Philippes : 158, 161.
— de Séleucie de Piérie : 109.
— de Syracuse : 263.
— de Thessalonique : 163.
Agrippa Ier : voir Hérode-Agrippa Ier.
Agrippa II : voir Hérode-Agrippa II.
Agrippine : 202, 294.

Aigaï : 166.
Aigos-Potamos : 169.
Ajax : 152.
Akaba : 82.
Akhisar : 196.
Akraï : 263.
Aksehir : 125.
Aksu : 118, 196, 285.
Ala et Tin (boulevard) : 126.
Alaşehir : 196.
Alauda (légion gauloise) : 120.
Albano : 268.
Albinus : 295.
Alcibiade : 169.
Alep : 152.
Aleph : 24.
Alexandre (le fondeur) : 296, 301.
Alexandre (juif d'Éphèse) : 213.
Alexandre (le Grand) : 16, 17, 115, 118, 132, 142, 148, 157, 162, 166, 170, 177, 198.
Alexandrette (golfe) : 91, 117.
Alexandrette (ville) : 142.
Alexandrie : 17, 21, 34, 51, 64, 65, 92, 93, 94, 99, 152, 198, 199, 254, 262, 277, 281, 298.
Alexandrin : 33, 199.
Algérie : 244.
ʿ*Aliya* : 27.
Allemagne : 61.
Allemand : 210.
Alliance (arche d') : 31, 37, 53, 121.
Alliance (peuple de l') : 219, 221, 252, 279.
Alliance (signe de l') : 144.
Allo (E. B.) : 122.
Alpes : 149.
Alphée : 69.
Amanus : 93, 142.
Amathus : 112.
Amos (livre d') : 47.
Amphipolis : 161, 162.
Ampliatus : 280.
Amyntas (roi de Pisidie) : 120.
Anabase (l') : 153.
Anaclet, voir Clet.
Anacréon : 92, 114.
Ananias (de Damas) : 78, 79, 80, 137, 235.
Ananias (Grand Prêtre) : 238, 239, 245.
Ananie (saint) : 78.
Anastasis : 172.
Anatolie : 17, 33, 59, 68, **114-117**, 118, 125, 143, 196, 198, 225, 254.
Anatolien : 115, 125, 147, 149, 154, 225, 255.
Anazarba : 244.
Anciens (les) : 21, 43, 59, 65, 132, 134, 144, 145, 223, 227, 238, 240, 296.

Ancyre : 149, 150, 195.
André (apôtre) : 68.
Andrinople : 156.
Andronicus : 280.
Angola : 111.
Ankara : 149, 150, 195.
Ankyra : 149.
Annaba : 196.
Annales (de Tacite) : 276, 293, 294.
Anne (mère de la Vierge) : 209.
Antakya, voir Antioche.
Antalya, voir Attalia.
Antéros : 112.
Anthios : 120.
Antigone : 158.
Antigone le Cyclope : 92.
Anti-Liban : 74.
Antioche : 33, 34, 64, 65, **90-94**, 96, 97, 98, 101, 102, 107, 108, 109, 110, 120, 127, 133, 134, 136, 137, 141, 142, 164, 191, 195, 277, 281.
Antioche de Pisidie : 117, **120-121**, 126, 131, 144, 146, 244.
Antiochos Ier : 92, 149.
Antiochos IV, dit Épiphane : 19, 35.
Antiochos XIII : 92.
Antipater (père d'Hérode) : 242.
Antipater de Sidon : 178.
Antipatris : 242.
Antium : 293.
Antoine (saint, l'Égyptien) : 81, 151.
Antoine (Marc) : 17, 18, 20, 35, 158, 236, 298.
Antonia (forteresse) : 74, 234, 235, **236-238**, 239, 240.
Anzio : 293.
Apelles : 280.
Apennin : 267.
Aperlaï : 254.
Aphrodisias : 196.
Aphrodite : 94, **112-114**, 176, 179, 189.
Apocalypse (l') : 184.
Apocalypse (de saint Jean) : 196, 209.
Apocryphe (Évangile) : 209.
Apocryphes, voir Actes apocryphes.
Apollodore d'Athènes : 179.
Apollon : 94, 133, 148, 168, 175, 179, 190, 198, 223, 266, 298.
Apollon (côte d') : 168.
Apollonia : 162.
Apollonie : 162.
Apollonios de Tyane : 26.
Apollos : 199, 202, 203, 296, 305.
Apôtre (l') *i.e.* Paul : 10, 118, 125, 126, 136, 138, 155, 157, 166, 168, 176, 180, 182, 184, 195, 196, 203, 204, 206, 211, 213, 215, 217, 222, 259, 262, 268, 274, 287, 292, 298, 301, 306, 310.
Apôtres (les A ou les Douze A.) : 59, 61,

63, 64, 65, 68, 84, 85, 86, 87, 97, 100, 109, 124, 134, 135, 136, 138, 144, 145, 149, 281, 282, 301, 303, 310.
Apôtre des Gentils : **137-138**, 282.
Apôtre des Nations : 138, 155.
Apôtre des païens : 99.
Appel (l') : 123.
Aphia : 288.
Appia, voir Via.
Appius Claudius : 267.
Appius (forum d') : 268.
Aquilas : 180, 190, 199, 200, 280, 281.
Aquilon : 256.
Arabe : 9, 29, 48, 52, 62, 74, 78, 84, 93, 97, 126, 197, 242.
Arabie : 33, 68, **81-83**, 88, 179.
Arabie pétrée : 81, 82.
Arabie saoudite : 81.
Arabique (gomme) : 187.
Arabique (péninsule) : 82.
Aral (mer d') : 142.
Araméen : 20, 33, 34, 42, 65, 86, 184, 186, 235.
Ararat : 169.
Aratos : 18, 26.
Arauna, voir Aron.
Arcadiané : 197.
Arcadiens : 112.
Arche d'Alliance, voir Alliance.
Archelaüs : 31.
Archi-sinagogos : 121.
Archimède : 263.
Archippe : 288.
Archonte Roi : 172.
Arcia, voir Athéna A. (autel) : 173.
Aréopage : 172 **173-176**.
Arès : 112, 173.
Aretas IV : 81, 83, 84.
Argiens : 17.
Argo : 163.
Argolide : 190.
Aristarque : 164, 213, 253, 284.
Aristide : 298.
Aristobule : 280, 281.
Aristophane : 92.
Aristote : 92.
Arménie : 69, 81, 115.
Arménien : 17, 48, 142, 188.
Aron : 35.
Artèmas : 296.
Artémis (déesse) : 94, 132, 176, 197, 198, 209, 213, 214.
Artémis (temple, à Éphèse) : 197, 209, **212-213**, 223.
Artémis (temple, à Pergé) : 132.
Artemision : 198.
Ascension : 61, 69, 86, 167.
Asiate : 23.
Asiatiques (quartier des) : 32.

Asie : 18, 125, 148, 155, 156.
Asie Antérieure : 116.
Asie (Province romaine d') : 33, 65, 115, 146, 147, 149, 196, 209, 210, 212, 221, 233, 246, 280, 287, 292, 297, 301.
Asie centrale : 154.
Asie Mineure : 17, 32, 92, 115, 116, 117, 118, 141, 146, 147, 148, 149, 152, 158, 190, 195, 198, 209, 211, 218, 221, 222, 223, 225, 253, 255, 280, 284, 285, 288, 297.
Asie des moussons : 180.
Asklêpieion : 224.
Asklêpios : 169, 190.
Aspendos : 132.
Assomption (église de) :
Assos (ville) : 222.
Assos (golfe) : 214.
Assyrie : 17, 19, 99.
Assyriens : 17, 77, 93.
Asyncrite : 280.
Atatürk (Kémal) : 150.
Athalie : 39.
Athanase (compagnon de Jacques-le-Majeur) : 69.
Athanase (saint) : 189.
Athéna : 152, 156, 173, 175, 176, 263, 299.
Athènes : 17, 34, 40, 92, 96, 110, 156, 161, 162, 167, 168, **169-176**, 188, 197, 216, 277.
Athénien : 26, 111, 157, 161, 172, 173, 174, 175, 176, 181, 216, 263.
Athénodore : 18, 26.
Atra : 298.
Atrides (les) : 168.
Atrium (du prétoire) : 237.
Attale Ier (roi de Pergame) : 149.
Attale II (roi de Pergame) : 114.
Attale (Portique d') : 170.
Attalia : **114-117**, 132, 133, 141, 143, 152, 254, 284.
Attique : 167, 168, 174, 190, 216, 221.
Attis : 148.
Augusta (Cohorte) : 253.
Auguste (Empereur) : 18, 23, 26, 95, 111, 112, 120, 127, 149, 154, 164, 170, 244, 267, 277, 293.
Auguste (temple, à Antioche de Pisidie) : 120.
Augustin (saint) : 196.
Aurunci : 268.
Ausoni : 268.
Autel d'Athéna Arcia, à Athènes : 173.
— de la Confession, à Saint-Paul-hors-les-Murs à Rome : 311.
— au Dieu inconnu, à Athènes : 174.
— des douze Dieux, à Athènes : 173.
— de Hiéron II, à Syracuse : 263.

— des Holocaustes, à Jérusalem : 36, 38.
— des parfums à Jérusalem : 37.
Aventin (l') : 275, 281.
'Av Hatum' a : 42.
Avorton : 11, 216.
'Avot, voir Pirqe 'Avot
Axios : 162.
Azazel : 37.
Azitawadda (roi) : 142.
Azymes (fête des) : 50.
Azzaï (Simon ben) : 59.

B

Baal : 22.
Baalbek : 109.
Babel (Tour de) : 33.
Bab El Kisan : 84.
Bal esh Sharqi : 76.
Babli : 40.
Babylone : 31, 32, 101, 109, 121, 198.
Babylonien : 32, 35, 40.
Bagnoli : 265.
Baie de Saint-Paul (Malte) : 259, 261.
Balat : 222.
Balkanique : 162.
Balkans : 149, 156.
Ballihisar : 148.
Bangkok : 180.
Baniyas : 244.
Baptême (le) : 79, 80, 158, 199, 218, 285, 295.
Baptême de Jean-Baptiste : 199.
Baptisé : 199, 295.
Barada : 77.
Barbares : 117, 138, 153, 311.
Bar Jésus, voir Elymas.
Bar Mizwa : 26.
Barnabas, voir Barnabé.
Barnabé : 85, 91, 92, 93, 94, 95, 97, 98, 99, 101, 107, 108, 109, 110, 113, 114, 115, 117, 118, 121, 122, 124, 125, 126, 128, 131, 132, 135, 136, 141, 281, 284, 305.
Barnabé (église Saint-) : 113.
Barsabas Justus : 301.
Barsabas, voir Judas.
Barthélemy (Apôtre) : 68.
Basileïos : 172, 173.
Basilicate : 264.
Basilique de la Dormition : 52, 61, 62.
— à Jérusalem : 52.
— de Glyfada près d'Athènes : 168.
— d'Hérode à Jérusalem : 36, 38.
— de Nicopolis : 298.
— de Philippes : 158.
— de Saint-Denis en France : 175.
— de Saint-Jean, à Selçuk : 209.

— Sainte-Marie-Majeure à Rome : 155.
— Saint-Paul-hors-les-Murs à Rome : 311.
— Saint-Paul, à Antioche-de-Pisidie : 120.
— Saint-Pierre de Rome : 189.
— de Saint-Sébastien à Rome : 300.
— des Trois Empereurs à Rome : 311
Baucis : 128.
Baudelaire : 222.
Baudouin (roi de Jérusalem) : 244.
Béatitudes (les) : 64, 177.
Beaux Ports : 255, 256.
Beethoven : 208.
Belen (col de) : 142.
Bellone : 276.
Bèma : 182.
Bénédictins : 282.
Benjamin (tribu de) : 20, 53, 280.
Benoît XIV (pape) : 305.
Ben Yehuda (Eliezer) : 43.
Ben Zakay (Yohanan) : 44.
Berbères : 275.
Bérée : **165-167**, 171, 214, 221.
Bérénice : 250, 252.
Bergama : 152.
Béroïa, voir Bérée.
Beth : 24.
Bet Shéan : 74.
Bet Din Hagadol : 238.
Bet Ha-Midrash : 40.
Bet Hasefer : 23, 43.
Bet Keneset : 43.
Bethel : 20.
Bethléem : 51, 52, 53, 84, 138.
Bethsaïde : 68.
Beyrouth : 90.
Bible (la) : 21, 35, 43, 50, 94, 96, 121.
Bible des Septante : 21, 65, 96, 121.
Bibliothèque d'Alexandrie : 152, 185.
— de Celcius, à Éphèse : 185, 197.
— nationale à Paris : 300.
— de Pergame : 152.
— de Philippes : 158.
— Vaticane : 189.
Bilharziose : 152.
Birrus : 118.
Bithynie : 115, 149, 153, 244.
Bodrum : 198.
Bône : 196.
Bonne Nouvelle (la) : 56, 118, 128, 151, 155, 279, 281.
Borée : 256.
Borne (de l'Agora à Athènes) : 171.
Bosphore : 149.
Bouc émissaire : 37.
Bouddha : 81.
Bouddhiste : 25.
Boulè : 171.

Bouton d'Alep : 152.
Bouton d'Orient : 152.
Brentano (Clemens) : 210.
Bretagne : 48.
Brigitte (sainte) : 209.
Brindisi : 267.
Britannicus : 202, 307.
Britannique : 154.
Bruce (David) : 261.
Brucellose : 261.
Brundisium : 267.
Bruno (saint) : 81.
Brutus : 158.
Bursa : 244.
Burrus : 202, 273, 294, 307, 308.
Byzance, voir Byzantin.
Byssus : 37.
Byzantin : 49, 84, 142, 155, 163, 243.

C

Cabanes (les) : 241.
Cabires (sanctuaire des) : 156.
Cadenet (seigneur de) : 24.
Cadix : 293.
Cadmos (roi) : 156, 157.
Caelius ou Coelius : 275, 293.
Caïphe : 128.
Caius : 181.
Calabre : 264.
Caligula (empereur) : 81, 90, 177.
Calofaro : 264.
Calvin : 219.
Campana (via) : 267.
Campanie : 264.
Cana : 68, 69.
Canaan : 77, 82, 122.
Cananéen : 30.
Candide : 274, 290.
Canoniques (écrits) : 295, 306.
Caō ou Cam (Diego) : 111.
Capharnaüm : 68, 74.
Capitole : 275, 302.
Cap des Tempêtes : 111.
Capène (porte) : 273, 278.
Capoue : 266, 267.
Cappadoce : 33, 115, 116, 117, 244, 275, 301.
Capri : 265.
Captatio benevolentiae : 245.
Caracalla (thermes) : 273.
Cardo : 49, 50.
Carie : 115.
Carmel (mont) : 242.
Carpos : 297, 305.
Carthage : 178, 179, 277.
Casher, voir Kasher.

Casilina (via) : 267.
Cassandre (roi de Macédoine) : 162.
Cassius : 158.
Cassius (mont) : 109, 110.
Castor et Pollux : 262, 264, 265.
Castrum : 242.
Catacombes (de Saint Sébastien) : 300.
Catholiques : 48.
Cauda : 256.
Cathédrale :
— d'Athènes : 175.
— de Mdina à Malte : 260.
— Soissons : 175.
— Syracuse : 263.
— Strasbourg : 236.
Catherine (monastère de sainte) : 189.
Cedron : 30, 36.
Celsius (bibliothèque de) : 185, 197.
Celsius (pyramide de) : 308.
Celsius (centurion) : 309.
Cena : 284.
Cénacle : 62.
Cène : 61, 284.
Cenchrées : 146, 178, 190, 220, 227, 302.
Centurie : 234.
Centurion : 237, 241, 253, 254, 256, 258, 259, 262, 265, 266, 273, 306.
Centurion (char) : 10.
Ceps (des prisonniers) : 160.
Céphas, alias Pierre : 59, 62, 86, 202, 203.
César, *i.e.* l'empereur : 55, 202, 249, 251, 258, 289, 290, 299, 307.
César (Caïus Julius, empereur) : 17, 20, 77, 154, 158, 166, 176, 177, 178, 277, 278.
Césarée d'Algérie : 244.
Césarée de Bithynie : 244.
Césarée de Cappadoce : 244.
Césarée de Cilicie : 244.
Césarée de Mauritanie : 244.
Césarée maritime ou de Palestine : 28, 68, 75, 87, 97, 100, 101, 135, 191, 225, 226, 241, 242, **243-244**, 245, 248, 249, 250, 253, 255, 266, 284, 290, 291, 292, 307.
Césarée de Philippe : 244.
Cesarée de Phrygie : 244.
Cestilius : 127.
Cestrus : 196.
Chair (la) : 204.
Chalcas : 133.
Chalcis (Eubée) : 167.
Chalcis (Liban) : 250.
Chaldée : 20, 32 283.
Chaldéen : 48.
Champ de Mars : 278.
Champs phlégéens : 266.
Champoiseau (Charles) : 156.
Chandelier à sept branches : 57.

Chapiteau corinthien, voir ce mot.
— dorique, ou dorien, voir ces mots.
— ionique, ou ionien, voir ces mots.
Charès : 225.
Chartreux : 54, 81.
Charybde : 264.
Chemin de Croix : 237.
Cherchell : 244.
Chinois : 187.
Chio : 214, 222.
Chlamyde : 118.
Chrestos : 96, 180, 282.
Chrétien (apparition du nom) : **95-97**.
Chrétiens (les C., l'ensemble des C., le peuple c.) : 19, 21, 48, 62, 98, 99, 166, 244, 245, 246, 252, 253, 273, 283, 294, 301.
Chrétiens (les C. de Rome) : **279-282**.
Christ : 10, 33, 47, **57**, 61, 62, 63, 64, 66, 67, 68, 69, 75, 78, 80, 81, 83, 84, 85, 86, 87, 89, 90, 95, 96, 98, 101, 102, 103, 111, 113, 116, 122, 123, 124, 129, 135, 136, 141, 145, 146, 150, 157, 159, 164, 171, 181, 184, 202, 203, 204, 206, 207, 208, 211, 218, 219, 220, 228, 236, 247, 252, 253, 279, 280, 281, 284, 286, 287, 290, 293, 301, 302, 305, 306, 307, 311.
Christianisme : 67, 102, 110, 116, 122, 123, 125, 136, 144, 158, 176, 180, 181, 261, 282, 292, 296, 310.
Christianoï : 96.
Christopolis : 157.
Christos : 96.
Chronique (d'Eusèbe de Césarée) : 292.
Chroniques (1er Livre des) : 35.
Chroniques (2e Livre des) : 35.
Chrysippe : 18.
Churchill : 171.
Chypre : 11, 64, 85, 90, 99, 109, **110-114**, 141, 225, 226, 245, 253, 284.
Ciampino : 268.
Cicéron : 17, 34, 164, 188, 263, 267.
Cilicie : 16, 17, 18, 19, 20, 23, 60, 65, 87, 115, 142, 197, 235, 245, 254, 280.
Cinquantaine (jour de la) : 62.
Circo Massimo : 273.
Circoncision : 20, **134-136**, 143, 144, 204, 217, 227, 286.
Cirque (de Caligula à Rome) : 309.
Cirque (Massimo à Rome) : 293.
Cisjordanie : 48, 81.
Citadelle (d'Éphèse) : 209.
Citium : 112.
Citoyen romain : **19-20**, 160, 237, 238, 239, 241, 242, 247, 249, 253, 273, 291, 303, 307.
Civadière : 254.

Claude (empereur) : 90, 92, 99, 126, 180, 197, 202, 238, 277, 282.
Claudel : 88.
Claudia : 299.
Claudiconium : 126.
Claudius, voir Lysias.
Clavus : 110.
Clément (saint, 4e pape, 88-97 env.) : 282, 292, 301.
Cléopâtre : 15, 17, 298.
Cléophas : 247.
Clet (saint, 3e pape, 76-88 env.) : 301.
Climax : 115.
Cnide : 255.
Codex : 188.
Coelius, voir Caelius.
Cohorte : 234, 253.
Colère (de la, Sénèque) : 182.
Colisée : 281.
Colli romani : 268.
Collines (les sept de Rome) : 275.
Colomb (Christophe) : 116.
Colonia Julia Corinthiensis : 176, 178.
Colonne (de saint-Paul) : 113.
Colonnes d'Hercule : 292.
Colosse de Rhodes : 198, 225.
Colosses : 196, 285, 286, 288, 289, 297.
Colossiens (Épître aux) : 116, 185, 187, 188, 274, 284, **285-286**, 287, 290.
Combina : 187.
Commune de Paris : 149.
Communauté chrétienne de Rome : **279-282**, 284, 289, 301.
Communauté juive de Rome : **277-279**, 299, 300.
Communauté chrétiennes (les premières c.c.) : **144-146**, 281, 296.
Communion : 135, 137.
Communisme : 89.
Communiste : 55.
Compostelle (Saint-Jacques-de-) : 69.
Concile de Césarée : 244.
— d'Éphèse : 209.
— de Jérusalem : **134-136**, 137, 138, 143, 204, 209, 227.
— du Latran (IIIe) : 146.
— de Nicée : 134.
— Vatican II : 134.
Concilium : 134.
Concorde (Place de la) : 51.
Confession (autel de la) : 311.
Congo : 111.
Constantin (empereur) : 188, 189, 310, 311.
Constantinople : 157, 163, 175, 209.
Copte : 48, 81, 188.
Coran : 97.
Coré : 176, 177.
Coressos (mont) : 198.

Cœressos (port) : 197.
Corfou : 179.
Corinthe : 102, 146, 170, **176-183**, 189, 190, 200, 201, **202-203**, 215, **216-218**, 220, 227, 240, 280, 281, 282, 298.
Corinthe (golfe) : 178.
Corinthe (isthme) : **176-177**, 190.
Corinthiaste : 180.
Corinthien : 76, 120, 177, 180, 181, 185, 197, 202, 203, 204, 215, 217, 220, 282.
Corinthiens (*Ire épître aux*) : 59, 69, 142, 144, 145, 185, 187, 200, 202, **203**, 289.
Corinthiens (*2e épître aux*) : 84, 100, 101, 102, 103, 151, 183, 185, 201, **214**, 215, 216, 217, 218, 228, 255, 289, 301.
Corinthiens (1re épître de saint Clément aux) : 292.
Corinthiser (se) : 180.
Corinthos : 179.
Corneille (de Césarée) : 97, 135.
Cornouaille : 255.
Corse : 292.
Corydon : 176, 301.
Cos : 224.
Coups (les 39) : 228.
Courètes (rue des) : 197.
Credo : 55.
Créon : 217.
Crescens : 304.
Crésus (roi) : 115, 198.
Crète : 11, 33, 64, 255, 256, 257, 258, 265, 296, 297, 298.
Crétois : 26.
Crinagoras de Rhodes : 178.
Crispus : 181, 218.
Croisades : 62, 93, 175, 190.
Croisés : 52, 66, 96, 142, 143, 243.
Cumes : 266.
Curium : 113.
Custodia libera : 274.
Custodia militaris : 274.
Cybèle : 148.
Cyclades : 190.
Cydnos : 16, 143.
Cyrénaïque : 33, 65, 90, 93, 179, 257.
Cyrène : 95, 280.
Cyrus : 17, 31, 32.

D

Dalet : 24.
Dalmate : 275.
Dalmatie : 304.
Damaris : 175.
Damas : 10, 32, 57, 58, 64, 69, 70, 73, **76-81**, 83, 84, 86, 92, 137, 235, 281.
Damas (route de) : **73-76**, 85, 88, 101, 152, 252.
Damase (saint, pape) : 300.
Dammesheq : 77.
Dan (tribu de) : 243.
Daniel-Rops : 182.
Danunas : 142.
Daphné : **93-95**.
Dardanelles (détroit des) : 154, 156.
Dardanos : 156.
Darius : 115, 142, 216.
Darsena (la) : 263.
Datcha : 255.
David : 31, 35, 52, 55, 61, 77, 83, 122, 135, 237, 248.
David (cité de) : 29, 32, 49.
David (étoile de) : 21.
David Fighters : 9.
David (tour de) : 248.
Débir : 37.
Décalogue : 21.
Delors (Jacques) : 156.
Délos : 169.
Delphes : 159, 168, 183, 190, 223.
Démas : 284, 304.
Déméter : 176, 177, 179.
Démètre (saint) : 163.
Démétrios : 177.
Démétrius : 212, 213.
Démosthène : 41, 169, 170.
Demré : 254.
Denis (saint) : 175.
Denizli : 285.
Denys de Corinthe : 282.
Denys l'Ancien : 263.
Denys l'Aréopagite (saint) : 175.
Derbé : **130-131**, 143, 144, 195, 221.
Derviches tourneurs : 126.
Détroit des Dardanelles : 154.
— de Messine : 264.
— de Gibraltar : 292.
Détroits turcs : 149.
Deutéronome : 21, 22, 25, 46, 50, 61, 82.
Dévoluy : 143.
Diaconat : 145.
Diaconesse : 146, 181, 220.
Diacre : 65, **145**, 146, 159, 199, 226.
Dias (Bartolomeu) : 111.
Diaspora : 19, 21, 65, 87, 121.
Diatribe : 27, 41.
Dicaearchia : 266.
Didyme, alias Thomas : 68.
Didymes : 223.
Dies dominica : 284.
Difteraï : 24.
Dimashq es-Sham : 77.
Dimitri : 298.
Dioclétien (empereur) : 109, 273.
Diolkos : 177.
Dion Cassius : 293.
Dionysos : 148.

Dioscures : 133, 262.
Diploma : 237.
Disciples : 33, 61, 62, 68, 78, 86, 108, 131, 199, 200, 213, 225.
Djamia Medjin : 77.
Djebel El Assouad : 74.
— Qalamoun : 77.
— Qasioun : 77.
Docteur de la Loi : 38, 40, 51, 57, 58.
Dodécanèse : 224.
Domitien (empereur) : 209.
Domus : 281.
Domus aurea : 295.
Dorien : 115.
Dorique : 170, 179, 263, 264.
Dormition : 52, 61, 62, 210.
Douze (Apôtres) : 33, 65, 68, 69, 90, 108, 210, 283, 284.
Douze (les dieux) : 173.
Doxologie : 219.
Dracon : 172.
Droite (rue) : 76, 77, 78, 83.
Drusille : 245, 247.
Druse : 48.
Duomo (de Syracuse) : 263.
Dura Europos : 117.

E

Ecclesia : 96.
École américaine d'archéologie d'Athènes : 170, 190.
— biblique et archéologique française de Jérusalem : 54, 66.
— de Rhapsodie à Cos : 224.
— de Tyrannos à Éphèse : **199-200**.
Écriture (l', la Sainte) : 43, 45, 58, 62, 81, 85, 122, 124, 129, 144, 148, 153, 165, 199, 203.
Édremit (golfe, port) : 222, 253.
Éduyot : 44.
Égée, voir mer Égée.
Égéen : 115.
Égéenne (côte) : 117, 208.
Égéennes (îles) : 11.
Égine (golfe) : 111.
Église (l'É. tout entière, l'É. universelle) : 21, 62, 68, 82, 86, 91, 96, 98, 99, 100, 108, 123, 132, 134, 135, 136, 145, 155, 164, 183, 196, 197, 203, 204, 212, 215, 217, 218, 226, 227, 244, 274, 280, 281, 295, 297, 299, 301, 310.
Église (l'É. de Rome) : **282**, 299.
Église de l'Assomption à Jérusalem : 208.
— Saint-Barnabé à Chypre : 113.
— Saint-Clément à Rome : 281.
— Saint-Démètre à Thessalonique : 163.
— Saint-Denys l'Aréopagite à Athènes : 175.
— Saint-Georges à Thessalonique : 163.
— Saint-Joseph-des-Charpentiers à Rome : 302.
— Saint-Nicolas à Demré : 254.
— Sainte-Marie à Éphèse : 209.
— San-Paolino-alla-Regola à Rome : 274.
— Saint-Pierre et Saint-Paul à Bérée : 166.
— Sainte-Priscilla à Rome : 281.
— Sainte-Pudentienne à Rome : 281.
— Sainte-Sophie à Thessalonique : 163.
Églises (les différentes É. chrétiennes), voir, pour chacune, au nom de la ville où elle est née.
Églises (les sept de l'Apocalypse) : 196.
Églogue (4e) : 266.
Egnatia, voir Via E.
Égridir : 118.
Égypte : 20, 29, 30, 31, 33, 52, 69, 92, 93, 116, 151, 152, 179, 186, 188, 221, 254, 262, 298, 300.
Égyptien : 17, 90, 113, 235, 265, 275
El-Aqsa (mosquée) : 49.
Élamites : 33.
Éleusis : 156, 176, 179, 217.
Éleuthères : 217.
Élie : 46.
Éliezer : 44.
Elymas : 113.
Émèse (roi d') : 245.
Emmaüs : 33, 247.
Emmerich (Catherine) : 210.
Empereur (l'E. romain) : 100, 150, 162, 164, 165, 202, 248, 249, 250, 251, 252, 253, 257, 273, 274, 277, **282**, 290, 291, 301, 302, 308.
Empereur (l'E. d'Orient) : 209.
Empereurs (les trois) : 311.
Empire romain : 18, 19, 162, 178, 244, 261, 268, 275, 283, 289, 291, 307.
Énéide : 266, 294.
Enfant prodigue : 289.
En Gedi ou En Geddi : 54.
Éolien : 115, 264.
Épaphras : 285.
Épaphrodite : 159, 206, 207.
Épénète : 280.
Éphèse : 34, 68, 92, 110, 117, 146, 190, 196, **197-202**, 203, **205-213**, 217, 218, 223, 226, 233, 277, 281, 285, 287, 289, 296, 297, 304, 305.
Éphésien : 205, 209, 213, 223, 301.
Éphésiens (Épître aux) : 185, 274, **286-288**.
Éphod : 37.
Éphraïm (tribu d') : 243.
Épicurien : 172.
Épidaure : 169, 190.

INDEX

Épigrammes (de Martial) : 276.
Épiménide de Cnossos : 26, 296.
Épiphane (saint) : 62.
Épipolis : 263.
Épire : 298.
Episcopes : 145, 159.
Epistolè : 185.
Épîtres (les) : 10, 84, 88, 168, **185-189**, 196, 201, 203, 210, 280, 289.
Épîtres (d'Horace) : 276.
Épîtres de la captivité : 286.
Épîtres pastorales : 186, 296, 304.
Éraste : 181, 218.
Eretz Israël : 34.
Érythrée : 268.
Éros : 112, 176.
Érynies : 173.
Escadron de la mort : 67.
Esclavage : 288, 289.
Esclave : 146, 288, 289.
Esdras : 43.
Espagne : 69, 218, 276, **291-293**, 296, 297.
Esprit : 33, 61, 62, 80, 97, 108, 122, 137, 153, 160, 200, 204, 211, 224, 225, 239.
Esprit saint (ou Saint Esprit) : 46, 65, 66, 79, 91, 95, 107, 108, 111, 135, 147, 199, 223, 226, 278.
Esquilin : 275, 293, **294**.
Essais (de Montaigne) : 304.
Esséniens : 54.
Éternel (l') : 24.
Éthiopie : 68, 69, 116, 275.
Éthiopien : 188.
Ethnarque : 31, 32, 83, 84.
Ethnoï : 137.
Étienne : **65-67**, 68, 69, 78, 90, 112, 122, 129, 142, 225, 235.
Étrurie : 299.
Eubule : 299.
Eucharistie, voir Pain rompu.
Eucharistique (repas) : 259.
Eudoxie (impératrice) : 66.
Eumène II (roi) : 152.
Eunice : 129.
Euphémie (Golfe de Sainte) : 264.
Euphrate : 32, 51, 117.
Euripe (canal d') : 167.
Euripide : 92.
Europe (continent) : 18, 115, 117, 118, 154, 155, 157, 162.
Europe (sœur de Cadmos) : 156.
Eusèbe de Césarée : 188, 244, 282, 292, 310.
Eutyque : 221, 301.
Évangile (l'É., les É.) : 33, 61, 62, 67, 68, 69, 82, 85, 90, 100, 101, 111, 135, 146, 166, 180, 184, 185, 188, 199, 201, 211, 214, 248, 253, 274, 279, 285, 300.

Évêque : 145, 159, 197.
Évodie : 159.
Exil : 37, 40, 43, 52.
Exode : 22, 52.
Exode (livre de l') : 21.
Exorcistes : **211-212**.
Expiation (fête de l'E., des E.) : 37, 255.
Ézéchiel : 43, 102, 239.

F

Fayoum : 300.
Félix (Antonius) : 241, 244, 245, 246, 247, 248, 250, 251.
Fermée (mer) : 255.
Ferry (Jules) : 23.
Festus (le Galate) : 301.
Festus (Porcius) : 248, 249, 250, 251, 252, 253, 295.
Fièvre de Malte : 261.
Flotte (VIe F., U.S.A.) : 114.
Foi : 75, 122, 204, 211, 219, 227, 297.
Fondi : 267.
Formies : 267.
Fortunatus : 181.
Forum : 92, 275.
Forum d'Appius : 268, 295.
— d'Antioche : 92.
— de Minturno : 267.
— de Tarragone : 293.
— impérial (Rome) : 273.
Forums de Rome : 275.
Foucauld (Charles de) : 81.
Foyer (des prêtres du Temple) : 36.
Francs : 190.
Français : 154.
France : 115, 156, 175.
Franciscains : 78.
François de Sales (saint) : 11.
Frossard (André) : 75
Frumentarii : 274.

G

Gadès : 293.
Gaète (Golfe de) : 267
Gahal · 96.
Gaïus (de Corinthe) : 218
Gaïus (de Derbé) : 221.
Gaïus (de Macédoine) : 213.
Gaïus (prêtre) : 282, 310.
Galata : 149.
Galatia : 149.
Galates (Épître aux) . 45, 58, 81, 82, 86 97, 98, 134, 136, 137, 138, 150, 151 185, 186, 187, **204**, 210

Galate : 147, **149-151**, 195, 201, **204**, 285, 301.
Galatie : 115, **149-151**, 152, 220, 304.
Galère (empereur) : 163.
Galice (Compostelle) : 69.
Galien (Claude) : 152.
Galilée : 9, 19, 26, 31, 32, 33, 51, 56, 57, 64, 68, 74, 81, 86, 281.
Galiléen : 56, 68, 144, 181.
Galles : 148.
Gallion (Lucius Junius) : **182**.
Gallipoli : 154.
Gama (Vasco de) : 111.
Gamaliel : 28, **39-47**, 50, 51, 55, 57, 58, 60, 63, 64, 67, 88, 235, 306.
Gamla : 40.
Gangitès : 158.
Ganymède : 95, 176.
Garde prétorienne : 273.
Garigliano : 267.
Garonne (la) : 149.
Gaudos : 256.
Gaule : 64, 149, 197, 304.
Gaulois : 149, 196, 275, 302.
Gaza : 48.
Gazette (la) : 188.
Géhenne (vallée de la) : 30.
Gelemis : 225.
Gênes : 292.
Génésareth : 56.
Genèse (livre de la) : 20, 24, 30, 32, 33, 35, 46, 52, 77, 135, 144.
Génocide : 163.
Gens : 36, 138.
Gentes : 138.
Gentiles : 138.
Gentils : 137, 138.
Genua : 292.
Géographie (Strabon) : 19.
Georges (saint, église) : 163.
Géorgien : 188.
Géorgiques (les) : 264.
Germains : 275.
Germanie : 283.
Gethsémani : 102.
Ghetto : 277.
Gibraltar : 292.
Gimel : 24.
Giscala : 19.
Giudecca : 278.
Glubb Pacha : 47.
Glyfada : 168.
Gnostique : 217.
Goï ou goye, goïm : 91, 233
Golan : 9, 10, 74.
Golfe d'Alexandrette : 91.
— d'Assos : 214.
— d'Atra : 298.

— de Corinthe : 178.
— d'Édremit : 222, 253.
— d'Éphèse : 208.
— de Gaète : 267.
— de Naples : 264.
— de Patras : 298.
— de Policastro : 264.
— de Sainte-Euphémie : 264.
— Saronique : 176, 190.
— thermaïque : 162.
Golgotha : 237, 280.
Gordien (nœud) : 148.
Gordion : 148, 196.
Gothique : 188.
Gourion (David Ben) : 242.
Gouverneur — de Malte : 261, 262.
— la province romaine d'Asie : 202.
— Palestine : 241, 242, 244, 245, **246**, 247, 250, 251, 252.
— Syrie : 92.
Graecia capta : 169.
Grande-Bretagne : 115, 189.
Grande Grèce : 263.
Grand Pardon : 37.
Grand Prêtre : 23, 37, 44, 55, 56, 63, 66, 69, 70, 73, 76, 78, 81, 84, 211, 233, 235, 236, 238, 239, 240, 245, 246, 248, 295, 306.
Gratius (Valerius) : 32.
Grec, grecque : 17, 18, 19, 20, 21, 23, 26, 27, 31, 34, 36, 38, 41, 48, 58, 62, 65, 86, 89, 90, 91, 92, 94, 96, 98, 111, 112, 113, 114, 116, 121, 126, 129, 130, 132, 136, 137, 138, 143, 144, 145, 147, 149, 153, 156, 158, 162, 163, 164, 165, 167, 169, 171, 172, 173, 175, 176, 177, 179, 186, 188, 208, 212, 216, 217, 223, 233, 234, 235, 248, 261, 263, 264, 275, 288, 295, 297, 300, 308.
Grèce : 11, 18, 41, 68, 92, 93, 116, 159, 162, 163, 166, 167, **167-190**, 176, 179, 182, 197, 199, 201, 212, 216, 218, 222 225, 227, 228, 254, 264, 291, 307.
Guerre juive (la) : 55.
Guerre de l'indépendance : 29, 47.
— des six jours : 9, 48, 82.
— de Macédoine (les trois) : 169.
— médique (première) : 216.
— médique (seconde) : 111.
— mondiale (Seconde) : 148, 163.
— du Péloponnèse : 161, 169.
— de Troie : **152-154**.
Guillaume II : 61.
Guitton (Jean) : 136.
Gutenberg : 188.

H

Hadrien (empereur) : 62, 114, 153, 197, 281.
Hafez el Hassad : 77.
Hag Hamazot : 50.
Hag Hashavuot : 50.
Hag Hasukot : 50.
Hagia Maria : 209.
Hakham : 58.
Halicarnasse : 198, 210.
Halkida : 167.
Hambourg (manuscrit de) : 300, 301, 302.
— (université) : 300.
Hananya Ben Nabay (alias Ananias, grand prêtre) : 238.
Haram : 38.
Harmonie : 156.
Harran : 32, 77.
Hasmonéen : 50.
Hassan : 96, 97.
Hattites : 115.
Hatunsaray : 127.
Hazzan : 121.
Hébraïque : 34, 43, 74, 187, 235.
Hébreu : 19, 21, 23, 25, 29, 31, 33, 34, 40, 42, 43, 45, 53, 62, 65, 91, 98, 138, 184, 221, 238, 308.
Hébreux (Épître aux) : 185, **305-306**.
Hébron : 52, 53.
Hécate : 94.
Hélène (reine d'Adiabène) : 99.
Hélios : 179.
Hellade : 27.
Hellène : 27, 144.
Hellénique : 17, 26, 41, 96, 111, 112, 114, 134, 142, 156, 175, 176, 261, 263.
Hellénisé : 25, 85, 90.
Helléniste : 41, 65, 68, 69, 87, 91, 115 135, 153.
Hellénistique : 15, 92, 116, 132, 133, 170, 204, 223.
Henri le Navigateur : 111.
Hephaïstos : 112, 170, 172
Héra : 223.
Héraclite : 200.
Herculanum : 264.
Hermas : 280.
Hermès (divinité) : 128, 133.
Hermès (de Rome) : 280.
Hermogène : 304.
Hermon (mont) : 9, 74.
Hérode Ier dit le Grand : 28, 31, 34, 36, 53, 56, 70, 74, 100, 111, 149, 236, 237, 238, 242, 243, 244, 245, 248, 250, 280.
Hérode Agrippa Ier : 69, 100, 245, 250.
Hérode Agrippa II, dit Agrippa (Marcus-Julius) : 75, 250, 251, 252, 290.
Hérode Antipas : 31, 81, 95, 100, 250.
Hérode (royaume d') : 34.
Hérodien : 34, 51.
Hérodion (de Palestine) : 53.
Hérodion (de Rome) : 281.
Heykal : 37.
Hiérapolis : 68, 196, 228, 282, 285, 297.
Hiérodule : 179, 180.
Hiérogamie : 179.
Hiéron II : 263.
Hiérosolomytain : 34, 58, 236.
Hillel : 40, 42, 55.
Hinnom : 30.
Hippocrate : 224, 225.
Hippone : 196.
Hissarlik : 154.
Histoire ecclésiastique (Eusèbe) : 310.
Histoire naturelle (Pline) : 284.
Hittites : 17, 93, 115, 125, 143, 148, 150, 196.
Holocaustes (autel des) : 36, 38.
Homère : 41, 96, 153, 154, 222, 224, 261, 288.
Homérides : 224.
Homérique : 154.
Hommes illustres (Saint Jérome) : 19.
Homs : 245.
Honaz : 285.
Honorius (empereur) : 311.
Horace : 276.
Horeb : 169.
Hugo (Victor) : 191.
Humashin : 24.
Hurrites : 115.
Hussein (roi de Jordanie) : 29, 48, 82, 242.
Huttes (fête des) : 50.
Hyde Park Corner : 170.
Hyménée : 296.
Hymette : 174.
Hymne à la joie : 207, 208.

I

Iasion : 156.
Ibères : 275.
Ibérique (péninsule) : 218, 292.
Iconium : **124-126**, 127, 128, 131, 143, 144, 195
Ida : 153.
Iduméen : 36.
Île de :
— Capri : 265.
— de Cauda : 256.
— de Chio : 214, 222.
— de Corfou : 179.
— de Corse : 292.

— de Cos : 224.
— de Crète : 11, 33, 64, 255, 256, 257, 258, 265.
— de Délos : 169.
— de Eubée : 167.
— de Gaudos : 256
— de Ikaria : 190.
— de Ischia : 265.
— de Ithaque : 298.
— de Kitnos : 190.
— de la Giudecca : 278.
— de Lemnos : 214.
— de Lesbos : 214, 222, 253.
— de Malte : **259-262**.
— de Mykonos : 190.
— de Naxos : 169.
— de Nisida : 265.
— de Ortygie : 263.
— de Paros : 169, 174.
— de Patmos : 209.
— de Rhodes : 169, 178, 225, 254.
— de Salamine : 168, 174, 176.
— de Samos : 190, 214, 222, 223, 266.
— de Sardaigne : 277.
— de Sicile : 11, 92, 169, 258, **262-263**, 264, 292.
— de Simena : 254.
— de Siros : 190.
— de Skiatos : 167.
— de Thasos : 156, 214.
— de Tinos : 190.
— du Tibre (Rome) : 291, 300.
Îles :
— Cyclades : 190.
— Éoliennes : 264.
— Lipari : 264.
— Sporades : 167, 190.
Iliade : 147, 153, 154.
Illyrie : 218.
Imaret : 156.
Impedimenta : 118.
Inde : 68, 148.
Indo-européen : 147.
Infidelium (in partibus) : 197.
Innocents (massacre des) : 250.
Insulae : 275.
Io : 17.
Ionien : 115.
Ionienne (mer) : 177, 298.
Ionique : 156, 198.
Invitus, invita : 250.
Ira Flavia : 69.
Irak : 29, 117, 154.
Irakien : 59, 99.
Iran : 33, 115.
Irénée (saint) : 282.
Isaac : 22, 35, 52.
Isaïe : 79, 102, 278, 279.
Isaïe (Livre d') : 54, 79, 83, 135, 279.

Iscariote, voir Judas.
Ischia : 265.
Isis (déesse) : 94, 190.
Isis (navire) : 254.
Iskenderum : 91, 142.
Islam : 25, 40, 52, 76, 81.
Ismaël : 52, 144.
Isparta : 118.
Israël : 11, 18, 20, 21, 22, 23, 31, 32, 33, 35, 37, 38, 40, 43, 48, 49, 51, 52, 53, 56, 62, 70, 73, 77, 79, 80, 82, 108, 122, 135, 136, 138, 143, 211, 221, 236, 238, 242, 249, 278, 306.
Israélien : 9, 29, 47, 48, 243.
Israélite : 21, 27, 32, 35, 50, 58, 62, 63, 65, 79, 82, 83, 91, 94, 118, 121, 122, 123, 124, 134, 137, 144, 159, 163, 180, 182, 213, 233, 234, 236, 247, 277.
Issos : 142.
Istanbul (Institut français d'archéologie) : 148.
Istanbul (ville) : 134, 149.
Isthme (de Corinthe) : **176-177**, 178, 179, 190, 215, 217, 298.
Isthmia : 178.
Italie : 26, 92, 149, 197, 225, 254, 255, 264, 265, 267, 288, 298.
Italien : 266, 268.
Italienne (péninsule) : 11, 264.
Ithaque : 298.
Izatès (roi) : 99.
Izmir : 196, 210, 222.
Iznik : 134.

J

Jacob : 22, 52.
Jacob (songe de) : 20.
Jacques, fils d'Alphée : 69.
Jacques le Majeur (apôtre) : 69, 100, 250.
Jacques le Mineur (apôtre, évêque de Jérusalem) : 69, 86, 97, 134, 135, 136, 227, 250, 295.
Jaffa : 28, 64, 69, 97, 237, 281.
Jaïros ou Jaïre (fille de J.) : 69.
Janicule : 275.
Janus (temple de) : 18.
Japhet : 28.
Jardin des Oliviers : 101, 208.
Jason (de Corinthe) : 218.
Jason (de Rome) : 281.
Jason (de Thessalonique) : 163, 164, 165
Jé (Yahvé) : 30.
Jean (Apocalypse de) : 196, 209.
Jean (le disciple bien-aimé) : 63, 68, 69, 86, 88, 89, 100, 116, 134, 136, 208, 209, 210, 211, 250, 279.
Jean (Épîtres de, 1re. 2e et 3e) : 186.

INDEX

Jean (Évangile de) : 208, 209.
Jean-Baptiste : 81, 199, 250.
Jean-Marc, voir Marc.
Jean-Paul II (pape) : 189.
Jébuséen : 30, 35.
Jéricho : 20, 31, 53, 74, 242.
Jérôme (saint) : 19, 138, 296.
Jérusalem : 20, 22, 24, 26, 27, **28-53**, 54, 56, 57, 59, 61, 62, 64, 67, 68, 69, 73, 74, 75, 78, 79, 81, 83, 84, 85, 86, 87, 88, 89, 90, 91, **98-101**, 102, 112, 116, 123, 131, 134, 136, 138, 144, 151, 164, 172, 177, 182, 191, 204, 208, 209, 212, 218, 221, 223, **224-229**, 233, 235, 236, 237, 238, 240, 241, 242, 244, 246, 247, 248, 249, 250, 251, 278, 281, 283, 286, 295, 301, 306.
Jésus : 11, 21, 43, 55, **56-57**, 59, 61, 63, 64, 65, 66, 67, 68, 69, 73, 74, 75, 79, 80, 82, 83, 84, 85, 86, 88, 89, 90, 95, 96, 97, 101, 102, 108, 122, 124, 135, 138, 144, 145, 150, 153, 159, 160, 164, 165, 167, 169, 172, 176, 181, 182, 184, 189, 199, 200, 207, 208, 211, 212, 217, 218, 221, 222, 224, 226, 237, 238, 241, 247, 249, 251, 252, 266, 278, 279, 281, 283, 284, 286, 287, 289, 290, 295, 296, 297, 302, 305.
Jeudi saint : 61.
Joachim : 209.
Joël : 95.
Joppé, voir Jaffa.
Jordanie : 29, 34, 47, 53, 81
Jordanien : 47, 48, 54, 242.
Joseph (dit Barnabas) : 85.
Joseph (époux de la Vierge) : 26, 56, 57, 209.
Josèphe (Flavius) : 50, 55, 69, 77, 99, 118, 211, 237, 248, 254.
Josias : 31.
Josué : 43.
Jourdain : 9, 32, 51, 74, 81, 158, 199.
Judaïsant : 98, 135, 204, 286, 296.
Judaïsme : 24, 43, 45, 54, 55, 58, 98, 122, 144, 182, 220, 227, 277, 283.
Judas (d'Antioche) : 136, 137.
Judas (de Damas) : 76, 80, 83.
Judas (le Galiléen) : 63.
Judas (Iscariote) : 69.
Judas Maccabée : 35.
Jude, alias Thaddée (Apôtre) : 69.
Jude (disciple de Paul) : 305.
Judée : 28, 31, 32, 33, 47, 53, 64, 68, 77, 81, 90, 92, 94, 99, 100, 134, 177, 212, 218, 226, 243, 244, 247, 249, 251, 273, 278, 295.
Judéen : 34.
Judéo-chrétien : 69, 217.
Juges (Époque des J.) : 122.

Jugurtha : 302.
Juif, juive : 9, 13, 18, 19, 20, 21, 23, 24, 25, 26, 27, 28, 29, 31, 32, 33, 34, 35, 36, 38, 45, 48, 49, 51, 52, 56, 58, 59, 61, 62, 65, 66, 67, 73, 76, 77, 79, 80, 81, 82, 83, 84, 85, 87, 88, 90, 96, 97, 98, 99, 100, 101, 108, 111, 112, 113, 114, 118, 121, 122, 123, 124, 126, 128, 129, 136, 143, 144, 152, 158, 160, 163, 164, 165, 166, 170, 176, 177, 180, 181, 182, 183, 190, 195, 202, 205, 211, 212, 213, 214, 217, 220, 224, 225, 226, 227, 228, 233, 234, 235, 236, 237, 238, 240, 241, 242, 245, 246, 247, 248, 249, 251, 252, 253, 274, 275, 276, 277, 279, 280, 281, 282, 283, 285, 290, 299, 301, 307.
Juin (Alphonse, Maréchal) : 267.
Julia Augusta Gaditana : 292.
Julie : 280.
Julius (centurion) : 253, 254, 256, 262, 265, 273.
Junias : 280.
Jupiter : 267.
Juscivitatis : 19.
Justification : 122, 227.
Justinien (empereur) : 208, 244.
Juvénal (patriarche) : 66.
Juvénal (écrivain) : 276.

K

Kayseri : 244.
Kalahazar : 152.
Kali Liménè : 255.
Kalimafion : 208.
Kamariotissa : 156.
Karadag (volcan) : 130.
Karaman : 130.
Karpassos : 111.
Kasher : 98, 286.
Kasteli : 256.
Katerini : 167.
Kaubab : 74.
Kavala : 157.
Kaza : 217.
Kaz Dagi : 153.
Kéléos (roi) : 176.
Kémal (Mustapha) : 150.
Keneset : 121.
Kérygme : 164.
Khéops : 198.
Kibboutz, kibboutzim : 9.
Kinèta : 177.
Kinik : 225.
Kippa : 24.
Kippour, voir Yom Kippour.
Kirkingje : 209.

Kitnos : 190.
Kizil Dag : 142.
Knesset : 121.
Knidas : 255.
Kolosaï : 285.
Konya : 125, 126.
Krénidès : 158.
Kumkalé : 154.
Kuneitra : 9.
Kupros : 111.
Kurdistan : 99.
Kuşadasi : 197.

L

La Boëtie : 304.
Lac (le) : voir Tibériade, Génésareth, mer de Galilée : 189.
Lacédémone : 161.
Lagides : 31.
Lagrange (Marie-Dominique, O.P.) : 66.
La Mecque : 49.
Land's End : 255.
Laodicée : 188, 196, 285, 297.
Laodicéen : 185.
La Palisse : 305.
Larissa : 166, 216, 298.
Larnaca : 112.
Lasaïa : 255.
Latin : 21, 34, 36, 48, 138, 170, 180, 188, 234.
Latina : 268.
Latium : 267, 275, 284.
Laurentina (via) : 308.
Lazariste : 210.
Lechaïon : 178.
Lectra : 125.
Léda : 176, 262.
Légat (de Syrie) : 77.
Légende dorée : 309.
Legibus (de) : 164.
Légion arabe : 47.
Légion gauloise : 120.
Légion romaine : 31, 92, 117, 162, 178, 234, 244, 274, 308.
Légionnaires : 235, 237, 248.
Leishmaniose : 152.
Lemnos : 214.
Léonidas (roi de Sparte) : 216.
Lepini : 268.
Lesbos : 214, 222, 253.
Lettres (de Sénèque) : 274, 276.
Leucade : 179.
Lévi, alias Matthieu : 68.
Lévi (tribu de) : 85.
Lévite : 38, 85, 234.
Lévitique (le) : 23, 24, 25, 42, 46, 97, 204.

Lia : 52.
Liban : 29, 35, 250.
Libanais : 253.
Libellarius : 121.
Libérien (catalogue) : 282.
Libye : 33, 179.
Libyen : 275.
Licinius : 78.
Licteur : 160, 308.
Limassol : 112.
Limes : 81, 117.
Limnaï (lac) : 118.
Lin (saint, 2e pape, 67-76 env.) : 299, 300, 301, 307.
Lions (port des) : 223.
Lipari : 264.
Lishkat Hagazit : 36.
Livre (arabe du passage de la Bienheureuse Vierge Marie) : 209.
Livre (le) : 21, 23, 41, 46, 51, 121.
Loculi : 310.
Lod : 242.
Loi (de Moïse) : 20, 91, 122, 123, 135, 204, 278, 296.
Loi (la) : 21, 25, 26, 28, 42, 43, 45, 50, 51, 55, 58, 59, 60, 65, 66, 67, 88, 94, 98, 121, 122, 204, 219, 221, 227, 233, 238, 239, 241, 246, 249, 295.
Loïs : 129.
Londres : 170.
Longpont : 175.
Longus : 308.
Louis (Saint, roi de France) : 243, 244.
Louis XIII : 24.
Louis XVI : 148.
Lourdes : 198.
Loutropourgos : 176.
Louve (fils de la) : 110.
Louvre (musée du) : 99, 156.
Luc : 33, 66, 68, 70, 74, 75, 78, 79, 82, 84, 95, 100, 107, 117, 126, 147, **155**, 158, 161, 162, 168, 171, 172, 174, 190, 195, 198, 201, 205, 210, 211, 212, 214, 221, 225, 226, 227, 241, 247, 248, 251, 253, 254, 255, 260, 265, 268, 274, 279, 284, 290, 300, 304.
Luc (évangile de) : 33, 108, 248, 253.
Lucine : 310.
Lucius : 95.
Lucius (de Corinthe) : 218.
Luther : 219.
Luthérianisme : 219.
Lycabette : 173.
Lycaonie : 115, 125, 128, 130.
Lycie : 115, 132, 225, 254.
Lycus : 285.
Lydia ou Lydie : 158, 159, 161.
Lydie (royaume de) : 115, 197, 198.
Lyon : 116, 282.

Lysias (Claudius) : 234, 237, 239, 241, 247, 251.
Lysimaque : 198.
Lysippe : 93.
Lysistrata : 158.
Lystres : **127-129**, 131, 143, 144, 195, 304.

M

Ma'aser : 42.
Maccabées : 31.
Maccabées (les sept) : 19.
Macédoine : 16, 69, 154, 155, **156-167**, 171, 183, 207, 212, 213, **214-215**, 218, 221, 222, 225, 227, 297.
Macédonien : 17, 115, 142, 143, 147, 155, 157, 177, 206, 213, 214, 253, 284.
Madaba : 49.
Madone : 155.
Madras : 68.
Madri : (les) : 267.
Magaraçik : 109.
Magnésie : 198.
Maïeutique : 27, 41.
Maison dorée : 293.
Maison de la Vierge, voir Vierge.
Maître Jacques : 262.
Majestas (loi sur la) : 308.
Majeures (les trois) : 286.
Makpéla : 52.
Malaria : 116, 152, 197, 201, 268.
Malée : 228.
Maltais : 259, 260, 261.
Malte : 11, **259-262**.
Malte (fièvre de) : 261.
Mambré (chêne de) : 53.
Mamelouks : 48, 93.
Mamertime (prison) : 302, 303.
Manaem : 95.
Manassé (tribu de) : 243.
Mandelbaum (porte) : 48.
Manuel de discipline : 54.
Manuscrits de la mer morte : 54.
Marais pontins : 267, 268.
Marais salvien : 308.
Marathon : 168, 216.
Marc : 100, 101, 110, 115, 116, 141, 284.
Marc (Évangile de) : 61, 68, 101, 102, 189.
Marc-Antoine, voir Antoine.
Marcellus : 300.
Marcus-Julius : voir Hérode Agrippa II : 250.
Mardin : 59.
Mare clausum : 255.
Mare nostrum : 110.

Marie (de Rome) : 280.
Marie (Mère de Jésus) : 57, 96, 97, 208, 209.
Marie (Mère de Marc) : 100.
Marie (Sainte-Marie-Majeure, Rome) : 155, 281.
Marmara, voir mer de.
Maronite : 48.
Marseille : 116, 292.
Martial : 276.
Martien : 263.
Martinien : 303.
Massilia : 292.
Matapan : 177.
Matha (saint Jean de) : 146.
Matthias (Apôtre) : 69.
Matthieu (Apôtre) : 68.
Matthieu (Évangile de) : 55, 69, 108, 124, 182.
Mauritanie : 244.
Mausolée (d'Halicarnasse) : 198.
Mdina : 260, 261.
Méa Shéarim : 24.
Méandre : 196, 223.
Méchoumad : 79.
Médersa : 130.
Mèdes : 33, 68.
Médique (1re guerre) : 216.
Médique (2e guerre) : 111.
Méditerranée (mer) : 17, 32, 57, 92, 110, 117, 132, 142, 178, 222, 225, 254, 256, 264, 298.
Méditerranéen (Bassin) : 10, 20, 26, 113, 115, 171, 197, 224, 261, 275, 277, 293.
Mégara : 177.
Mehemet Ali (Sultan) : 156.
Melamed Tinogot : 24.
Melanchton : 219.
Melchisédech : 30.
Mélita (La) : 261.
Mellieha : 259.
Ménandre : 26.
Menderès : 196, 223.
Mer d'Airain : 36.
— d'Aral : 142.
— Égée : 68, 115, 146, 177, 190, 210, 214, 223, 255.
— *Fermée* : 255.
— de Galilée : 32, 57, 74.
— de Génésareth : 54.
— Ionienne : 177, 298.
— de Marmara : 153.
— Morte : 36, 53, 54.
— Noire : 68, 115, 117, 153, 180.
— *Ouverte* : 262, 298.
— de Thrace : 156.
Merveilles (les sept du monde) : 198.
Meryem Ana Eni : 208.

Mésopotamie : 32, 33, 35, 77, 81, 92, 93, 283.
Message (le) : 64, 68, 201.
Messe, voir Pain rompu.
Messie (le) : 21, 64, 83, 85, 88, 96, 124, 165, 181.
Messine (détroit) : 264.
Métamorphoses (les) : 128.
Metella (Caecilia) : 269.
Météores (les) : 168.
Métropolite (de Bérée) : 166.
Mézouza : 22.
Michel (évêque) : 130.
Michel-Ange : 266.
Michigan (université du) : 120.
Midas (roi) : 148.
Midas Shéri : 147, 196.
Midrash : 44.
Midrash agadah : 44.
Midrash halakha : 44.
Milet : 200, **222-224**, 297.
Mille (les dix mille) : 153.
Miltiade : 216.
Miltner : 209.
Minerve : 263.
Minturno : 267.
Miqra' : 25.
Mishna : 26.
Mishnaique : 43.
Misogyne : 159.
Mission : **107-108**, 133, 211, 218.
Missionnaire : 108, 125, 144, 157, 184, 191, 195, 254, 281.
Mithra : 23.
Mnason : 226.
Moab : 53.
Moïse : 21, 23, 25, 37, 43, 51, 60, 65, 66, 82, 91, 122, 135, 148, 167, 204, 217, 219, 227, 238, 241, 252, 278.
Montaigne : 304.
Mont Amanus : 93, 42.
— Ararat : 169.
— Carmel : 242.
— Cassius : 109, 110.
— Climax : 115.
— Caelius : 275.
— Coressos : 198.
— Hermon : 9, 74.
— Horeb : 169.
— Hymette : 168, 174.
— Ida : 153.
— Moriah : 35.
— Nébo : 82.
— des Oliviers : 50, 102, 167.
— Olympe : 167.
— Palatin : 275.
— Parnasse : 190.
— Parnès : 174.
— Pelion : 168.
— Pentélique : 174.
— Pion : 198.
— Scopus : 48.
— Silpios : 91.
— Sinaï : 62, 167.
— Sion : 52, 61, 137.
— Solyma : 104.
— Ulu Dag : 244.
Monts de l'Attique : 174.
— Aurunci : 268.
— Ausoni : 268.
— de Judée : 28, 47, 243.
— Lepini : 268.
— de Moab : 53.
Mont-de-piété : 274.
Mopsos : 133.
Morte, voir mer Morte.
Mosquée Djamia Medjdin : 77.
— El Aksa : 49.
— des Omeyyades : 77.
— du sultan Selim : 126.
Moyen-Orient : 32, 92.
Muezzin : 116.
Mummius : 178.
Mur des Lamentations : 49.
— occidental : 49.
— de l'Ouest : 49.
— des Pleurs : 49.
— du Temple : 26, 29.
Muses (les neuf) : 133.
Mussolini : 268.
Musulman : 48, 52, 116.
Mycènes : 168.
Mycénien : 177.
Mykonos : 169, 190.
Myra : 132.
Myre : 254.
Myriam, voir Marie.
Myriandos : 142.
Mysie : 115, 152, 222.
Mythra : 281.
Mytilène : 222.

N

Nabatéen : 34, 77, 81, 82.
Nabay (Hananya ben) : 238.
Nabuchodonosor : 31, 35.
Naïades : 261.
Naples : 26, 264, 267.
Naplouse : 74.
Narbo : 292.
Narbonne : 113, 292.
Narcisse : 280, 281.
Nations unies : 48.
Nauplie : 168.
Navis oneraria : 110, 254.
Naxos : 169.

Nazaréen : 56, 61, 81.
Nazareth : 26, 51, 56, 69, 84.
Nazi : 163.
Nazir : 36, 233.
Naziréat : 227.
Nazôréen : 66, 74, 245.
Nea Paphos, voir Paphos.
Néapolis (à Syracuse) : 263.
Néapolis (de Macédoine) : 156, 157, 214, 221.
Nébédée : 239.
Nébo (mont) : 82.
Nelson (amiral) : 254.
Nérée : 280.
Néron : 127, 177, 202, 245, 248, 253, 276, 291, 293, 295, 299, 301, 302, 307, 308, 309.
Nesi'ut : 40.
Nestorius : 209.
Neuvième symphonie (de Beethoven) : 208.
Nicanor : 65.
Nicator : 17, 92, 109.
Nicée : 134.
Nicodème Ier (roi) : 149.
Nicolas : 65.
Nicolas (Eglise Saint-N.) : 254.
Nicopolis : **297-299**.
Nicosie : 112.
Nil : 17, 33.
Ninfa : 268.
Nisida : 265.
Nivelon de Chérizy : 175.
Noé : 28, 135.
Noeud gordien : 148.
Noire, voir mer Noire.
Nokhri : 138.
Nola : 26.
Nombres (livre des) : 46.
Nomentana (via) : 274.
Notre Père : 283.
Nouvelle, voir Bonne Nouvelle.
Nubiens : 275.
Numa Pompilius : 18.
Numide : 275, 302.
Numidie : 179.

O

Obélisque (de Néron) : 309.
Oblation, voir Pain rompu.
Occident : 111, 162, 255, 292.
Occidental : 187.
Octave, futur empereur Auguste : 18, 158, 293, 298.
Octavie . 307.
Odéon d'Agrippa : 171.
— de Cnide : 255.
— de Thessalonique : 163.

Odyssée (l') : 17, 261, 298.
Œdipe : 217.
Oliviers, voir Mont, Jardin des.
Olympe : 94, 112, 167.
Olympas : 280.
Olympie : 169, 178, 198.
Oneraria : 110, 254.
Onésime : 286, **288-289**.
Onesimos : 288.
Onésiphore : 125, 126, 303.
Onze (les) : 61.
Ophel : 49.
Ora et labora : 282-284.
Oracle de Delphes : 159, 223.
— de Didymes : 223.
Orient : 18, 40, 76, 77, 94, 118, 142, 162, 170, 177, 196, 209, 255.
Orient (Moyen) voir Moyen-Orient.
— (Proche) voir Proche-Orient.
Origène : 244.
Oronte : 93, 95, 101, 102, 142, 195, 245, 281.
Orthodoxe (Grecs) : 166, 208, 209.
Orthodoxe (Juif) : 24.
Ortygie : 263.
Ostie : 265, 292, 308, 310.
Ostracisme : 157.
Ourano-altaïque : 115.
Ouverte, Voir mer O.
Ovide : 127.

P

Pachino : 263.
Pactole : 148, 198.
Paenula : 118.
Paestum : 264.
Paganisme : 35, 47, 135, 136, 220.
Païdiskeïon : 198.
Païen, païenne : 33, 36, 77, 86, 87, 88, 91, 97, 98, 107, 122, 124, 126, 135, 136, 137, 138, 153, 181, 183, 203, 217, 218, 226, 227, 234, 236, 252, 279.
Pain rompu : 89, 181, 195, 200, 221, 222, 258, 284.
Pains de Proposition : 37.
Palais d'Hérode (Césarée) : 244
— (Jérusalem) : 237.
— impériaux (Rome) : 275.
— de Néron (Rome) :
Palatin : 273, 275, 293.
Palestine : 19, 20, 31, 33, 34, 42, 53, 54, 61, 64, 65, 69, 77, 82, 92, 93, 108, 111, 149, 218, 220, 242, 245, 248, 250, 277, 281, 283, 296.
Palestinien : 23, 48.
Pallas : 244.
Palmyre : 109.

Paludisme : 152, 201.
Pamphyle : 244.
Pamphylie : 33, 115, 116, 120, 132, 141, 254.
Pamukalé : 196.
Pan : 133.
Panathénées : 94, 176.
Panaya Uç Kapulu Monastiri : 210.
Pangée : 157, 161.
Panthéon : 275.
Paolino (San Paolino alla Regola) : 274.
Pape : 197, 282, 300, 305, 311.
Paphlagonie : 115, 149.
Paphos : 111, 112, 113, 114.
Papias : 282.
Papyrus : 24, 152, 179, 186, 187, 188, 218.
Pâque (la) : 50, 62, 100, 191, 281.
Pâques : 84, 172, 221, 244.
Parchemin : 24, 152, 186, 187, 188.
Parcs (nationaux d'Israël) : 242, 243.
Paradis : 102.
Parfums : 37.
Paris (ville) : 148.
Parmenas : 65.
Parnasse : 190.
Parnès : 174.
Parole (la) : 51, 165.
Paros : 169, 174.
Parousie : 184.
Parthenius : 309.
Parthénopée : 264, 266.
Parthénos (Athéna P.) : 156.
Parthes : 31, 33.
Partibus (évêques *in p.*) : 197.
Parvis des femmes : 36, 233.
— Gentils : 36.
— hommes : 36.
— Israélites : 36.
— païens : 36, 234.
— prêtres : 36.
Parush, Perushim : 21.
Paskha : 221
Passage (le) : 241.
Passero : 263.
Passion (du Christ) : 128.
Passion de Pierre et Paul (apocryphe) : 300.
Patara : 225.
Patmos : 209.
Patras : 68, 298.
Patriarche (de Constantinople) : 209.
Patrobas : 280.
Patrocle (dans l'Iliade) : 153.
Patrocle (échanson de Néron) : 301, 302
Paul :
— Première apparition de ce nom dans les Actes : **113-114**.
(A partir de là, ce nom est seul utilisé)

Paul (saint) : 11, 12, 57, 78, 113, 204.
Paul : Saint Paul's Bay, Malte : 259, **261**.
— Catacombes de Saint-P. : 261.
— Églises de Saint-P. : 261.
— Grotte de Saint-P. : 261, 262.
— Saint Paul le naufragé (vins et spiritueux) : 261.
— Source de Saint-P. : 261.
— Statues de Saint-P. : 261.
— Tour de Saint-P. (Éphèse) : 205.
Paul IV (pape) : 278.
Paulinien : 287, 293, 306.
Paulinisme : 282.
Paulos : 114.
Paulus (Caïus Julius) : 19.
Paulus (Sergius) : 113.
Pausanias : 166.
Pavie : 62.
Pax romana : 18, 31.
Peguy : 118.
Pélion : 168.
Pella : 166, 168.
Péloponnèse : 161, 169, 177, 183, 220.
Pentateuque : 21, 24, 43.
Pentecôte : 33, **61-63**, 69, 83, 85, 145, 164, 199, 209, 223, 226.
Pentèlique : 174.
Péot : 24.
Père (de l'Église) : 292.
Pergame : 59, 114, 149, 152, 186, 196, 214.
Pergamena : 152.
Pergé : 114, 115, 117, 118, **132-133**, 152.
Pergé (Porte de) : 114.
Périandre : 177.
Périclès : 169, 174.
Persan : 23.
Perse (la) : 69, 92.
Perséphone : 177.
Perses : 31, 32, 68, 93, 115, 142, 143, 216
Persis : 280.
Pesaḥ : 221, 241.
Pessinonte : 148, 149, 196.
Pétase : 118, 190, 267.
Peta Tiqwa : 242.
Pétra : 34, 81, 82, 84.
Pétrone : 258.
Peuple élu : 121.
Phalange (macédonienne) : 157
Phare (d'Alexandrie) : 198.
Pharisien : 21, 23, 28, 40, 41, 44, 45, 46, 53, 55, 60, 63, 239, 252, 296.
Pharisaïsme : 42, 134.
Pharsale : 166.
Phébée : 181.
Phénicie : 28, 64, 69, 82, 90, 92, 111, 179, 197, 225, 243, 253.
Phénicien : 111, 112, 113, 226, 261.
Phénix : 256.

Phérètas : 309.
Philadelphie : 196.
Philèmon (mari de Baucis) : 128.
Philèmon (de Colosses) : 288, 292, 297
Philèmon (Épître à) : 58, 185, **288-289**, 290, 292.
Philètos : 296.
Philippe (Apôtre) : 68, 244.
Philippe (diacre, dit l'Évangéliste) : 65, 226.
Philippe II (roi de Macédoine) : 157, 161, 166.
Philippes (ville) : **157-161**, 164, 205, 206, 207, 208, 214, 221, 297.
Philippiens (Épître aux) : 60, 145, 159, 185, 202, 205, 206, **207-208**, 214, 301, 311.
Philologue : 280.
Philoménion : 125.
Phlégéens (champs) : 266.
Phlégon : 280.
Phocée : 210.
Phoebé : 146, 220.
Phryges (les) : 147.
Phrygie : 33, 68, 115, **146-148**, 195, 244, 285.
Phrygien : 115, **146-148**, 196.
Phrygien (bonnet) : 146, 149.
Phulon : 115.
Phylactères : 22.
Phygèle : 304.
Pie V (pape) : 155.
Pierre (Apôtre) : 52, 59, 62, 63, 68, 69, 83, **84-86**, 88, 89, 91, 96, **97-98**, 100, 122, 134, 135, 136, 164, 202, 238, 263, 281, 282, 295, 295, 299, 300, 301, 302, 303, 307, 309.
Pierre (1re Épître de) : 186.
Pierre (2e Épître de) : 186, 282.
Pierre taillée (salle de la) : 36.
Pilate (Ponce) : 64, 66, 237.
Pincius ou Pincio : 275.
Pindare : 92.
Pinhas Ben Ya'ir : 46.
Pinqesim : 24.
Pion : 198.
Pirée (le) : 111, 172, 174, 177, 243.
Pirène (Fontaine) : 182.
Pirhé Ha-Kehuna : 45.
Pirqé Avot : 41, 43, 45, 88.
Pisidie : 120, 125, 132, 147.
Pita : 57.
Planca Magna : 133.
Platanos : 256.
Platon : 41, 200.
Pline (l'Ancien) : 265, 284.
Pline (le Jeune) : 113.
Pnyx : 173.
Pogrom : 94.

Policastro : 264.
Poliorcète : 177.
Politarque : 164, 165.
Pollux, voir Castor et P.
Polymastos (Artemis) : 198.
Polyrrhénia : 256.
Pompée : 20, 31, 76, 77, 92, 149, 166, 277, 300.
Pompéi : 17, 264.
Pont (région du) : 33, 115, 180.
Pont Euxin : 117, 153.
Pontifes (romains) : 284.
Pontinia : 268.
Pontins, voir Marais.
Pope (orthodoxe) : 162, 166.
Poppée : 307.
Porcia (loi) : 160.
Porte des Bergers (Jérusalem) : 234.
— Capène (Rome) : 273, 278.
— de Cléopâtre (Tarse) : 15.
— de Damas (Jérusalem) : 66.
— Jaffa (Jérusalem) : 237.
— du Jardin (Jérusalem) : 30.
— du Levant (Thessalonique) : 148.
— de Magnésie (Éphèse) : 198.
— Mandelbaum (Jérusalem) : 48.
— de l'Orient (Damas) : 76.
— de l'Ouest (Jérusalem) : 30.
— phrygienne (Gordion) : 148.
— Saint-Sébastien (Rome) : 273.
— Trigemina (Rome) : 308.
Portes de Cilicie : 131, 143, 195.
— de Syrie : 92, 142.
Portique Basileïos (Athènes) : 172, 173.
— du Milieu (Athènes) : 171.
— de Salomon (Jérusalem) : 36, 38.
— du Sud (Jérusalem) : 36.
Portugais : 284.
Poséidon : 168, 222.
Pouzzoles : **264-266**, 268.
Praedium Lucinae : 310.
Prandi (professeur) : 210.
Praxitèle : 198.
Précepte (Fils du) : 26.
Préfet du prétoire : 274, 294.
Presbuteroï : 132.
Presbytre : 145.
Présocratiques (les) : 200.
Prétoire : 237, 240, 249, 252.
Prétorien : 90, 236, 273.
Prêtre, voir Grand Prêtre.
Prévéza : 298.
Priam : 153, 154.
Primitive (la P. Église), voir Église.
Prisca, alias Priscille : 200, 280, 281.
Priscille : 180, 190, 199, 200.
Priscille (Église Sainte-P.) : 281.
Processe : 303.

Proche-Orient : 77, 88, 92, 152, 186.
Prochore : 65.
Proconsul de Chypre : 113.
— de Corinthe : 182.
— d'Éphèse : 213.
— d'Espagne (Tarragona) : 293.
— de Thessalonique : 162.
Procope : 244.
Proctus : 310.
Procurateur de Judée : 32, 70, 77, 92, 244, 245, 248, 249, 250, 251, 273, 295.
Promesse (Pays de la, Peuple de la, Terre de la) : 50, 52, 53, 62, 122, 251.
Prophètes : 43, 51, 62, 64, 95, 99, 122, 145, 164, 181, 246, 252, 278, 279.
Prophétie : 145, 226.
Prophétiser : 199.
Propontide : 153.
Propylées : 120, 173.
Prosélytes : 36, 38, 65.
Prostanna : 118.
Provincia judaea : 34.
Psaumes (Livre des) : 30, 73.
Pseudo Linus : 300.
Ptolemaïs : 226, 281.
Publius : 260, 261.
Pudens : 281, 299.
Pudentienne (sainte) : 281.
Pydna : 167.
Pyramide de Celsius : 275, 308.
Pyrrhus : 221.
Pythagore : 222.
Python (esprit p.) : 159.

Q

Qadosh : 21.
Qalqilya : 242.
Qara' : 24.
Qirbet Qumran : 54
Qiriat Arba : 52.
Quarantaine : 53.
Quartus (de Corinthe) : 218.
Quartus (geôlier de Paul) : 274, 290.
Quirinal : 275.
Quirinus (Publius Sulpicius) : 120.
Qumran : 34, **53-54**.

R

Rabat : 260.
Rabbi : 38, 40, 41, 51, 59, 60, 63, 81.
Rabbin : 86, 277.
Rabbinique : 278.
Racine (Jean) : 39, 250.
Ratisbonne (Alphonse-Marie) : 236.
Ratisbonne (Théodore-Marie) : 236.

Rebecca : 52.
Réforme (la) : 219.
Regium : 264.
Reggio de Calabre : 264.
Rehovot : 26.
Religio licita : 277.
Renaissance : 311.
Renaudot (Théophraste) : 188.
Rencontre (de Paul avec le Christ) : **73-76**, 85, 102.
République romaine : 310.
Résidentiels (évêques) : 197.
Ressuscité (le) : 85, 88, 122, 172, 176.
Résurrection (la) : 46, 55, 61, 62, 172, 175, 176, 184, 203, 221, 239, 246, 247, 252, 284.
Révélation (la) : 42.
Révélations (les, de sainte Brigitte) : 209.
Révolution française : 148.
Rhapsodie : 224.
Rhodes : 169, 178, 198, 225, 254.
Rhône : 149.
Rio de Oro : 111.
Romain : 15, 17, 18, 19, 23, 31, 32, **33**, 34, 36, 38, 49, 55, 65, 66, 67, 70, 76, 77, 78, 81, 83, 84, 90, 92, 98, 99, 109, 111, 113, 114, 115, 117, 118, 120, 125, 136, 138, 143, 146, 148, 149, 152, 157, 159, 160, 163, 164, 165, 166, 173, 176, 181, 182, 234, 235, 236, 237, 238, 239, 241, 242, 243, 245, 246, 250, 260, 261, 264, 265, 273, 277, 278, 282, 284, 290, 291, 293, 294, 296, 305, 310.
Romain (citoyen r) voir citoyen.
Romain (Empire r) voir Empire.
Romains (Épître aux) : 20, 58, 87, 122, 146, 151, 181, 185, 204, 211, 215, **218-220**, 221, 280, 281, 291.
Romaines (voies) voir voies et via.
Rome : 18, 19, 31, 33, 66, 69, 92, 100, 110, 116, 117, 120, 164, 180, 188, 202, 207, 212, 218, 220, 240, 245, 248, 250, 254, 262, 264, 265, 266, 267, 268, **273-295**, 298, **299-312**.
Ros-Ha'Ayin : 242.
Roumanie : 127.
Rufus : 280.
Russie : 189, 268.

S

Sabbat : 21, 50, 58, 89, 121, 122, 123, 158, 180, 277.
Sabra : 48.
Sacré-cœur (collège du s.c., Izmir) : 210.
Sadducéens : 45, 54, 55, 62, 63, 239.
Sadoq : 55.
Sages (les) : 43, 44.

Sages (Les sept de la Grèce) : 177.
Sages (Les trois archontes) : 172.
Sagrès : 111.
Saïda : 253.
Saint (le) : 37, 220.
Saint-Pierre de Rome : 189.
Saint des Saints (le) : 37, 38, 39, 177.
Saint-Tropez : 57.
Saint-Vincent (cap) : 111.
Sakarya Nehri · 148.
Saladin : 66.
Salim : 30
Salamine (Chypre) : 110, 111, 112.
Salamine (Grèce) : 168, 174, 176.
Salina : 259.
Salmoné (Cap) : 255.
Salomé : 250.
Salomon : 31, 35, 36, 49, 55, 63.
Salomonien : 35.
Salonique, voir Thessalonique.
« Salut » : 26, 56.
Samarie : 32, 64, 68, 73, 81, 90, 100.
Samos : 190, 214, 222, 223, 266.
Samothrace (île) : **155-156**.
Samothrace (Victoire de) : 156.
Samuel (Second Livre de) : 35.
Sanctuaire (le) : 37.
Sandan : 23.
Sangarios : 148.
Sanhédrin (petit) : 36.
Sanhédrin (grand) : 34, 38, 40, 63, 65, 66, **238-240**, 241, 246, 251.
Sanus : 142.
Saoul voir Saul.
Sapho : 176, 222.
Sara : 52.
Sardaigne : 277.
Sardes : 196.
Sargon II (roi) : 19.
Saronique : 176, 178, 190.
Sarrazins : 267.
Sassanides : 93.
Satan : 102, 151, 301.
Satires (de Juvénal) : 276.
Satiricon (le) : 258.
Satyre : 261.
Saul : choix du nom, sa prononciation : 18 désormais, Paul.
Saul (premier roi d'Israël) : 18.
Saûlos : 114.
Sauveur : 122.
Scebarras : 262.
Scéva : 211.
Schisme : 203, 215, 217.
Schliemann (Heinrich) : 154.
Scipions (les) : 293.
Scipions (Parc des) : 273.
Scopus : 48.
Scribe : 58, 65, 187.

Scylla : 264.
Scythes : 68.
Sébaste (Chypre) : 112.
Sébaste (Samarie) : 74, 101.
Sébaste Tectosagum : 149, 150.
Sébastien (saint) : 273, 300.
Secours catholique : 99.
Secunda feira : 284.
Secundus : 164, 221.
Seigneur (le) : 21, 22, 23, 24, 25, 30, 35, 46, 63, 67, 74, 75, 76, 78, 79, 80, 86, 87, 89, 90, 91, 102, 107, 113, 121, 123, 124, 126, 135, 137, 138, 141, 144, 158, 160, 174, 182, 184, 188, 199, 207, 212, 224, 226, 235, 236, 239, 247, 252, 253, 279, 280, 284, 287, 292, 300.
Selçuk : 198, 208.
Seldjoukides : 115, 126.
Séleucie (la) : 94.
Séleucie de Piérie : **108-110**, 111, 133.
Séleucides : 17, 19, 31, 77, 92, 93.
Séleucos Ier (roi) : 17, 92, 109, 120.
Semaines (fête des) : 50, 241.
Sémiramis (jardins suspendus) : 198.
Sémite : 30.
Sénat de l'Aréopage : 173.
— d'Athènes : 171.
— de Rome : 36.
Sénégal · 111.
Sénèque : 182, 202, 265, 274, 276, 294, 307.
Sennacherib : 17.
Sept (les sept diacres) : 65.
Septante (la ou les) : 21, 65, 96, 121.
Sépulcre (le Saint) : 49.
Sessa Aurunca : 267.
Setah (Simon Ben) : 23.
Shamay : 40, 60.
Shaoul, voir Saul.
Sharon (plaine de) : 28, 243.
Shavu'ot : 241.
Shelosha Regalim : 50, 241.
Shéma Israël : 22, 283.
Shémoné Esré : 22.
Shoah : 27, 163.
Shukot : 241.
Sibylle (de Cumes) : 266.
Sichem : 74.
Sicile : 11, 92, 169, 258, **262-263**, 264, 292.
Sicle : 38.
Sidé : 132.
Sidon : 19, 64, 90, 98, 178, 253.
Sienne (terre de) : 118.
Signe de croix : 283.
Sila : 264.
Silas ou Sylas : 136, 137, **142**, 144, 147, 153, 159, 160, 161, 162, 165, 167, 171, 181, 305.

Silbanos : 142.
Siloé (piscine de) : 52.
Silpios : 91, 96.
Silvain, alias Silas.
Simena : 254.
Siméon le Juste, voir Simon le J.
Simias : 125.
Simoïs : 154.
Simon, voir Pierre, Apôtre.
Simon (fils de Gamaliel) : 60.
Simon ben 'Azzai : 59.
Simon ben Setah (Grand Prêtre) : 23.
Simon de Cana (dit le Zélote) : 69.
Simon de Chypre : 245.
Simon de Cyrène : 280.
Simon le Juste (Grand Prêtre) : 44.
Simon Macchabée, (Grand Prêtre) : 236.
Simon, savetier (Athènes) : 171.
Simon (dit le Zélote), Apôtre : 69.
Sinaï : 43, 62, 167, 189.
Sinaïticus (Codex) : 188.
Sion (Congrégation de N.-D. de) : 236.
Sion (mont) : 52, 61, 137.
Siq (défilé du) : 82.
Siros, voir Île de Siros : 190.
Sister-ships : 114.
Sites historiques protégés d'Israël (au nombre de 39) : 242.
Sixtine (Chapelle) : 266.
Skiatos, voir Île de Skiatos : 167.
Smyrne : 196, 210, 214, 222.
Socrate : 40, 41, 171, 200, 249.
Socratique : 27.
Soissons : 175.
Solon : 172.
Solyma : 115.
Sonntag : 284.
Sopatros : 221.
Sophie (Sainte, église) : 163.
Soreg : 233, 238.
Sorrente : 264.
Sosipatros (de Corinthe) : 218.
Sosipatros (de Rome) : 281.
Sosthène : 183.
Sounion (cap) : 168.
Soviétique : 142.
Soviets : 189.
Spartacus : 146.
Sparte : 161, 168, 169, 216.
Spermologos : 172.
Sphinx : 217.
Sporades, voir Îles Sporades : 167, 190.
Stachys : 280.
Stade de Pergé : 132.
Stendhal : 264.
Stéphanas : 181.
Sterea Elada : 177.
Stoa (d'Hérode) : 36.
Stoïcien : 18, 26, 27, 41, 171.

Strabon : 18, 93.
Strasbourg : 236.
Stratège (de Philippes) : 159, 160.
Straton (tour de) : 243.
Stratopédarque : 274.
Stretto (il) : 264.
Stromboli : 264.
Strymon : 161.
Subrécargue : 256.
Suburre : 278.
Suédois : 209.
Suétone : 180, 250, 281, 293, 307.
Sulla : 170.
Sultan Selim : 126.
Sumer : 283.
Sunday : 284.
Sunnite : 48.
Super-Apôtre : 103, 216.
Sylas, voir Silas.
Sylvain, voir Silas.
Sylvanus, voir Silas.
Syméon dit « Niger » : 95.
Synagogos : 121.
Synagogue (la) : 181.
Synagogue des Affranchis (Jérusalem) : 65.
— d'Antioche (les quatre S.) : 94.
— d'Antioche de Pisidie : **121-124**.
— d'Athènes : 170.
— de Bérée : 165.
— de Corinthe : 180, 181.
— d'Éphèse : 190, 199, 200.
— la Grande (Jérusalem) : 43, 44.
— d'Iconium : 126.
— de Philippes : 158.
— des Tarsiotes (Jérusalem) : 32.
— de Thessalonique : 163.
Synagogues d'Athènes : 170.
— de Damas : 70, 80.
— les Onze de Rome : 277.
Syncrétisme : 285.
Synode (d'Éphèse) : 209.
Syntiche : 159.
Syracuse : 179, **263**, 264.
Syraka : 263.
Syriaque : 188.
Syrie : 9, 10, 11, 28, 29, 31, 33, 69, 76, 77, 82, 86, 89, 91, 92, 96, 117, 133, 136, 142, 149, 152, 154, 190, 197, 244, 283.
Syrien : 48, 76, 83, 92.
Syzygos : 159.

T

Tabellarii : 188.
Tabernacles (fête des) : 50, 241.

Table des pains de proposition, voir Pain.
Tables de la Loi : 37, 43, 167.
Tacite : 158, 245, 276, 293, 294.
Talith : 21.
Talmid Hakam : 58.
Talmud (de Babylone) : 121.
Tamid : 39.
Tamil Nadu : 68.
Tanger : 244.
Tarragona : 293.
Tarragone : 293.
Tarse : **15-27**, 28, 32, 50, **57-61**, 78, 86, **87-90**, 91, 95, 131, 142, 152, 157, 166, 195, 235.
Tarsiote : 18, 23, 26, 28, 30, 32, 34, 56, 58, 60, 87, 91, 98, 217.
Tarsus : 15.
Taurus (chaîne du) : 17, 50, 115, 125, 127, 131, 143, 254.
Taurus Express : 143.
Tavium : 149.
Tectosages : 149.
Tefilin : 22.
Tekke de Mevlana : 126.
Tel Aviv : 28, 242.
Tell : 130.
Tell Mar Boulos : 74.
Téma (Yuda ben) : 44.
Temple (le T. de Jérusalem) : 29, 30, 31, **35-37**, 38, 39, 41, 45, 46, 49, 50, 51, 55, 56, 57, 62, 63, 64, 79, 85, 87, 123, 233, 234, 236, 238, 245, 246, 249, 250, 282, 295, 305.
Temple d'Aphrodite (Corinthe) : 179, 189.
— d'Apollon (Corinthe) : 179.
— d'Apollon (Didymes) : 223.
— d'Apollon (Nicopolis) : 298.
— d'Artémis (Éphèse) : 197, 198, 209.
— d'Asklépios (Épidaure) : 190.
— d'Athéna (Pergame) : 152.
— d'Athéna (Syracuse) : 263.
— d'Athéna Parthénos (Néapolis) : 156.
— d'Auguste (Césarée) : 244.
— d'Auguste (Antioche de Pisidie) : 120.
— des Cabires (Samothrace) : 156.
— d'Éleusis : 156, 176, 179, 217.
— d'Hadrien (Éphèse) : 197.
— d'Hephaïstos (Athènes) ou Theseïon : 170, 172.
— d'Héra (Samos) : 223.
— de Janus (Rome) : 18.
— de Jérusalem (1er) : 35.
— de Jérusalem (1bis) : 35.
— de Jérusalem (2e) : 35.
— de Jupiter (Terracine) : 267.
— de Mythra (Rome) : 281.
— d'Ortygie (Syracuse) : 263.
— de Poséidon (Trogyllium) : 222.
— de Rome (les quinze importants) : 275.
— de Rome et d'Auguste (Ancyre) : 150.
— de Tarragone (divers) : 293.
— de Tarse : 197.
— de Zeus (Olympie) : 169, 198.
— de Zeus-hors-les-Murs (Lystres) : 128.
Tentes (les) : 241.
Termessos : 118, 132.
Terracina : 267.
Terre Promise : 53.
Terre Sainte : 116.
Tertius (secrétaire) : 181, 186, 218.
Tertullien : 283.
Tertullus : 245, 246, 247, 251.
Testament (Ancien) : 95, 219, 297.
Testament (Nouveau) : 67, 88, 186, 189.
Tétrapole : 93.
Tétrarchie : 149.
Tétrarque : 31, 81, 95, 149.
Thaddée (Apôtre) : 69.
Thalassa : 153.
Thalès de Milet : 200, 223.
Thamyris : 127.
Thasos : 156, 214.
Théâtre d'Antioche de Pisidie : 120.
— de Césarée : 244.
— de Cnide (les) : 255.
— d'Éphèse : 197, 212.
— de Marcellus (Rome) : 300.
— de Milet : 223.
— de Minturno : 267.
— privé de Néron (Rome) : 294.
— de Nicopolis : 298.
— de Paestum (les) : 264.
— de Pergame : 152.
— de Pergé : 132.
— de Philippes : 158.
— de Pompée (Rome) : 300.
— de Rome (les) : 275.
— de Salomine (Chypre) : 111.
— de Syracuse : 263.
— de Tarragone : 293.
Thèbes : 157, 168, 217.
Thècle : **126-127**.
Théodore : 69.
Théodose (empereur) : 209, 311.
Thermaïque : 162, 167.
Thermopyles (les) : 168, 216.
Thesaurus : 43.
Thessalie : 163, 167, 216, 221.
Thessaloniciens (les) : 162, 165.
Thessaloniciens (1re Épître aux) : 163, 165, 180, **183-184**, 188, 214.
Thessaloniciens (2e Épître aux) : 59, **184**, 187, 286.
Thessalonikè : 162.
Thessaloniki : 163.

Thessalonique : **162-165**, 166, 183, 214, 221, 253, 284, 297, 304.
Theseïon : 170.
Theudas : 63.
Thibaudet (Albert) : 18.
Thomas (Apôtre) : 68.
Thrace : 156, 158.
Thraces : 147.
Thucydide : 161.
Thyatire : 158, 196.
Tibère (empereur) : 26, 31, 81, 90, 277.
Tibériade (lac) : 19, 57, 68, 86, 282.
Tibériade (ville) : 31, **57**, 74.
Tibre : 275, 291, 292, 300, 311.
Tigellin : 294, 307.
Tigrane le Grand : 17.
Tigre (fleuve) : 32, 99.
Timon : 65.
Timothée : **129-130**, 131, 143, 144, 147, 153, 155, 161, 167, 171, 181, 183, 184, 195, 203, 204, 208, 215, 218, 221, 290, 297, 304, 305.
Timothée (Ire Épître) : 27, 145, 146, 185, 296, 304.
Timothée (2e Épître) : 129, 185, 296, 301, 304, 306.
Tinos : 190.
Tirynthe : 168.
Tite : 134, 136, 144, 145, 155, 195, 215, 217, 296, 300, 304.
Tite (Épître à) : 145, 146, 185, 296, **297**, 304.
Titius Justus : 181.
Titulaires (évêques) : 197.
Titus (empereur) : 49, 250.
Toison d'or : 163.
Tombeau d'Absalon (Jérusalem) : 52.
— d'Anne (Jérusalem) : 209.
— de David (Jérusalem) : 52.
— de Jean (Celçuk) : 209.
— de Joachim (Jérusalem) : 209.
— des Rois (Jérusalem) : 99.
— de la Vierge (près d'Éphèse) : 209.
— de Zacharie (Jérusalem) : 52.
Toprakalé : 142.
Tora : 21, 24, 26, 38, 40, 41, 43, 44, 46, 50, 55, 60, 94, 121, 124, 238.
Toscane : 291.
Tour de David : 237, 248.
Tour de Strabon : 243.
Tradition (la) : 28, 33, 44, 58, 59, 66, 124, 292, 295, 302.
Traditionalistes : 123, 126, 134, 166.
Trajan (empereur) : 81, 95, 197.
Transfiguration (la) : 69, 78.
Transjordanie : 49, 82.
Trappe (des Trois fontaines) : 309.
Transtévère : 278.

Tribun : 234, 235, 237, 238, 240, 241, 245, 247, 251.
Tribus (les Douze) : 53, 251.
Trière : 178.
Trigemina : 308.
Trinitaires (ordre des) : 146.
Troas, alias Troie : 153, 155, 214, **220-222**, 240, 301, 304, 305.
Trocmes : 149.
Troie . 117, **152-154**, 156, 294, 297.
Troyens : 147.
Trogyllium : 222.
Trois fontaines (les) : 308, 309.
Trois tavernes (les) : 268.
Trophée des Alpes : 310.
Trophée de Pierre : 310.
— et de Paul : 310.
Trophime : 221, 233, 297.
Truva, alias Troie : 153.
Tryphène : 280.
Tryphose : 280.
Tsahal : 9, 48.
Tsar : 189.
Tsitsit : 21.
Tsitsiyot : 21.
Tullianum : 302.
Turbie (la) : 310.
Turc, turque : 11, 60, 84, 93, 109, 115, 130, 142, 147, 149, 150, 153, 154, 205, 210, 225, 244, 255, 285.
Turquie : 11, 59, 91, 148, 150, 196.
Tyane, voir Apollonios.
Tyché (déesse, d'Antioche) : 93.
Tyché (quartier de Syracuse) : 263.
Tychique : 221, 286, 287, 289, 296, 297, 304.
Tyr : 19, 64, 90, 98, 225, 226.
Tyrannos : **199-200**, 201.
Tyrrhénienne (côte) : 267.

U

U2 (avion) : 142.
Ulu Dag : 244.
Ulysse : 298.
Union Soviétique : 68.
Ur : 20, 30, 31.
Uranus : 142.
Urbain : 280.
Urbs : 275.
Urion : 301.
Uru Salim ou Shalem : 30.
US Air Force : 142.

V

Valentinien II (empereur) : 311.
Valéry (Paul) : 47, 130.

Valette (La) : 261, 262.
Vardar : 163.
Variété (Paul Valéry) : 130.
Varus : 19.
Vatican : 189, 196, 309, 310.
Vatican II : 134.
Vaticanus (Codex) : 188.
Vaux (Roland de, O.P.) : 54.
Venise : 268, 278.
Vénitien : 277.
Verbe : 51, 52.
Verceil : 274, 290, 292.
Vercingétorix : 302.
Verghina : 166.
Verria : 165.
Verrines (les) : 263.
Vespasien (empereur) : 177, 307.
Vestale : 242.
Vésuve : 264, 266.
Veuves : 146.
Via Appia : **266-269**, 300.
— Campana : 267.
— Casilina : 267.
— Dolorosa : 237.
— Egnatia : 158, 161, 163.
— Laurentina : 308.
— Maris : 32.
— Nomentana : 274.
— Ostiense : 310, 311.
— Sebasta : 117.
Vie de la Vierge Marie (la) : 210.
Vie éternelle : **53-55**.
Vienne : 116, 311.
Vierge : 84, 97, 155.
Vierge (Maison de la) : **208-211**.
Vikings : 116.
Villa impériale (de Caligula) : 309.
Ville (la, *i.e.* Rome) : 268, 275.
Ville éternelle (la) : 269.
Viminal : 275, 281.
Virgile : 264, 266, 294.
Voie (la) : 70, 73, 83, 96, 113, 199, 200, 246.
Voie (les adeptes de la) : 73, 83, 96.
Voie romaine : 74, 82, 92, **117-118**, 125, 142, 158, 266, 267, 275.
Volques : 149.
Volturno : 267.
Vulgate : 138.

W

Wayiqra' : 24.
West Bank : 81.
Western Wall : 49.
Western Wall Heritage : 49.
Westphalie : 210.

X

Xanthos : 225.
Xénophon : 17, 153, 285.
Xerxès : 111, 216.

Y

Yafo, voir Jaffa.
Yahvé : 20, 30, 32, 33, 35, 37, 41, 43, 45, 46, 51, 58, 61, 62, 73, 77, 82, 164, 277, 279.
Yalta : 137.
Yalvaç : 120.
Yassihoyuk : 148.
Yazilikaya : 147.
Yehosua ben Gamla (Grand Prêtre) : 23.
Yehuda (Eliézer ben) : 43.
Yehuda (galiléen) : 55.
Yenihisar : 223.
Yeshiva : 50.
Yeshiva de Kohadim : 50.
Yeshu'a ou Yéshouâ : 25, 56.
Yešu'a, voir Jésus.
Yom Kippour : 37, 255.

Z

Zacharie (Livre de) : 83.
Zacharie (tombeau de) : 52.
Zakay (Yohanan ben) : 44.
Zébédée : 68, 69.
Zélote : 23, 54, 55.
Zélote (Simon le) : 69.
Zénon (philosophe grec) : 18.
Zénon (fils d'Onésiphore) . 125.
Zeus : 17, 94, 95, 109, 128, 133, 156, 167, 169, 176, 190, 198, 262.

TABLE DES MATIÈRES

Introduction 9

Première partie
Un jeune Juif exemplaire

Tarse où tout commence.	15
« Une ville qui n'est pas sans renom »	17
Vers l'an 6.	18
Une pieuse famille.	20
La maison du Livre	23
La « montée »	27
« Te voilà, Jérusalem »	28
Trois mille ans d'histoire.	30
Une étonnante mosaïque humaine	32
Le Temple	35
La tête et le cœur de la nation	38
« Aux pieds de Gamaliel »	39
La Loi et la Tradition.	42
L'étudiant Saul	45
Mort et renaissance d'une capitale	47
A travers le pays de la Promesse	50
« Je crois à la vie éternelle »	53
L'inconnu de Nazareth.	56
Le retour au pays natal	57
Un jeune rabbi plein d'enthousiasme	59
Au lendemain de la Pentecôte.	61
La semence germe.	64
Étienne, le premier de tous les martyrs	65
Un chef de commando	67

Deuxième partie
Les voies du Seigneur

La Rencontre.	73
L'aveugle de Damas	76
La cécité guérie	78
« Reçois le baptême ».	79
L'appel du désert	80
L'évasion dans un panier	83
Le premier face à face avec Pierre	84
« C'est vers les nations païennes que je vais t'envoyer »	86
Les années silencieuses.	87
Les Grecs aussi...	90
Antioche la belle.	91
Les délices de Daphné	93
... Et on les appela les chrétiens	95
La querelle avec Pierre.	97
Famine à Jérusalem.	98
« Enlevé jusqu'au troisième ciel »	101

Troisième partie
Sur les routes d'Asie Mineure

La mission	107
L'embarquement à Séleucie.	108
Destination Chypre	110
Un prodige au pays d'Aphrodite	112
A l'assaut d'une forteresse.	114
En route.	117
Antioche de Pisidie	120
L'homélie à la synagogue	121
Le grand tournant.	123
Un homme chauve sur la route d'Iconium	124
Une vierge du nom de Thècle.	126
Lystre : de l'adulation à la lapidation	127
Un adolescent nommé Timothée.	129
... Et Derbé, perdue corps et biens	130
L'itinéraire de la persévérance	131
Pergé, cette perle grecque.	132
Circoncis ou incirconcis ?	134
Retour à Antioche.	136
L'Apôtre des Gentils	137

Quatrième partie
Cap à l'ouest

La nouvelle équipe	141
Les communautés chrétiennes se développent	144
Au pays du bonnet phrygien	146
Chez les descendants des Gaulois	149
« Il m'a été planté une épine dans la chair »	151
Là où la guerre de Troie eut lieu	152
« Passe en Macédoine »	154
Premiers pas en Europe	155
Philippes au nom royal	157
En prison pour la première fois	158
La marche vers l'ouest	161
Ces chers Thessaloniciens	162
Bérée l'accueillante	165
Destination Athènes	167
Un phare éteint	169
Sous les portiques de l'Agora	170
Le discours de l'Aréopage	173
Un isthme si étroit	176
Surprenante Corinthe	178
« Un peuple nombreux m'est destiné »	180
Gallion, le sage proconsul	182
Un des premiers écrits chrétiens	183
Épîtres, que de questions…	185
… Et retour par mer	189

Cinquième partie
Sur des rivages grecs

En route par le « haut pays »	195
Éphèse, une des capitales du monde	197
Dans l'école de Tyrannos	199
Aux portes de la mort	201
Sérieux soucis à Corinthe	202
Graves problèmes chez les Galates	204
En prison pour la seconde fois	205
L'hymne à la joie	207
La maison de la Vierge	208
La déroute des exorcistes juifs	211
L'émeute des boutiquiers d'Artémis	212
Vous revoilà, chers Macédoniens !	214
La discorde apaisée	215
Trois mois à Corinthe	216
« Le cœur et la moelle »	218

Le miracle de Troas. 220
Les adieux de Milet. 222
Destination Jérusalem 224
Au rapport ! 226

Sixième partie
Vers Rome

L'arrestation au Temple 233
Face au peuple de Jérusalem 235
Dans la forteresse Antonia. 236
Devant le Sanhédrin 238
Le complot déjoué 240
Transféré sous puissante escorte 241
Césarée, qui fut une capitale 243
Deux ans de prévention 244
« J'en appelle à l'empereur » 248
Sa plus belle plaidoirie 250
Une navigation en zigzags 253
La tempête 256
Le naufrage. 258
Malte, quand la mer est fermée. 260
Escale en Sicile. 262
Débarquement à Pouzzoles 264
Via Appia. 266

Septième partie
Jusqu'aux extrémités

En prison... à domicile 273
Grandeur et misères de l'*Urbs*. 275
La communauté juive de Rome... 277
... Et la communauté chrétienne 279
Ora et labora 282
Un visiteur venu de Colosses 285
L'énigme de l'Épître aux Éphésiens 286
La fuite de l'esclave Onésime 288
Le non-lieu 290
Enfin l'Espagne 291
L'incendie de Rome 293
Les derniers voyages 295
Un hiver à Nicopolis 297
Rome, l'unique objet de ses... pressentiments. 299
L'arrestation 300
L'emprisonnement 302
Les derniers écrits. 304
La condamnation 306

TABLE DES MATIÈRES

L'exécution 308
La sépulture 309

Cartes des voyages de Paul 313-319
Tableau chronologique 321-331
Sources 333-358
Index des noms cités 359-382

*Cet ouvrage a été composé
par l'Imprimerie BUSSIÈRE
et imprimé sur presse CAMERON
dans les ateliers de la S.E.P.C.
à Saint-Amand-Montrond (Cher)
en mars 1991*

— N° d'impression : 661. —
Dépôt légal : mars 1991.
Imprimé en France